高等院校经济学管理学系列教材

证券投资学

林　青　主编
李凌洁　程　炼　赵海涛　副主编

上海财经大学出版社

图书在版编目(CIP)数据

证券投资学/林青主编.—上海:上海财经大学出版社,2015.9
(高等院校经济学管理学系列教材)
ISBN 978-7-5642-2233-8/F·2233

Ⅰ.①证… Ⅱ.①林… Ⅲ.①证券投资-高等学校-教材 Ⅳ.①F830.91

中国版本图书馆 CIP 数据核字(2015)第 184909 号

□ 责任编辑 陈 佶
□ 封面设计 张克瑶

ZHENGQUAN TOUZIXUE
证 券 投 资 学

林 青 主 编
李凌洁 程 炼 赵海涛 副主编

上海财经大学出版社出版发行
(上海市武东路 321 号乙 邮编 200434)
网 址:http://www.sufep.com
电子邮箱:webmaster @ sufep.com
全国新华书店经销
同济大学印刷厂印刷装订
2015 年 9 月第 1 版 2015 年 9 月第 1 次印刷

787mm×1092mm 1/16 17.5 印张 448 千字
印数:0 001-4 000 定价:38.00 元

前　言

在过去20多年的演进历程中，中国资本市场的发展已经取得了长足的成效，证券投资在我们的生活中扮演的角色越来越重要。大而言之，进行证券投资是为了适应国际国内经济形势发展的需要，小而言之，它是国民进行个人投资较为实用的一种方式。本书力求在体系、内容和形式上推陈出新，围绕证券市场的基础理论和业务运作，阐述该领域最新的理论发展，详细深入地介绍各知识点，努力做到既全面地反映西方成熟证券市场的运行机制和运行规律方面的理论，又紧密结合中国证券市场的实际发展情形，引导学生形成全球化的视野，在学习专业理论知识的同时关注中国证券市场改革的实践。

本书是根据教育部课程改革的要求，在参考国内外大量同类教材的基础上，结合近年来我国证券市场与证券投资活动的最新发展进程进行编写的，适合于投资学、金融学、经济学等相关专业的教学，能满足各层次学生的课程需要，还可为证券从业人员及证券投资者提供学习参考。

全书分为十六章。第一、二、三、四、五、六章为证券投资基础知识，主要对证券投资概述、股票、债券、证券投资基金、金融衍生工具、证券投资主体等内容进行了介绍；第七、八、九章为证券投资的基本分析，主要对证券投资的宏观经济分析、证券投资的产业周期分析、公司财务分析等内容进行了介绍；第十、十一、十二章为证券投资的技术分析，主要对证券投资技术分析概述、证券投资技术分析理论方法、技术指标等内容进行了介绍；第十三章主要介绍了证券投资理论的相关内容；第十四章从证券交易程序方面进行了介绍；第十五章从不同国家的角度对证券市场的监管进行了介绍；第十六章单独列为一章对证券经典案例进行了分析介绍。

本书在结构安排和内容设计上具有如下特点：

第一，突出全面性。本书在内容的选择上，尽量对涉及的知识点面面俱到进行介绍，以期让读者了解到更多相关内容的概况。

第二，突出基础性和实用性。本书在编写的过程中，力求深入浅出，对于一些难度大、晦涩难懂的内容予以舍弃，注重对证券投资基础知识、基本方法及理论思想的把握。

第三，突出同步性。本书对学习内容的介绍都与当前的基本理论与关键技术保持一致，在编写过程中更新了相关数据，注重有关业务的基本表述及发展进程，做到与证券市场的发展同步。

第四，突出易教易学性。本书的编写充分尊重教学规律的要求。为便于教学，每一章都有本章重点内容、本章概念及思考题，体现了教材的易教易学性。

第五，突出案例教学的重要性。本书在每一章中都设计了相关案例，通过案例分析以激发读者对知识的学习兴趣和学习的主观能动性，提高剖析能力，从案例中得到启示，进而帮助读者提升对于全书内容的理解与掌握。

本书的编写参考了国内外相关学者的观点、资料及学术研究成果，我们从中获得了许多灵感、重要素材及相关数据，详情参见参考文献，在此，编者向他们致以诚挚的谢意。具体编写分工：文华学院林青老师负责第二、三、四、十二章，东莞理工学院城市学院李凌洁老师负责第五、十、十一、十三章，文华学院程炼老师负责第六、七、八章，赵海涛老师负责第一章，林青、李静负责第九、十五、十六章，文华学院林青老师、代薛铃负责第十四章、附录。还有文华学院和湖北第二师范学院的闻静、周姝、马小卉、章海军、李静、卢其玲、曲奥琳、黄圆、何欣、王烜、袁田、吕章榕、杜睿、张侦琪、孙思、袁媛等同学参与了资料收集工作。由于水平有限，加之时间仓促，难免会存在错误、遗漏或不足之处，恳请各位读者不吝赐教，我们将在再版时加以修订和完善。

编者

2015 年 6 月

目　录

第一章

证券投资概述

本章重点内容

- ✔ 证券投资的含义
- ✔ 证券投资的产生与发展
- ✔ 证券投资的功能、理念和策略

学习目标

- 掌握证券投资的含义、特征、分类
- 理解证券投资的功能

第一节　证券投资的含义

一、证券

(一)证券的含义

证券投资即有价证券投资(Quoted Securities Investment),是一种狭义的投资,指企业或个人用积累起来的货币购买股票、债券等有价证券,借以获得收益的行为。对金融机构而言则是指以有价证券为经营对象的业务。证券投资对象主要是政府债券、企业债券和股票。

证券是指各类记载并代表一定权利的法律凭证。它用以证明持有人有权依其所持凭证记载的内容而取得相应的权益。从一般意义上来说,证券是指用以证明或设定权利的书面凭证,它表明证券持有人或第三者有权取得该证券拥有的特定权益,或证明其曾经发生过的行为。它本身具有合法性,其所包含的特定内容也具有法律效力。如股票、债券、本票、汇票、支票、保险单、存款单、借据、提货单等各种票证单据都是证券。

(二)证券的特征

证券具有两个基本特征。

1. 法律凭证

证券所反映的是某种法律行为的结果,对其的发行、持有、使用以及证券所包含的全部内容都必须符合相关的法律规定,其代表的权利依法受到相应的保障。

2. 书面凭证

证券一般采用书面的形式或者与书面形式具有相同法律效力的形式,并且具有一定的格式，必须按照特定的格式进行书写或制作，券面上载明有关法律法规所规定的全部必要事项。

(三)证券的分类

按照不同的划分标准，可以将证券分为不同的类型(见图1－1)。

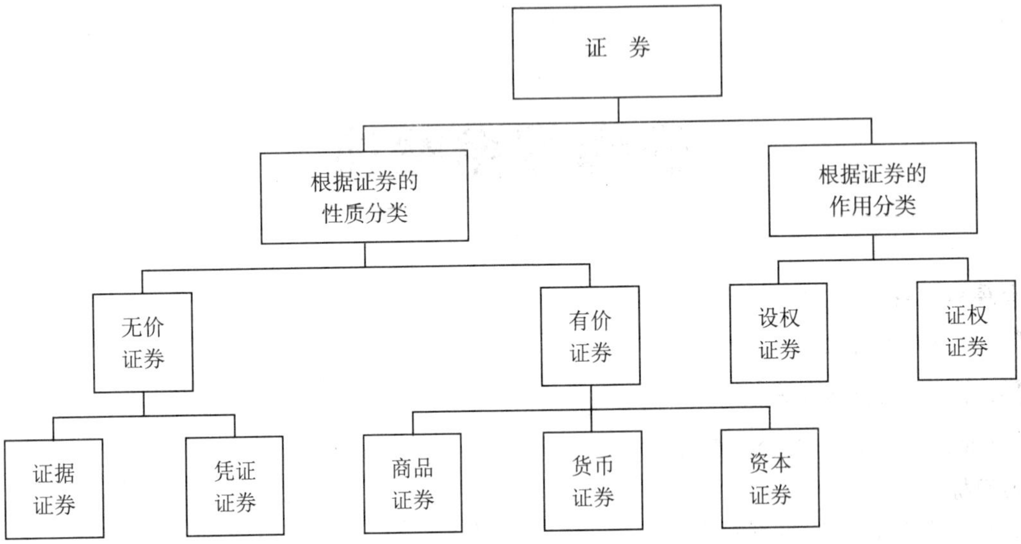

图1－1 证券的分类

1. 无价证券与有价证券

根据证券性质的不同，可以分为无价证券和有价证券。无价证券又可以分为证据证券和凭证证券。证据证券是指单纯地证实事实的文件，主要有信用证、证据(书面证实)等。在证据证券中，有一种具有非凡效力的证券，被称为"免责证券"，如提单等即属此类。凭证证券是指认定持证人是某种私权的合法权利者，证明持证人所履行义务的有效文件，如存款单、借据、收据及定期存款存折等就属于这一类。凭证证券实际上是无价证券，其特点是：虽然是代表所有权的凭证，但不能让渡，不能真正独立地作为所有权证书来行使权利。凭证证券不能使第三者取得一定收入，也不能使持有人取得相应收入。

有价证券是指证明持有人有权按期取得一定收入并可自由转让和买卖的所有权或债权凭证。有价证券有广义和狭义之分。

广义的有价证券可分为商品证券、货币证券及资本证券。商品证券是证明持有人有商品所有权或使用权的凭证，取得这种证券就等于取得这种商品的所有权，持有人对这种证券所代表的商品所有权受法律保护，如提货单、运货单、仓库栈单等。货币证券是指能使持有人或第三者取得货币索取权的有价证券。货币证券主要包括两大类：一类是商业证券，主要是商业汇票和商业本票；另一类是银行证券，主要是银行汇票、银行本票和支票。资本证券是指由金融投资或与金融投资有直接联系的活动而产生的证券，持有人有一定的收入请求权，如股票、债券、基金、可转换证券等。资本证券是有价证券的主要形式，狭义的有价证券就是指资本证券。

无价证券和有价证券的最大区别是流通性。对于无价证券，法律和政府规定不能通过流通来增值，在经济上缺乏实际的投资价值。而有价证券不仅可以流通，还可以在流通中实现收益的增减，如股票、债券等。

2. 设权证券与证权证券

根据证券作用的不同，可以分为设权证券和证权证券。设权证券是指证券所代表的权利本来不存在，是随着证券的制作而产生，即权利的发生是以证券的制作和存在为条件的，如汇票、本票和支票等。票据签发前，当事人之间虽有债权债务关系，但是，出票人签发票据，为持票人设定了一个请求票据上载明的债务人"无条件支付一定金额"的权利，此种权利与签发票据前的债权债务关系彻底独立，是"新生之权"。也就是说，票据是为持票人创设了一个新的金钱债权，而不是证明原有债权。

证权证券是指证券是权利的一种物化的外在形式，它是作为权利的载体，权利是已经存在的，如股票、提单等。股票代表的是股东权利，它的发行是以股份的存在为条件的，把已存在的股东权利表现为证券的形式，它的作用不是创造股东的权利，而是证明股东的权利。股东权利不会因股票的损毁、遗失而消失，股东可以依照法定程序要求公司补发新的股票。提单可以证明由运输合同所发生的物品返还请求权。

二、有价证券

(一)有价证券的含义

有价证券是指标有票面金额，用于证明持有人或该证券指定的特定主体对特定财产拥有所有权或债权的凭证。这类证券本身没有价值，但由于它代表着一定的财产权利，持有人可凭该证券直接取得一定量的商品、货币，或是取得利息、股息等收入，因而可以在证券市场上买卖和流通，客观上具有交易价格。本书除非特别说明，所说的有价证券或证券均指狭义的有价证券，即资本证券。

有价证券是虚拟资本的一种形式。所谓虚拟资本，是指以有价证券形式存在，并能给持有者带来一定收益的资本。虚拟资本是独立于实际资本之外的一种资本存在形式，本身不能在实体经济运行过程中发挥作用。通常，虚拟资本的价格总额并不等于所代表的真实资本的账面价格，甚至与真实资本的重置价格也不一定相等，其变化并不完全反映实际资本额的变化。

(二)有价证券的特征

1. 产权性

证券的产权性是指有价证券记载着权利人的财产权内容，代表着一定的财产所有权，拥有证券就意味着享有财产的占有、使用、收益和处置的权利。在现代经济社会里，财产权利和证券已密不可分，存在财产权利与证券两者融合为一体，权利证券化。虽然证券持有人并不实际占有财产，但可以通过持有证券在法律上拥有有关财产的所有权或债权。

2. 收益性

证券的收益性是指持有证券本身可以获得一定数额的收益，这是投资者转让资本所有权或使用权的回报。证券代表的是对一定数额的某种特定资产的所有权或债权，投资者持有证券也就同时拥有取得这部分资产增值收益的权利，因而证券本身具有收益性。有价证券的收益表现为利息收入、红利收入和买卖证券的差价。收益的多少通常取决于该资产增值数额的多少和证券市场的供求状况。

3. 流动性

证券的流动性又称变现性，是指证券变现的难易程度。证券具有极高的流动性，包括以下3个特点：(1)很容易变现，变现的交易成本极小，本金保持相对稳定；(2)证券的流动性可通过到期兑付、承兑、贴现、转让等方式实现；(3)证券流动性的强弱，受证券期限、利率水平及计息方式、信用度、知名度、市场便利程度等多种因素的制约。

4. 风险性

证券的风险性是指证券持有者面临着预期投资收益不能实现，甚至本金也受到损失的可能。这是由证券的期限性和未来经济状况的不确定性所致。在现有的社会生产条件下，未来经济的发展变化有些是投资者可以预测的，而有些则是无法预测的，因此，投资者难以确定所持有的证券将来能否取得收益和能获得多少收益，从而就使持有证券具有风险。一般而言，证券的风险与其收益成正比。通常情况下，风险越大的证券，投资者要求的预期收益越高；风险越小的证券，投资者要求的预期收益越低。

5. 期限性

债券一般有明确的还本付息期限，以满足不同筹资者和投资者对融资期限以及与此相关的收益率的需求。债券的期限具有法律约束力是对融资双方权益的保护。股票没有期限，可以视为无期证券。

(三)有价证券的分类

按照不同的分类标准，可以将有价证券划分为不同的类型(见图 1—2)。

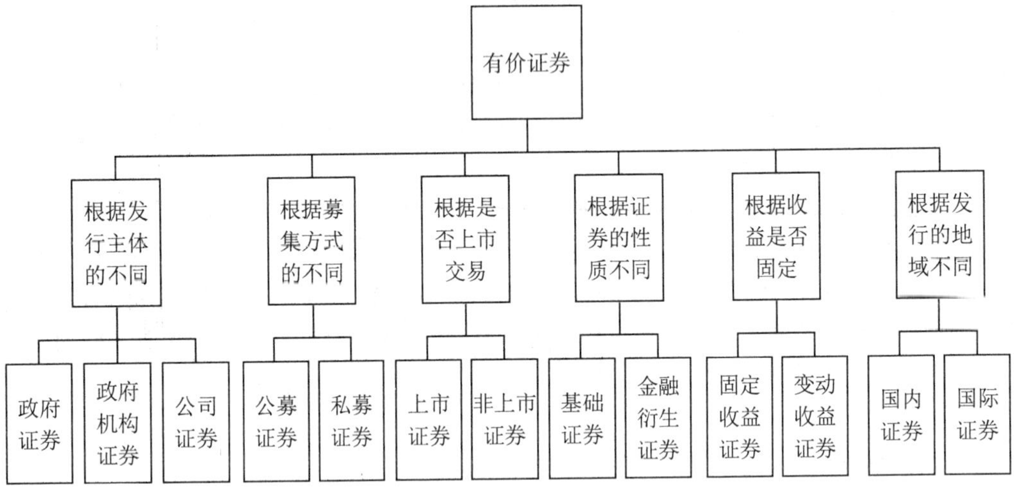

图 1—2 有价证券的分类

1. 政府证券、政府机构证券与公司证券

根据发行主体的不同，可分为政府证券、政府机构证券和公司证券。政府证券通常是指由中央政府或地方政府发行的债券。中央政府债券也称国债，通常由一国财政部发行。政府机构证券是由经批准的政府机构发行的证券，我国目前将其区分为“政府支持债券”和“政府支持机构债券”两种。中央汇金公司发行的债券被认定为“政府支持机构债券”；从 2011 年 10 月起，我国铁道部发行的中国铁路建设债券被认定为“政府支持债券”。地方政府债券由地方政府发行，以地方税或其他收入偿还。2009 年 4 月，新疆维吾尔自治区政府债券作为首期地方政府债券在上交所上市。2014 年 5 月 21 日，经国务院批准，上海、浙江、广东、深圳等 10 省市试点地方政府债券自发自还。公司证券是公司为筹措资金而发行的有价证券，公司证券的范围比较广泛，有股票、公司债券及商业票据等。此外，在公司证券中，通常将银行及非银行金融机构发行的证券称为金融证券，其中最常见的是金融机构债券。

2. 公募证券和私募证券

根据募集方式的不同，可分为公募证券和私募证券。公募证券是指发行人通过中介机构向不特定的社会公众投资者公开发行的证券，审核较严格并采取公示制度。私募证券是指向少数特定的投资者发行的证券，其审查条件相对宽松，投资者也较少，不采取公示制度。目前，我国信托投资公司发行的信托计划，以及商业银行和证券公司发行的理财计划均属私募证券，上市公司采取定向增发方式发行的有价证券也属私募证券。

3. 上市证券与非上市证券

根据是否在证券交易所挂牌交易，可分为上市证券与非上市证券。上市证券是指经证券主管机关核准发行，并经证券交易所依法审核同意，允许在证券交易所内公开买卖的证券。如记账式国债、上市公司发行的股票、封闭式基金份额等均属于上市证券。非上市证券是指未申请上市或不符合证券交易所挂牌交易条件的证券。非上市证券不允许在证券交易所内交易，但可以在其他证券交易市场发行和交易。如凭证式国债、电子式储蓄国债、普通开放式基金份额和非上市公众公司的股票等均属于非上市证券。

4. 基础证券和金融衍生证券

根据证券的性质，可分为基础证券和金融衍生证券。股票、债券和证券投资基金等属于基础证券，它们是最活跃的投资工具，是证券市场的主要交易对象，也是证券理论和实务研究的重点。金融衍生证券是指由基础证券派生出来的证券交易品种，主要有金融期货与期权、可转换证券、存托凭证、认股权证等。

5. 固定收益证券和变动收益证券

根据收益是否固定，可分为固定收益证券和变动收益证券。固定收益证券是指持券人可以在特定的时间内取得固定的收益并预先知道取得收益的数量和时间，如固定利率债券、优先股等。变动收益证券是指因客观条件的变化其收益也随之变化的证券。如普通股，其股利收益事先不确定，而是由公司税后利润的多少决定，又如浮动利率债券也属此类证券。一般来说，变动收益证券比固定收益证券的收益高、风险大，但是在通货膨胀条件下，固定收益证券的风险要比变动收益证券大得多。

6. 国内证券和国际证券

根据发行的地域不同，可分为国内证券和国际证券。国内证券是一国国内的金融机构、公司等经济组织或该国政府，在国内资本市场上以本国货币标注面值所发行的证券。国际证券则是由一国政府、金融机构、公司或国际经济机构，在国际证券市场上以其他国家的货币标注面值而发行的证券，包括国际债券和国际股票两大类。

【案例一】 疯狂的创业板

2009 年 10 月 30 日，28 家公司在深交所创业板集体上市交易。创业板的开板，意味着一个又一个的暴富神话即将上演，同时也让众多机构和散户趋之若鹜。正是由于对创业板的美好憧憬，创业板尚未开板就已开始疯狂了起来。28 家创业板公司，平均发行市盈率高达 57 倍，累计超募资金 83.2 亿元，是上市公司原计划募集资金的一倍还多。

超高的市盈率、令人咋舌的财富增长、“寄生式”生存和技术上的“拿来主义”等种种并不新鲜的商业模式，这就是我们期待了十年的创业板吗？它能否承载起一个国家产业振兴的重任？这里真的能够诞生中国的微软？创业板长大后，它就成了纳斯达克？

创业板的发展趋势和面临的困难如下：

一、发展趋势

1. 创业板包含市场细分、创新元素和增长门槛，具有“珍贵”的本性

我国创业板以成长型创业企业为服务对象，重点支持具有自主创新能力的企业上市。主

要集中在电子信息、生物医药、新材料和现代服务业。同时,《创业板股票上市规则》规定创业板有高成长方面的准入门槛,要求发行企业持续增长。2007、2008 年,上证 A 股平均净资产收益率分别为 8.58%、2.36%;完成发行的 28 家创业板上市公司 2007、2008 年平均净资产收益率分别为 37.7%、31.46%,是上证 A 股的 4.39 倍和 13.33 倍。这就说明,创业板主要由中小规模、价格较高的股票组成。个股规模较小但价值较高,展现"珍贵"的本性。

2. 创业板享有创业企业红利、改革开放红利和最大发展中国家红利,具有"成长"的天性

从企业发展看,完成发行的 28 家创业板上市公司中,2006~2008 年营业收入复合增长率平均为 55.32%、最高为 97.30%,营业利润复合增长率平均为 89.84%、最高为 337.54%。

3. 创业板承载企业转型、技术革命和产业升级使命,养成"退市"的个性

有研究发现,创新企业存在"惊险一跳"。如果创新企业能够越过市场这道坎,就会形成市场势力,在短期内能迅速占领市场,获得超额利润,像微软、百度、苹果等一样跨越式成长;否则就可能迅速从快速成长期进入快速衰落期,甚至像国内诸多 VCD 企业一样面临灭顶之灾。

二、面临的挑战

1. 曲线成长、微观结构和定价经验决定了创业板估值难

按照现有的未来现金流折现的绝对估值法和利用相近市盈率计算的相对估值法,创业板企业估值的挑战在于如何估算未来现金流、测算贴现因子,并且缺乏相近案例。

2. 风险种类增多、幅度增大和勾稽互动决定了创业板风险大

创业板设立后,市场层次增加,风险种类增多,风险勾稽互动,风险维度和风险幅度加大。

思考题:

(1)谈一谈创业板的开板对我国资本市场的影响。

(2)针对创业板市场发展初期面临的挑战,我们应该采取哪些策略?

【案例二】 高盛"欺诈门"与金融监管

刚刚驱散金融危机阴云的华尔街如今再度硝烟弥漫。2010 年 4 月 16 日上午,美国证券交易委员会(SEC)对高盛集团及其副总裁法布里斯·托尔雷(Fabrice Tourre)提出证券欺诈的民事诉讼,称该公司在向投资者推销一款与次级信贷有关的金融产品时隐去关键事实,误导投资者。美国证监会指控托尔雷对这起欺诈案负主要责任。高盛在当天回应,否认所有指控并表示要积极抗辩,维护公司声誉。

证监会指责称,高盛在 2007 年初设计并销售了一款基于次级房屋抵押贷款债券(RMBS)的复合型担保债权凭证(Synthetic CDO),而当时美国房市和与其相关的证券均已经开始显示出疲软的迹象。证监会表示,高盛未能向投资者披露该 CDO 的关键信息,特别是一家大型对冲基金公司——保尔森基金公司(Paulson & Co.),其在组成 CDO 的次级房屋抵押贷款债券的挑选中扮演了重要角色,更严重的是,保尔森基金公司已经选择做空这款 CDO。

为这项交易,保尔森基金公司 2007 年向高盛支付了约 1 500 万美元的设计和营销费用,但这笔交易给其带来高达 10 亿美元的收益,而这全部是由这一 CDO 的投资者埋单的。

受"欺诈门"影响,大宗商品大跌,美元涨幅扩大。另外,2010 年 6 月 7 日,美国国会金融危机调查委员会向华尔街高盛集团发出一份传票,并指责该公司妨碍调查。这一切表明,金融危机后,华尔街"严打"行动升级。

思考题:

(1)高盛的"欺诈门"将对美国的金融监管格局产生哪些影响?

(2)谈一谈美国金融监管模式的发展变化。

【案例三】 股指期货的推出

股指期货推出进程：

1. 2010 年 4 月 16 日，国内首份股指期货合约正式推出。

2. 2010 年 4 月 8 日下午 4 点，股指期货上市启动仪式在上海东郊宾馆举行。时任中国证监会主席尚福林宣布股指期货正式启动，并与中共中央政治局委员、时任上海市委书记俞正声共同推动启动手柄，共同启动股指期货。

3. 2010 年 3 月 26 日：中国证监会发布《关于同意中国金融期货交易所上市沪深 300 股票指数期货合约的批复》。

4. 2010 年 2 月 20 日：中国证监会有关部门负责人宣布，证监会已正式批复中国金融期货交易所沪深 300 股指期货合约和业务规则，至此，股指期货市场的主要制度已全部发布。根据股指期货上市工作的总体安排，中国金融期货交易所定于 2010 年 2 月 22 日上午 9 时起正式受理客户开立股指期货交易编码申请。

思考题：

(1)股指期货的推出对我国机构投资者会有哪些影响？

(2)股指期货的推出对我国资本市场的发展有哪些影响？

第二节 证券投资的产生与发展

投资作为一种经济活动，是随着社会经济的发展而产生和逐渐发展的，在不同的社会形态和经济运行格局下，有着不同的内涵。随着近代社会化大生产以及商品经济和股份经济的发展，投资的方式在直接的实物资产投资基础上，又产生了间接的金融资产投资，即购买各种证券，包括政府和公司债券、股票，以及对其他证券衍生产品的投资。但是为获取最大利润而投入资本的投资实质没有改变。当前，西方国家在谈到投资时，主要是指购买有价证券等金融资产的投资活动。

一、证券投资的产生

证券和证券投资随着市场经济的发展而形成和演变。可以这么说，货币作为一般等价物出现后，生产者出售商品或劳务先获得货币，使其劳动价值得到市场的承认，然后通过货币的出让取得生活资料和生产资料。因为货币在供求时间上的不一致，货币剩余者可以将剩余货币让渡给货币短缺者使用，并要求获得一定的补偿，这就促使了货币市场的形成和银行的产生。在商品经济发达、货币信用成熟的国家中，又逐步形成和发展起政府发行国债、公司发行债券和股票、银行等金融机构发行金融债券和长期可转换债券等募集资金的方式，购买这种证券的行为就是证券投资，发行和交易这种证券的场所或网络就是证券市场。这种投资方式被广泛运用于国家财政赤字的弥补、新兴科学技术的推广和高科技风险企业生产规模的扩大。证券投资不仅成了银行筹资的有效补充，甚至起到了银行筹资所无法起到的作用。

(一)投资的含义

在现代市场经济条件下，投资活动作为一种重要的、不可或缺的经济活动，已经被越来越多的人所熟知。

美国著名投资学家威廉·F. 夏普(William F. Sharpe)在《投资学》一书中将投资定义为：投资就是为了获得可能的和不确定的未来值而做出的现值的牺牲。

投资的这一定义强调了投资的时间要素和不确定性。就时间而言,任何投资活动都存在一段时间间隔,即现在投入,在将来某一时间获得收益。事实上,投资者进行投资的过程就是在不同资产的收益和风险之间进行选择的过程。

从广义的角度讲,资产就是交换中具有价值的任何财产,包括金融资产和实物资产。所以,可以将投资理解为:投资者通过持有金融资产或实物资产,获得该资产在未来所产生的与所承担的风险成比例的预期收益的过程。从狭义的角度讲,投资仅指金融资产,即各种有价证券的买卖,也称证券投资。

由此可见,投资的内涵十分丰富,外延也十分宽泛,包括实物资产投资和金融资产投资两个口径的经济范畴,前者是投资经济学研究的主要内容,后者则是金融投资学研究的内容。

(二)投资的特征

从投资的含义来看,投资主要具有以下几方面特征。

1. 投资的收益性

投资的最终目的在于获得收益,即获得价值的增值。经济主体为了获得未来的货币或收益而进行投资,是以牺牲现在价值为手段,以赚取未来价值为目标。只有未来价值超过现在价值,投资者才能获得收益。投资的收益主要体现为各种形式的收入,如利息、股息,既可以是价格变动的资本利得,也可以是本金的增值,或者是各种财富的保值或权利的获得。

2. 投资的动态性

投资的动态性是指从现在垫付资金到未来获得收益,需要经过一定的时间间隔。这表明,投资是一个动态的经济活动,是实现价值增值的经济过程。

3. 投资的风险性

投资的风险性是指投资收益的不确定性。现在投入的价值是确定的,而未来获得的收益是不确定的,收益的不确定性构成了投资的风险。投资的过程越长,未来收益就越不确定,投资风险也就越大。

(三)投资的分类

按照不同的分类标准,可以将投资分为不同的类型(见图1—3)。

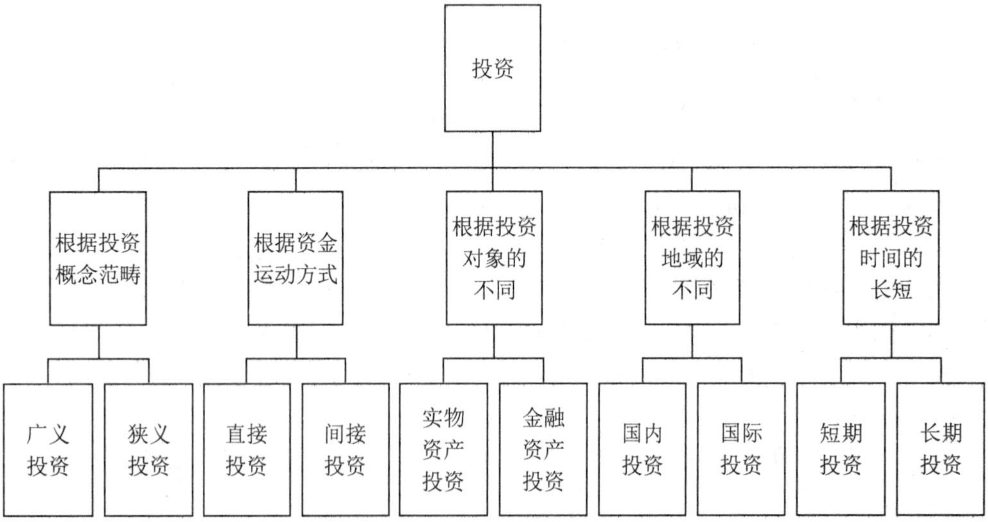

图1—3 投资的分类

1. 广义投资与狭义投资

根据投资概念范畴不同,可以分为广义投资和狭义投资。广义投资是指为了获取未来预期收益或权利而垫付一定资金的经济行为,具体包括投资于实物资产或是购买有价证券等金融资产。而狭义投资主要是指购买金融资产的投资行为,最主要的是证券投资。

2. 直接投资与间接投资

根据投资资金运动的方式,可以分为直接投资和间接投资。直接投资是指投资者将资金直接投入投资项目,形成实物资产或者购买现有企业的投资。直接投资的内容包括现金、厂房、机械设备、交通运输工具、通信、土地或土地使用权、并购企业等各种有形资产投资和商标、专利、专有技术、咨询服务等无形资产投资。通过直接投资,投资者可以拥有全部或者一定数量的企业资产及经营的所有权,能有效地控制投资资金的使用,并能对其全过程直接进行监督或参与管理。

间接投资是指投资者通过购买金融资产,以获取一定预期收益的经济行为。间接投资的内容包括对政府债券、公司债券、金融债券、公司股票等金融资产投资。通过间接投资,投资者可以根据金融市场行情灵活地买卖金融工具,以规避风险、获取收益,但投资者难以直接有效地控制资金运用状况。

3. 实物资产投资与金融资产投资

根据投资对象的不同,可以分为实物资产投资与金融资产投资。实物资产投资是指投资者直接拥有土地、建筑物、知识、机器设备以及人力资本等实物资本的投资行为。金融资产投资是以货币价值形态表示的在金融领域进行的资产投资。由于金融资产是脱离了实际生产过程的虚拟资本,因而证券的持有者不必自己去购买厂房、设备、企业家才能和其他生产要素,而是通过购买公司的普通股票间接地投资于这些生产要素。

4. 国内投资与国际投资

根据投资地域的不同,可以分为国内投资和国际投资。国内投资是指本国政府、企业和个人在本国境内所进行的投资。国际投资是指一国政府、企业和个人以资本增值为目的进行的跨国界投资,是将本国的资金、设备、技术、商标等作为资本投资于其他国家,以求占领市场或获得较国内更高经济收益的行为。

5. 短期投资与长期投资

根据投资时间的长短,可以分为短期投资和长期投资。短期投资是指投资时间在一年或一年以内的投资。长期投资是指投资时间在一年以上的投资。一般而言,短期投资相对于长期投资收益率相对低一些,但投资风险相对较小、资金周转快,也许会从再投资中获取更多的收益。

(四)投资与投机

投机是指某些资金操纵者在商业或金融交易业务中,不是以获取长远资本收益为目的,而是以获取短期差价为目标,以承担高风险为代价,以求获取短期差额利润的行为。投机的显著特征是期望通过市场价格波动来获利,这在商品、证券、外汇或期货等的交易中都普遍存在。

投资与投机的相同之处在于:二者都是以未来货币的增值或收益为目的而预先投入资金的行为;二者的未来收益都带有不确定性,都具有一定的风险。投资与投机的不同之处在于:投资的目的在于获得本金保障、资本增值或经常性收益等,而投机的目的在于获取短期利差;投资的风险相对较小、期限较长,而投机的风险较大、期限较短。

二、证券投资

(一)证券投资的含义

证券投资是指投资者通过购买、持有或转让有价证券,以期获得收益的行为。证券投资是金融投资的重要形式。

需要指出的是,证券投资和实物投资并不是互相排斥的,而是互补的。实物投资在其无法满足巨额资本的需求时,需要借助于证券投资。证券投资的资金来源主要是社会储蓄,这部分社会储蓄虽然没有直接投资于生产经营活动,而是通过证券市场间接投资于实物资产,但由于证券市场自身机制的作用,不仅使资金在盈余部门和短缺部门之间重新配置,解决了资金不足的矛盾,而且还会促使社会资金流向经济效益好的部门和企业,提高资金利用率和社会生产力水平。高度发达的证券投资市场使实物投资更为便捷,通过证券的发行可以筹集到实物投资所需的巨额资金。

(二)证券投资的特征

证券投资是指投资者通过买卖金融资产取得相关权利,目的是在一定时期内获得预期收入。其具有以下几个特征。

1. 证券投资的收益性

证券投资的收入或报酬,包括利息、股息等当前收入和由证券价格涨跌所带来的资本收益或损失两部分。证券投资的最终目的就是获取收益。

2. 证券投资的风险性

证券投资的资金价值是确定的,但未来获得收益是不确定的,这种获得收益的不确定性就是进行证券投资的风险。一般而言,证券投资的收益和风险呈正相关关系,即收益越高则风险越大。但是高风险并不意味着一定会获得高收益;反之,高收益也并不意味着一定产生高风险。

3. 证券投资的时间性

证券投资者进行证券投资的时间是证券投资的重要组成部分。在证券投资中,时间长短与收益多少、风险大小高度相关。一般而言,投资时间越长,收益相对越高,风险也越大。

(三)证券投资的要素

1. 投资的场所

投资的场所其实就是金融交易的场所,即金融市场。金融市场具有融通资金、定价、转移和分散风险以及提供流动性等多种功能。对投资者来说,金融市场是买卖股票、债券及其他有价证券的场所。当前,随着现代信息、通信与电子技术的发展,许多市场已经电子化,不再是一个具体的场所,而成为一个网络,许多金融工具的交易也是在这样的网络中实现的。

2. 投资参加者

(1)个人投资者

个人投资者是以家庭资产进行投资的投资者,又叫散户,是投资活动的主体。居民家庭的投资活动有两种形式:一是投资于各种基金;二是直接投资于市场中的各种金融工具。

(2)机构投资者

金融市场上的机构投资者可分为两类:一类是金融机构;另一类是非金融机构。

金融机构在投资活动中的作用要突出得多,也重要得多。参与投资活动的金融机构有主要从事证券业务的投资银行,从事存贷款业务的商业银行,从事人寿保险、财产保险和再保险业务的保险公司，以及包括共同基金、养老基金在内的各种基金。金融机构是投资活动中最具活力、最有影响的参与者。

另外，由于投资银行与商业银行混业经营已成为国际金融业发展的一大趋势，在我国，二者也已呈现出逐渐融合的势头。

对非金融机构来说，虽然它们也有闲置资金，也需要利用金融市场进行投资，以获得尽可能好的效益，但是，这不是主要的，这类企业在金融市场中主要是资金的需求者，在投资活动中是投资工具的发行者，也是投资资金的接受者。因此，这类企业更关注如何利用金融市场进行融资，如何利用金融市场进行套期保值以规避产品价格波动、利率变化和汇率变化的风险。

(3)政府

政府是资金的需求者。与企业一样，政府需要利用金融市场发行中长期国债或短期国库券来筹措资金以满足其支出需要。同时，政府通过中央银行在金融市场上发行中央银行票据或大量买卖国库券以影响市场利率和货币供应量，以达到宏观调控的目的。

3. 投资对象

投资对象是资本市场中的各种金融工具。金融工具的种类比较多，概括起来主要有4类：

(1)货币市场工具。在货币市场比较发达的西方国家，货币市场交易的规模较大，主要的品种有短期国库券、商业票据、大额存单、银行承兑汇票、欧洲货币、回购协议等。货币市场工具的共同特点是风险小、期限短、流动性强、收益较好。

(2)固定收益资本市场工具。这是指期限在一年以上的提供固定收益的证券。在发达国家，这类工具包括中长期国债、市政债券、公司债券和抵押债券等。它们的共同点为期限较长、收益固定和投资的风险较小。在我国，固定收益证券的主要形式为中央政府发行的政府债券、金融债券和企业债券。

(3)股权证券。

(4)衍生证券。衍生证券又叫衍生工具，是自20世纪70年代以来金融创新的产物。它是在基础金融工具的基础上派生出来的金融工具，其价值依赖于基础金融工具的价格。衍生工具主要包括期货、期权等。

第三节　证券投资的功能、理念和策略

证券投资的产生和资本市场的建立较之一般的货币借贷关系和货币市场来说，无疑是市场经济发展的一大进步。这种利用证券工具来筹集可供长期使用的巨额资金的投资形式，变间接融资为直接融资。

一、证券投资功能

(一)资本集聚功能

对于一个开放的资本市场，它可以利用股票、债券等有价证券来筹集巨额的资本，其资金来源无外乎本国的居民、企业和政府，当然也可以是国外经济主体。这种筹资方式为资本的集聚提供了广阔的市场。尤其在技术日新月异的时代，通过证券市场集聚资金，注入新兴高科技风险行业，对于推动新兴产业的发展以及社会的进步具有极为重要的现实意义。

(二)资本配置功能

证券投资的吸引力在于能够获得比银行存款利息更高的投资回报，在同样安全的条件下，

投资者都愿意购买回报高、变现快的证券，如政府债券，高效企业、朝阳行业发行的股票等。投资者的这种偏好引导了社会资金流向符合社会利益的地方。而在证券市场中表现良好的主要是那些朝阳行业和高效企业，投资者通过购买这类企业的股票，将大量的资金配置到高风险、高回报的产业，从而实现有限资金的合理使用。因为这些产业是推动社会经济发展的主导力量，所以证券市场的资金配置明显要比银行的资金配置具有更高的效率。

(三)传递经济信息功能

证券投资活动可以有效地增加社会经济信息的供给渠道，加速经济信息的传递。证券投资的过程就是一个不断处理各类经济信息的过程，这一特性决定了证券投资活动所形成的经济信息系统非常完善，信息流量极大，信息内容十分全面和深入。利用和处理好证券投资过程中集中传递的经济信息，有助于人们对企业、行业、市场以及整个国民经济的发展态势进行及时的评估和判断，进而为进行各种决策提供重要的依据。

二、证券投资理念和策略

(一)证券投资理念

随着我国证券市场制度建设和监管的日益完善、机构投资者队伍的不断发展壮大，以价值发现型投资理念、价值培养型投资理念为主的理性价值投资逐步发展成为主流投资理念。

1. 价值发现型投资理念

价值发现型投资理念是一种风险相对分散的市场投资理念。这种投资理念的前提是证券的市场价值是潜在的、客观的，从而广大投资者的投资风险才会相对较小。原因在于：(1)价值发现是一种投资于市场价值被低估的证券的过程，在证券价值未被高估时，投资获利的机会总是大于风险的；(2)由于某些证券的市场价值直接或间接与其所在的行业的成长、国民经济发展的总体水平相联系，因此在行业发展及国民经济增长没有出现停滞之前，证券的价值还会不断增加，在这种增值过程中又相应分享着国民经济增长的益处；(3)对于某类涉及价值发现型投资理念的证券，随着投资过程的进行，往往还有一个价值再发现的市场过程，这个过程也许还会将这类证券的市场价值推到一个相当高的价值水平。因此，在价值发现型投资理念下，只要有国民经济增长和行业发展的客观前提，以此理念指导投资就能够较大程度地规避市场投资风险。

2. 价值培养型投资理念

价值培养型投资理念是一种投资风险共担型的投资理念。在这种投资理念指导下的投资行为，既分享证券内在价值成长，也共担证券价值成长风险。其投资方式有两种：一种是投资者作为战略投资者，通过对证券母体进行战略投资的方式培养证券的内在价值与市场价值；另一种是众多投资者参与证券母体的融资，培养证券的内在价值和市场价值。前者如各类产业集团的投资行为，后者如投资者参与上市公司的增发、配股及可转债融资等。

(二)证券投资策略

在上述理性价值投资理念基础上，根据对风险收益的不同偏好，投资者的投资策略大致可分为以下3类：

1. 保守稳健型

保守稳健型投资者风险承受能力最低，安全性是其首先要考虑的因素。可以选择的投资策略包括：(1)投资无风险、低收益证券，如国债等。投资的信息需求主要包括各类无风险证券的特征、到期收益率和期限结构，以及与之相关的宏观经济政策信息；(2)投资低风险、低收益证券，如信用等级在投资级以上的公司债券、金融债券和可转换债券。投资的信息需求主要包括发债企业和担保机构的信用等级、财务状况，债券市场价格走势等。

2. 稳健成长型

稳健成长型投资者希望能通过投资机会来获利，并确保足够长的投资期间。可以选择的投资策略包括：投资中等风险、中等收益证券，如稳健型证券投资基金、指数型基金、分红持续稳定的蓝筹股，以及高利率、低等级企业债券等。投资的信息需求更多地体现在所选择投资品种的微观层面上。

3. 积极成长型

积极成长型投资者可以承受投资的短期波动，愿意承担因获得高报酬而会面临的高风险。可以选择的投资策略包括：投资高风险、高收益证券，主要包括与市场相关性较弱的股票。由于我国证券市场目前还属于弱式有效市场，信息公开化程度不足，虚假披露时有发生，因此这类投资的信息需求很难在理性上得到有效满足。

此外，对于风险收益既定型的投资者而言，证券组合投资也是一个不错的选择。该类投资的信息需求主要集中在投资组合产品的各项特征参数及其动态修正上，以保证投资组合的风格与信息需求一致。

【案例四】 证券投资基金的发展

1921年至20世纪70年代是证券投资基金的发展阶段。1921年4月美国设立了第一家证券投资基金组织——美国国际证券信托基金(The International Securities Trust of American)，标志着证券投资基金发展中的“英国时代”结束而“美国时代”开始。1924年3月21日，“马萨诸塞投资信托基金”成立，意味着美国式证券投资基金的真正起步。这一基金也是世界上第一个公司型开放式投资基金。

与英国模式相比，美国模式具有3个基本特点：①证券投资基金的组织体系由原先英国模式中的契约型改为公司型；②证券投资基金的运作制度由原先英国模式中的封闭式改为开放式；③证券投资基金的回报方式由原先英国模式中的固定利率方式改为分享收益和分担风险的分配方式。

目前，在全球证券投资基金中，美国的证券投资基金占主导地位。美国的证券投资基金主要有以下特征：第一，在世界各国证券投资基金中，美国的证券投资基金在资产总值上占半数以上；第二，基金运作相对规范，公司型基金占据主导地位；第三，基金种类多，金融创新层出不穷；第四，允许在发起的养老金计划和个人税收优惠储蓄计划中将公募的共同基金作为投资工具，这是推动证券投资基金发展的一个重要原因。

20世纪40年代以后，各发达国家的政府也认识到证券投资基金的重要性及其在金融市场上的作用，相继制定了一系列法律、法规，在对证券投资基金加强监管的同时，也为证券投资基金提供了良好的外部环境，极大地推动了证券投资基金的发展。80年代以后，证券投资基金在世界范围内得到了普及性发展。

目前，证券投资基金在全球的发展主要有以下特征：

(1)证券投资基金的数量、品种和规模增长很快，在整个金融市场乃至国民经济中占据了重要地位；

(2)证券投资基金的增长与金融市场呈正相关发展；

(3)证券投资基金成为一种国际性现象；

(4)开放式基金成为证券投资基金的主流产品；

(5)基金市场竞争加剧,行业集中趋势突出。

从国际经验看,证券投资基金之所以对投资人有较大的吸引力,并且在20世纪80年代以后发展迅速,主要原因是:

第一,证券投资基金在运作中的专业管理、制衡机制、组合投资等特征,有利于分散基金运作中的风险,并能够给投资人以稳定的回报,从而使投资人认可并选择这一投资工具。

第二,证券投资基金对证券市场的稳定和发展有一定的积极作用,对市场的支撑力度大。

第三,证券投资基金对金融产品创新、社会分工和社会稳定也有积极的促进作用。

【案例五】 股指期货在我国的推出

股指期货最早出现于美国市场。20世纪70年代,西方各国出现了经济滞胀,经济增长缓慢,物价飞涨,政治局势动荡,当时股票市场经历了第二次世界大战后最严重的一次危机,在1973～1974年的股市下跌中,道琼斯指数跌幅达到了45%,投资者意识到在股市下跌中缺少适当的管理金融风险的手段,因此开始研究用于规避股票市场系统性风险的工具。1982年2月,美国商品期货交易委员会(CFTC)批准推出股指期货。同年2月24日,美国堪萨斯期货交易所(KCBT)推出了全球第一份股指期货合约——价值线综合指数期货合约;4月21日,芝加哥商品交易所(CME)推出了S&P 500指数期货合约。股指期货一经诞生就受到了市场的广泛关注,价值线综合指数期货在推出的当年就成交了35万份,S&P 500指数期货的成交量更达到了150万份。股指期货的成功,不仅扩大了美国期货市场的规模,也引发了世界性的股指期货交易热潮。成熟市场及新兴市场纷纷推出股指期货交易。目前,世界上全部成熟市场以及绝大多数的新兴市场都有股指期货交易,股指期货成为股票市场最为常见、应用最为广泛的风险管理工具。按照世界交易所联合会的统计,2009年全球股指期货的交易量高达18.18亿手。其中,美国的小型S&P 500指数期货、欧洲的道琼斯欧元Stoxx 50指数期货、印度的S&P CNX Nifty指数期货、俄罗斯的RTS指数期货、韩国的Kospi 200指数期货和日本的小型日经225指数期货成交活跃,居全球股指期货合约交易量前六位。

股指期货在我国的推出经历了一个曲折漫长的过程。2006年9月8日,中国金融期货交易所在上海宣告成立,成为中国内地首家金融衍生品交易所及首家采用公司制组织形式的交易所。中国金融期货交易所主要从事金融衍生品交易,以沪深300指数为标的的股指期货成为首个上市交易的品种。自成立以来,从发展会员、仿真交易测试、期货公司各项指标考核到投资者教育,它为股指期货的推出作了大量的努力,投入了大量的人力、物力,但股指期货却迟迟不肯降临。直至2010年股指期货才在我国正式推出。

中国证监会有关部门负责人在2010年2月20日宣布,证监会已正式批复中国金融期货交易所沪深300股指期货合约和业务规则,至此股指期货市场的主要制度已全部发布。2010年2月22日上午9时起,中国金融期货交易所正式接受投资者开户申请。沪深300股指期货合约自2010年4月16日起正式上市交易。

沪深300股指期货合约标准见下表:

合约标的	沪深300指数
合约乘数	每点300元
报价单位	指数点
最小变动价位	0.2点
合约月份	当月、下月及随后两个季月

续表

交易时间	上午:9:15～11:30,下午:13:00～15:00
最后交易日交易时间	上午:9:15～11:30,下午:13:00～15:00
每日价格最大波动限制	上一个交易日结算价的±10%
最低交易保证金	合约价值的15%
最后交易日	合约到期月份的第三个周五,遇国家法定假日顺延
交割日期	同最后交易日
交割方式	现金交割
交易代码	IF
上市交易所	中国金融期货交易所

思考题:

(1)股指期货的定义和特点是什么?

(2)股指期货与股票交易的区别是什么?

(3)股指期货的功能与作用是什么?

(4)股指期货在我国推出过程如此漫长和做法如此谨慎的原因是什么?

本章概念

证券 有价证券 设权证券 证权证券 上市证券 非上市证券 投资 证券投资 直接投资 间接投资 价值发现型投资 价值培养型投资

思考题

1. 简述证券的特征及分类。
2. 简述有价证券的特征及分类。
3. 简述投资的分类。
4. 简述投资和投机的关系。
5. 简述证券投资的要素和功能。
6. 简述证券投资的理念和策略。

第二章

股　票

本章重点内容

- 股票概述
- 股票的价值与价格
- 影响股票价格的因素
- 普通股票与优先股票

学习目标

· 掌握股票的类型

· 熟悉影响股票价格变动的因素

股票是股份证书的简称，是股份公司为筹集资金而发给股东作为持股凭证并让股东借以取得股息和红利的一种有价证券。股票至今已有将近400年的历史，它伴随着股份公司的出现而出现。阿姆斯特丹股票交易所是世界上第一个股票市场。股份有限公司已经成为最基本的企业组织形式之一，而股票已经成为大企业筹资的重要渠道和方式，股票市场则是证券市场的重要内容。本章主要介绍股票的性质、特征、分类和价值。

第一节　股票概述

一、股票的定义

股票是一种有价证券，它是股份有限公司签发的证明股东所持股份的凭证。

股份有限公司的资本被划分为股份，每一股的金额相等，公司的股份采取股票的形式。股票的发行实行公平、公正的原则，同种类的每一股具有同等权利。股票一经发行，购买股票的投资者即成为公司的股东。股票实质上代表了股东对股份公司净资产的所有权，股东凭借股票可以获得公司的股息和红利、参加股东大会并行使自己的权利，同时也承担相应的责任与风险。

股票作为一种所有权凭证，有一定的格式。从股票的发展历史来看，最初的股票票面格式既不统一也不规范，由各发行公司自行决定。随着股份制度的发展和完善，许多国家通过相关法律对股票的票面格式作出规定，明确了票面应载明的事项和具体要求。我国《公司法》规定，股票采用纸面形式或者国务院证券监督管理机构规定的其他形式。股票上应当载明下列主要事项：公司名称、公司成立的日期、股票种类、票面金额、代表的股份数及股票的编号。股票由法定代表人签名，公司盖章。发起人的股票应当标明“发起人股票”字样。

二、股票的性质

(一)股票是有价证券

有价证券是财产价值和财产权利的统一表现形式。持有有价证券，一方面表示拥有一定价值量的财产，另一方面也表明有价证券持有人可以行使该证券所代表的权利。股票具有有价证券的特征：第一，虽然股票本身没有价值，但股票是一种代表财产权的有价证券，它包含着股东具有依其持有的股票要求股份公司按规定分配股息和红利的请求权。第二，股票与它代表的财产权有不可分离的关系，二者合为一体。换言之，行使股票所代表的财产权必须以持有股票为条件，股东权利的转让应与股票占有权的转移同时进行，股票的转让就是股东权的转让。

(二)股票是要式证券

股票应具备《公司法》规定的有关内容，如果缺少规定的要件，股票就无法律效力。

(三)股票是证权证券

证券可以分为设权证券和证权证券。设权证券是指证券所代表的权利本来不存在，是随着证券的制作而产生的，即权利的发生是以证券的制作和存在为条件的。证权证券是指证券是权利的一种物化的外在形式，它是权利的载体，权利是已经存在的。股票代表的是股东的权利，它的发行是以股份的存在为条件的，股票只是把已经存在的股东权利表现为证券的形式，它的作用不是创造股东的权利，而是证明股东的权利。所以说，股票是证权证券。

(四)股票是资本证券

发行股票是股份公司筹措自有资本的手段。因此，股票是投入股份公司的资本份额的证券化，属于资本证券。但是，股票又不是一种现实的资本。股份公司通过发行股票获得的资金，才是公司用于营运的真实资本。股票独立于真实资本之外，在股票市场上进行着独立的价值运动，是一种虚拟资本。

(五)股票是综合权利证券

股票既不属于物权证券，也不属于债权证券，而是一种综合权利证券。物权证券是指证券持有者对公司的财产有直接支配处理权的证券；债权证券是指证券持有者为公司债权人的证券。股票持有者作为股份公司的股东，享有独立的股东权利。换言之，当公司股东将出资交给公司后，股东对其出资财产的所有权就转化为股东权了。股东权是一种综合权利，股东依法享有获得资产收益、参与重大决策、选择管理者等权利。股东虽然是公司财产的所有人，享有种种权利，但对于公司的财产不能直接支配处理，而对财产的直接支配处理是物权证券的特征，所以，股票不是物权证券。另外，一旦投资者购买了公司股票，即成为公司部分财产的所有人，但该所有人在性质上是公司内部的构成人员，而不是与公司对立的债权人，所以股票也不是债权证券。

三、股票的特征

股票具有以下五个方面的特征：

(一)收益性

收益性是股票最基本的特征，它是指股票可以为收益人带来收益的特性。持有股票的目的在于获取收益。股票的收益来源可以分为两类：一是来自股份公司。认购股票后，持有者即对发行公司享有经济权益，其实现形式是公司派发的股息、红利，数量多少取决于股份公司的经营状况和盈利水平。二是来自股票流通。股票持有者可以持股票到依法设立的证券交易所进行交易，当股票的市场价格高于买入价格时，卖出股票就可以赚取差价收益。这种差价收益称为资本利得。

(二)风险性

股票风险的内涵是股票投资收益的不确定性，或者说实际收益与预期收益之间的偏离。投资者在买入股票时，对其未来收益会有一个预期，但真正实现的收益可能会高于或低于原先的预期，这就是股票的风险。很显然，风险是一个中性概念，风险不等于损失，高风险的股票可能给投资者带来较大的损失，也可能带来较大的收益。

(三)流动性

流动性是指股票可以通过依法转让而变现的特性，即在本金保持相对稳定、变现的交易成本很小的条件下，股票很容易变现的特性。股票持有人不能从公司退股，但股票转让为其提供了变现的渠道。通常，判断股票流动性强弱主要分析三个方面：一是市场深度，可以每个价位上报单的数量来衡量，买卖盘在每个价位上报单越多，则成交越容易，股票的流动性越强；二是报价紧密度，以价位之间的价差来衡量，价差越小，交易对市场价格的冲击越小，股票的流动性越强。在有做市商的情况下，做市商双边报价的价差是衡量股票流动性的重要指标；三是股票的价格弹性，以交易价格受大额报单冲击后的恢复能力来衡量，价格恢复能力越强，股票的流动性越强。但是，由于股票的转让可能受各种条件或法律法规的限制，因此，并非所有的股票都具有相同的流动性。通常情况下，大盘股的流动性强于小盘股，上市公司股票的流动性强于非上市公司股票，而上市公司股票又可能因为市场或监管原因而受到转让限制，从而具有不同程度的流动性。

(四)永久性

永久性是指股票上所载有权利的有效性是始终不变的，因此它是一种无期限的法律凭证。股票的有效期与股份公司的存续期间相联系，二者是并存的关系。这种关系实际上反映了股东与股份公司之间比较稳定的经济关系。股票代表着股东的永久性投资，当然股票的持有者可以出售股票而转让其股东身份，而对于股份公司来说，由于股东不能要求退股，所以通过发行股票募集到的资金，在公司存续期间是一笔稳定的自有资本。

(五)参与性

参与性是指股票持有人有权参与公司重大决策的特性。股票持有人作为股份公司的股东有权出席股东大会，行使对公司经营决策的参与权。股东参与公司重大决策权利的大小通常取决于其持有股份数量的多少，如果某股东持有的股份数量达到决策所需的有效多数时，就能实质性地影响公司的经营方针。

四、股票的类型

(一)普通股票和优先股票

按股东享有权利的不同，股票可以分为普通股票和优先股票。

1. 普通股票

普通股票是最基本、最常见的一种股票，其持有者享有股东的基本权利和义务。普通股票的权利完全随公司盈利的多少而变化。在公司盈利较多时，普通股票股东可获得较高的股利收益，但在公司盈利和剩余财产的分配顺序上列在债权人和优先股票股东之后，故其承担的风险也比较高。

2. 优先股票

优先股票的股息率是固定的，其持有者的股东权利受到一定限制，但是在公司盈利和剩余财产的分配上较普通股票股东享有优先权。

（二）记名股票和无记名股票

按是否记载股东姓名，股票可以分为记名股票和无记名股票。

1. 记名股票

记名股票是指在股票票面和股份公司的股东名册上记载股东姓名的股票。很多国家的公司法都对记名股票的有关事项作出了具体规定。一般来说，如果股票是归某人单独所有，则应记载持有人的姓名；如果股票是归国家授权的投资机构或者法人所有，则应记载国家授权的投资机构或者法人的名称；如果股票持有者因故改换姓名或者名称，就应到公司办理变更股东姓名或者名称的手续。我国《公司法》规定，公司发行的股票可以为记名股票，也可以为无记名股票。股份有限公司向发起人、法人发行的股票，应当为记名股票，并应当记载该发起人、法人的名称或者姓名，不得另立户名或者以代表人姓名记名。公司发行记名股票的，应当置备股东名册，记载下列事项：股东的姓名或者名称及住所、各股东所持股份数、各股东所持股票的编号、各股东取得股份的日期。

记名股票有如下特点：

（1）股东权利归属于记名股东

对于记名股票来说，只有记名股东或其正式委托授权的代理人才能行使股东权。除了记名股东以外，其他持有者（非经记名股东转让和经股份公司过户的）不具有股东资格。

（2）可以一次或分次缴纳出资

缴纳股款是股东基于认购股票而承担的义务。一般来说，股东应在认购时一次缴足股款。但是，基于记名股票所确定的股份公司与记名股东之间的特定关系，有些国家允许记名股东在认购股票时无须一次缴足股款。我国《公司法》规定，设立股份有限公司的，发起人认购和募集的股本应达到法定资本最低限额。采取发起设立方式设立股份有限公司的，注册资本为在公司登记机关登记的全体发起人认购的股本总额。发起人应当书面认足公司章程规定其认购的股份；一次缴纳的，应当缴纳全部出资；分期缴纳的，应当缴纳首期出资。全体发起人首次出资额不得低于注册资本的 20%，其余部分由发起人自公司成立之日起两年内缴足。以募集方式设立股份有限公司的，发起人认购的股份不得低于公司股份总数的 35%。

（3）转让相对复杂或受限制

记名股票的转让必须依据法律和公司章程规定的程序进行，而且要服从规定的转让条件。一般来说，记名股票的转让都必须由股份公司将受让人的姓名或名称、住所记载于公司的股东名册，办理股票过户登记手续，这样受让人才能取得股东的资格和权利。而且，为了维护股份公司和其他股东的利益，法律对于记名股票的转让有时会规定一定的限制条件，如有的国家规定记名股票只能转让给特定的人。我国《公司法》规定，记名股票由股东以背书方式或者法律、行政法规规定的其他方式转让；转让后由公司将受让人的姓名或名称及住所记载于股东名册。股东大会召开前 20 日内或者公司决定分配股利的基准日前 5 日内，不得进行上述规定的股东名册的变更登记。但是，法律对上市公司股东名册变更登记另有规定的，从其规定。

（4）便于挂失，相对安全

记名股票与记名股东的关系是特定的，因此，如果股票遗失，记名股东的资格和权利并不消失，并可依据法定程序向股份公司挂失，要求公司补发新的股票。我国《公司法》对此的具体规定是：记名股票被盗、遗失或者灭失，股东可以依照《中华人民共和国民事诉讼法》规定的公示催告程序，请求人民法院宣告该股票失效。人民法院宣告该股票失效后，股东可以向公司申请补发股票。

2. 无记名股票

无记名股票是指在股票票面和股份公司股东名册上均不记载股东姓名的股票。无记名股票也被称为"不记名股票"，与记名股票的差别不是在股东权利等方面，而是在股票的记载方式上。无记名股票发行时一般留有存根联，它在形式上分为两部分：一部分是股票的主体，记载了有关公司的事项，如公司名称、股票所代表的股数等；另一部分是股息票，用于进行股息结算和行使增资权利。我国《公司法》规定，发行无记名股票的，公司应当记载其股票数量、编号及发行日期。

无记名股票有如下特点：

(1)股东权利归属于股票的持有人

确认无记名股票的股东资格不以特定的姓名记载为依据，所以，为了防止假冒、舞弊等行为，无记名股票的印制特别精细，其印刷技术、颜色、纸张、水印、号码等均须符合严格的标准。我国《公司法》规定，发行无记名股票的公司应当于股东大会召开前 30 日公告会议召开的时间、地点和审议事项。无记名股票持有人出席股东大会的，应当于会议召开 5 日前至股东大会闭幕时将股票交存于公司。

(2)认购股票时要求一次缴纳出资

无记名股票上不记载股东姓名，若允许股东缴纳部分出资即发给股票，以后实际上无法催缴未缴纳的出资，所以认购者必须缴足出资后才能领取股票。

(3)转让相对简便

与记名股票相比，无记名股票的转让较为简单与方便，原持有者只要向受让人交付股票便发生转让的法律效力，受让人取得股东资格不需要办理过户手续。我国《公司法》规定，无记名股票的转让，由股东将该股票交付给受让人后即发生转让的效力。

(4)安全性较差

因无记载股东姓名的法律依据，无记名股票一旦遗失，原股票持有者便丧失股东权利，且无法挂失。

(三)有面额股票和无面额股票

1. 有面额股票

所谓有面额股票，是指在股票票面上记载一定金额的股票。这一记载的金额也称为票面金额、票面价值或股票面值。我国《公司法》规定，股份有限公司的资本被划分为股份，每一股的金额相等。

有面额股票具有如下特点：

(1)可以明确表示每一股所代表的股权比例

例如，某股份公司发行 1 000 万元的股票，每股面额为 1 元，则每股代表着公司净资产千万分之一的所有权。

(2)为股票发行价格的确定提供依据

我国《公司法》规定，股票发行价格可以按票面金额，也可以超过票面金额，但不得低于票面金额。有面额股票的票面金额就是股票发行价格的最低界限。

2. 无面额股票

无面额股票也称比例股票或份额股票，是指在股票票面上不记载股票面额，只注明它在公司总股本中所占比例的股票。无面额股票的价值随股份公司每股净资产和预期每股收益的增减而相应的增减。公司净资产和预期收益增加，每股价值上升；反之，公司净资产和预期收益减少，每股价值下降。20 世纪初，美国纽约州最先通过法律，允许发行无面额股票，之后美国其他州和其他一些国家也相继效仿，但目前世界上很多国家(包括中国)的公司法规定不允许发行这种股票。

无面额股票有如下特点：

(1)发行或转让价格较灵活

由于没有票面金额，因而发行价格不受票面金额的限制。在转让时，投资者也不易受股票票面金额影响，而更注重分析每股的实际价值。

(2)便于股票分割

如果股票有面额，分割时就需要办理面额变更手续，由于无面额股票不受票面金额的约束，发行该股票的公司能够比较容易地进行股票分割。

(四)我国股票的类型

1. 按投资主体的性质分类

(1)国家股

国家股是指有权代表国家进行投资的部门或机构以国有资产向公司投资形成的股份，包括用公司现有国有资产投资形成的股份。国家股从资金来源上看，主要有三个方面：第一，现有国有企业改组为股份公司时所拥有的净资产；第二，现阶段有权代表国家进行投资的政府部门向新组建的股份公司的投资；第三，经授权代表国家投资的投资公司、资产经营公司、经济实体性总公司等机构向新组建的股份公司的投资。国家股可以转让，但转让应符合国家的有关规定。

(2)法人股

法人股是指企业法人或具有法人资格的事业单位和社会团体以其依法可支配的资产投入公司形成的股份。如果是具有法人资格的国有企业、事业及其他单位以其依法占有的法人资产向独立于自己的股份公司出资形成或依法定程序取得的股份，可称为国有法人股。

(3)社会公众股

我国《证券法》规定，社会募集公司申请股票上市的条件之一是，向社会公开发行的股份达到公司股份总数的 25%以上。公司股本总额超过人民币 4 亿元的，向社会公开发行股份的比例为 10%以上。

(4)外资股

外资股是外国和我国港、澳、台地区投资者以购买人民币特种股票等形式向股份制公司投资形成的股份，分为境内上市外资股和境外上市外资股。

①境内上市外资股

这类股票称为 B 股。B 股采取记名股票形式，以人民币标明股票面值，以外币认购买卖，在境内证券交易所上市交易。境内居民个人可以用现汇存款和外币现钞存款以及从境外汇入的外汇资金从事 B 股交易，但不允许使用外币现钞。境内居民个人所购 B 股不得向境外转托管。公司向境内上市外资股股东支付股利及其他款项，以人民币计价和宣布，以外币支付。

②境外上市外资股

在境外上市时，可以采取境外存股凭证形式或者股票的其他派生形式。境外上市外资股主要由 H 股、N 股、S 股等构成。H 股是指注册地在我国内地、上市地在我国香港的外资股。红筹股不属于外资股。红筹股是指在中国境外注册、在我国香港上市，但主要业务在中国内地或大部分股东权益来自中国内地的股票。

2. 按流通受限与否分类

(1)已完成股权分置改革的公司，按股份流通受限与否可分为以下类别：

①有限售条件股份：国家持股、国有法人持股、其他内资持股、外资持股。

②无限售条件股份：人民币普通股、境内上市外资股、境外上市外资股及其他。

(2)未完成股权分置改革的公司，按股份流通受限与否可以分为以下类别：

①未上市流通股份：发起人股份、募集法人股份、内部职工股、优先股及其他。

②已上市流通股份：境内上市人民币普通股、境内上市外资股、境外上市外资股及其他。

五、与股票相关的概念

(一)股利政策

股利政策是指股份公司对通过公司经营获得的盈余公积和应付利润采取现金分红或派息、发放红股等方式回馈股东的制度与政策。股利政策体现了公司的发展战略和经营思路，稳定可预测的股利政策有利于股东利益最大化，是股份公司稳健经营的重要指标。

获取经常性收入是投资者购买股票的重要原因之一，分红派息是股票投资者经常性收入的主要来源。从会计角度说，股份公司的税后利润归全体股东所有，不论是否分红派息，股东利益并不受影响。但是，并不能因此就认为股利政策无关紧要，对于一些处于高速增长阶段的上市公司，因其资本回报率高于市场利率水平，不分红或少分红反而更有利于投资者利益最大化，股东因股价上涨得到的收益大大高于少分红所产生的损失。从理论上来讲，不管公司盈利前景如何看好，如果一家上市公司永远不分红，则它的股票将毫无价值。

1. 派现

派现，也称现金股利。现金股利指股份公司以现金分红方式将盈余公积和当期应付利润的部分或全部发放给股东，股东为此应支付所得税。我国对个人投资者获取上市公司现金分红适用的利息税率为 20%，目前减半征收。机构投资者由于本身需要缴纳所得税，为避免双重税负，在获取现金分红时不需要缴税。现金股利的发放致使公司的资产和股东权益减少同等数额，导致公司现金流出。稳定的现金股利政策对公司现金流管理有较高的要求，通常将那些经营业绩较好，具有稳定且较高的现金股利支付的公司股票称为蓝筹股。

2. 送股

送股，也称股票股利。股票股利是指股份公司对原有股东采取无偿派发股票的行为。送股时上市公司的留存收益转入股本账户，留存收益包括盈余公积和未分配利润，现在的上市公司一般只将未分配利润部分送股。送股实质上是留存利润的凝固化和资本化，从表面上看，送股后股东持有的股票数量因此增加，其实股东在公司中占有的权益比例和账面价值均无变化。投资者获得上市公司送股时也需缴纳所得税。

3. 四个重要日期

(1)股利宣布日，即公司董事会将分红派息的消息公布于众的时间。

(2)股权登记日，即统计和确认参加本期股利分配的股东的日期，在此日期持有公司股票的股东方能享受股利发放。

(3)除息除权日,通常为股权登记日之后的1个工作日,该日之后(含该日)买入的股票不再享有本期股利。从理论上说,除息日股票价值应下降与每股现金股利相同的数额,除权日股票价格应按送股比例同步下降。

(4)派发日,即股利正式发放给股东的日期。根据证券存管和资金划转的效率不同,通常会在几个工作日之内到达股东账户。

(二)股份变动

股份有限公司在首次公开发行股票并在证券交易所上市后,还会因增发、配股、资本公积金转增股本、股份回购、可转换债券转换为股票、股票分割与合并等而引起公司股份总数的变动并对股票价格产生影响。

1. 增发

增发指公司因业务发展需要增加资本额而发行新股。上市公司可以向公众公开增发,也可以向少数特定机构或个人增发。增发之后,公司注册资本相应增加。

增发之后,若会计期内增量资本未能产生相应效益,将导致每股收益下降,这称为稀释效应,会促成股价下跌;从另一角度看,若增发价值高于增发前每股净资产,则增发后可能会导致公司每股净资产增加,有利于股价上涨;再有,增发总体上增加了发行在外的股票总量,短期内增加了股票供给,若无相应需求增长,股价可能下跌。

2. 配股

配股是面向原有股东,按持股数量的一定比例增发新股,原股东可以放弃配股权。现实中由于配股价通常低于市场价格,配股上市之后可能导致股价下跌。在实践中可以经常发现,对那些业绩优良、财务结构健全、具有发展潜力的公司而言,增发和配股意味着将增强公司经营实力,会给股东带来更多回报,股价不仅不会下跌,可能还会上涨。

3. 资本公积金转增股本

资本公积金是在公司的生产经营之外,由资本资产本身及其他原因形成的股东权益收入。股份公司的资本公积金主要来源于股票发行的溢价收入、接受的赠与、资产增值、因合并而接受其他公司资产净额等。其中,股票发行溢价是上市公司最常见、最主要的资本公积金来源。

资本公积金转增股本是在股东权益内部,把公积金转到“实收资本”或者“股本”账户,并按照投资者所持有公司的股份份额比例的大小分配到各个投资者的账户中,以此增加每个投资者的投入资本。转增股本后,股东权益总量和每位股东占公司的股份比例均未发生任何变化,唯一的变动是发行在外的总股数增加了。因此,与股票股利类似,从理论上说,转增之后,每股价格相应向下调整。但在现实中,如果人们对高比例转增股本的公司未来利润增长前景具有较高期望,转增往往会带来股价上涨。资本公积金转增股本同样会增加投资者持有的股份数量,但实质上,它不属于利润分配行为,因此,投资者无须纳税。

4. 股份回购

上市公司利用自有资金,从公开市场上买回发行在外的股票,称为股份回购。我国《公司法》规定,公司不得收购本公司的股份,但有下列情形之一的除外:减少公司注册资本;与持有本公司股份的其他公司合并;将股份奖励给本公司职工;股东因对股东大会作出的公司合并、分立决议持异议,要求公司收购其股份的。通常股份回购会导致公司股价上涨:一是因为股份回购改变了原有供求平衡,增加需求,减少供给;二是向市场传达了积极的信息,因为公司通常在股价较低时实施回购,而市场一般认为公司基于信息优势作出的内部估值比外部投资者的估值更准确。

5. 可转换债券转换为股票

上市公司符合法定条件并经监管机构核准后可以公开发行可转换债券，可转换债券在发行时约定债券持有人可以在一定条件下将债券转换为公司股票。当债券持有人行使转换权时，公司收回并注销发行的债券，同时发行新股。此时，公司的实收资本和股份总数增加，由于稀释效应，有可能导致股价下降。

6. 股票分割与合并

股票分割又称拆股、拆细，是将 1 股股票均等地拆成若干股。股票合并又称并股，是将若干股股票合并为 1 股。从理论上说，不论是分割还是合并，并不影响股东权益的数量及占公司总股权的比重，因此，也应该不会影响调整后的股价。也就是说，如果把 1 股分拆为 2 股，则分拆后股价应为分拆前的一半；相反，若把 2 股并为 1 股，并股后股价应为此前的两倍。但事实上，股票分割与合并通常会刺激股价上升或下降，其中原因颇为复杂，但至少存在以下理由：股票分割通常适用于高价股，拆细之后每股股票的市价下降，便于吸引更多的投资者购买；并股则常见于低价股。

第二节　股票的价值与价格

一、股票的价值

（一）股票的票面价值

股票的票面价值又称为面值，即在股票票面上标明的金额。该种股票被称为有面额股票。股票的票面价值在初次发行时有一定的参考意义。如果以面值作为发行价，称为平价发行，此时公司发行股票募集的资金等于股本的总和，也等于面值总和。发行价格高于面值称为溢价发行，募集的资金中等于面值总和的部分计入资本账户，把以超过股票票面金额的发行价格发行股票所得的溢价款列为公司资本公积金。随着时间的推移，公司的净资产会发生变化，股票面值与每股净资产逐渐背离，与股票的投资价值之间也没有必然的联系，尽管如此，票面价值代表了每一股份占总股份的比例，在确定股东权益时仍有一定的意义。

（二）股票的账面价值

股票的账面价值又称股票净值或每股净资产，在没有优先股的条件下，每股账面价值等于公司净资产除以发行在外的普通股票的股数。公司净资产是公司资产总额减去负债总额后的净值，从会计角度说，等于股东权益价值。股票账面价值的高低对股票交易价格有重要影响，但是，通常情况下，股票账面价值并不等于股票的市场价格。主要原因有两点：一是会计价值通常反映的是历史成本或者按某种规则计算的公允价值，并不等于公司资产的实际价值；二是账面价值并不反映公司的未来发展前景。

（三）股票的清算价值

股票的清算价值是公司清算时每一股份所代表的实际价值。从理论上说，股票的清算价值应与账面价值一致，但实际上并非如此。只有当清算时公司资产实际出售价款与财务报表上的账面价值一致时，每一股份的清算价值才与账面价值一致。但在公司清算时，其资产往往只能压低价格出售，再加上必要的清算费用，所以大多数公司的实际清算价值低于其账面价值。

（四）股票的内在价值

股票的内在价值即理论价值，也即股票未来收益的现值。股票的内在价值决定股票的市场价格，股票的市场价格总是围绕其内在价值波动。研究和发现股票的内在价值，并将内在价值与市场价格相比较，进而决定投资策略，是证券研究人员、投资管理人员的主要任务。由于未来收益及市场利率的不确定性，各种价值模型计算出来的内在价值只是股票真实的内在价值的估计值。经济形势的变化、宏观经济政策的调整、供求关系的变化等都会影响上市公司未来的收益，引起内在价值的变化。

二、股票的价格

(一)股票的理论价格

股票价格是指股票在证券市场上买卖的价格。从理论上说，股票价格应由其价值决定，但股票本身并没有价值，不是在生产过程中发挥职能作用的现实资本，而只是一张资本凭证。股票之所以有价格，是因为它代表着收益的价值，即能给它的持有者带来股息红利。股票交易实际上是对未来收益权的转让买卖，股票价格就是对未来收益的评定。股票及其他有价证券的理论价格是根据现值理论而来的。现值理论认为，人们之所以愿意购买股票和其他证券，是因为它能够为它的持有人带来预期收益，因此，它的价值取决于未来收益的大小。可以认为，股票的未来股息收入、资本利得收入是股票的未来收益，也可称之为期值。将股票的期值按必要收益率和有效期限折算成今天的价值，即股票的现值。股票的现值就是股票未来收益的当前价值，也就是人们为了得到股票的未来收益愿意付出的代价。可见，股票及其他有价证券的理论价格就是以一定的必要收益率计算出来的未来收入的现值。

(二)股票的市场价格

股票的市场价格一般是指股票在二级市场上交易的价格。股票的市场价格由股票的价值决定，但同时受许多其他因素的影响。其中，供求关系是最直接的影响因素，其他因素都是通过作用于供求关系而影响股票价格的。由于影响股票价格的因素复杂多变，所以股票的市场价格呈现出高低起伏的波动性特征。

在自由竞价的股票市场中，股票的市场价格会不断变动。引起股票价格变动的直接原因是供求关系的变化或者说是买卖双方力量强弱的转换。根据供求规律，价格是供求对比的产物，同时也是恢复供求平衡的关键变量。在任何价位上，如果买方的意愿购买量超过此时卖方的意愿出售量，股价将会上涨；反之，股价将会下跌。从根本上说，股票供求以及股票价格主要取决于预期。买方之所以愿意按某个价位买进股票，主要是因为他们认为持有该股票带来的收益超过了目前所花资金的机会成本(比如说，预期股价将会上涨、预期公司将派发较多红利)，换言之，认为该股票的价格被低估了。同理，卖方之所以愿意出售股票，主要原因是他们认为该价格被高估了，将来可能下跌。当然，某些特殊原因也可能导致股票的供求变化，比如为了夺取或保持公司控制权而买入股票，履行某种承诺(如期权到期行权)而买进股票。同样，股票持有人也可能因为流动性挤压或者财产清算等原因而卖出股票。分析股价变动的因素，就是要梳理影响供求关系变化的深层次原因。

第三节　影响股票价格的因素

公司经营状况、行业与部门因素以及宏观经济与政策因素是影响投资者对将来股价预期，从而影响当前买卖决策并最终导致当前股价变化的最主要原因，在证券分析中，我们通常把这三类因素统称为基本因素，对这些因素的分析称为基本分析或基本面分析。影响股价变化的还有其他因素，如政治及其他不可抗力的影响、心理因素、政策及制度因素、人为操纵因素等。

一、公司经营状况

股份公司的经营现状和未来发展是股票价格的基石。从理论上分析，公司经营状况与股票价格正相关，公司经营状况好，股价上升；反之，股价下跌。公司经营状况的好坏，可以从以下各项来分析：

（一）公司治理水平与管理层质量

公司治理是一国社会经济活动中的企业制度安排，传统的公司治理是指在企业所有权和经营权分离的条件下，投资者（股东和贷款人）和公司之间的利益分配和控制关系。现代意义上的公司治理可理解为关于企业组织方式、控制机制、利益分配的所有法律、机构、文化和制度安排，它界定的不仅是企业及其所有者之间的关系，而且包括企业与所有相关利益集团（例如，员工、客户、供货商、债权人、所在社区等）之间的关系。从提高公司绩效的角度，公司治理主要解决两大问题，一是经理层、内部人士的利益机制及其与公司的外部投资者利益和社会利益的兼容问题；二是经理层的管理能力问题。公司治理包括决定公司经营的若干制度性因素，主要是根据权力机构、决策机构、执行机构和监督机构相互独立、权责明确、相互制衡的原则建立股东会、董事会、管理层和监事会，其重点在于监督和制衡。良好的公司治理结构与治理实践对公司的长期稳定经营具有至关重要的作用。对于公司治理情况的分析主要包括公司股东、管理层、员工及其他外部利益相关者之间的关系及其制衡状况，公司董事会、监事会构成及运作等因素。管理层是具体负责公司日常经营的核心力量，对公司的营运前景关系重大，对管理层的分析包括主要高级管理人员经验、水平、性格等内容，以及管理团队稳定性、合作与分工等情况。

（二）公司竞争力

在任何时期、任何行业，具有竞争力的公司的股票通常更容易得到投资者认可；反之，缺乏竞争力的公司的股票价格会下跌。最常用的公司竞争力分析框架是 SWOT 分析，它提出了 4 个考察维度，即公司经营中存在的优势（Strengths）、劣势（Weaknesses）、机会（Opportunities）与威胁（Threats）。对具体公司而言，竞争力分析的侧重点各不相同，但通常会包括市场占有情况、产品线完整程度、创新能力、财务健全性等。

（三）财务状况

会计报表是描述公司经营状况的一种相对客观的工具，分析公司财务状况，重点在于研究公司的盈利性、安全性和流动性。

1. 盈利性

公司盈利水平高低及未来发展趋势是股东权益的基本决定因素，通常把盈利水平高的公司的股票称为绩优股，把未来盈利增长趋势强劲的公司的股票称为高增长型股票，它们在股票市场上通常会有较好的表现。

衡量盈利性最常用的指标是每股收益和净资产收益率。每股收益等于公司净利润除以发行在外的总股数，其他条件不变，每股收益越高，股价就越高。净资产收益率也称为股本收益率，等于公司净利润除以净资产，反映了公司自有资本的获利水平。在证券市场实践中，除了分析利润的绝对量（每股收益）和相对量（净资产收益率）之外，通常还需要考察盈利的构成以及持续性等因素。通常，稳定持久的主营业务利润比其他一次性或偶然的收入（例如，资产重估与资产处置、财政补贴、会计政策变更等）更值得投资者重视。

2. 安全性

公司的财务安全性主要是指公司偿还债务从而避免破产的特性,通常用公司的负债与公司资产和资本金相联系来刻画公司的财务稳健性或安全性。而这类指标同时也反映了公司自有资本与总资产之间的杠杆关系,因此也被称为杠杆比率。除此之外,财务安全性分析往往还涉及债务担保比率、长期债务比率、短期财务比率等指标。

3. 流动性

公司资金链状况也是影响经营的重要因素,流动性强的公司抗风险能力较强,尤其在经济处于低迷时期,这一类公司股票往往会有较好的表现;反之,流动性弱的公司,一旦资金链断裂,很容易陷入技术性破产。衡量财务流动性状况需要从资产负债整体考量,最常用的指标包括流动比率、速动比率、应收账款平均回收期、销售周转率等。公司各种财务指标之间存在一定的勾稽关系,以净资产收益率(ROE)为例,著名的杜邦公式揭示了它的构成。换言之,如果把净资产收益率、销售利润率视为盈利性指标,周转率视为流动性指标,杠杆比率视为安全性指标的话,那么,以上"三性"之间是存在一定的内在联系的。

(四)公司改组或合并

公司改组或合并有多种情况,有的是为了扩大规模、增强竞争能力而改组或合并,有的是为了消灭竞争对手,有的是为了控股,也有的是为了操纵市场而进行恶意兼并。公司改组或合并总会引起股价剧烈波动,但要分析此举对公司的长期发展是否有利,改组或合并后是否能够改善公司的经营状况,这是决定股价变动方向的重要因素。

二、行业与部门因素

股票市场中,经常能观察到某一行业(例如,有色金属、装备制造、商业零售、房地产)或者板块(例如,新能源板块)的股票在特定时期表现出齐涨共跌的特征,这说明,在这些股票中,存在着某种行业性或产业性的共同影响因素,对这些因素的分析称为行业/部门分析。

(一)行业分类

行业分类的依据主要是公司收入或利润的来源比重,目前我国常见的分类标准包括中国证监会于2001年制定的《上市公司行业分类指引》、国家统计局发布的《行业分类标准》以及由摩根士丹利和标准普尔联合发布的《全球行业分类标准》(GICS)等。以中国证监会《上市公司行业分类指引》为例,它将上市公司按三级分类,分别列入农林牧渔业,采掘业,制造业,电力、煤气及水的生产和供应业,建筑业,交通运输及仓储业,信息技术业,批发和零售贸易业,房地产业等12个门类及若干大类和中类。上海证券交易所与中证指数有限公司参照GICS,于2007年5月31日对沪市上市公司行业分类进行了调整,分为金融地产、原材料、工业、可选消费、主要消费、公用事业、能源、电信业务、医药卫生、信息技术10大行业。

(二)行业分析因素

行业分析因素包括定性因素和定量因素,常见的有:

1. 行业或产业竞争结构

首先需要列出该行业中所有的企业,重点考察其中的已上市公司;其次需要研究各家公司所占的市场份额及变化趋势、该行业中企业总数的变化趋势等。从该项分析可以得到该行业垄断/竞争特性的初步结论。

2. 行业可持续性

技术及其他因素的变化有可能终结某些行业的发展,例如,手机的普遍使用终结了早期作为移动通信主要方式的传呼机，导致该行业的公司不能继续发展传统业务。

3. 抗外部冲击的能力

这是考察某个行业在遭遇重大政治、经济或自然环境变化打击时业绩的稳定性。例如，高油价可能对整个交通运输业以及相关制造行业产生非常大的不利影响，但对替代能源生产行业则是有利的。

4. 监管及税收待遇(政府关系)

某些行业可能会受到政府的特殊对待，例如，公用事业通常会受到较严厉的监管，某些重要领域可能会因政府保护而暂时避免外部冲击等。

5. 劳资关系

在某些产业或行业中，工会拥有传统势力，对公司业绩经常会产生重大影响。

6. 财务与融资问题

某些行业(如航空业)可能具有非常高的长期负债率，而零售业则非常依赖短期流动性。

7. 行业估值水平

不管采用绝对估值还是相对估值手段，同一行业的股票通常具有相似的水平。

(三)行业生命周期

根据行业生命周期理论，任何产业或行业通常都要经历幼稚期、成长期、成熟期、稳定期四个阶段。即使行业不同，处于相同生命周期的股票价格通常也会呈现相似的特征。

三、宏观经济与政策因素

宏观经济发展水平和状况是影响股票价格的重要因素。宏观经济对股票价格影响的特点是波及范围广、干扰程度深、作用机制复杂，并可能导致股价波动幅度较大。

(一)经济增长

一个国家或地区的社会经济是否能持续稳定地保持一定的发展速度，是影响股票价格能否稳定上升的重要因素。当一国或地区的经济运行势态良好，一般来说，大多数企业的经营状况也较好，它们的股票价格会上升；反之，股票价格会下降。

(二)经济周期循环

社会经济运行经常表现为扩张与收缩的周期性交替，每个周期一般都要经过高涨、衰退、萧条、复苏四个阶段，即所谓的景气循环。经济周期循环对股票市场的影响非常显著，可以这么说，是景气变动从根本上决定了股票价格的长期变动趋势。

值得重视的是，股票价格的变动通常比实体经济的繁荣或衰退领先一步，即在经济高涨后期，股价已率先下跌；在经济尚未全面复苏之际，股价已先行上涨。国外学者认为，股价变动要比经济景气循环早4～6个月。这是因为股票价格是对未来收入的预期，所以先于经济周期的变动而变动。因此，股票价格水平已成为经济周期变动的灵敏信号或称先导性指标。

(三)货币政策

中央银行的货币政策对股票价格有直接的影响。货币政策是政府重要的宏观经济政策，中央银行通常采用存款准备金制度、再贴现政策、公开市场业务等货币政策手段调控货币供应量，从而实现发展经济、稳定货币等政策目标。中央银行放松银根，增加货币供应，会使资金面较为宽松。除了支持实体经济发展外，大量游资需要新的投资机会，因此股票成为理想的投资对象。一旦资金进入股市，会引起对股票需求的增加，立即促使股价上升。反之，中央银行收紧银根，减少货币供应，会使资金面普遍吃紧。流入股市的资金减少，加上企业抛出持有的股票以获取现金，会使股票市场的需求减少，交易萎缩，股价下跌。

（四）财政政策

财政政策也是政府的重要宏观经济政策。财政政策对股票价格的影响有四个方面：其一，通过扩大财政赤字、发行国债筹集资金，增加财政支出，刺激经济发展；或是通过增加财政盈余或降低赤字，减少财政支出，抑制经济增长，调整社会经济发展速度，改变企业生产的外部环境，进而影响企业利润水平和股息派发。其二，通过调节税率影响企业利润和股息。提高税率，企业税负增加，税后利润下降，股息减少；反之，企业税后利润和股息增加。其三，干预资本市场各类交易适用的税率，如利息税、资本利得税、印花税等，直接影响市场交易和价格。其四，国债发行量会改变证券市场的证券供应和资金需求，从而间接影响股票价格。

（五）市场利率

市场利率变化通过以下途径影响股票价格：

(1)绝大部分公司都负有债务，利率提高，利息负担加重，公司净利润和股息相应减少，股票价格下降；利率下降，利息负担减轻，公司净盈利和股息增加，股票价格上升。

(2)在市场资金量一定的条件下，利率提高，其他投资工具收益相应增加，一部分资金会流向储蓄、债券等其他收益固定的金融工具，对股票需求减少，股票价格下降。若利率下降，对固定收益证券的需求减少，资金流向股票市场，对股票的需求增加，股票价格上升。

(3)利率提高，一部分投资者要负担较高的利息才能借到所需资金进行证券投资，如果允许进行融资融券交易，买空者的融资成本将相应提高，投资者会减少融资和对股票的需求，股票价格下降。若利率下降，投资者能以较低利率借到所需资金，增加融资和对股票的需求，股票价格上涨。

（六）通货膨胀

通货膨胀对股票价格的影响较为复杂，它既有刺激股票市场的作用，又有抑制股票市场的作用。通货膨胀是因货币供应过多造成货币贬值、物价上涨的经济现象。在通货膨胀之初，公司会因产品价格的提升和存货的增值而增加利润，从而增加可以分派的股息，并使股票价格上涨。在物价上涨时，股东实际股息收入下降，股份公司为股东利益着想，会增加股息派发，使股息名义收入有所增加，这会促使股价上涨。通货膨胀给其他收益固定的证券带来了不可回避的通货膨胀风险，投资者为了保值，增加购买收益不固定的股票，对股票的需求增加，股价也会上涨。但是，当通货膨胀严重、物价居高不下时，企业因原材料、工资、费用、利息等各项支出增加，使得利润减少，会引起股价下降。严重的通货膨胀会使社会经济秩序紊乱，使企业无法正常地开展经营活动，同时政府也会采取治理通货膨胀的紧缩政策和相应的措施，此时对股票价格的负面影响更大。

（七）汇率变化

汇率的调整对整个社会经济影响很大，有利有弊。传统理论认为，汇率上升，即本币升值，不利于出口而有利于进口，同时会引起境外资本流入，国内资本市场流动性增加；汇率下降，即本币贬值，不利于进口而有利于出口，同时会导致境内资本流出，国内资本市场流动性下降。汇率变化对股价的影响要看对整个经济的影响而定。若汇率变化趋势对本国经济发展影响较为有利，股价会上升；反之，股价会下降。具体地说，汇率的变化对那些在商品进出口和资本项目两方面严重依赖国际市场的国家（或地区）的企业的股票价格影响较大。

（八）国际收支状况

一般来说，若一国国际收支连续出现逆差，政府为平衡国际收支会采取提高国内利率和降低汇率的措施，以鼓励出口、减少进口，股价就会下跌；反之，股价会上涨。

四、政治及其他不可抗力的影响

政治因素对股票价格的影响很大，往往很难预料，主要有：

（一）战争

战争是最有影响的政治因素。战争会破坏社会生产力，使经济停滞、生产凋敝、收入减少、利润下降。战争期间除了军火工业以外，大部分企业都会受到严重打击。战争会使投资者风险明显增大，在生命得不到保障的情况下，人们的投资愿望降到最低点。特别是全面的、长期的战争，会使股票市场受到致命打击，股票价格长期低迷。

（二）政权更迭、领袖更替等政治事件

这些事件的爆发都会影响社会安定，进而影响投资者的心理状态和投资行为，引起股票市场的涨跌变化。

（三）政府重大经济政策的出台、社会经济发展规划的制定、重要法规的颁布等

这些会影响投资者对社会经济发展前景的预期，从而引起股票价格变动。

（四）国际社会政治、经济的变化

随着世界经济一体化的进程加快，国家之间、地区之间的政治、经济关系更趋紧密，加之先进通信工具的运用，国际关系的细微变化可能引致各国股市发生敏感的联动。

（五）发生不可预料和不可抵抗的自然灾害或不幸事件

这会给社会经济和上市公司带来重大财产损失而又得不到相应赔偿，股价会下跌。

五、心理因素

投资者的心理变化对股价变动影响很大。在大多数投资者对股市抱乐观态度时，会有意无意地夸大市场有利因素的影响，并忽视一些潜在的不利因素，从而脱离上市公司的实际业绩而纷纷买进股票，促使股价上涨；反之，在大多数投资者对股市前景过于悲观时，会对潜在的有利因素视而不见，而对不利因素特别敏感，甚至不顾发行公司的优良业绩大量抛售股票，致使股价下跌。当大多数投资者对股市持观望态度时，市场交易量就会减少，股价往往呈现盘整格局。股市中的中小投资者由于信息不灵，缺乏必要的专业知识和投资技巧，往往有严重的盲从心理，而有的人就利用这一盲从心理故意制造假象、渲染气氛，诱使中小投资者在股价上涨时盲目追涨，或者在股价下跌时恐慌抛售，从而加大了股价涨跌的幅度。

六、政策及制度因素

为保证证券市场的稳定，各国的证券监管机构和证券交易所制定了相应的政策措施并作出了一定的制度安排。我国《证券法》规定，证券交易所依照证券法律、行政法规制定上市规则、交易规则、会员管理规则，并经国务院证券监督管理机构批准。因突发事件影响证券交易的正常进行时，证券交易所可以采取技术性停牌措施；出现因不可抗力造成的突发性事件或者为维护证券交易的正常秩序，证券交易所可以决定临时停市。证券交易所根据需要，可以对出现重大异常交易情况的证券账户限制交易。有的证券交易所对每日股票价格的涨跌幅度有一定限制，即涨跌停板规定，使股价的涨跌大大平缓。另外，当股票市场投机过度或出现严重违法行为时，证券监督管理机构也会采取一定的措施以平抑股价波动。

七、人为操纵因素

人为操纵往往会引起股票价格短期的剧烈波动。因大多数投资者不明真相，操纵者可以乘机浑水摸鱼，非法牟利。人为操纵会影响股票市场的健康发展，违背公开、公平、公正的原则，一旦查明，操纵者会受到行政处罚或法律制裁。

第四节 普通股票与优先股票

一、普通股票

(一) 普通股票股东的权利

我国《公司法》规定，股东可以用货币出资，也可以用实物、知识产权、土地使用权等可以用货币估价并可以依法转让的非货币财产作价出资，但是法律、行政法规规定不得作为出资的财产除外。

普通股票股东的权利有以下几项：

1. 公司重大决策参与权

股东基于对股票的持有而享有股东权，这是一种综合权利，其中首要的是可以股东身份参与股份公司的重大事项决策。股东大会应当每年召开一次年会，当出现董事会认为必要或监事会提议召开等情形时，也可召开临时股东大会。股东出席股东大会，所持每一股份有一表决权。股东大会作出决议必须经出席会议的股东所持表决权过半数通过。股东大会作出修改公司章程、增加或减少注册资本的决议，以及公司合并、分立、解散或者变更公司形式的决议，必须经出席会议的股东所持表决权的 2/3 以上通过。股东大会选举董事、监事，可以依照公司章程的规定或者股东大会的决议，实行累积投票制。累积投票制是指股东大会选举董事或者监事时，每一股份拥有与应选董事或者监事人数相同的表决权，股东拥有的表决权可以集中使用。股东可以亲自出席股东大会，也可以委托代理人出席。

对于规定的上市公司重大事项，必须经全体股东在股东大会表决通过，并经参加表决的社会公众股股东所持表决权的半数以上通过，方可实施或提出申请。规定的上市公司重大事项分为 5 类：(1)增发新股、发行可转债、配股；(2)重大资产重组，购买的资产总价较所购买资产经审计的账面净值的溢价达到或超过 20%的；(3)股东以其持有的上市公司股权偿还其所欠该公司的债务；(4)对上市公司有重大影响的附属企业到境外上市；(5)在上市公司发展中对社会公众股股东利益有重大影响的相关事项。

2. 公司资产收益权和剩余资产分配权

具体表现在：(1)普通股票股东有权要求从股份公司的税后净利润中分配股息和红利，但全体股东约定不按照出资比例分取红利的除外；(2)普通股票股东在股份公司解散清算时，有权要求取得公司的剩余资产。我国有关法律规定，公司缴纳所得税后的利润，在支付普通股的红利之前，应按如下顺序分配：弥补亏损，提取法定公积金，提取任意公积金。

按我国《公司法》规定，公司财产在分别支付清算费用、职工的工资、社会保险费用和法定补偿金，缴纳所欠税款，清偿公司债务后的剩余财产，按照股东持有的股份比例分配。公司财产在未按照规定清偿前，不得分配给股东。

3. 其他权利

除上述两种基本权利外，普通股票股东还可以享有由法律和公司章程所规定的其他权利。我国《公司法》规定，股东还有以下主要权利：第一，股东有权查阅公司章程、股东名册等；第二，股东持有的股份可依法转让；第三，公司为增加注册资本发行新股时，股东有权优先按照实缴的出资比例认购新股。

优先认股权是指当股份公司为增加公司资本而决定发行新的股票时，原普通股票股东享有的按其持股比例、以低于市价的某一特定价格优先认购一定数量新发行股票的权利。赋予股东这种权利有两个主要目的：一是能保证普通股票股东在股份公司中保持原有的持股比例；二是能保护原普通股票股东的利益和持股价值。

享有优先认股权的股东可以有三种选择：一是行使权利来认购新发行的普通股票；二是如果法律允许，可以将该权利转让给他人，从中获得一定的报酬；三是不行使此权利而任其过期失效。

(二)普通股票股东的义务

我国《公司法》规定，公司股东应当遵守法律、行政法规和公司章程，依法行使股东权利，不得滥用股东权利损害公司或其他股东的利益；不得滥用公司法人独立地位和股东有限责任损害公司债权人的利益。公司股东滥用股东权利给公司或者其他股东造成损失的，应当依法承担赔偿责任。公司股东滥用公司法人独立地位和股东有限责任逃避责任，严重损害公司债权人利益的，应当对公司债务承担连带责任。公司的控股股东、实际控制人、董事、监事、高级管理人员不得利用其关联关系损害公司利益。如违反有关规定，给公司造成损失的，应当承担赔偿责任。

二、优先股票

(一)优先股票的定义

首先，对股份公司而言，发行优先股票的作用在于可以筹集长期稳定的公司股本，又因其股息率固定，可以减轻股息的分派负担。另外，优先股票股东无表决权，这样可以避免公司经营决策权的改变和分散。其次，对投资者而言，由于优先股票的股息收益稳定可靠，而且在财产清偿时也先于普通股票股东，因而风险相对较小，不失为一种较安全的投资对象。

(二)优先股票的特征

1. 股息率固定

优先股票的股息率是固定的，而普通股票的股息率是不固定的，它取决于股份公司的经营状况和盈利水平。

2. 股息分派优先

在股份公司盈利分配顺序上，优先股票排在普通股票之前。

3. 剩余资产分配优先

当股份公司因解散或破产进行清算时，在对公司剩余资产的分配上，优先股票股东排在债权人之后、普通股票股东之前。

4. 一般无表决权

优先股票股东权利是受限制的，最主要的是表决权限制。

(三)优先股票的种类

1. 累积优先股票和非累积优先股票

这种分类的依据是优先股票股息在当年未能足额分派时，能否在以后年度补发。

累积优先股票，是指历年股息累积发放的优先股票。

非累积优先股票，是指股息当年结清、不能累积发放的优先股票。非累积优先股票的特点是股息分派以每个营业年度为界，当年结清。

2. 参与优先股票和非参与优先股票

这种分类的依据是优先股票在公司盈利较多的年份里，除了获得固定的股息以外，能否参与或部分参与本期剩余盈利的分配。

参与优先股票，是指优先股票股东除了按规定分得本期固定股息外，还有权与普通股票股东一起参与本期剩余盈利分配的优先股票。

非参与优先股票，是指除了按规定分得本期固定股息外，无权再参与对本期剩余盈利分配的优先股票。非参与优先股票是一般意义上的优先股票，其优先权不是体现在股息多少上，而是在分配顺序上。

3. 可转换优先股票和不可转换优先股票

这种分类的依据是优先股票在一定的条件下能否转换成其他品种。

可转换优先股票，是指发行后，在一定条件下允许持有者将它转换成其他种类股票的优先股票。在大多数情况下，股份公司的转换股票是由优先股票转换成普通股票，或者由某种优先股票转换成另一种优先股票。

不可转换优先股票，是指发行后不允许其持有者将它转换成其他种类股票的优先股票。不可转换优先股票与可转换优先股票不同，它没有给投资者提供改变股票种类的机会。

4. 可赎回优先股票和不可赎回优先股票

这种分类的依据是在一定条件下，该优先股票能否由原发行的股份公司出价赎回。股份公司一旦赎回自己的股票，必须在短期内予以注销。

5. 股息率可调整优先股票和股息率固定优先股票

这种分类的依据是股息率是否允许变动。

股息率可调整优先股票，其股息率的变化一般与公司经营状况无关，主要是随市场上其他证券价格或者银行存款利率的变化作调整。股息率可调整优先股票的产生，主要是为了适应国际金融市场不稳定、各种有价证券价格和银行存款利率经常波动以及通货膨胀等情况。

本章概念

股票　普通股票　优先股票　股利政策　配股　资本公积金转增股本　股份回购　可转换债券　股票分割与合并　股票的价值　股票价格

思考题

1. 普通股票股东享有哪些权利？
2. 优先股票相比于普通股票有哪些优势？
3. 与其他投资工具相比，股票有哪些显著特点？

第三章

债 券

本章重点内容

- ✔ 债券概述
- ✔ 政府债券
- ✔ 公司债券和金融债券
- ✔ 国际债券

学习目标

- · 掌握债券的类型及特点
- · 熟悉我国债券市场的发展情况
- · 了解国际债券市场的现状

债券对发行主体来说是一种重要的筹资手段，对投资者来说是举足轻重的投资对象，债券市场发展状况的良好与否影响着一个国家的金融发展。对债券有不同的分类标准，每一种债券都有其特点和存在的意义。

第一节 债券概述

债券是国家政府、金融机构、企业等直接向社会借债筹措资金时，向投资者发行，并且承诺按规定的利率支付利息并按约定条件偿还本金的债权债务凭证。

由此，债券包含了以下四层含义：债券的发行人（政府、金融机构、企业等）是资金的借入者；购买债券的投资者是资金的借出者；发行人（借入者）需要在一定时期还本付息；债券是债权债务关系的证明书，具有法律效力。债券购买者与发行者之间是一种债权债务关系，债券发行人即债务人，投资者（或债券持有人）即债权人。

一、票面要素

债券作为证明债权债务关系的凭证，一般用具有一定格式的票面形式来表现。通常，债券票面上基本标明的内容要素有票面价值、还本期限、债券利率、发行人名称，见表3－1。

表 3-1 票面要素

票面要素	含 义
票面价值	币种、票面金额。
还本期限	债券从发行之日起至偿清本息之日止的时间。
债券利率	债券年利息与债券票面价值的比率,年利率通常用百分数表示。
发行人名称	债券的债务主体,为债权人到期追回本金和利息提供依据。

二、债券的种类

(一)按发行主体分

1. 政府债券

政府债券是政府为筹集资金而发行的债券。主要包括国债、财政债券等,其中最主要的是国债。国债因其信誉好、利率优、风险小而又被称为“金边债券”。

2. 金融债券

金融债券是由银行和非银行金融机构发行的债券。目前在我国,金融债券主要由国家开发银行、进出口银行等政策性银行发行。

3. 公司(企业)债券

公司债券是公司依照法定程序发行,约定在一定期限内还本付息的债券。公司债券的发行主体是股份公司,但也可以是由非股份公司的企业发行债券,所以,一般在归类时,公司债券和企业发行的债券会合在一起,可直接称为公司(企业)债券。

(二)按付息方式分

1. 贴现债券

贴现债券指债券券面上不附有息票,发行时按规定的折扣率,以低于债券面值的价格发行,到期按面值支付本息的债券。贴现债券的发行价格与其面值的差额即债券的利息。

2. 附息债券

附息债券指债券券面上附有息票,按照债券券面上载明的利率及支付方式支付利息的债券。该类债券息票上标有利息额、支付利息的期限和债券号码等内容,持有人可从债券上剪下息票,并据此领取利息。附息国债的利息支付方式一般是在偿还期内按期付息,如每半年或一年付息一次。

3. 息票累积债券

息票累积债券与附息债券相似,这类债券也规定了券面利率,但是,债券持有人只能在债券到期时一次性获得本息,存续期间没有利息支付。

(三)按利率确定方式分

1. 固定利率债券

固定利率债券指在发行时规定利率在整个偿还期内不变的债券。

2. 浮动利率债券

浮动利率债券是与固定利率债券相对应的一种债券,它是指发行时规定债券利率随市场利率定期浮动的债券,其利率通常根据市场基准利率加上一定的利差来确定。浮动利率债券往往是中长期债券。由于利率可以随市场利率浮动,采取浮动利率债券形式可以有效地规避利率风险。

(四)按偿还期限分

1. 长期债券

一般来说,偿还期限在10年以上的为长期债券。

2. 中期债券

偿还期限在1年或1年以上、10年以下(包括10年)的为中期债券。

3. 短期债券

偿还期限在1年以下的为短期债券。

我国企业债券的期限划分与上述标准有所不同。我国短期企业债券的偿还期限在1年以内,偿还期限在1年以上、5年以下的为中期企业债券,偿还期限在5年以上的为长期企业债券。

(五)按债券形态分

1. 实物债券(无记名债券)

实物债券是以实物的形式记录债权,券面标有发行年度和不同金额,可上市流通的债券。实物债券由于其发行成本较高,将会被逐步取消。

2. 凭证式债券

凭证式债券是一种储蓄债券,通过银行发行,采用"凭证式国债收款凭证"的形式,从购买之日起计息,但不能上市流通。

3. 记账式债券

记账式债券指没有实物形态的票券,以记账方式记录债权,通过证券交易所的交易系统发行和交易。由于记账式国债发行和交易均采用无纸化,所以交易效率高、成本低,是未来债券发展的趋势。

(六)按募集方式分

1. 公募债券

公募债券指按法定手续,经证券主管机构批准在市场上公开发行的债券。这种债券的认购者可以是社会上的任何人。发行者一般有较高的信誉。除政府机构、地方公共团体外,一般企业必须符合规定的条件才能发行公募债券,并且要求发行者必须遵守信息公开制度,向证券主管部门提交有价证券申报书,以保护投资者的利益。

2. 私募债券

私募债券指以特定的少数投资者为对象发行的债券,发行手续简单,一般不能公开上市交易。

此外还有特殊类型债券,如可转换债券。根据债券的可流通与否还可以分为可流通债券和不可流通债券,或者上市债券和非上市债券,等等。

三、几种代表性债券

(一)上市债券

发行结束后可在深、沪证券交易所,即二级市场上市、流通、转让的债券为上市债券,包括上市国债、上市公司(企业)债券和上市可转换债券等。上市债券的流通性好、变现容易,适合于需随时变现的闲置资金的投资需要。

目前深、沪证券交易所上市债券如图3-1所示:

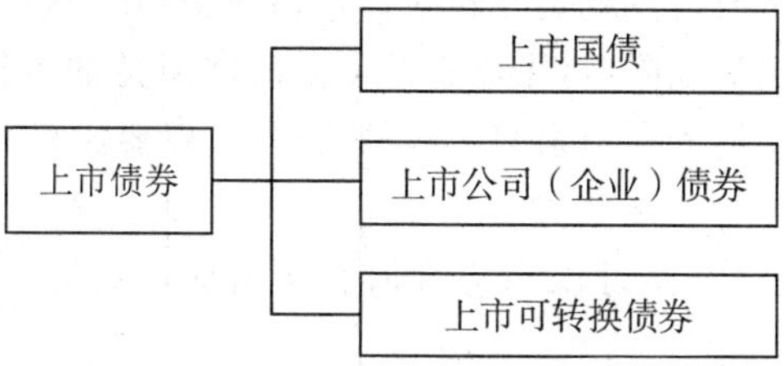

图 3－1　深、沪证券交易所上市债券

(二)国债

所谓国债就是国家借的债，即国家债券，也叫国债券。它是国家为筹措资金而向投资者出具的书面借款凭证，承诺在一定的时期内按约定的条件，按期支付利息和到期归还本金。它是由中央政府根据信用原则，以承担还本付息责任为前提而筹措资金的债务凭证。

我国的国债专指财政部代表中央政府发行的国家公债，由国家财政信誉作担保，信誉度非常高，历来有“金边债券”之称，稳健型投资者喜欢投资国债。其种类有凭证式、实物券式、记账式三种。

我国历史上发行的国债品种主要有国库券和国家债券。其中，国库券自 1981 年后基本上每年都发行，主要对企业、个人等发行；国家债券曾经包括国家重点建设债券、国家建设债券、财政债券、特种债券、保值债券、基本建设债券，这些债券大多对银行、非银行金融机构、企业、基金等定向发行，部分也对个人投资者发行。

向个人发行的国库券的利率基本上根据银行利率制定，一般比银行同期存款利率高 1～2 个百分点。在通货膨胀率较高时，国库券也采用保值办法。

(三)公司(企业)债券

公司债券是公司依照法定程序发行，约定在一定期限内还本付息的债券。通常指股份公司发行的债券，但我国一部分发债的企业不是股份公司，一般把这类债券称为企业债券。

根据深、沪证券交易所关于上市企业债券的规定，企业债券发行的主体可以是股份公司，也可以是有限责任公司。申请上市的企业债券必须符合以下条件：

(1)经国务院授权的部门批准并公开发行；股份有限公司的净资产额不低于人民币 3 000 万元，有限责任公司的净资产额不低于人民币 6 000 万元；

(2)累计发行在外的债券总面额不超过企业净资产额的 40%；

(3)最近 3 年平均可分配利润足以支付债券 1 年的利息；

(4)筹集资金的投向符合国家产业政策及发行审批机关批准的用途；

(5)债券的期限为 1 年以上；

(6)债券的利率不得超过国务院限定的利率水平；

(7)债券的实际发行额不少于人民币 5 000 万元；

(8)债券的信用等级不低于 A 级；

(9)债券有担保人担保，其担保条件符合法律、法规规定，资信为 AAA 级且债券发行时主管机关同意豁免担保的债券除外；

(10)公司申请其债券上市时符合法定的债券发行条件、交易所认可的其他条件。

(四)可转换债券

目前在深、沪证券交易所上市的可转换债券是指能够转换成股票的企业债券，兼有股票和普通债券双重特征。一个重要特点就是有转换价格，转换价格是每一股转换的股票所要求的公司债券票面金额。在约定的期限后，投资者可以随时将所持的可转换债券按股价转换成股票。可转换债券的利率是年均利息与票面金额的比率，一般要比普通企业债券的利率低，通常发行时以票面价格发行。

可转换债券有这些特点：一是可以期待价值有所增加。二是作为债券，其价格有下限支撑，不会像股票那样大幅下跌。

四、交易方式

上市债券的交易方式大致有债券现货交易、债券回购交易、债券期货交易。目前在深、沪证券交易所交易的债券有现货交易和回购交易。

（一）债券现货交易

债券现货交易又叫债券现金现货交易，是债券买卖双方对债券的买卖价格均表示满意，在成交后立即办理交割，或在很短的时间内办理交割的一种交易方式。例如，投资者可直接通过证券账户在深交所全国各证券经营网点买卖已经上市的债券品种。

（二）债券回购交易

债券回购交易是指债券持有方（即出券方）和购券方在达成一笔交易的同时，规定出券方必须在未来某一约定时间以双方约定的价格再从购券方那里购回原先售出的那笔债券，并以商定的利率（价格）支付利息。目前深、沪证券交易所均有债券回购交易，但只允许机构法人开户交易，个人投资者不能参与。

（三）债券期货交易

债券期货交易是一笔交易在双方成交以后，交割和清算按照期货合约中规定的价格在未来某一特定时间进行的交易。

另外，债券的划分方法有很多，随便一张债券可以归于许多种类。如国债 998，它可归于国债，还是附息债券、长期债券、上市债券，同时，它还可以归于无担保债券和公募债券。其他的债券也是如此。

第二节　政府债券

一、政府债券的定义

政府债券是国家发行的债券，不仅具有高信用等级，而且收益免税。政府债券是国家为了筹措资金向投资者出具的、承诺在一定时期支付利息和到期还本的债务凭证。政府债券的举债主体是国家。依政府债券发行主体的不同，又可分为中央政府债券和地方政府债券。其中，中央政府发行的债券称为国债。

二、政府债券的性质

政府债券的性质主要从两个方面考察：第一，从形式上看，政府债券是一种有价证券，它具有债券的一般性质。政府债券本身有面额，投资者投资于政府债券可以取得利息，因此，政府债券具备了债券的一般特征。第二，从功能上看，政府债券最初仅是政府弥补赤字的手段，但在现代商品经济条件下，政府债券已成为政府筹集资金、扩大公共开支的重要手段。并且，随着金融市场的发展，逐渐具备了金融商品和信用工具的职能，成为国家实施宏观经济政策、进行宏观调控的工具。

三、政府债券的特征

(一)安全性高

政府债券由政府承担还本付息的责任，是国家信用的体现，是各类债券中信用等级最高的，通常被称作“金边债券”。投资者购买政府债券，是一种比较安全的投资选择。

(二)流通性强

政府债券是一国政府的债务，它的发行量一般都非常大，同时，由于政府债券的信用好、竞争力强、市场属性好，所以，许多国家政府债券的二级市场十分发达，一般不仅允许在证券交易所上市交易，还允许在场外市场进行买卖。

(三)收益稳定

投资者购买政府债券可以得到一定的利息。政府债券的付息由政府保证，其信用度最高、风险最小，对于投资者来说，投资政府债券的收益是比较稳定的。此外，因政府债券的本息大多数固定且有保障，所以交易价格一般不会出现大的波动，二级市场的交易双方均能得到相对稳定的收益。

(四)免税待遇

政府债券是政府自己的债务，为了鼓励人们投资政府债券，大多数国家规定，对于购买政府债券所获得的收益，可以享受免税待遇。《中华人民共和国个人所得税法》规定，个人的利息、股息、红利所得应纳个人所得税，但从国债和国家发行的金融债券获得的利息收入可免纳个人所得税。

四、国债的分类

表 3—2 国债的分类

序号	分类标准	具体类别	说明
1	按偿还的期限分类	短期国债	偿还期短于1年，常见形式是国库券
		中期国债	偿还期在1年以上、10年以下
		长期国债	偿还期在10年以上
2	按资金的用途分类	赤字国债	用于弥补政府预算赤字
		建设国债	筹措资金用于建设项目
		战争国债	用于弥补战争费用
3	按照流通与否分类	流通国债	可在流通市场上进行流通转让的国债
		非流通国债	不能流通转让的国债
		特种国债	为了实施某种特殊的政策而发行的国债
4	按照发行本位分类	实物国债	以某种商品实物为本位发行的国债
		货币国债	以本国或外国货币为本位发行的国债

第三节 公司债券和金融债券

一、公司债券

(一)公司债券定义

公司债券是公司依照法定程序发行，约定在一定期限内还本付息的有价证券。它表明发行债券的公司和债券投资者之间的债权债务关系，公司债券的持有人是公司的债权人，而不是公司的所有者，这是与股票持有者最大的不同点。债券持有人有按约定条件向公司取得利息和到期收回本金的权利，取得利息优先于股东分红；公司破产清算时，也先于股东收回本金。但债券持有者不能参与公司的经营、管理等活动。

首先，公司债券作为一种“证券”，它不是一般的物品或商品，而是能够“证明经济权益的法律凭证”。“证券”是各类可取得一定收益的债权及财产所有权凭证的统称，是用来证明证券持有人拥有和取得相应权益的凭证。

其次，公司债券是“有价证券”，它反映和代表了一定的经济价值，并且自身带有广泛的社会接受性，一般能够转让，作为流通的金融性工具。因此，从这个意义上说，“有价证券”是一种所有权凭证，一般都须标明票面金额，证明持券人有权按期取得一定收入，并可自由转让和买卖；其本身没有价值，但代表着一定量的财产权利，持有者可凭其直接取得一定量的商品、货币或是利息、股息等收入。由于这类证券可以在证券市场上买卖和流通，客观上具有交易价格。

公司债券是由“公司”发行的。债券的发行人、债务人是公司，而不是其他组织形式的企业。这里的公司不是一般的企业，是“公司化”了的企业。发行公司债券的企业必须是公司制企业，即公司。一般情况下，其他类型的企业，如独资企业、合伙制企业、合作制企业都不具备发行公司债券的产权基础，都不能发行公司债券。国有企业属于独资企业，从理论上讲不能发行公司债券，但是按照中国有关法律法规，中国的国有企业有其不同于其他国家的国有企业的产权特征，因此也可以发行债券——企业债券(不是法律上的公司债券)。另外，不是所有的公司都能发行公司债券。从理论上讲，发行公司债券的公司必须是承担有限责任的，如“有限责任公司”和“股份有限公司”等，其他类型的公司，如“无限责任公司”、“股份两合公司”等，均不能发行公司债券。公司债券须通过“发行”得以实现，债券必须由其发行人面向其投资者通过“发行”(issuing)才能实现。公司债券“发行”是发行人通过出售自身的信用凭证——公司债券，获得资金，同时，公司债券投资者通过支付资金购买发行人的信用凭证的一种信用交易过程。从法律上讲，发行是一种“要约行为”。对于公司债券的发行，发行人一般通过发布公司债券发行章程或者发债说明书方式进行要约，只要是承认和接受要约条件并愿意支付必需资金的投资者，都可成为公司债券投资人，同时，凡是购买公司债券的投资者，都等于认可、接受了要约，那么就必须履行要约上的义务并有权获得要约上的权益。在公司债券发行过程中，必须按照要约的基本特征，在发行章程或发债说明书上明确公司债券的发行人、发行对象、募集资金用途，以及公司债券的所有要素内容，包括发行人、发行规模、期限、利率、付息方式、担保人以及其他选择权等等，因此，发行公司债券作为一种要约行为，是公司债券的“出售—购买”契约的签订过程。

一般地，公司债券发行包括公募和私募两种。公募发行是面向社会上不特定的多数投资者公开发行，对采取这种方式的证券发行的批准比较严格，并采取公示制度。私募发行是以特定的少数投资者为对象，其审查条件相对宽松，不采取公示制度。

公司债券需要还本付息。某种债券之所以是公司债券，在于其有公司债券的主要特征——还本付息，这是与其他有价证券的根本区别。首先，公司债券反映的是其发行人和投资者之间的债权债务关系，因此，公司债券到期是要偿还的，不是投资、赠与，而是一种借贷关系。其次，公司债券到期不但要偿还，而且还需在本金之外支付一定的利息，这是投资者将属于自己的资金在一段时间内让渡给发行人使用的报酬。对投资者而言是投资所得，对发行人来讲是资金成本。对于利息确定方式，有固定利息和浮动利息两种。对于付息方式，有到期一次付息和间隔付息（如每年付息一次、每 6 个月付息一次）两种。公司债券具有一定期限。

债券反映的是债权债务关系，是一种借贷行为，“有借有还”，这就要确定经过多长时间偿还。首先，按照金融学一般理论，公司债券作为一种资本市场工具和长期资金筹集渠道，期限都须在一年以上。其次，这种期限既包括公司债券的存续期限，也包括公司债券的付息期限。再次，虽然期限是一定的，但也有变化。如在发行时，可在发债说明书中规定提前赎回条款、延迟兑付条款等，这些都是在一定期限基础上事先确定的变化。另外，在资本市场发达国家，还曾经发行过无限期公司债券，但这种公司债券是一种非常特殊的债券，目前已基本不存在。

公司债券的期限和还本付息条件要事先约定。债券发行人向投资者出售信用凭证——公司债券，获得的是属于投资者的资金，投资者支付资金获得的是公司债券凭证及凭证上列明的发行人的承诺，包括期限承诺和利息承诺。既是承诺，一是要事先作出，二是要明确承诺的内容。同时，作为一种要约，必须在要约文件上标明要约事项，包括发行规模、期限、利率、还本付息方式及其他必须选择和可选择的事项，作出事先约定。

（二）主要特点

（1）风险较大。公司债券的还款来源是公司的经营利润，但是任何一家公司的未来经营都存在很大的不确定性，因此公司债券持有人承担着损失利息甚至本金的风险。

（2）收益率较高。风险与收益成正比的原则，要求风险较高的公司债券需提供给债券持有人较高的投资收益。

（3）对于某些债券而言，发行者与持有者之间可以相互给予一定的选择权。

（4）契约性。

（5）优先性。

（6）通知偿还性。

（7）可转换性。

（三）我国公司债券的发行条件

（1）股份有限公司的净资产不低于人民币 3 000 万元，有限责任公司的净资产不低于人民币 6 000 万元。

（2）本次发行后累计公司债券余额不超过最近一期期末净资产额的 40%；金融类公司的累计公司债券余额按金融企业的有关规定计算。

（3）公司生产经营符合法律、行政法规和公司章程的规定，募集资金的投向符合国家产业政策。

（4）最近 3 个会计年度实现的年均可分配利润不少于公司债券 1 年的利息。

（5）债券的利率不超过国务院限定的利率水平。

（6）公司内部控制制度健全，其完整性、合理性、有效性不存在重大缺陷。

（7）经资信评级机构评级，债券信用级别良好。

存在下列情形之一的，不得发行公司债券：

(1)前一次公开发行的公司债券尚未募足。

(2)对已发行的公司债券或者其他债务有违约或者迟延支付本息的事实，仍处于继续状态。

(3)违反《证券法》规定，改变公开发行债券所募集资金的用途。

(4)最近 36 个月内公司财务会计文件存在虚假记载，或公司存在其他重大违法行为。

(5)本次发行的申请文件存在虚假记载、误导性陈述或者重大遗漏。

(6)严重损害投资者合法权益和社会公共利益的其他情形。

(四)公司债券与企业债券的主要区别

根据我国《公司法》的规定，可发行公司债券的企业只能是股份有限公司和有限责任公司，与此相比，企业的范畴要远大于公司。我国的企业债券发行的主要依据是 1993 年出台的《企业债券管理条例》，当时，《公司法》尚未出台，股份有限公司和有限责任公司也尚未成为国有企业组织制度改革的主要方式。1994 年之后，虽然相当多的国有企业进行了公司制改革，名称上也挂上了“公司”二字，似乎企业债券就是公司债券的代名词了，但事实上，由于当时的国家计委只管政府部门和国有企业的投融资安排，不管非国有企业的类似活动，所以，企业债券自一起步就限制在国有经济部门内，与公司数量相比，它所涉及的发债主体比公司债券要少得多。鉴于 20 世纪 90 年代中期，一些地方发生了企业债券到期难以兑付本息的风险，国家计委上收了企业债券的审批权，从而形成了企业债券由当时的国家计委集中管理审批的格局。这一历史过程表明了，企业债券并非公司债券。

从分析角度看，公司债券与企业债券的主要区别有五个方面：

1. 发行主体的差别

公司债券是由股份有限公司或有限责任公司发行的债券，我国 2005 年修订的《公司法》和《证券法》对此也做了明确规定，因此，非公司制企业不得发行公司债券。企业债券是由中央政府部门所属机构、国有独资企业或国有控股企业发行的债券，它对发债主体的限制比公司债券严格得多。在我国各类公司的数量有几百万家，而国有企业仅有 20 多万家。在发达国家，公司债券的发行属公司的法定权利范畴，无需经政府部门审批，只需登记注册，发行成功与否基本由市场决定；而与此不同的是，各类企业债券的发行则需要经过法定程序由授权机关审核批准。

2. 发债资金用途的差别

公司债券是公司根据经营运作具体需要所发行的债券，它的主要用途包括固定资产投资、技术更新改造、改善公司资金来源的结构、调整公司资产结构、降低公司财务成本、支持公司并购和资产重组等，因此，只要不违反有关制度规定，发债资金如何使用几乎完全是发债公司自己的事务，无需政府部门审批。但对于我国的企业债券，发债资金的用途主要限制在固定资产投资和技术革新改造方面，并与政府部门审批的项目直接相关。

3. 信用基础的差别

在市场经济中，发债公司的资产质量、经营状况、盈利水平和可持续发展能力等是公司债券的信用基础。由于各家公司的具体情况不尽相同，公司债券的信用级别也相差甚多；与此对应，各家公司的债券价格和发债成本有着明显差异。虽然，运用担保机制可以增强公司债券的信用级别，但这一机制不是强制规定的。而与此不同的是，我国的企业债券不仅通过“国有”机制体现了政府信用，而且通过行政强制落实了担保机制，以至于企业债券的信用级别与其他政府债券大同小异。

4. 管制程序的差别

在市场经济中，公司债券的发行通常实行登记注册制，即只要发债公司的登记材料符合法律等制度规定，监管机关无权限制其发债行为。在这种背景下，债券市场监管机关的主要工作集中在审核发债登记材料的合法性、严格执行债券的信用评级、监管发债主体的信息披露和债券市场的活动等方面。但在我国企业债券的发行中，发债须经国家发改委报国务院审批，由于担心国有企业发债会引致相关风险和社会问题，所以，在申请发债的相关资料中，不仅要求发债企业的债券余额不得超过净资产的40%，而且要求有银行予以担保，做到防控风险方面的万无一失；一旦债券发行，审批部门就不再对发债主体的信用等级、信息披露和市场行为进行监管。这种“只管生，不管养”的现象，说明了这种监管机制并不符合市场机制的内在要求。

5. 市场功能的差别

在发达国家中，公司债券是各类公司获得中长期债务性资金的一个主要方式，在20世纪80年代后期，又成为推进金融脱媒和利率市场化的重要力量。在我国，由于企业债券实际上属政府债券，它的发行受到行政机制的严格控制，发行数额不仅远低于国债、央行票据和金融债券，也明显低于股票的融资额。因此，不论是在众多的企业融资中还是在金融市场和金融体系中，它的作用都微乎其微。

二、金融债券

(一)定义及特点

金融债券是由银行和非银行金融机构为筹集资金而发行的债券。我国为筹集资金用于发放城镇集体企业和乡镇企业特种贷款，于1985年首次由中国工商银行和中国农业银行发行金融债券。

金融债券作为债券的一种特殊类型，它具有以下特点：

(1)金融债券表示的是银行等金融机构与金融债券持有者之间的债权债务关系。

(2)金融债券一般不记名、不挂失，但可以抵押和转让。

(3)我国金融债券的发行对象主要为个人，利息收入可免征个人收入所得税和个人收入调节税。

(4)金融债券的利息不计复利，不能提前支取，延期兑付也不计逾期利息。

(5)金融债券的利率固定，一般都高于同期储蓄利率。

(6)我国发行的金融债券所筹集的资金一般都专款专用，如建设银行曾发行投资债券，其主要用途就是为国家的大中型建设项目筹措资金。

(二)常见分类

按不同标准，金融债券可以划分为很多类。最常见的分类方式有以下两种：

1. 根据利息的支付方式，金融债券可分为附息金融债券和贴现金融债券

如果金融债券上附有多期息票，发行人定期支付利息，则称为附息金融债券；如果金融债券是以低于面值的价格贴现发行，到期按面值还本付息，利息为发行价与面值的差额，则称为贴现金融债券。比如票面金额为1 000元、期限为1年的贴现金融债券，发行价格为900元，1年到期时支付给投资者1 000元，那么利息收入就是100元，而实际年利率就是11.11%。按照国外通常的做法，贴现金融债券的利息收入要征税，并且不能在证券交易所上市交易。

2. 根据发行条件，金融债券可分为普通金融债券和累进利息金融债券

普通金融债券按面值发行，到期一次还本付息，期限一般是1年、2年和3年。普通金融债券类似于银行的定期存款，只是利率高些。累进利息金融债券的利率不固定，在不同的时间段有不同的利率，并且一年比一年高，也就是说，债券的利率随着债券期限的增加累进，比如面值1 000元、期限为5年的金融债券，第一年利率为9%，第二年为10%，第三年为11%，第四年为12%，第五年为13%。投资者可在第一年至第五年之间随时去银行兑付，并获得规定的利息。

此外，金融债券也可以像企业债券一样，根据期限的长短划分为短期债券、中期债券和长期债券；根据是否记名划分为记名债券和不记名债券；根据担保情况划分为信用债券和担保债券；根据可否提前赎回划分为可提前赎回债券和不可提前赎回债券；根据债券票面利率是否变动划分为固定利率债券、浮动利率债券和累进利率债券；根据发行人是否给予投资者选择权划分为附有选择权的债券和不附有选择权的债券；等等。

（三）主要作用

金融债券能够比较有效地解决银行等金融机构的资金来源不足和期限不匹配的矛盾。一般来说，银行等金融机构的资金有三个来源，即吸收存款、向其他机构借款和发行债券。存款资金的特点之一是在经济发生动荡的时候，易发生储户争相提款的现象，从而造成资金来源不稳定；向其他商业银行或中央银行借款所得的资金主要是短期资金，而金融机构往往需要进行一些期限较长的投融资，这样就出现了资金来源和资金运用在期限上的矛盾，发行金融债券比较有效地解决了这个矛盾。债券在到期之前一般不能提前兑换，只能在市场上转让，从而保证了所筹集资金的稳定性。同时，金融机构发行债券时可以灵活规定期限，比如为了一些长期投资项目，可以发行期限较长的债券。因此，发行金融债券可以使金融机构筹措到稳定且期限灵活的资金，从而有利于优化资产结构、扩大长期投资业务。

（四）发行机构

金融债券是由银行和非银行金融机构发行的债券。在英、美等国家，金融机构发行的债券归类于公司债券。在我国及日本等国家，金融机构发行的债券称为金融债券。

（五）风险利率

由于银行等金融机构在一国经济中占有较特殊的地位，政府对它们的运营又有严格的监管，因而金融债券的资信通常高于其他非金融机构债券，违约风险相对较小，具有较高的安全性。因此，金融债券的利率通常低于一般的企业债券，但高于风险更小的国债和银行储蓄存款利率。

（六）中国金融债券的种类

我国金融债券已经得到了长足发展，种类也日益增多，主要有以下几类：

（1）央行票据。

（2）证券公司债券，指证券公司依法发行的、约定在一定期限内还本付息的一种有价证券。

（3）商业银行的次级债券，指商业银行发行的，本金和利息的清偿顺序在商业银行的其他负债之后、商业银行股权资本之前的债券。

（4）保险公司次级债券。

（5）证券公司短期融资债券。

（6）混合资本债券。

（七）我国在境内发行的金融债券

我国在境内发行金融债券始于1985年，到目前为止，共发行过三类金融债券。

(1)1985 年，为了解决国有商业银行信贷资金不足问题，中国工商银行、中国农业银行和其他非银行金融机构被批准向社会公开发行金融债券，用于发行特种贷款，支持一些产品为社会所急需、经济效益好的建设项目的扫尾工作，以促进其迅速竣工投产。同时，规定发行金融债券要贯彻"量出为入"的原则，即根据特种贷款的实际需要，在批准的额度内发行，以免所筹资金因利率较高用不出而发生亏损。这种金融债券一直持续到 1992 年，发行了 200 多亿元，以后再没有发行过。这种金融债券的特点是：从发行目的看，它类似于政府债券，是为了贯彻国家经济政策，完成国家资金管理机构承担的融资任务，而不是为了金融机构自身多赚取利润；但从发行办法看，它又类似于企业债券，既不给各地下达指令性指标，也不做政治动员，完全依靠金融债券自身的特点上市发行。

(2)1994 年，国家开发银行、中国进出口银行和中国农业发展银行三家政策性银行相继成立，这三家政策性银行的资本金和信贷资金一开始由国家财政拨付，但是由于财政困难不能完全满足这三家银行的资本金和信贷资金的需求，因此国务院批准它们可以在银行间债券市场面向金融机构发行特种金融债券。到 2002 年底，这三家银行共发行此类金融债券 15 299 亿元。

(3)1997、1998 年两年，为了解决证券回购方面出现的问题，中国人民银行批准了 14 家金融机构先后 16 次发行金融债券，发行总规模 56 亿元。这些金融机构包括华夏证券有限公司、国泰证券有限公司、南方证券有限公司、广东发展银行、海南发展银行、北京京华信托投资公司、中兴信托投资公司、海南汇通国际信托投资公司、海南赛格国际信托投资公司、中银信托投资公司、海南国际租赁公司、新疆国际租赁公司、广东国际信托投资公司深圳分公司、北京四通财务公司。

第四节 国际债券

一、定义

国际债券是一国政府、金融机构、工商企业或国家组织为筹措和融通资金，在国外金融市场上发行的，以外国货币为面值的债券。

国际债券的重要特征是发行者和投资者属于不同的国家，筹集的资金来源于国外金融市场。国际债券的发行和交易，既可用来平衡发行国的国际收支，也可用来为发行国政府或企业引入资金从事开发和生产。依发行债券所用货币与发行地点的不同，国际债券又可分为外国债券和欧洲债券。

二、主要种类

国际债券从不同的角度可分为不同的类别，现选择其中的主要类别介绍如下：

(一)外国债券和欧洲债券

1. 外国债券

外国债券是指借款人在其本国以外的某一个国家发行的、以发行地所在国的货币为面值的债券。外国债券是传统的国际金融市场业务，已存在几个世纪，它的发行必须经发行地所在国政府的批准，并受该国金融法令的管辖。在美国发行的外国债券(美元)称为扬基债券；在日本发行的外国债券(日元)称为武士债券。

2. 欧洲债券

欧洲债券是借款人在债券票面货币发行国以外的国家或在该国的离岸国际金融市场发行的债券。欧洲债券是欧洲货币市场三种主要业务之一，因此它的发行无需受任何国家金融法令的管辖。

(二)公募债券和私募债券

1. 公募债券

公募债券是向社会广大公众发行的债券，可在证券交易所上市公开买卖。公募债券的发行必须经过国际上公认的资信评级机构的评级，借款人须将自己的各项情况公之于众。

2. 私募债券

私募债券是私下向限定数量的投资人发行的债券。这种债券发行金额较小，期限较短，不能上市公开买卖，且债券息票率偏高，但发行价格偏低，以保障投资者的利益。私募债券机动灵活，一般无需资信评级机构评级，也不要求发行人将自己的情况公之于众，发行手续较简便。

(三)一般债券、可兑股债券和附认股权债券

1. 一般债券

一般债券是按债券的一般还本付息方式发行的债券，包括政府债券、金融债券和企业债券等。它是相对于可兑股债券、附认股权债券等债券新品种而言的，后两种债券合称为“与股权相联系的债券”。

2. 可兑股债券

可兑股债券是指可以转换为企业股票的债券。这种债券在发行时就给投资人一种权利，即投资人经过一定时期后，有权按债券面额将企业债券转换成该企业的股票，成为企业股东，享受股票分红待遇。发行这种债券的大多是大企业，近年来在国际债券市场上可兑股企业债券发展得很快。

3. 附认股权债券

附认股权债券是指能获得购买借款企业股票权利的企业债券。投资人一旦购买了这种债券，在该企业增资时，有购买其股票的优先权，还可获得按股票最初发行价格购买的优惠。发行这种债券的也多为大企业。

(四)固定利率债券、浮动利率债券和无息债券

1. 固定利率债券

固定利率债券是在债券发行时就将债券的息票率固定下来的债券。

2. 浮动利率债券

浮动利率债券是指债券息票率根据国际市场利率变化而变化的债券。这种债券的利率基准和浮动期限一般参照伦敦同业拆借利率。浮动利率债券是自 20 世纪 80 年代以来，在国际债券市场上发展起来的一种新的金融工具。发行这种债券有一定的利率风险，但倘若国际利率趋势明显走低，或借款人今后的资金运用也采取同样期限的浮动利率，利率风险则可以抵消。

3. 无息债券

无息债券是指没有息票的债券。这种债券发行时是按低于票面额的价格出售，到期按票面额收回，发行价格与票面额的差价就是投资人所得的收益。发行这种债券对借款人来说，可以节省息票印刷费用，从而降低筹资成本；对投资人来说，可以获得比有息票债券更多的收益。

（五）双重货币债券和欧洲货币单位债券

1. 双重货币债券

双重货币债券是指涉及两种货币的债券。这种债券在发行、付息时采用一种货币，但还本时付另一种货币，两种货币间的汇率在发行债券时就确定。发行这种债券的最大优点是，可以防止和避免外汇货币与借款货币不一致所带来的汇率风险。

2. 欧洲货币单位债券

欧洲货币单位债券是以欧洲货币单位为面值的债券，价值较稳定，近年来这种债券在欧洲债券市场上的比重逐年增大。

三、主要特点

国际债券是一种跨国发行的债券，涉及两个或两个以上的国家，同国内债券相比，具有一定的特殊性。

（一）资金来源广

国际债券是在国际证券市场上筹资，发行对象为众多国家的投资者，因此，其资金来源比国内债券要广泛得多。通过发行国际债券，可以使发行人灵活和充分地为其建设项目和其他需要提供资金。

（二）发行规模大

发行国际债券，规模一般都较大，这是因为举借这种债务的目的之一就是要利用国际证券市场资金来源的广泛性和充足性。同时，由于发行人进入国际债券市场必须由国际性资信评估机构进行债券信用级别评定，只有高信誉的发行人才能顺利地进行筹资，因此，在发行人债信状况得到充分肯定的情况下，巨额借债才有可能实现。

（三）存在汇率风险

发行国内债券，筹集和还本付息的资金都是本国货币，所以不存在汇率风险。发行国际债券，筹集到的资金是外国货币，汇率一旦发生波动，发行人和投资者都有可能蒙受意外损失或获取意外收益，因此，国际债券很重要的一部分风险是汇率风险。

（四）有国家主权保障

在国际债券市场上筹集资金，有时可以得到由一个主权国家政府最终付款的承诺保证。若得到这样的承诺保证，各个国际债券市场自然都愿意向该主权国家开放，这也使得国际债券市场具有较高的安全性。当然，代表国家主权的政府也要对本国发行人在国际债券市场上借债进行检查和控制。

（五）以自由兑换货币作为计量货币

国际债券在国际市场上发行，因此，其计量货币往往是国际通用货币，一般以美元、英镑、欧元、日元和瑞士法郎为主，这样，发行人筹集到的资金是一种可以通用的自由外汇资金。

四、发行方式

（一）国际债券发行的主要方式

1. 公募

这是向社会广大公众发行债券，可在证券交易所上市公开买卖。公募债券的发行必须经过国际上认可的资信评级机构的评级，借款人须将自己的各项情况公之于众。借款人每发行一次债券，都要重新确定一次债信级别。

2. 私募

它是指私下向限定数量的投资人发行债券。以这种方式发行的债券期限较短，不能上市公开买卖。但私募债券机动灵活，一般不需要资信评级机构评级，也不需要发行人将自己的情况公之于众，发行手续较简便。

(二)其他发行方式

1. 直接发行

由发行人自己出面发行债券，发行人自己办理发行的全部手续，做好发行前的准备工作，并直接向投资人出售债券，剩余的债券也由自己处理。发行人也可在债券发行之前，先在规定期限内接受投资人的申请，按申请数印制债券，并直接发行，这样可以防止债券过剩。

2. 间接发行

由发行人委托中间人代理发行债券，具体又分为委托募集和承购募集。委托募集是委托销售集团推销债券，推销不完的债券退回发行人处理。承购募集是由承购集团推销，推销不完的债券由承购人买下。在国际债券市场上，一般都采用承购募集的方式发行债券。

五、发行程序

国际债券的发行程序主要如下：

(1)发行人确定牵头经理人。在接到发行人的授权书后，牵头经理人开始工作。

(2)牵头人帮助发行人在发行地国家表示发行债券的意向，征求该国政府许可。

(3)发行人与牵头人商定发行债券的基本条件、拟定条款。

(4)发行人与经理人签订订购协议。

(5)经理人与承销人签订承销协议，或与推销人签订推销协议。

(6)发行人通过承销人向广大投资人提交招募说明书，介绍和宣传债券。

(7)债券发行到投资者，即承销人将债券出售给广大投资人。

本章概念

债券　票面要素　债券种类　政府债券　公司债券　金融债券　企业债券　国际债券　外国债券　欧洲债券

思考题

1. 简述债券的定义及其分类。
2. 简述政府债券、公司债券和金融债券、国际债券的特征。
3. 简述债券对发行者和投资者的影响。

第四章

证券投资基金

本章重点内容

- 证券投资基金概述
- 证券投资基金的分类
- 证券投资基金的当事人
- 证券投资基金的投资收益、风险与信息披露

学习目标

· 熟悉证券投资基金的基本概念及其特征

· 掌握证券投资基金的不同种类及其特点与区别

· 了解证券投资基金当事人及各自权利义务

证券投资基金是一种利益共存、风险共担的集合证券投资方式，基金由不同的依据分为许多不同种类，每种类型都有其各自的特点。证券投资基金的当事人主要包括基金份额持有人、基金管理人、基金托管人。基金投资运作受我国法律法规监管，并依照法律法规规定向社会公众进行信息披露。

第一节　证券投资基金概述

一、证券投资基金

证券投资基金(Securities Investment Fund)是一种利益共存、风险共担的集合证券投资方式，即通过发行基金份额，集中投资者的资金，由基金托管人托管，由基金管理人管理和运用资金，从事股票、债券等金融工具投资，并将投资收益按基金投资者的投资比例进行分配的一种间接投资方式。

(一)基金的起源与发展

最早的基金究竟诞生于何时何地，目前并没有一致的看法。有人认为，1822 年由荷兰国王威廉一世所创立的私人信托投资基金可能是最早的基金。也有人认为，1774 年，荷兰商人凯特威士(Ketwich)创办了第一只信托基金。

一般认为，1868 年英国的"海外及殖民地政府信托基金"是世界上第一只基金(封闭基金)。1924 年 3 月 21 日，"马萨诸塞投资信托基金"在美国波士顿成立，成为世界上第一只公

司型开放式基金。1940 年，美国颁布了《投资公司法》和《投资顾问法》，为投资者提供了完整的法律保护。截至 2008 年，美国共同基金的资产有 9.6 万亿美元，有 9 300 万名基金投资者，基金数量超过 1 万只。20 世纪 80 年代以后，全球共同基金的资产规模已达到 18.97 万亿美元，我国是全球第十大基金市场。全球基金业发展的趋势与特点有：美国占据主导地位，其他国家和地区发展迅猛；开放式基金成为主流；基金行业竞争加剧，行业集中趋势突出；基金的资金来源主要为养老基金。

在不同的国家，投资基金的名称有所区别：英国和中国香港称之为“单位信托投资基金”；美国称之为“共同基金”；日本和中国台湾则称之为“证券投资信托基金”。这些不同的名称在内涵和运作上无太大区别。投资基金在西方国家早已成为一种重要的融资、投资手段，并在当代得到了进一步发展。自 20 世纪 60 年代以来，一些发展中国家积极运用投资基金这一形式吸收国内外资金，促进本国经济的发展。

(二)我国基金业的发展概况

1997 年 11 月 14 日，我国颁布《证券投资基金管理暂行办法》；2004 年 6 月 1 日颁布了《证券投资基金法》。以这两部法律为界限，我国的基金行业发展主要分为三个阶段，即早期探索阶段(20 世纪 70 年代～1997 年 11 月)、试点发展阶段(1997 年～2004 年 6 月)、快速发展阶段(2004 年 6 月 1 日至今)。这不仅支持了我国经济建设和改革开放事业，而且为广大投资者提供了一种新型的金融投资选择，活跃了金融市场，丰富了金融市场的内容，促进了金融市场的发展和完善。

1. 早期探索阶段

中国境内第一家比较规范的投资基金——淄博乡镇企业投资基金，于 1992 年 11 月经中国人民银行总行批准正式设立，属于封闭式基金。1993 年 8 月经相关部门批准，在上海证券交易所最早挂牌上市。

2. 试点发展阶段

(1)《证券投资基金管理暂行办法》使得基金在规范化运作方面得到很大的提高。①对基金管理公司的设立规定了较高的准入条件；②明确了基金托管人在基金运作中的作用；③建立了较为严格的信息披露制度。

(2)在封闭式基金成功试点的基础上推出开放式基金，使得我国的基金运作水平实现历史性跨越。①1998 年 3 月，新成立的南方基金管理公司和国泰基金管理公司，分别设立了开元基金、金泰基金；②2000 年 10 月颁布《开放式证券投资基金试点办法》；③2001 年 9 月，我国第一只开放式基金——华安创新诞生。

(3)对养老基金进行了全面规范的清理，绝大多数养老基金通过资产置换、合并等方式被改造成新的证券投资基金。1999 年 10 月下旬，10 只养老基金最先经资产置换合并变为 4 只证券投资基金。

(4)监管部门出台了一系列鼓励基金业发展的政策措施，对基金行业的发展起到了重要的促进作用。政策包括基金可进行新股配售、允许保险公司通过购买基金间接进行股票投资等。

(5)开放式基金的发展为基金产品的创新开辟了新的天地。开放式基金推出之前，我国有 47 只封闭式基金，2002 年有 54 只封闭式基金。2002 年 8 月第一只以债权投资为主的债权基金——南方宝元诞生。2003 年 3 月第一只系列基金——招商安泰系列基金诞生。2003 年 5 月第一只保本特色的基金——南方避险增值基金诞生。2003 年 12 月第一只货币型基金——华安现金富利基金诞生。

3. 快速发展阶段

2004 年 6 月 1 日，我国开始实施《证券投资基金法》，标志着我国基金行业的发展进入新的发展阶段。

(1)基金业监管的法律体系日益完善。为配合《证券投资基金法》的实施，中国证监会相继出台了一系列法规。

(2)基金种类日益丰富，开放式基金取代封闭式基金成为市场发展的主流。2009 年末，我国的基金总数达到 556 只，其中开放式基金 525 只，基金资产净值 2.68 万亿元。

(3)基金公司业务开始走向多元化，出现了一批规模较大的基金管理公司。2009 年末，我国基金管理公司有 60 家，共有 7 家基金管理公司资产超过了 1 000 亿元。

(4)基金行业对外开放程度不断提高。2009 年末，我国共有 34 家合资基金公司；QDII 的推出使我国基金行业开始进入国际投资市场；自 2008 年 4 月起，部分基金管理公司开始到香港设立分公司。

(5)基金行业市场营销、服务创新日益活跃。

(6)基金投资者队伍迅速壮大，个人投资者取代机构投资者成为基金主要持有者。2006 年之前，机构投资者为 50%，个人投资者为 50%。

(三)基金业在金融体系中的地位与作用

(1)为中小投资者拓宽了投资渠道；

(2)优化金融机构，促进经济增长；

(3)有利于证券市场稳定和健康发展；

(4)完善金融体系和社会保障体系。

(四)证券投资基金与其他金融工具的比较

1. 证券投资基金与股票、债券的区别

(1)反映的经济关系不同

股票——所有权关系，是所有权凭证，代表股东。债券——债务债权关系，是债券凭证，代表债权人。基金——信托关系，是收益凭证，代表基金受益人。

(2)所筹资金的投向不同

股票和债券——直接投资工具，资金投向实业领域。基金——间接投资工具，资金投向有价证券等金融工具或产品。

(3)收益与风险的大小不同

股票——波动性较大，高风险，高收益。债券——低风险，低收益。基金——有效分散风险，风险适中，收益稳健。

2. 证券投资基金与银行储蓄存款的区别

(1)性质不同

基金是收益凭证，基金财产独立于基金管理人，管理人不承担投资损失风险；银行存款是信用凭证，银行对存款者负责。

(2)收益与风险特征不同

基金收益具有波动性，投资风险较大；银行存款损失本金的可能性较小。

(3)信息披露程度不同

基金管理人需要定期披露信息，银行存款不需要。

二、证券投资基金的运作

证券投资基金的运作，包括基金的市场营销、基金的募集、基金的投资管理、基金资产的托管、基金份额的登记、基金的估值与会计核算、基金的信息披露及其他。

三、证券投资基金的参与主体

证券投资基金参与主体一般包括三类，即基金当事人、市场服务机构、行业监管自律组织。

（一）基金当事人

具体包括：基金份额持有人（基金出资人、基金资产所有者、基金合同当事人）、基金管理人（负责基金资产的运作）、基金托管人（基金资产的保管，基金资金清算、会计复核，以及基金投资运作的监督，只能由依法设立并取得基金托管资格的商业银行担任）。

（二）市场服务机构

具体包括：基金销售机构（受基金管理公司委托从事基金代理销售的机构，须证监会指定）、基金注册登记机构（中国证券登记结算有限责任公司）、律师事务所和会计事务所、基金投资咨询公司、基金评级机构。

（三）行业监管自律组织

具体包括：基金监管机构（证监会）、基金行业自律机构（证券业协会）。

四、证券投资基金的特点

证券投资基金作为一种现代化的投资工具，主要具有以下三个特点：

（一）集合投资

证券投资基金是这样一种投资方式：它将零散的资金巧妙地汇集起来，交给专业机构投资于各种金融工具，以谋取资产的增值。证券投资基金对投资的最低限额要求不高，投资者可以根据自己的经济能力决定购买数量，有些基金甚至不限制投资额大小，完全按份额计算收益的分配，因此，证券投资基金可以最广泛地吸收社会闲散资金，集腋成裘，汇成规模巨大的投资资金。在参与证券投资时，资本越雄厚，优势越明显，而且可能享有大额投资在降低成本上的相对优势，从而获得规模效益的好处。

（二）分散风险

以科学的投资组合降低风险、提高收益是证券投资基金的另一大特点。在投资活动中，风险和收益总是并存的，因此，“不能将所有的鸡蛋都放在一个篮子里”，这是证券投资的箴言。但是，要实现投资资产的多样化，需要一定的资金实力，对小额投资者而言，由于资金有限，很难做到这一点，而证券投资基金则可以帮助中小投资者解决这个困难。证券投资基金可以凭借其雄厚的资金实力，在法律规定的投资范围内进行科学的组合，分散投资于多种证券，借助于资金庞大和投资者众多使每个投资者面临的投资风险变小，同时，又利用不同的投资对象之间的互补性，达到分散投资风险的目的。

（三）专业理财

证券投资基金实行专家管理制度，这些专业管理人员都经过专门训练，具有丰富的证券投资和其他项目投资经验。他们善于利用基金与金融市场的密切联系，运用先进的技术手段分析各种信息资料，能对金融市场上各种价格变动趋势作出比较正确的预测，最大限度地避免投资决策的失误，提高投资成功率。对于那些没有时间，或者对市场不太熟悉，没有能力专门研究投资决策的中小投资者来说，投资于基金，实际上就可以获得专家们在市场信息、投资经验、金融知识和操作技术等方面所拥有的优势，从而尽可能地避免盲目投资带来的损失。

五、证券投资基金的性质与作用

(一)证券投资基金的性质

1. 证券投资基金是一种集合投资制度

证券投资基金是一种积少成多的整体组合投资方式，它从广大的投资者那里聚集巨额资金，组建投资管理公司进行专业化管理和经营。在这种制度下，资金的运作受到多重监督。

2. 证券投资基金是一种信托投资方式

它与一般金融信托关系一样，主要有委托人、受托人、受益人三个关系人，其中受托人与委托人之间订有信托契约。但证券投资基金作为金融信托业务的一种形式，有自己的特点。如从事有价证券投资的主要当事人中还有一个不可缺少的托管机构，它不能与受托人(基金管理公司)由同一机构担任，而且基金托管人一般是法人；基金管理人并不对每个投资者的资金分别加以运用，而是将其集合起来，形成一笔巨额资金再加以运作。

3. 证券投资基金是一种金融中介机构

它存在于投资者与投资对象之间，起着把投资者的资金转换成金融资产，通过专门机构在金融市场上再投资，从而使货币资产得到增值的作用。证券投资基金的管理者对投资者所投入的资金负有经营、管理的职责，而且必须按照合同(或契约)的要求确定资金投向，保证投资者的资金安全和收益最大化。

4. 证券投资基金是一种证券投资工具

证券投资基金发行的凭证即基金券(或受益凭证、基金单位、基金股份)，与股票、债券一起构成有价证券的三大品种。投资者通过购买基金券完成投资行为，并凭之分享证券投资基金的投资收益，承担证券投资基金的投资风险。

(二)证券投资基金的作用

1. 证券投资基金为中小投资者拓宽了投资渠道

对中小投资者来说，存款或购买债券较为稳妥，但收益率较低；投资于股票可能获得较高收益，但风险较大。证券投资基金作为一种新型的投资工具，将众多投资者的小额资金汇集起来进行组合投资，由专家来管理和运作，经营稳定，收益可观，为中小投资者提供了较为理想的间接投资工具，大大拓宽了中小投资者的投资渠道。在美国，有50%左右的家庭投资于证券投资基金，基金占所有家庭资产的40%左右。因此可以说，证券投资基金已进入寻常百姓家，成为大众化的投资工具。

2. 有利于证券市场的稳定与发展

第一，证券投资基金的发展有利于证券市场的稳定，证券市场的稳定与否同市场的投资者结构密切相关。证券投资基金的出现和发展，能有效地改善证券市场的投资者结构。证券投资基金由专业投资者经营管理，其投资经验比较丰富，收集和分析信息的能力较强，投资行为相对理性，客观上能起到稳定市场的作用。同时，证券投资基金一般注重资本的长期增长，多采取长期的投资行为，较少在证券市场频繁进出，能减少证券市场的波动。第二，证券投资基金作为一种主要投资于证券市场的金融工具，它的出现和发展增加了证券市场的投资品种，扩大了证券市场的交易规模，起到了丰富和活跃证券市场的作用。随着证券投资基金的发展壮大，它已成为推动证券市场发展的重要动力。

第二节 证券投资基金的分类

一、分类的意义

对基金投资者：有助于加深对各类基金的认识以及风险收益特征的把握，有助于证券的投资、选择与比较。

对基金管理公司：基金业绩的比较在同一类别中进行才公平合理。

对基金研究机构：分类是评级的基础。

对监管部门：有利于针对不同基金实施有效监管。

二、证券投资基金的分类

（一）按基金的组织方式分类

1. 契约型基金

契约型基金又称单位信托基金，是指把投资者、管理人、托管人三者作为基金的当事人，通过签订基金契约的形式，发行受益凭证而设立的一种基金。契约型基金起源于英国，后在中国香港、新加坡、印度尼西亚等国家和地区十分流行。

契约型基金是基于契约原理而组织起来的代理投资行为，没有基金章程，也没有董事会，而是通过基金契约来规范三方当事人的行为。基金管理人负责基金的管理操作。基金托管人作为基金资产的名义持有人，负责基金资产的保管和处置，对基金管理人的运作实行监督。

2. 公司型基金

公司型基金是按照公司法以公司形态组成的，该基金公司以发行股份的方式募集资金，一般投资者通过认购基金而购买该公司的股份，成为该公司的股东，凭其持有的股份依法享有投资收益。这种基金要设立董事会，重大事项由董事会讨论决定。

公司型基金的特点是：基金公司的设立程序类似于一般股份公司，基金公司本身依法注册为法人。但不同于一般股份公司的是，它是委托专业的财务顾问或管理公司来经营与管理。基金公司的组织结构与一般股份公司类似，设有董事会和持有人大会，基金资产由公司所有，投资者则是这家公司的股东，承担风险并通过股东大会行使权利。

3. 契约型基金与公司型基金的比较

契约型基金与公司型基金的不同点有以下几个方面：

（1）法律依据不同

契约型基金是依照基金契约组建的，信托法是其设立的依据，基金本身不具有法人资格；公司型基金是按照公司法组建的，具有法人资格。

（2）资金的性质不同

契约型基金的资金是通过发行基金份额筹集起来的信托财产；公司型基金的资金是通过发行普通股票筹集的公司法人资本。

（3）投资者的地位不同

契约型基金的投资者购买基金份额后成为基金契约的当事人之一，投资者既是基金的委托人，即基于对基金管理人的信任，将自己的资金委托给基金管理人管理和营运，又是基金的受益人，即享有基金的受益权；公司型基金的投资者购买基金公司的股票后成为该公司的股东。因此，契约型基金的投资者没有管理基金份额的权利，而公司型基金的股东通过股东大会享有管理基金公司的权利。

(4)基金的营运依据不同

契约型基金依据基金契约营运基金；公司型基金依据基金公司章程营运基金。

由此可见，契约型基金和公司型基金在法律依据、组织形态以及有关当事人扮演的角色上是不同的。但对投资者来说，投资于公司型基金和契约型基金并无多大区别，它们的投资方式都是把投资者的资金集中起来，按照基金设立时所规定的投资目标和策略，将基金资产分散投资于众多的金融产品上，获取收益后再分配给投资者。从世界基金业的发展趋势看，公司型基金除了比契约型基金多了一层基金公司组织外，其他各方面都与契约型基金有趋同化的倾向。

(二)按基金运作方式分类

1. 封闭式基金

封闭式基金是指基金的发起人在设立基金时，限定了基金的发行总额，筹集到这个总额后，基金即宣告成立，并进行封闭，在一定时期内不再接受新的投资，又称为固定型投资基金。基金单位的流通采取在证券交易所上市的办法，投资者日后买卖基金都必须通过证券经纪商在二级市场上进行竞价交易。

封闭式基金的期限是指基金的存续期，即基金从成立起到终止的时间。决定基金期限长短的因素主要有两个：一是基金本身投资期限的长短，如果基金是进行中长期投资(如创业基金)，其存续期就可长一些；反之，如果基金是进行短期投资(如货币市场基金)，其存续期就可短一些。二是宏观经济形势，一般经济稳定增长，基金存续期可长一些，若经济波荡起伏，则应相对地短一些。当然，在现实中，存续期还应考虑基金发起人和众多投资者的要求来确定。基金期限届满即为基金终止，管理人应组织清算小组对基金资金进行清产核资，并将清产核资后的基金净资产按照投资者的出资比例进行公正合理的分配。

如果基金在运行过程中，因为某些特殊的情况，使得基金的运作无法再进行，报经主管部门批准，可以提前终止。提前终止的情况一般有：

(1)国家法律和政策的改变使得该基金的继续存在为非法或者不适宜；

(2)管理人因故退任或被撤换，无新的管理人承继的；

(3)托管人因故退任或被撤换，无新的托管人承继的；

(4)基金持有人大会通过提前终止基金的决议。

2. 开放式基金

开放式基金是指基金管理公司在设立基金时，发行基金的总份额不固定，可视投资者的需求追加发行。投资者也可根据市场状况和各自的投资决策，要求发行机构按现期净资产值扣除手续费后赎回股份或受益凭证，或者再买入股份或受益凭证，增持基金份额。为了应对投资者中途抽回资金，实现变现的要求，开放式基金一般都会从所筹集的资金中拨出一定比例，以现金形式保持这部分资产。这虽然会影响基金的盈利水平，但作为开放式基金来说，这是必需的。

3. 封闭式基金与开放式基金的区别

(1)期限不同

封闭式基金通常有固定的封闭期，通常在 5 年以上，一般为 10 年或 15 年，经受益人大会通过并经主管机关同意可以适当延长期限。而开放式基金没有固定期限，投资者可随时向基金管理人赎回基金单位。

（2）发行规模限制不同

封闭式基金在招募说明书中会列明其基金规模，在封闭期限内未经法定程序认可不能再增加发行。开放式基金没有发行规模限制，投资者可随时提出认购或赎回申请，基金规模就随之增加或减少。

（3）基金单位交易方式不同

封闭式基金的基金单位在封闭期限内不能赎回，持有人只能寻求在证券交易场所出售给第三者。开放式基金的投资者则可以在首次发行结束一段时间（多为3个月）后，随时向基金管理人或中介机构提出购买或赎回申请，买卖方式灵活，除极少数开放式基金在交易所作名义上市外，通常不上市交易。

（4）基金单位的交易价格计算标准不同

封闭式基金与开放式基金的基金单位除了首次发行价都是按面值加一定百分比的购买费计算外，以后的交易计价方式不同。封闭式基金的买卖价格受市场供求关系的影响，常出现溢价或折价现象，并不必然反映基金的净资产值。开放式基金的交易价格则取决于基金单位净资产值的大小，其申购价一般是基金单位净资产值加一定的购买费，赎回价是基金单位净资产值减去一定的赎回费，不直接受市场供求关系影响。

（5）投资策略不同

封闭式基金的基金单位数不变，资本就不会减少，因此基金可进行长期投资，基金资产的投资组合能有效在预定计划内进行。开放式基金因基金单位可随时赎回，为应对投资者随时赎回兑现，基金资产不能全部用来投资，更不能把全部资产用来进行长线投资，必须保持基金资产的流动性，在投资组合上需保留一部分现金和高流动性的金融商品。

从发达国家金融市场来看，开放式基金已成为世界投资基金的主流。世界基金发展史从某种意义上说就是从封闭式基金走向开放式基金的历史。

（三）按投资目标分类

1. 成长型基金

成长型基金是基金中最常见的一种，它追求的是基金资产的长期增值。为了达到这一目标，基金管理人通常将基金资产投资于信誉度较高、有长期成长或长期盈余前景的所谓成长公司的股票。成长型基金又可分为稳健成长型基金和积极成长型基金。

2. 收入型基金

收入型基金主要投资于可带来现金收入的有价证券，以获取当期的最大收入为目的。收入型基金的资产成长的潜力较小，损失本金的风险相对也较低，一般可分为固定收入型基金和股票收入型基金。固定收入型基金的主要投资对象是债券和优先股，因而尽管收益率较高，但长期成长的潜力很小，而且当市场利率波动时，基金净值容易受到影响。股票收入型基金的成长潜力比较大，但易受股市波动的影响。

3. 平衡型基金

平衡型基金将资产分别投资于两种不同特性的证券上，并在以取得收入为目的的债券及优先股和以资本增值为目的的普通股之间进行平衡。这种基金一般将25%～50%的资产投资于债券及优先股，其余的投资于普通股。平衡型基金的主要目的是从其投资组合中的债券上得到适当的利息收益，与此同时，又可以获得普通股的升值收益。投资者既可获得当期收入，又可得到资金的长期增值。平衡型基金的特点是风险比较低，缺点是成长的潜力不大。

(四)按投资标的分类

1. 债券基金

债券基金以债券为主要投资对象,债券比例须在80%以上。由于债券的年利率固定,因而这类基金的风险较低,适合于稳健型投资者。通常债券基金收益会受货币市场利率的影响,当市场利率下调时,其收益就会上升;反之,若市场利率上调,则基金收益率下降。除此以外,汇率也会影响基金的收益,管理人在购买以非本国货币标价的债券时,往往还会在外汇市场上做套期保值。

2. 股票基金

股票基金以股票为主要投资对象,股票比例须在60%以上。股票基金的投资目标侧重于追求资本利得和长期资本增值。基金管理人拟定投资组合,将资金投放到一个或几个国家,甚至是全球的股票市场,以达到分散投资、降低风险的目的。

投资者之所以钟爱股票基金,原因在于可以有不同的风险类型供其选择,而且可以克服股票市场普遍存在的区域性投资限制的弱点。此外,还具有变现性强、流动性强等优点。由于聚集了巨额资金,几只甚至一只基金就可以引发股市动荡,所以各国政府对股票基金的监管都十分严格,不同程度地规定了基金购买某一家上市公司的股票总额不得超过基金资产净值的一定比例,防止基金过度投机和操纵股市。

3. 货币市场基金

货币市场基金是以货币市场工具为投资对象的一种基金。货币市场基金通常被认为是无风险或低风险投资。其投资对象期限较短,一般在一年以内,包括银行短期存款、国库券、公司债券、银行承兑票据及商业票据等。通常,货币基金的收益会随着市场利率的下跌而降低,与债券基金正好相反。

4. 混合型基金

混合型基金主要是从资产配置的角度看,股票、债券和货币的投资比例没有固定的限制。

(五)按投资理念分类

1. 主动型基金

主动型基金一般以寻求取得超越市场的业绩表现为目标。其基金管理者一般认为证券市场是无效的,存在着错误定价的股票。

2. 被动型基金(指数型基金)

被动型基金一般选取特定的成份股作为投资的对象,不主动寻求超越市场的表现,而是试图复制指数的表现。其管理者认为,市场是有效的,投资者不可能超越市场。

(六)按募集方式分类

1. 公募基金

公募基金是可以面向社会公众公开发售的基金。公募基金可以向社会公众公开发售基金份额和宣传推广;基金募集对象不固定;对基金份额的投资金额要求较低,适合中小投资者参与;基金必须遵守相关法律法规,接受监管机构的监管并定期公开信息披露。

目前国内证券市场的基金基本都是公募基金,无论是开放式还是封闭式(现在证券市场上的基金多为开放式)。目前得到我国法律认可的只有公募基金。

2. 私募基金

私募基金是向特定的投资者发售的基金。私募基金不能公开发售基金份额和宣传推广,只能采取非公开方式向特定对象发行;对基金份额的投资金额要求较高、风险较大,对投资者的资格和人数有限制;基金的投资范围较广,在基金运作和信息披露方面所受的限制和约束较少。

(七)按资本来源和流向分类

1. 国内基金

它是基金资本来源于国内并投资于国内金融市场的投资基金。一般而言,国内基金在一国基金市场上应占主导地位。

2. 国际基金

它是基金资本来源于国内但投资于境外金融市场的投资基金。由于各国经济和金融市场发展的不平衡性,因而在不同国家会有不同的投资回报,通过国际基金的跨国投资,可以为本国资本带来更多的投资机会以及在更大范围内分散投资风险,但国际基金的投资成本和费用一般也较高。国际基金有国际股票基金、国际债券基金和全球商品基金等种类。

3. 离岸基金

它是基金资本从国外筹集并投资于国外金融市场的基金。离岸基金的特点是两头在外。离岸基金的资产注册登记不在母国,为了吸引全球投资者的资金,离岸基金一般都在素有"避税天堂"之称的地方注册,如卢森堡、开曼群岛、百慕大等,因为这些国家和地区对个人投资的资本利得、利息和股息收入都不收税。

4. 海外基金

它是基金资本从国外筹集并投资于国内金融市场的基金。海外基金通过发行受益凭证,把筹集到的资金交由指定的投资机构集中投资于特定国家的股票和债券,然后把所得收益进行再投资或作为红利分配给投资者。它所发行的受益凭证则在国际著名的证券市场挂牌上市。海外基金已成为发展中国家利用外资的一种较为理想的形式,一些资本市场没有对外开放或实行严格外汇管制的国家可以利用海外基金。

除了上述几种类型的基金外,证券投资基金还可以按募集对象不同分为公募基金和私募基金;按投资货币种类不同分为美元基金、英镑基金、日元基金等;按收费与否分为收费基金和不收费基金;按投资计划可变更性分为固定型基金、半固定型基金、融通型基金;还有专门支持高科技企业、中小企业的风险基金;因交易技巧而著称的对冲基金、套利基金,以及投资于其他基金的基金中基金;等等。

(八)其他特殊类型

1. 指数基金(被动型基金)

指数基金是20世纪70年代出现的新的基金品种。为了使投资者能获取与市场平均收益相接近的投资回报,产生了一种功能上近似或等于所编制的某种证券市场价格指数的基金。其特点是:它的投资组合等同于市场价格指数的权数比例,收益随着当期的价格指数上下波动。当价格指数上升时基金收益增加,反之收益减少。基金始终保持当期的市场平均收益水平,因而收益不会太高,也不会太低。指数基金的优势是:第一,费用低廉。指数基金的管理费用较低,尤其交易费用较低。第二,风险较小。由于指数基金的投资非常分散,可以完全消除投资组合的非系统性风险,而且可以避免由于基金持股集中带来的流动性风险。第三,在以机构投资者为主的市场中,指数基金可获得市场平均收益率,为股票投资者提供更好的投资回报。第四,指数基金可以作为避险套利的工具。对于投资者尤其是机构投资者来说,指数基金是他们避险套利的重要工具。指数基金由于其收益率的稳定性和投资的分散性,特别适用于社保基金等数额较大、风险承受能力较差的资金投资。

2. ETF(交易型开放式指数基金)

交易型开放式指数基金,通常又被称为交易所交易基金(Exchange Traded Funds,简称ETF),是一种在交易所上市交易的、基金份额可变的开放式基金。

交易型开放式指数基金属于开放式基金的一种特殊类型,它综合了封闭式基金和开放式基金的优点,投资者既可以向基金管理公司申购或赎回基金份额,同时,又可以像封闭式基金一样在证券市场上按市场价格买卖ETF份额,不过,申购、赎回必须以一揽子股票换取基金份额,或者以基金份额换回一揽子股票。由于同时存在证券市场交易和申购赎回机制,投资者可以在ETF市场价格与基金单位净值之间存在差价时进行套利交易。套利机制的存在,使得ETF避免了封闭式基金普遍存在的折价问题。

3. LOF(上市开放式基金)

LOF,英文全称是Listed Open-ended Fund,称为"上市开放式基金"。上市开放式基金发行结束后,投资者既可以在指定网点申购与赎回基金份额,也可以在交易所买卖该基金。不过如果投资者是在指定网点申购的基金份额,想要网上抛出,须办理一定的转托管手续;同样,如果是在交易所网上买进基金份额,想要在指定网点赎回,也要办理一定的转托管手续。根据深圳证券交易所已经开通的基金场内申购赎回业务,在场内认购的LOF无需办理转托管手续,可直接抛出。

LOF和ETF的区别:(1)申购、赎回的标的不同:ETF与投资者交换的是基金份额与一揽子股票;LOF申购、赎回的是基金份额与现金对价。(2)申购、赎回的场所不同:ETF的申购、赎回通过交易所进行;LOF的申购、赎回可以在代销网点也可以在交易所进行。(3)申购、赎回的限制不同:只有大额投资者才可以参与ETF一级市场的申购、赎回;LOF没有这个限制。(4)基金投资策略不同:ETF采用被动式管理方法;LOF可以是指数型基金,也可以是主动管理型基金。(5)在二级市场净值报价上:ETF每隔15秒提供一个报价;LOF的净值报价频率比ETF低,通常一天只提供一次或几次报价。

4. QDII基金

QDII(国内机构投资者赴海外投资资格认定制度,即Qualified Domestic Institutional Investors)基金由香港金融部门最早提出,是指在一国境内设立,经有关部门批准,从事境外证券市场的股票、债券等有价证券投资的基金,我国内地于2007年首次推出。它与CDR(预托证券)、QFII(国外机构投资者到内地投资资格认定制度,即Qualified Foreign Institutional Investors)一样,是在外汇管制下内地资本市场对外开放的权宜之计,以允许在资本项目未完全开放的情况下,国内投资者往海外资本市场进行投资。

5. 分级基金

分级基金又被称为结构型基金、可分离交易基金,是指可以将普通基金份额拆分为具有不同预期收益与风险的两份或多份份额,并可分离上市交易的一种基金产品。

6. 黄金基金

黄金基金是指以黄金或者其他贵金属及其相关产业的证券为主要投资对象的基金。其收益率一般随贵金属的价格波动而变化。

7. 衍生证券基金

衍生证券基金是指以衍生证券为投资对象的证券投资基金,主要包括期货基金、期权基金和认购权证基金。由于衍生证券一般是高风险的投资品种,因此,投资这种基金的风险较大,但预期的收益水平比较高。

第三节 证券投资基金的当事人

一、基金份额持有人

基金份额持有人是指依基金合同和招募说明书持有基金份额的自然人和法人，也就是基金的投资人。他们是基金资产的实际所有者，享有基金信息的知情权、表决权和收益权。基金的一切投资活动都是为了增加投资者的收益，一切风险管理都是围绕保护投资者利益来考虑的。因此，基金份额持有人是基金一切活动的中心。

（一）基金份额持有人的权利

按基金合同的规定出席或者委派代表出席基金份额持有人大会，并行使表决权；按基金合同的规定取得基金收益；监督基金经营情况，查询或获取公开的基金业务及财务状况的资料；在基金保本周期到期后要求履行保本条款的权利；申购、赎回、转让基金份额，进行基金间转换，选择转入下一保本周期或修改基金合同后形成其他基金品种；在不同的基金直销或代销机构之间转托管；获取基金清算后的剩余资产；要求基金管理人或基金托管人按法律法规、基金合同以及依据基金合同制定的其他法律文件的规定履行其义务；依照基金合同的规定，召集基金份额持有人大会；要求基金管理人或基金托管人及时按法律法规、基金合同以及依据基金合同制定的其他法律文件行使权利、履行义务；法律法规及基金合同规定的其他权利。

（二）基金份额持有人的义务

基金份额持有人必须承担以下义务：遵守基金契约；缴纳基金认购款项及规定费用；承担基金亏损或终止的有限责任；不从事任何有损基金及其他基金投资人合法权益的活动；法律、法规及基金契约规定的其他义务。

二、基金管理人

基金管理人是负责基金发起、设立与经营管理的专业性机构，其不仅负责基金的投资管理，而且承担着产品设计、基金营销、基金注册登记、基金估值、会计核算和客户服务等多方面的职责。我国《证券投资基金法》规定，基金管理人由依法设立的基金管理公司担任。基金管理公司通常由证券公司、信托投资公司或其他机构等发起设立，具有独立法人地位。基金管理人作为受托人，凭借专门的知识与经验，运用所管理基金的资产，根据法律、法规及基金章程或基金契约的规定，按照科学的投资组合原理进行投资决策，谋求所管理的基金资产不断增值，并使基金持有人获取尽可能多的收益，不得出于自身利益的考虑损害基金持有人的利益。

基金管理人在不同国家（地区）有不同的名称。例如，在英国称投资管理公司，在美国称基金管理公司，在日本称投资信托公司，在我国台湾称证券投资信托事业，但其职责都是基本一致的，即运用和管理基金资产。

基金管理人是基金资产的管理和运用者。基金收益的好坏取决于基金管理人管理运用基金资产的水平，因此必须对基金管理人的任职资格做出严格限定，才能保护投资者的利益，只有具备一定条件的机构才能担任基金管理人。各个国家和地区对基金管理人的任职资格有不同的规定，一般而言，申请成为基金管理人的机构要依照本国或本地区的有关证券投资信托法规，经政府有关主管部门审核批准后，方可取得基金管理人的资格。审核内容包括：基金管理公司是否具有一定的资本实力及良好的信誉，是否具备经营、运作基金的硬件条件（如固定的场所和必要的设施等）、是否具有专门的人才及明确的基金管理计划等。

（一）基金管理人的职责

依据《证券投资基金法》的规定，基金管理人的职责主要有以下几个方面：

（1）按照基金契约的规定运用基金资产投资，并管理基金资产；

（2）及时、足额地向基金持有人支付基金收益；

（3）保存基金的会计账册、记录15年以上；

（4）编制基金财务报告，及时公告，并向中国证监会报告；

（5）计算并公告基金资产净值及每一基金单位资产净值；

（6）基金契约规定的其他职责。

另外，《开放式基金业务管理办法》规定，基金管理人除应当遵守上述规定外，还应当履行下列职责：

（1）依据基金契约，决定基金收益分配方案；

（2）编制并公告季度报告、中期报告、年度报告等定期报告；

（3）办理与基金有关的信息披露事宜；

（4）确保需要向基金投资人提供的各项文件或资料在规定时间内发出，并且保证投资人能够按照基金契约规定的时间和方式，随时查阅到与基金有关的公开资料，得到有关资料的复印件。

（二）基金管理人需具备的条件

各个国家和地区有不同的规定，但通常要包括以下几个方面：

（1）具有一定数额的资本金，如规定拟设立的基金管理公司的最低实收资本为1 000万元；

（2）与托管人在行政上、财务上和人员上相互独立；

（3）有完整的组织结构；

（4）有足够的、合格的专业人才；

（5）具有完备的风险控制制度和内部管理制度。

在我国，基金管理人由依法设立的基金管理公司担任。担任基金管理人，应当经国务院证券监督管理机构核准。在我国设立基金管理公司，应当具备下列条件，并经国务院证券监督管理机构核准：

（1）有符合《中华人民共和国公司法》规定的章程；

（2）注册资本不低于1亿元人民币，且必须为实缴货币资本；

（3）主要股东具有从事证券经营、证券投资咨询、信托资产管理或者其他金融资产管理的较好的经营业绩和良好的社会信誉，最近3年没有违法记录，注册资本不低于3亿元人民币；

（4）取得基金从业资格的人员达到法定人数；

（5）有符合要求的营业场所、安全防范设施和与基金管理业务有关的其他设施；

（6）有完善的内部稽核监控制度和风险控制制度；

（7）法律、行政法规规定的和经国务院批准的国务院证券监督管理机构规定的其他条件。

（三）基金管理人不得有下列行为

（1）将其固有财产或者他人财产混同于基金财产从事证券投资；

（2）不公平地对待其管理的不同基金财产；

（3）利用基金财产为基金份额持有人以外的第三人牟取利益；

(4)向基金份额持有人违规承诺收益或者承担损失;

(5)依照法律、行政法规有关规定,由国务院证券监督管理机构规定禁止的其他行为。

(四)对于基金从业人员的要求

下列人员不得担任基金管理人的基金从业人员:

(1)因犯有贪污贿赂、渎职、侵犯财产罪或者破坏社会主义市场经济秩序罪,被判处刑罚的;

(2)对所任职的公司、企业因经营不善破产清算或者因违法被吊销营业执照负有个人责任的董事、监事、厂长、经理及其他高级管理人员,自该公司、企业破产清算终结或者被吊销营业执照之日起未逾5年的;

(3)个人所负债务数额较大,到期未清偿的;

(4)因违法行为被开除的基金管理人、基金托管人、证券交易所、证券公司、证券登记结算机构、期货交易所、期货经纪公司及其他机构的从业人员和国家机关工作人员;

(5)因违法行为被吊销执业证书或者被取消资格的律师、注册会计师,资产评估机构、验证机构的从业人员,以及投资咨询从业人员;

(6)法律、行政法规规定不得从事基金业务的其他人员。

基金管理人的经理和其他高级管理人员,应当熟悉证券投资方面的法律、行政法规,具有基金从业资格和3年以上与其所任职务相关的工作经历。

我国《证券投资基金法》规定:"有下列情形之一的,基金管理人职责终止:被依法取消基金管理资格;被基金份额持有人大会解任;依法解散、被依法撤销或者被依法宣告破产;基金合同约定的其他情形。"

三、基金托管人

为充分保障基金投资者的权益,防止基金信托财产被挪作他用,各国的证券投资信托法规都规定:凡是基金都要设立基金托管机构,即由基金托管人来对基金管理机构的投资操作进行监督并对基金资产进行保管。

基金托管人又称基金保管人,是根据法律法规的要求,在证券投资基金运作中承担资产保管、交易监督、信息披露、资金清算与会计核算等相应职责的当事人。基金托管人是基金持有人权益的代表,通常由有实力的商业银行或信托投资公司担任。基金托管人与基金管理人签订托管协议,在托管协议规定的范围内履行自己的职责并收取一定的报酬。基金托管人是投资人权益的代表,是基金资产的名义持有人或管理机构。为了保证基金资产的安全,基金应按照资产管理和保管分开的原则进行运作,并由专门的基金托管人保管基金资产。

(一)基金托管人的市场准入

我国《证券投资基金法》规定,基金托管人由依法设立并取得基金托管资格的商业银行担任。申请取得基金托管资格,应当具备下列条件,并经国务院证券监督管理机构和国务院银行业监督管理机构核准:

(1)设有专门的基金托管部;

(2)实收资本不少于80亿元;

(3)取得基金从业资格证的专职人员达到法定人数;

(4)具备安全保管基金全部资产的条件;

(5)具备安全、高效的清算、交割能力;

(6)有符合要求的营业场所、安全防范设施以及与基金托管业务有关的其他设施；

(7)有完善的内部稽核监控制度和风险控制制度；

(8)法律、行政法规规定的和经国务院批准的国务院证券监督管理机构、国务院银行业监督管理机构规定的其他条件。

托管银行一般要设立专门的基金托管部或者资产托管部。托管部一般包括四个部门：

(1)主要负责证券投资基金托管业务的市场开拓、研究，客户关系维护的部门；

(2)主要负责基金资金清算、核算的部门；

(3)主要负责技术维护、系统开发的部门；

(4)主要负责交易监控、风险管理的部门。

《证券投资基金托管资格管理办法》规定："拟从事基金清算、核算、投资监督、信息披露、内部稽核监控等业务的执业人员不少于 5 人，并具有基金从业资格。"

基金托管人是依据基金运行中"管理与保管分开"的原则，对基金管理人进行监督和对基金资产进行保管的机构。基金托管人与基金管理人签订托管协议，在托管协议规定的范围内履行自己的职责并收取一定的报酬。概括来说，基金托管人应该是完全独立于基金管理机构、具有一定的经济实力、实收资本达到一定规模、具有行业信誉的金融机构。

(二)基金托管人的职责

(1)安全保管基金的全部资产；

(2)执行基金管理人的投资指令，并负责办理基金名下的资金往来；

(3)监督基金管理人的投资运作，发现基金管理人的投资指令违法违规的，不予执行，并向中国证监会报告；

(4)复核、审查基金管理人计算的基金资产净值及基金价格；

(5)保存基金的会计账册、记录 15 年以上；

(6)出具基金业绩报告，提供基金托管情况，并向中国证监会和中国人民银行报告；

(7)基金章程或基金契约、托管协议规定的其他职责。

我国《证券投资基金法》规定，有下列情形之一的，基金托管人职责终止：被依法取消基金托管资格；被基金份额持有人大会解任；依法解散、被依法撤销或者被依法宣告破产；基金合同约定的其他情形。

(三)基金托管人的作用

基金托管人在基金的运作中具有非常重要的作用，关键是有利于保障基金资产的安全，保护基金持有人的利益。具体体现在：

(1)基金托管人的介入，使基金资产的所有权、使用权与保管权分离，基金托管人、基金管理人和基金持有人之间形成了一种相互制约的关系，从而防止基金财产挪作他用，有效保障资产安全。

(2)通过基金托管人对基金管理人的投资运作，包括对投资目标、投资范围、投资限制等进行监督，可以及时确认基金管理人是否按照有关法规要求运作；托管人对于基金管理人违法、违规行为，可以及时向监督管理部门报告。

(3)通过托管人的会计核算和估值，可以及时掌握基金资产的状况，避免"黑箱"操作给基金资产带来的风险。

第四节 证券投资基金的投资收益、风险与信息披露

一、证券投资基金的收入来源及利润分配

(一)收入来源

证券投资基金收入是指基金资产在运作过程中所产生的各种收入,主要包括利息收入、投资收益以及其他收入。基金资产估值引起的资产价值变动应作为公允价值变动损益计入当期损益。

1. 红利

红利是指基金因购买公司股票而享有对该公司净利润分配的所得。一般而言,公司对股东的红利分配有现金红利和股票红利两种形式。基金作为长线投资者,其主要目标在于为基金投资者提供长期、稳定的回报,红利是构成基金收益的一个重要部分。所投资股票的红利的多少,是基金管理人选择投资组合的一个重要标准。

2. 股息

股息是指基金因购买公司的优先股权而享有对该公司净利润分配的所得。股息通常是按一定的基金收益的比例事先规定的,这是股息与红利的主要区别。与红利相同,股息也是构成投资者回报的一个重要部分,股息高低也是基金管理人选择投资组合的重要标准。

3. 债券利息

债券利息是指基金资产因投资于不同种类的债券(国债、地方政府债券、企业债、金融债等)而定期取得的利息。我国《证券投资基金法》规定,一只基金投资于国债的比例,不得低于该基金资产净值的20%。由此可见,债券利息也是构成投资者回报的不可或缺的组成部分。

4. 买卖证券差价

买卖证券差价是指基金资产投资于证券而形成的价差收益,通常也称资本利得。

5. 存款利息

存款利息是指基金资产的银行存款部分的利息收入。这部分收益仅占基金收益很小的一部分。开放式基金由于必须随时准备应对基金持有人的赎回申请,因此必须保留一部分现金存在银行。

6. 资本利得

任何证券的价格都会受证券供需关系的影响,如果基金能够在资本供应充裕、价格较低时购入证券,而在证券需求旺盛、价格上涨时卖出证券,所获价差就称为基金的资本利得收入。

7. 其他收入

其他收入是指运用基金资产而带来的成本或费用的节约额,如基金因大额交易而从证券商处得到的交易佣金优惠等各项收入。这部分收入通常数额很小。

(二)利润分配

利润分配是指基金在一定会计期间经营成果的分配。利润包括收入减去费用后的净额、直接计入当期利润的利得和损失等,也称基金收益。

1. 分配原则

(1)每份基金份额享有同等分配权;

(2)基金当年收益先弥补上一年度亏损后,方可进行当年收益分配;

(3)如果基金投资当期出现亏损,则不进行收益分配;

(4)基金收益分配后,基金份额净值不能低于基金面值;

(5)按照《证券投资基金法》的规定,基金收益分配应采用现金形式,每年至少一次;基金收益分配比例不得低于基金净收益的90%;

(6)单个基金账户中不得对同一基金同时选取两种分红方式;红利再投资部分以权益登记日的基金份额净值为计算基准确定再投资份额。

2. 相关规定

按照《证券投资基金法》的规定,封闭式基金的收益分配每年不得少于一次,封闭式基金年度收益分配比例不得低于基金年度已实现收益的90%。封闭式基金一般采用现金方式分红。

开放式基金的基金合同应当约定每年基金利润分配的最多次数和基金利润分配的最低比例。开放式基金的分红方式有现金分红和分红再投资转换为基金份额两种。根据规定,基金利润分配应当采用现金方式。开放式基金的基金份额持有人可以事先选择将所分配的现金利润按照基金合同中有关基金份额申购的约定转换为基金份额;基金份额持有人事先未作出选择的,基金管理人应当支付现金。

《货币市场基金管理暂行规定》第九条规定,对于每日按照面值进行报价的货币市场基金,可以在基金合同中将收益分配的方式约定为红利再投资,并应当每日进行收益分配。

3. 分配方案

(1)确定收益分配的内容

确切地说,基金分配的客体是净收益,即基金收益扣除按照有关规定应扣除的费用后的余额。这里所说的费用一般包括支付给基金管理公司的管理费、支付给托管人的托管费、支付给注册会计师和律师的费用、基金设立时发生的开办费及其他费用。一般而言,基金当年净收益应先弥补上一年亏损后,才可进行当年收益分配;基金投资当年净亏损的,则不应进行收益分配。特别需要指出的是,上述收益和费用数据都须经过具备从事证券相关业务资格的会计师事务所和注册会计师审计确认后,方可实施分配。

(2)确定收益分配的比例和时间

一般而言,每只基金的分配比例和时间都各不相同,通常是在不违反国家有关法律、法规的前提下,在基金契约或基金公司章程中事先载明。在分配比例上,美国有关法律规定,基金必须将净收益的95%分配给投资者。而我国的《证券投资基金法》则规定,基金收益分配比例不得低于基金净收益的90%。在分配时间上,基金每年应至少分配收益一次。

(3)确定收益分配的对象

无论是封闭式基金还是开放式基金,其收益分配的对象均为在特定时间持有基金单位的投资者。基金管理公司通常需规定获得收益分配权的最后权益登记日,凡在这一天结束交易后列于基金持有人名册上的投资者,方有权享受此次收益分配。

(4)确定分配的方式

一般有三种方式:①分配现金。这是基金收益分配的最普遍的形式。②分配基金单位,即把应分配的净收益折为等额的新基金单位送给投资者。这种分配形式类似于通常所说的"送股",实际上是增加了基金的资本总额和规模。③不分配。既不送基金单位,也不分配现金,而是将净收益列入本金进行再投资,体现为基金单位净资产值的增加。我国《证券投资基金法》仅允许采用①,我国台湾地区则采用①和③相结合的分配方式,而美国用得最多的方式是①和②。

(5)确定收益分配的支付方式

这关系到投资者如何领取应归属于他们的那部分收益的问题。通常而言,支付现金时,由托管人通知基金持有人亲自来领取,或汇至持有人的银行账户里;在分配基金单位的情况下,指定的证券公司会把分配的基金单位份额打印在投资者的基金单位持有证明上。

需要补充说明的是,尽管基金通过组合投资分散风险,通常能使投资者以较低的风险(比股票低)获得较高的收益(比债券高),但是,基金管理人对基金的未来收益是不作任何保证的。事实上,某些基金由于管理人运作不成功,也会发生收益极低甚至亏损的情况。

4. 收益计算

收益份额计算分为内扣法与外扣法:

(1)内扣法

份额=投资金额×(1－认购/申购费率)÷认购/申购当日净值＋利息

收益=赎回当日单位净值×份额×(1－赎回费率)＋红利－投资金额

(2)外扣法

份额=投资金额×(1＋认购/申购费率)÷认购/申购当日净值＋利息

收益=赎回当日单位净值×份额×(1－赎回费率)＋红利－投资金额

现在大部分基金公司采用的都是外扣法,因为同样的申购金额,按外扣法购买的份额会多一点,对基金投资者比较有利。

用此方法可以计算出自己每日的盈利情况。购买基金后,如果觉得每日计算比较麻烦,可以采用基金账本进行管理,自动计算出每天的收益及收益率。

二、证券投资基金的投资风险

(一)投资风险具体分类

1. 市场风险

证券投资基金主要投资于证券市场,投资者购买基金相对于购买股票而言,由于能有效地分散投资和利用专家优势,可能对控制风险有利。分散投资虽能在一定程度上消除来自个别公司的非系统性风险,但无法消除市场的系统性风险。因此,证券市场价格因经济因素、政治因素等各种因素的影响而产生波动时,将导致基金收益水平和净值发生变化,从而给基金投资者带来风险。

2. 管理能力风险

不同的基金管理人的基金投资管理水平、管理手段和管理技术存在差异,从而对基金收益水平产生影响,由此带来的风险即为管理能力风险。

3. 技术风险

当计算机、通信系统、交易网络等技术保障系统或信息网络支持出现异常情况时,可能导致基金日常的申购或赎回无法按正常时限完成、注册登记系统瘫痪、核算系统无法按正常时限显示基金净值、基金的投资交易指令无法及时传输等风险,这种风险称为技术风险。

4. 巨额赎回风险

这是开放式基金所特有的风险。若因市场剧烈波动或其他原因而连续出现巨额赎回,并导致基金管理人出现现金支付困难时,基金投资者申请赎回基金份额,可能会遇到部分顺延赎回或暂停赎回等风险。

5. 投资风险

投资风险包括股票投资风险和债券投资风险。其中，股票投资风险主要取决于上市公司的经营风险、证券市场风险和经济周期波动风险等，债券投资风险主要指因利率变动影响债券投资收益的风险和债券投资的信用风险。基金的投资目标不同，其投资风险通常也不同。收益型基金投资风险最低，成长型基金风险最高，平衡型基金居中。投资者可根据自己的风险承受能力，选择适合自己财务状况和投资目标的基金品种。

6. 不可抗力风险

不可抗力风险是指战争、自然灾害等不可抗力发生时给基金投资者带来的风险。

7. 政策风险

政策风险是指因国家宏观政策(如货币政策、财政政策、行业政策、地区发展政策等)发生变化，导致市场价格波动而产生的风险。

8. 经济周期风险

经济周期风险是指随着经济运行的周期性变化，各个行业及上市公司的盈利水平也呈周期性变化，从而影响个股乃至整个行业板块、二级市场的风险。

9. 利率风险

利率风险是指市场利率的波动会导致证券市场价格和收益率的变动。利率直接影响着国债的价格和收益率，影响着企业的融资成本和利润。基金投资于国债和股票时，其收益水平会受到利率变化的影响。

10. 上市公司经营风险

上市公司经营风险是指上市公司的经营好坏受多种因素影响，如管理能力、财务状况、市场前景、行业竞争、人员素质等，这些都会导致企业的盈利发生变化。如果基金所投资的上市公司经营不善，其股票价格可能下跌，或者能够用于分配的利润减少，这会使基金投资收益下降。虽然基金可以通过投资多样化来分散这种非系统性风险，但不能完全规避。

11. 购买力风险

购买力风险是指基金的利润主要通过现金形式来分配，现金可能因为通货膨胀的影响而购买力下降，从而使基金的实际收益下降。

(二)基金风险类型

1. 信用风险

信用风险包括基金所投资的债券、票据等工具本身的信用风险，以及以交易为基础的投资对价风险，如回购协议等。

2. 市价暴露风险

市价暴露风险是指货币市场基金的实际市场价值，即按市价法估值得出的基金净值与基金交易价格(通常情况下是基金面值)的偏离风险。

3. 政策风险

政策风险是指因财政政策、货币政策、产业政策、地区发展政策等国家宏观政策发生变化，导致市场价格波动，影响基金收益而产生的风险。

4. 经济风险

经济风险是指投资活动中，由于经营管理不善或市场因素变化而引起的风险，包括经营风险、价格风险、利率风险和通货膨胀风险等。经济风险是市场的必然产物与固有现象，因而是投资风险管理的核心问题。

5. 债券收益率曲线变动风险

债券收益率曲线变动风险是指与收益率曲线非平行移动有关的风险，单一的长期指标并不能充分反映这一风险的存在。

6. 再投资风险

市场利率下降将影响固定收益类证券利息收入的再投资收益率，这与利率上升所带来的价格风险互为消长。

7. 信用风险

基金在交易过程中可能发生交收违约或者所投资债券的发行人违约、拒绝支付到期本息等情况，从而导致基金资产损失。

8. 管理风险

基金管理人的专业技能、研究能力及投资管理水平直接影响其对信息的占有、分析和对经济形势、证券价格走势的判断，进而影响基金的投资收益水平。同时，基金管理人的投资管理制度、风险管理和内部控制制度是否健全，能否有效防范道德风险和其他合规性风险，以及基金管理人的职业道德水平等，也会对基金的风险收益水平造成影响。

9. 流动性风险

我国证券市场作为新兴转型市场，市场整体流动性风险较高。基金投资组合中的股票和债券会因各种原因面临较高的流动性风险，使证券交易的执行难度提高，买入成本或变现成本增加。此外，基金投资人的赎回需求可能造成基金仓位调整和资产变现困难，加剧流动性风险。

10. 操作和技术风险

基金的相关当事人在各业务环节的操作过程中，可能因内部控制不到位或者人为因素造成操作失误或违反操作规程而引致风险，如越权交易、内幕交易、交易错误和欺诈等。此外，在开放式基金的后台运作中，可能因为技术系统的故障或者差错而影响交易的正常进行，甚至导致基金份额持有人利益受到影响。这种技术风险可能来自基金管理人、基金托管人、注册登记人、销售机构、证券交易所和证券登记结算机构等。

11. 合规性风险

合规性风险指基金管理或运作过程中，违反国家法律、法规或基金合同有关规定的风险。

12. 其他风险

(1)因基金业务快速发展而导致在制度建设、人员配备、风险管理和内控制度等方面不完善而产生的风险；

(2)因金融市场危机、行业竞争压力可能产生的风险；

(3)战争、自然灾害等不可抗力因素的出现，可能严重影响证券市场运行，导致基金资产损失；

(4)其他意外导致的风险。

三、基金的信息披露

基金的信息披露是指基金市场上的有关当事人在基金募集、上市交易、投资运作等一系列环节中，依照法律法规规定向社会公众进行的信息披露。我国《证券投资基金法》规定，基金管理人、基金托管人和其他基金信息披露义务人应当依法披露基金信息，并保证所披露信息的真实性、准确性、完整性和及时性。

(一)基金信息披露的目的

依靠强制性信息披露,培育和完善市场运行机制,增强市场参与方对市场的理解和信心,是世界各国证券市场监管的普遍做法,基金市场作为证券市场的组成部分也不例外。基金投资用通俗的话来讲,就是“受人之托,专业理财”,基金持有人作为委托人有权利了解基金运作和资产变动的相关信息。人们常说,“阳光是最好的消毒剂”,“路灯是最好的警察”,通过强制性信息披露,实现基金信息的真实、准确、完整、公平、及时的披露,基金运作的透明度得以增强,基金当事人,特别是基金持有人的合法权益就可以得到有效的保护。

(二)基金信息披露的要求

1. 全面性

这是对基金信息披露范围的要求。完整披露要求信息披露当事人依法充分完整地公开所有法定项目的信息,不得有遗漏和短缺。要充分披露可能对基金持有人权益或基金单位的交易价格产生重大影响的信息,不得有任何隐瞒或重大遗漏。

2. 真实性

信息披露的核心是信息的真实性。公开披露的基金信息应当真实、准确,不得有虚假记载或误导性陈述。

3. 时效性

这是对信息披露操作的时间要求。即时披露要求信息披露当事人毫不拖延地依法披露有关的重要信息。

(三)应公开披露的信息

(1)基金招募说明书、基金合同、基金托管协议、基金份额发售公告。

(2)基金募集情况。

(3)基金份额上市交易公告书。

(4)基金资产净值和基金份额净值公告。

(5)基金份额申购和赎回价格。

(6)基金的资产组合季度报告、财务会计报告及中期和年度基金报告。

(7)临时报告。

(8)基金份额持有人大会决议。

(9)基金管理人、基金托管人的专门基金托管部门的重大人事变动。

(10)涉及基金管理人、基金财产、基金托管业务的诉讼。

(11)依照法律、行政法规有关规定,由国务院证券监督管理机构规定应予披露的其他信息。

(四)禁止行为

公开披露基金信息时,不得有下列行为:

(1)虚假记载、误导性陈述或者重大遗漏。

(2)对证券投资业绩进行预测。

(3)违规承诺收益或者承担损失。

(4)诋毁其他基金管理人、基金托管人或者基金份额发售机构。

(5)依照法律、行政法规有关规定,由国务院证券监督管理机构规定禁止的其他行为。

(五)基金信息披露的原则

披露的原则分为:实质性原则和形式性原则。实质性原则包括真实性原则、准确性原则、完整性原则、及时性原则和公平披露原则;形式性原则包括规范性原则、易解性原则和易得性原则。

1. 实质性原则

(1)真实性原则

真实性原则是基金信息披露最根本、最重要的原则,它要求披露的信息应当是以客观事实为基础,以没有扭曲和不加粉饰的方式反映真实状态。

(2)准确性原则

准确性原则要求用精确的语言披露信息,在内容和表达方式上不使人误解,不得使用模棱两可的语言。

(3)完整性原则

所有的重要事项都要进行披露。

(4)及时性原则

自重大事件发生之日起2日内披露临时报告。基金管理人每6个月更新一次招募说明书。

(5)公平披露原则

公平披露原则要求将信息向市场上所有的投资者平等公开地披露,而不是仅向个别机构或投资者披露。

2. 形式性原则

(1)规范性原则

规范性原则要求基金信息必须按照法定的内容和格式进行披露,以保证披露信息的可比性。

(2)易解性原则

易解性原则是要求信息披露的表述应当简明扼要、通俗易懂,避免使用冗长、技术性用语。

(3)易得性原则

易得性原则要求公开披露的信息易为一般公众投资者所获取。

除法规指定的披露报刊和网站外,信息披露义务人也可在其他公共媒体披露信息,但须注意其他媒体不得早于指定报刊和网站披露信息,且不同媒体上披露的同一信息应一致。

(六)基金信息披露的作用

基金信息披露的作用主要表现在以下几个方面:

1. 有利于投资者的价值判断

在基金份额的募集过程中,基金招募说明书等募集信息披露文件向公众投资者阐明了基金产品的风险收益特征及有关募集安排,投资者能据以选择适合自己风险偏好和预期收益的基金产品。在基金运作过程中,通过充分披露基金投资组合、历史业绩和风险状况等信息,现有基金份额持有人可以评价基金经理的管理水平,了解基金投资是否符合基金合同的承诺,从而判定该基金产品是否值得继续持有。与此同时,潜在投资者也可以根据自己的风险偏好和收益预期对基金价值进行理性分析,进而进行投资选择。

2. 有利于防止利益冲突与利益输送

资本市场的基础是信息披露,监管的主要内容之一就是对信息披露的监管。相对于实质性审查制度,强制性信息披露的基本推论是投资者在公开信息的基础上"买者自慎"。它可以改变投资者的信息弱势地位,增加资本市场的透明度,防止利益冲突与利益输送,增加对基金运作的公众监督，限制和阻止基金管理不当和欺诈行为的发生。

3. 有利于提高证券市场的效率

由于现实中证券市场存在信息不对称问题，投资者无法对基金进行有效甄别，也无法有效克服基金管理人的道德风险，因此高效率的基金可能无法吸引到足够的资金进行投资，不能形成合理的资金配置机制。通过强制性信息披露，可以迫使隐藏的信息得以及时和充分的公开，从而消除逆向选择和道德风险等问题带来的低效无序状况，提高证券市场的有效性。

4. 有效防止信息滥用

如果法规不对基金信息披露进行规范，任由不充分、不及时、虚假的信息传播，那么市场上便会充斥着各种猜测，投资者可能会受这种市场“噪声”的影响而作出错误的投资决策，甚至给基金运作带来致命性打击，这将不利于整个行业的长远发展。

本章概念

证券投资基金　基金参与主体　基金份额持有人　基金管理人　基金托管人　封闭式基金　开放式基金　公募基金　私募基金　QDII 基金　LOF　ETF　基金收入来源　基金风险　信息披露

思考题

1. 简述证券投资基金定义及特点。
2. 简述基金与股票及债券的区别。
3. 简述基金的不同种类及各自特点。
4. 简述基金当事人的权利及义务。
5. 简述基金收入来源。

第五章

金融衍生工具

本章重点内容

- 金融衍生工具概述
- 金融期货概述
- 金融期权概述
- 权证概述
- 可转换债券
- 存托凭证
- 资产证券化与证券化产品
- 结构化金融衍生产品

学习目标

- 掌握金融衍生工具的类型及特点
- 熟悉金融衍生工具的运行机制
- 了解我国金融衍生工具的现状

金融衍生工具是金融创新的产物，金融衍生工具的发展保证了证券市场的有效运作，加快了证券市场间的信息流动。本章介绍几种主要的金融衍生工具及我国金融衍生工具的现状。

第一节　金融衍生工具概述

衍生证券(Derivative Security)，也称衍生工具，是一种价值依赖于更基本的标的变量的证券。近年来，在金融领域，衍生证券变得越来越重要。许多交易所正在进行大量的期货和期权的交易。金融机构与它们的公司客户在交易所外的场外市场(Over-The-Counter，即 OTC 市场)频繁进行远期合约、互换和不同种类的期权交易。衍生证券常常作为债券和股票发行的一个组成部分。

一、金融衍生工具的概念和特征

(一)金融衍生工具的概念

金融衍生工具又被称为金融衍生产品，是与基础金融产品相对应的一个概念，指建立在基础产品或基础变量之上，价格取决于基础金融产品价格(或数值)的派生金融产品。这里所说的基础金融产品是一个相对的概念，不仅包括现货金融产品(如债券、股票、银行定期存款单等)，也包括金融衍生工具。作为金融衍生工具基础的变量种类繁多，主要是各类资产价格、价格指数、利率、汇率、费率、通货膨胀率以及信用等级等，近些年来，某些自然现象(如气温、降雪量、霜冻、飓风)，甚至人类行为(如选举、温室气体排放)也逐渐成为金融衍生工具的基础变量。

在实践中，为了更好地确认衍生工具，各国及国际权威机构给衍生工具下了比较明确的定义。1998 年，美国财务会计准则委员会(简称 FASB)发布的第 133 号会计准则——《衍生工具与避险业务会计准则》，是首个具有重要影响的文件，该准则将金融衍生工具划分为独立衍生工具和嵌入式衍生工具两大类，并给出了较为明确的识别标准和计量依据。尤其是公允价值的应用，对后来各类机构制定衍生工具计量标准具有重大影响。2001 年，国际会计准则委员会发布的第 39 号会计准则——《金融工具：确认和计量》和 2006 年 2 月我国财政部颁布的《企业会计准则第 22 号——金融工具确认和计量》均基本沿用了 FASB 第 133 号文件的衍生工具定义。

1. 独立衍生工具

根据我国《企业会计准则第 22 号——金融工具确认和计量》的规定，衍生工具包括远期合同、期货合同、互换和期权，以及具有远期合同、期货合同、互换和期权中一种或一种以上特征的工具，具体有下列特点：

(1)其价值随特定利率、金融工具价格、商品价格、汇率、价格指数、费率指数、信用等级、信用指数或其他类似变量的变动而变动；变量为非金融变量的，该变量与合同的任意一方不存在特定关系。

(2)不要求初始净投资，或与对市场情况变化有关联反应的其他类型合同相比，要求很少的初始净投资。

(3)在未来某一日期结算。

2. 嵌入式衍生工具

这是指嵌入到非衍生工具(即主合同)中，使混合工具的全部或部分现金流量随特定利率、金融工具价格、商品价格、汇率、价格指数、费率指数、信用等级、信用指数或其他类似变量的变动而变动的衍生工具。嵌入式衍生工具与主合同构成混合工具，如可转换公司债券等。

衍生产品定义不仅仅是单纯的学术问题，之所以要详细讨论，更重要的原因在于，根据金融资产确认和计量的会计准则，一旦被确认为衍生产品或可分离的嵌入式衍生产品，相关机构就要把这一部分资产归入交易性资产类别，按照公允价格计价。特别地，若该产品存在活跃的交易市场，不仅要按照市场价格记账，还要将浮动盈亏记入当期损益。

(二)金融衍生工具的特征

由金融衍生工具的定义可以看出，它们具有下列四个显著特征：

1. 跨期性

金融衍生工具是交易双方通过对利率、汇率、股价等因素变动趋势的预测，约定在未来某一时间按照一定条件进行交易或选择是否交易的合约。无论是哪一种金融衍生工具，都会影响交易者在未来一段时间内或未来某时点上的现金流，跨期交易的特点十分突出。这就要求交易双方对利率、汇率、股价等价格因素的未来变动趋势作出判断，而判断的准确与否直接决定了交易者的交易盈亏。

2. 杠杆性

金融衍生工具交易一般只需要支付少量的保证金或权利金，就可签订远期大额合约或互换不同的金融工具。例如，若期货交易保证金为合约金额的5%，则期货交易者可以控制20倍于所交易金额的合约资产，实现以小博大的效果。在收益可能成倍放大的同时，交易者所承担的风险与损失也会成倍放大，基础工具价格的轻微变动也许会带来交易者的大盈大亏。金融衍生工具的杠杆效应一定程度上决定了它的高投机性和高风险性。

3. 联动性

这是指金融衍生工具的价值与基础产品或基础变量紧密联系、规则变动。通常，金融衍生工具与基础变量相联系的支付特征由衍生工具合约规定，其联动关系既可以是简单的线性关系，也可以表达为非线性函数或者分段函数。

4. 不确定性或高风险性

金融衍生工具的交易后果取决于交易者对基础工具(变量)未来价格(数值)的预测和判断的准确程度。基础工具价格的变幻莫测决定了金融衍生工具交易盈亏的不稳定性，这是金融衍生工具高风险性的重要原因。基础金融工具价格不确定性仅仅是金融衍生工具风险性的一个方面，国际证监会组织在1994年7月公布的一份报告(IOSCOPD 35)中认为，金融衍生工具还伴随着以下几种风险：

(1)交易中对方违约，没有履行承诺造成损失的信用风险。

(2)因资产或指数价格不利变动可能带来损失的市场风险。

(3)因市场缺乏交易对手而导致投资者不能平仓或变现所带来的流动性风险。

(4)因交易对手无法按时付款或交割可能带来的结算风险。

(5)因交易人员或管理人员的人为错误或系统故障、控制失灵而造成的操作风险。

(6)因合约不符合所在国法律而无法履行，或合约条款遗漏及模糊导致的法律风险。

二、金融衍生工具的分类

金融衍生工具可以按照产品形态、自身交易方式及特点、基础工具种类以及交易场所而有不同的分类。

(一)按照产品形态分类

根据产品形态，金融衍生工具可分为独立衍生工具和嵌入式衍生工具。

1. 独立衍生工具

这是指本身即为独立存在的金融合约，例如，期权合约、期货合约或互换交易合约等。

2. 嵌入式衍生工具

这是指嵌入到非衍生合同(简称主合同)中的金融衍生工具，该衍生工具使主合同的部分或全部现金流量按照特定利率、金融工具价格、汇率、利率指数、信用等级或信用指数以及类似变量的变动而发生调整，例如，公司债券条款中包含的赎回条款、返售条款、转股条款、重设条款等。

(二)按照自身交易方式及特点分类

金融衍生工具从其自身交易方式和特点可以分为金融远期合约、金融期货、金融期权、金融互换和结构化金融衍生工具。

1. 金融远期合约

金融远期合约是指交易双方在场外市场上通过协商，按约定价格(称为远期价格)在约定的未来日期（交割日）买卖某种标的金融资产（或金融变量）的合约。金融远期合约规定了将来交割的资产、交割的日期、交割的价格和数量，合约条款根据双方需求协商确定。金融远期合约主要包括远期利率协议、远期外汇合约和远期股票合约。

2. 金融期货

金融期货是指交易双方在集中的交易场所以公开竞价方式进行的标准化金融期货合约交易。金融期货是以金融工具（或金融变量）为基础工具的期货交易，主要包括货币期货、利率期货、股票指数期货和股票期货四种。近年来，不少交易所又陆续推出更多新型的期货品种，例如，房地产价格指数期货、通货膨胀指数期货等。

3. 金融期权

这是指合约买方向卖方支付一定费用（称为期权费或期权价格），在约定时间内（或约定日期）享有按事先确定的价格向合约卖方买卖某种金融工具的权利的契约，包括现货期权和期货期权两大类。除交易所交易的标准化期权、权证之外，还存在大量场外交易的期权，这些新型期权通常被称为奇异期权。

4. 金融互换

这是指两个或两个以上当事人按共同商定的条件，在约定的时间内定期交换现金流的金融交易。可分为货币互换、利率互换、股权互换、信用违约互换等类别。

5. 结构化金融衍生工具

前述四种常见的金融衍生工具通常也被称作“建构模块工具”，它们是最简单和最基础的金融衍生工具，而利用其结构化特性通过相互结合或者与基础金融工具相结合，能够开发设计出更多具有复杂特性的金融衍生产品，后者通常被称为结构化金融衍生工具，或简称为结构化产品，例如，在股票交易所交易的各类结构化票据、目前我国各家商业银行推广的挂钩不同标的资产的理财产品等都是其典型代表。

（三）按照基础工具种类分类

金融衍生工具从基础工具分类角度，可以划分为股权类产品的衍生工具、货币衍生工具、利率衍生工具、信用衍生工具以及其他衍生工具。

1. 股权类产品的衍生工具

这是指以股票或股票指数为基础工具的金融衍生工具，主要包括股票期货、股票期权、股票指数期货、股票指数期权以及上述合约的混合交易合约。

2. 货币衍生工具

这是指以各种货币作为基础工具的金融衍生工具，主要包括远期外汇合约、货币期货、货币期权、货币互换以及上述合约的混合交易合约。

3. 利率衍生工具

这是指以利率或利率的载体为基础工具的金融衍生工具，主要包括远期利率协议、利率期货、利率期权、利率互换以及上述合约的混合交易合约。

4. 信用衍生工具

这是指以基础产品所蕴含的信用风险或违约风险为基础变量的金融衍生工具，用于转移或防范信用风险，是自 20 世纪 90 年代以来发展最为迅速的一类衍生产品，主要包括信用互换、信用联结票据等。

5. 其他衍生工具

除以上四类金融衍生工具之外，还有相当数量的金融衍生工具是在非金融变量的基础上开发的，例如，用于管理气温变化风险的天气期货、管理政治风险的政治期货、管理巨灾风险的巨灾衍生产品等。

（四）按照交易场所分类

金融衍生工具按交易场所可以分为两类。

1. 交易所交易的衍生工具

这是指在有组织的交易所上市交易的衍生工具，例如，在股票交易所交易的股票期权产品，在期货交易所和专门的期权交易所交易的各类期货合约、期权合约等。

2. 场外交易市场交易的衍生工具

这是指通过各种通信方式，不通过集中的交易所，实行分散的、一对一交易的衍生工具，例如，金融机构之间、金融机构与大规模交易者之间进行的各类互换交易和信用衍生产品交易。从近年的发展看，这类衍生产品的交易量逐年增大，已经超过交易所的交易额，市场流动性也得到增强，还发展出了专业化的交易商。

第二节 金融期货概述

一、金融期货的定义和特征

金融期货是期货交易的一种。期货交易是指交易双方在集中的交易市场以公开竞价方式所进行的标准化期货合约交易。而期货合约则是由交易双方订立的、约定在未来某一日期按成交时约定的价格交割一定数量的某种商品的标准化协议。金融期货合约的基础是各种金融工具（或金融变量），如外汇、债券、股票、股价指数等。换言之，金融期货是以金融工具（或金融变量）为基础工具的期货交易。

与金融现货交易相比，金融期货交易的特征具体表现在以下几个方面：

（1）交易对象不同。金融现货交易的对象是某一有具体形态的金融工具。通常，它是代表着一定所有权或债权关系的股票、债券或其他金融工具，而金融期货交易的对象是金融期货合约。金融期货合约是由期货交易所设计的一种对指定金融工具的种类、规格、数量、交割月份、交割地点都作出统一规定的标准化协议。

（2）交易目的不同。金融现货交易的首要目的是筹资或投资，即为生产和经营筹集必要的资金，或为暂时闲置的货币资金寻找生息获利的投资机会。金融期货交易与金融现货交易不同，它不能创造价值，不是投资工具，是一种风险管理工具。风险厌恶者可以利用它进行套期保值、规避风险，喜好风险者则可以利用它承担更大的风险。不论是风险厌恶者还是风险喜好者，金融期货的杠杆性都为他们提供了更高的风险管理效率。

（3）交易价格的含义不同。金融现货的交易价格是在交易过程中通过公开竞价或协商议价形成的，这一价格是实时的成交价，代表在某一时点上供求双方均能接受的市场均衡价格。金融期货的交易价格也是在交易过程中形成的，但这一交易价格是对金融现货未来价格的预期，这相当于在交易的同时发现了金融现货基础工具（或金融变量）的未来价格。因此，从这个意义上看，期货交易过程也就是未来价格的发现过程。当然，所谓价格发现并不是绝对的，学术界有很多证据表明，出于各种原因，期货价格与未来的现货价格之间可能存在一定偏离。

（4）交易方式不同。金融现货交易一般要求在成交后的几个交易日内完成资金与金融工具的全额结算，成熟市场中通常也允许进行保证金买入或卖空，但所涉及的资金或证券缺口部分系由经纪商出借给交易者，要收取相应利息。期货交易则实行保证金交易和逐日盯市制度，交易者并不需要在成交时拥有或借入全部资金或基础金融工具。

(5)结算方式不同。金融现货交易通常以基础金融工具与货币的转手而结束交易活动。而在金融期货交易中，仅有极少数的合约在到期时进行交割，绝大多数的期货合约是通过做相反交易实现对冲而平仓的。

作为一种标准化的远期交易，金融期货交易与普通远期交易之间存在以下区别：

(1)交易场所和交易组织形式不同。金融期货必须在有组织的交易所进行集中交易，而远期交易在场外市场进行双边交易。

(2)对交易的监管程度不同。在世界上大多数国家，金融期货交易要受到一家以上的监管机构监管，交易品种、交易者行为均须符合监管要求，而远期交易则较少受到监管。

(3)金融期货交易是标准化交易，而远期交易的内容可协商确定。在金融期货交易中，基础资产的质量、合约时间、合约规模、交割安排、交易时间、报价方式、价格波动限制、持仓限额、保证金水平等内容都由交易所明确规定，金融期货合约具有显著的标准化特征。而远期交易的具体内容可由交易双方协商确定，具有较大的灵活性。

(4)保证金制度和每日结算制度导致违约风险不同。金融期货交易实行保证金制度和每日结算制度，交易者均以交易所（或期货清算公司）为交易对手，基本不用担心交易对手违约。而远期交易通常不存在上述安排，存在一定的交易对手违约风险。

二、金融期货的主要交易制度

金融期货交易有一定的交易规则，这些规则是期货交易正常进行的制度保证，也是期货市场运行机制的外在体现。

(一)集中交易制度

金融期货在期货交易所或证券交易所进行集中交易。期货交易所是专门进行期货合约买卖的场所，是期货市场的核心，承担着组织、监督期货交易的重要职能。

(二)标准化的期货合约和对冲机制

期货合约是由交易所设计、经主管机构批准后向市场公布的标准化合约。将期货合约设计成标准化合约是为了便于交易双方在合约到期前分别做一笔相反的交易进行对冲，从而避免实物交割。期货交易中的对冲是指交易者利用期货合约标准化的特征，在开仓和平仓的时候，分别做两笔品种、数量、期限相同但方向相反的交易，并且不进行实物交割，而是以结清差价的方式结束交易的独特交易机制。实际上绝大多数的期货合约并不进行实物交割，通常在到期日之前即已对冲平仓。

(三)保证金制度

为了控制期货交易的风险和提高效率，期货交易所的会员经纪公司必须向交易所或结算所缴纳结算保证金，而期货交易双方在成交后都要通过经纪人向交易所或结算所缴纳一定数量的保证金。由于期货交易的保证金比率很低，因此有高度的杠杆作用，这一杠杆作用使套期保值者能用少量的资金为价值量很大的现货找到规避价格风险的手段，也为投机者提供了用少量资金获取盈利的机会。

(四)结算所和无负债结算制度

结算所是期货交易的专门清算机构，通常附属于交易所，但又以独立的公司形式组建。结算所实行无负债的每日结算制度，又被称为逐日盯市制度，就是以每种期货合约在交易日收盘前的规定时间内的平均成交价作为当日结算价，与每笔交易成交时的价格作对照，计算每个结算所会员账户的浮动盈亏，进行随市清算。由于逐日盯市制度以一个交易日为最长的结算周期，对所有账户的交易头寸按不同到期日分别计算，并要求所有的交易盈亏都能及时结算，因此能及时调整保证金账户，控制市场风险。

(五)限仓制度

限仓制度是交易所为了防止市场风险过度集中和防范操纵市场的行为，而对交易者持仓数量加以限制的制度。

(六)大户报告制度

大户报告制度是交易所建立限仓制度后，当会员或客户的持仓量达到交易所规定的数量时，必须向交易所申报有关开户、交易、资金来源、交易动机等的情况，以便交易所审查大户是否有过度投机和操纵市场行为，并判断大户交易风险状况的风险控制制度。

(七)每日价格波动限制及断路器规则

为防止期货价格出现过大幅度的非理性变动，交易所通常对每个交易时段允许的最大波动范围作出规定，一旦达到涨(跌)幅限制，则高于(低于)该价格的买入(卖出)委托无效。除此之外，有的交易所还规定了一系列涨跌幅限制，达到这些限幅之后交易暂停，十余分钟后再恢复交易，目的是给市场充分时间消化特定信息的影响。除上述常规制度之外，期货交易所为了确保交易安全，还规定了强行平仓、强制减仓、临时调整保证金比例(金额)等交易规则，交易者在入市之前务必透彻掌握相关规定。

第三节 金融期权概述

一、金融期权的定义和特征

(一)金融期权的定义

期权又被称为选择权，是指其持有者能在规定的期限内按交易双方商定的价格购买或出售一定数量的基础工具的权利。期权交易就是对这种选择权的买卖。

金融期权是指以金融工具或金融变量为基础工具的期权交易形式。具体地说，其购买者在向出售者支付一定费用后，就获得了能在规定期限内以某一特定价格向出售者买进或卖出一定数量的某种金融工具的权利。期权交易实际上是一种权利的单方面有偿让渡。期权的买方以支付一定数量的期权费为代价而拥有了这种权利，但不承担必须买进或卖出的义务；期权的卖方则在收取了一定数量的期权费后，在一定期限内必须无条件服从买方的选择并履行期权成交时的允诺。

(二)金融期权的特征

与金融期货相比，金融期权的主要特征在于它仅仅是买卖权利的交换。期权的买方在支付了期权费后，就获得了期权合约所赋予的权利，即在期权合约规定的时间内，以事先确定的价格向期权的卖方买进或卖出某种金融工具的权利，但并没有必须履行该期权合约的义务。期权的买方可以选择是否行使他所拥有的权利；期权的卖方在收取期权费后就承担着在规定时间内履行该期权合约的义务，即当期权的买方选择行使权利时，卖方必须无条件地履行合约规定的义务，而没有选择的权利。

期权分为实值期权、两平期权和虚值期权。实值期权是指如果期权立即履约，持有者具有正的现金流；类似地，两平期权是指如果期权立即履约，持有者的现金流为零；虚值期权是指如果期权立即履约，持有者的现金流为负。如果用 S 代表股票价格，X 代表执行价格，则当 $S>X$ 时，看涨期权是实值期权；当 $S=X$ 时，看涨期权是两平期权；当 $S<X$ 时，看涨期权是虚值期权。当 $S<X$ 时，看跌期权是实值期权；当 $S=X$ 时，看跌期权是两平期权；当 $S>X$ 时，看跌期权是虚值期权。显然，只有当期权是实值期权时，它才会被执行。不考虑交易费用，如果实值期权一直没有提前履约的话，通常是在到期日才执行。内涵价值(Intrinsic Value)，也称内在价值，定义为 0 与期权立即执行时所具有的价值两者之中的最大值。因此，看涨期权的内涵价值为 $\mathrm{Max}(S-X,0)$，看跌期权的内涵价值为 $\mathrm{Max}(X-S,0)$。一个处于实值状态的美式期权的价值一定大于或等于其内涵价值，因为该期权的持有者可通过立即执行期权实现其内涵价值。通常处于实值状态的美式期权的持有者最理想的做法是持有期权到期权的到期日，而并不是立即执行它。期权具有时间价值(Time Value)。期权的全部价值为其内涵价值与时间价值之和。

二、金融期权的分类

根据不同的分类标准，可以将金融期权划分为很多类别。以下我们从选择权性质、合约履行时间、基础资产性质来划分。

(一)按照选择权性质划分

金融期权可以分为看涨期权和看跌期权。看涨期权也被称为认购权，指期权的买方具有在约定期限内（或合约到期日)按协定价格(也被称为敲定价格或行权价格)买入一定数量基础金融工具的权利。交易者之所以买入看涨期权，是因为他预期基础金融工具的价格在合约期限内会上涨。如果判断正确，按协定价格买入该项金融工具并以市价卖出，可赚取市价与协定价格之间的差额；如果判断失误，则放弃行权，仅损失期权费。看跌期权也被称为认沽权，指期权的买方具有在约定期限内按协定价格卖出一定数量基础金融工具的权利。交易者买入看跌期权，是因为他预期基础金融工具的价格在近期会下跌。如果判断正确，可从市场上以较低的价格买入该项金融工具，再按协定价格卖给期权的卖方，赚取协定价格与市价的差额；如果判断失误，则放弃行权，仅损失期权费。

(二)按照合约履行时间划分

金融期权可以分为欧式期权、美式期权和修正的美式期权。欧式期权只能在期权到期日执行；美式期权则可在期权到期日或到期日之前的任何一个营业日执行；修正的美式期权也被称为百慕大期权或大西洋期权，可以在期权到期日之前的一系列规定日期执行。

(三)按照基础资产性质划分

金融期权可以分为股权类期权、利率期权、货币期权、金融期货合约期权、金融互换期权。

1. 股权类期权

与股权类期货类似，股权类期权也包括三种类型：单只股票期权、股票组合期权和股价指数期权。单只股票期权（简称股票期权)指买方在交付了期权费后，即取得在合约规定的到期日或到期日以前按协定价格买入或卖出一定数量相关股票的权利。股票组合期权是以一揽子股票为基础资产的期权，代表品种是交易所交易基金的期权。股价指数期权是以股价指数为基础资产，买方在支付了期权费后，即取得在合约有效期内或到期时以协定指数与市场实际指数进行盈亏结算的权利。股价指数期权没有可作实物交割的具体股票，只能采取现金轧差的方式结算。

2. 利率期权

利率期权指买方在支付了期权费后，即取得在合约有效期内或到期时以一定的利率（价格）买入或卖出一定数额的利率工具的权利。利率期权合同通常以政府短期、中期、长期债券，欧洲美元债券，大额可转让存单等利率工具为基础资产。

3. 货币期权

货币期权又被称为外币期权、外汇期权，指买方在支付了期权费后，即取得在合约有效期内或到期时以约定的汇率购买或出售一定数额某种外汇资产的权利。货币期权合约主要以美元、欧元、日元、英镑、瑞士法郎、加拿大元及澳大利亚元等为基础资产。

4. 金融期货合约期权

金融期货合约期权是一种以金融期货合约为交易对象的期权，它赋予其持有者在规定时间内以协定价格买卖特定金融期货合约的权利。

5. 金融互换期权

金融互换期权是以金融互换合约为交易对象的期权，它赋予其持有者在规定时间内以规定条件与交易对手进行互换交易的权利。此外，与标准的交易所交易相比，还存在奇异期权。奇异期权通常在选择权性质、基础资产以及期权有效期等内容上与标准化的交易所交易期权存在差异，种类庞杂，较为流行的就有数十种之多。例如，有的期权合约具有两种基础资产，可以择优执行其中一种（任选期权）；有的可以在规定的一系列时点行权（百慕大期权）；有的对行权设置了一定条件（障碍期权）；有的行权价格可以取基础资产在一段时间内的平均值（平均期权）；等等。

三、期权的交易方式

（一）做市商

大多数交易所（包括 CBOE）都采用做市商制度来进行交易。某一期权的做市商（Market Maker）实际上是指某个人，只要询价方向该人询价时，他或她都应报出该期权的买入价和卖出价。买入价是做市商准备买入的价格，卖出价是做市商准备出售的价格。当做市商报出期权的买入价和卖出价时，他并不知道询价的人是要买入还是卖出期权。卖出价肯定会大于买入价，卖出价与买入价的差额就是买卖价差（Bid-offer Spread）。交易所会设定买卖价差的上限。若期权的价格低于＄0.50，则期权买卖价差不得超过＄0.25；期权的价格在＄0.50 和＄10 之间，则买卖价差不得超过＄0.50；若期权的价格在＄10 和＄20 之间，则买卖价差不得超过＄0.75；若期权的价格超过＄20，则买卖价差不得超过＄1。做市商的存在能够确保买卖指令可在某一价格立即执行而没有任何拖延。因此做市商增加了期权市场的流动性。做市商本身可以从买卖价差中获利，他们可以运用本书后面讨论的一些方法来对冲风险。

（二）场内经纪人

场内经纪人（Floor Broker）执行社会公众的交易指令。当投资者通知他或她的经纪人购买或出售一项期权时，该经纪人会将买卖指令传递给本公司在期权交易所内的场内经纪人。如果经纪人公司没有自己的场内经纪人，它通常会通过一位独立的场内经纪人或其他公司的场内经纪人进行交易。场内经纪人可以与其他场内经纪人交易，也可以与做市商交易。场内经纪人可获得佣金，或由他或她服务的经纪人公司支付薪金。

四、期权的保证金交易

使用保证金账户，初始保证金通常为股票价值的 50%，维持保证金通常为股票价值的 25%。期权保证金账户的操作方式与投资者进入期货合约时保证金账户的操作方式一致。在购买看涨期权或看跌期权时，投资者必须支付全额期权费用。不允许投资者用保证金方式购买期权，是由于期权实际上已经包含了一定的杠杆率。按保证金方式购买期权将使这一杠杆率上升到难以接受的水平。当投资者出售期权时，他或她必须在保证金账户中保持一定数额的资金。这是由于经纪人和交易所需要确保当期权行使时，该出售期权的投资者不会违约。保证金的大小取决于当时的环境。

第四节　权证概述

权证是基础证券发行人或第三人发行的，约定持有人在规定期间内或特定到期日，有权按约定价格向发行人购买或出售标的证券，或以现金结算方式收取结算差价的有价证券。从产品属性看，权证是一种期权类金融衍生产品。权证与交易所交易期权的主要区别在于，交易所挂牌交易的期权是交易所制定的标准化合约，可以对具有同一基础资产、不同行权价格和行权时间的多个期权系列进行交易；而权证则是权证发行人发行的合约，发行人作为权利的授予者承担全部责任。

一、权证分类

根据各种分类标准，可以把权证分为不同的类型。

(一)按基础资产分类

根据权证行权的基础资产或标的资产分类，可将权证分为股权类权证、债权类权证以及其他权证。目前我国证券市场推出的权证均为股权类权证，其标的资产可以是单只股票或股票组合(如 ETF)。以下所涉及的权证均指股权类权证。

(二)按基础资产的来源分类

根据权证行权所买卖的标的股票来源不同，权证分为认股权证和备兑权证。认股权证也被称为股本权证，一般由基础证券的发行人发行，行权时上市公司增发新股售予认股权证的持有人。20 世纪 90 年代初，我国证券市场上曾经出现过的飞乐、宝安等上市公司发行的认股权证以及配股权证、转配股权证，就属于此类。备兑权证通常由投资银行发行，备兑权证所认兑的股票不是新发行的股票，而是已在市场上流通的股票，不会增加股份公司的股本。

(三)按持有人权利分类

按照持有人权利的性质不同，权证分为认购权证和认沽权证。前者实质上属看涨期权，其持有人有权按规定价格购买基础资产；后者属看跌期权，其持有人有权按规定价格卖出基础资产。

(四)按行权的时间分类

按照权证持有人行权的时间不同，可以将权证分为美式权证、欧式权证、百慕大式权证等类别。美式权证可以在权证到期日之前的任何交易日行权；欧式权证仅可以在到期日当日行权；百慕大式权证则可在到期日之前一段规定的时间内行权。

(五)按权证的内在价值分类

按权证的内在价值，可以将权证分为平价权证、价内权证和价外权证，其原理与期权相同。

二、权证要素

权证的要素包括权证类别、标的、行权价格、存续时间、行权日期、行权结算方式、行权比例。

(一)权证类别

权证类别即标明该权证属认购权证或认沽权证等。

(二)标的

权证的标的种类涵盖股票、债券、外币、指数、商品或其他金融工具,其中,股票权证的标的可以是单只股票或是一揽子股票组合。

(三)行权价格

行权价格是发行人发行权证时所约定的、权证持有人向发行人购买或出售标的证券的价格。若标的证券在发行后有除息、除权等事项,通常要对认股权证的认股价格进行调整。

(四)存续时间

权证的存续时间即权证的有效期,超过有效期,认股权自动失效。目前上海证券交易所、深圳证券交易所均规定,权证自上市之日起存续时间为6个月以上、24个月以下。

(五)行权日期

这是指权证持有人有权行使权利的日期。

(六)行权结算方式

行权结算方式分为证券给付结算方式和现金结算方式两种。前者指权证持有人行权时,发行人有义务按照行权价格向权证持有人出售或购买标的证券;后者指权证持有人行权时,发行人有义务按照约定向权证持有人支付行权价格与标的证券结算价格之间的差额。

(七)行权比例

这是指单位权证可以购买或出售的标的证券数量。目前上海证券交易所和深圳证券交易所规定,标的证券发生除权的,行权比例应作相应调整,除息时则不作调整。

三、权证发行

由标的证券发行人以外的第三人发行并上市的权证,发行人应按照下列规定之一,提供履约担保:

(1)通过专用账户提供并维持足够数量的标的证券或现金,作为履约担保。

$$履约担保的标的证券数量 = 权证上市数量 \times 行权比例 \times 担保系数$$

$$履约担保的现金金额 = 权证上市数量 \times 行权价格 \times 行权比例 \times 担保系数$$

担保系数由交易所发布并适时调整。

(2)提供经交易所认可的机构作为履约的不可撤销的连带责任保证人。

第五节 可转换债券

一、可转换债券的定义和特征

可转换债券(Convertible Bonds)是公司发行的、在一般债券上附加期权的一种债务工具。持有者有权在将来的特定时期内,根据某个确定转换比例将可转换债券转换成该发行公司的股权。通常可转换债券是可赎回的，即发行者可在将来的特定时间以特定的价格将可转换债券购回。一旦公司决定赎回该债券，则在债券购回前，持有者可以选择进行转换。因此，购回条款通常赋予发行公司强迫投资者将债券提前转换成股权的权利，而持有者则别无选择。当可转换债券转换时，公司收回债券并向持有者发放库存股票。假定利率保持不变，且不考虑购回条款，可转换债券可近似为一个普通债券加上一个看涨认股权。通俗来讲，可转换债券是指其持有者可以在一定时期内按一定比例或价格将之转换成一定数量的另一种证券的证券。可转换债券通常是转换成普通股票，当股票价格上涨时，可转换债券的持有人行使转换权比较有利。因此，可转换债券实质上嵌入了普通股票的看涨期权，正是从这个意义上说，我们将其列为期权类衍生产品。在国际市场上，按照发行时证券的性质，可将其分为可转换债券和可转换优先股票两种。可转换债券是指证券持有者依据一定的转换条件，可将信用债券转换成发行人普通股票的证券。可转换优先股票是指证券持有者可依据一定的转换条件，将优先股票转换成发行人普通股票的证券。目前，我国只有可转换债券。

可转换债券具有下列特征：

(1)可转换债券是一种附有转股权的特殊债券。在转换以前，它是一种公司债券，具备债券的一切特征，有规定的利率和期限，体现的是债权债务关系，持有者是债权人；在转换成股票后，它变成了股票，具备股票的一般特征，体现所有权关系，持有者由债权人变成了股权所有者。

(2)可转换债券具有双重选择权的特征。可转换债券具有双重选择权。一方面，投资者可自行选择是否转股，并为此承担可转债利率较低的机会成本；另一方面，可转债发行人拥有是否实施赎回条款的选择权，并为此支付比没有赎回条款的可转债更高的利率。双重选择权是可转换债券最主要的金融特征，它的存在使投资者和发行人的风险、收益限定在一定的范围内，并可以利用这一特点对股票进行套期保值，获得更加确定的收益。

二、可转换债券的要素

可转换债券有若干要素，这些要素基本决定了可转换债券的转换条件、转换价值、市场价格等总体特征。

(一)有效期限和转换期限

可转换债券的有效期限与一般债券相同，即债券从发行之日起至偿清本息之日止的存续时间。转换期限是指可转换债券转换为普通股票的起始日至结束日的期间。在大多数情况下，发行人都会规定一个特定的转换期限，在该期限内，允许可转换债券的持有人按转换比例或转换价格转换成发行人的股票。我国《上市公司证券发行管理办法》规定，可转换债券的期限最短为 1 年，最长为 6 年，自发行结束之日起 6 个月后方可转换为公司股票。

(二)票面利率或股息率

可转换债券的票面利率（或可转换优先股票的股息率）是指可转换债券作为一种债券的票面年利率（或优先股票股息率），由发行人根据当时市场利率水平、公司债券资信等级和发行条款确定，一般低于相同条件下的不可转换公司债券（或不可转换优先股票）。可转换债券应半年或 1 年付息 1 次，到期后 5 个工作日内应偿还未转股债券的本金及最后 1 期利息。

(三) 转换比例

转换比例是指一定面额可转换债券可转换成普通股票的股数。用公式表示为：

$$转换比例=可转换债券面值\div 转换价格$$

（四）赎回条款与回售条款

赎回是指发行人在发行一段时间后，可以提前赎回未到期的发行在外的可转换公司债券。赎回条件一般是当公司股票价格在一段时间内连续高于转换价格并达到一定幅度时，公司可按照事先约定的赎回价格买回发行在外的、尚未转股的可转换债券。回售是指当公司股票在一段时间内连续低于转换价格并达到某一幅度时，可转换债券持有人按事先约定的价格将所持可转换债券卖给发行人的行为。赎回条款和回售条款是可转换债券在发行时规定的赎回行为和回售行为发生的具体市场条件。

（五）转换价格修正

转换价格修正是指发行公司在发行可转换债券后，由于公司的送股、配股、增发股票、分立、合并、拆细及其他原因导致发行人股份发生变动，引起公司股票名义价格下降，而对转换价格所作的必要调整。

三、附权证的可分离公司债券

根据前面的论述可知，可转换债券实质上是一种含有嵌入式认股权的债券，从理论上说，将内嵌的权证从主体债券中分离出来，与主体债券分别进行独立交易是可行的。欧美上市公司在发行公司债券时，为提高债券的吸引力，也经常在债券上附认股权，这些认股权可以与主体债券相分离，单独交易。

第六节　存托凭证

一、存托凭证的定义

存托凭证（Depositary Receipts，DR），也称预托凭证，是指在一国证券市场流通的代表外国公司有价证券的可转让凭证。存托凭证一般代表外国公司股票，有时也代表债券。存托凭证由J.P.摩根首创。1927年，美国投资者看好英国百货业公司塞尔弗里奇公司的股票，由于地域的关系，这些美国投资者要投资该股票很不方便。当时的J. P. 摩根就设立了一种美国存托凭证（简称ADR），使持有塞尔弗里奇公司股票的投资者可以把塞尔弗里奇公司股票交给J.P.摩根指定的在美国与英国都有分支机构的一家银行，再由这家银行发给各投资者美国存托凭证。这种存托凭证可以在美国的证券市场上流通，原来持有塞尔弗里奇公司股票的投资者就不必再跑到英国抛售该股票；同时要投资塞尔弗里奇公司股票的投资者也不必再到英国股票交易所购买塞尔弗里奇公司股票，可以在美国证券交易所购买该股票的美国存托凭证。每当塞尔弗里奇公司进行配股或者分红等事宜时，发行美国存托凭证的银行在英国的分支机构都会帮助美国投资者进行配股或者分红。这样美国投资者就省去了到英国配股及分红的麻烦。美国存托凭证出现后，各国根据自己的情况相继推出了适合本国的存托凭证，比如全球存托凭证（简称GDR）、国际存托凭证（简称IDR），目前我国香港特别行政区和台湾地区推出的存托凭证分别称为HDR和TDR。中国内地近年来一直在酝酿推出中国存托凭证（简称CDR），即在我国内地发行的代表境外或者我国香港证券市场上某种股票的权益类证券，它是上海证券交易所筹备成立国际板市场的一种备选方案。

二、美国存托凭证的种类

按照基础证券发行人是否参与存托凭证的发行，美国存托凭证可分为无担保的存托凭证和有担保的存托凭证。

(一)无担保的存托凭证

无担保的存托凭证由一家或多家银行根据市场的需求发行，基础证券发行人不参与，存券协议只规定存券银行与存托凭证持有者之间的权利义务关系。无担保的存托凭证目前已很少应用。

(二)有担保的存托凭证

有担保的存托凭证由基础证券发行人的承销商委托一家存券银行发行。承销商、存券银行和托管银行三方签署存券协议。协议内容包括存托凭证与基础证券的关系，存托凭证持有者的权利，存托凭证的转让、清偿、红利或利息的支付情况，以及协议三方的权利义务等。采用有担保的存托凭证，发行公司可以自由选择存券银行。有担保的存托凭证分为一、二、三级公开募集存托凭证和美国 144A 规则下的私募存托凭证。这 4 种有担保的存托凭证各有其不同的特点和运作惯例，美国的相关法律也对其有不同的要求。对公开募集存托凭证而言，一级存托凭证允许外国公司无须改变现行的报告制度就可以享受公开交易证券的好处；想在美国交易所上市的外国公司可采用二级存托凭证；如果要在美国市场上筹集资本，则须采用三级存托凭证。存托凭证的级别越高，所反映的美国证券交易委员会登记要求也越高，对投资者的吸引力就越大。

三、存托凭证在中国的发展

(一)我国公司发行的存托凭证

我国公司发行的存托凭证涵盖了以下几个主要种类。

发行一级存托凭证的国内企业主要分两类：一类是含 B 股的国内上市公司，如氯碱化工、轮胎橡胶(现双钱集团)和深深房，这些公司是我国上市公司中较早在海外发行存托凭证的试点公司；另一类主要是在我国香港上市的内地公司，如青岛啤酒和平安保险等，这些公司在发行存托凭证时，都已发行 H 股作为发行存托凭证的基础。另外，2004 年 12 月，在新加坡交易所上市的双威通讯也以一级存托凭证方式发行了存托凭证。

2004 年以前，只有在香港上市的中华汽车发行过二级存托凭证。进入 2004 年后，随着中国网络科技类公司海外上市速度加快，二级存托凭证成为中国网络股进入 NASDAQ 的主要形式。

发行三级存托凭证的公司均在我国香港交易所上市，而且发行存托凭证的模式基本相同，即在我国香港交易所发行上市的同时，将一部分股份转换为存托凭证在纽约股票交易所上市，这样不仅实现了在我国香港和美国同时上市融资的目的，而且简化了上市手续，节约了交易费用。

144A 私募存托凭证由于对发行人的监管要求最低，而且发行手续简单，所以早期寻求境外上市的境内企业使用得较多。但由于投资者数量有限，而且在柜台市场交易不利于提高企业知名度，所以近年来较少使用。

(二)我国公司发行存托凭证的阶段和行业特征

截至 2011 年底，我国注册公司发行的存托凭证达到 260 种。我们将这段时间的发展分为四个阶段来介绍。

1. 1993～1995 年，中国企业在美国发行存托凭证

1993 年 7 月，上海石化以存托凭证方式在纽约证券交易所挂牌上市，开了中国公司在美国证券市场上市的先河。随后又有马钢集团、仪征化纤等 4 家国内公司以私募方式在美国上市。此外，还有深深房、二纺机、氯碱化工等含 B 股的上市公司作为试点公司发行在场外交易的不具备融资功能的一级存托凭证。在短短 3 年时间内，共有 14 家中国公司在华尔街相继登场，迈出了我国公司走向海外证券市场的第一步。

2. 1996～1998 年，基础设施类存托凭证渐成主流

从 1996 年开始，发行存托凭证公司的类型开始转变，传统制造业公司比重有所下降，取而代之的是以基础设施和公用事业为主的公司。这些公司涉及航空、铁路、公路、电力等领域，如华能电力、东方航空、南方航空和广深铁路等，而且发行三级存托凭证的比重大大提高。这批存托凭证的购买者多为机构投资者，这有利于提升中国企业在海外的知名度，并有利于保持证券价格的稳定。但 1998 年 3 月至 2000 年 3 月，美国证券市场对中国存托凭证发行的大门关闭长达两年。

3. 2000～2001 年，高科技公司及大型国有企业成功上市

从 1999 年开始，随着全球新经济的兴起，高科技公司开始在各国的二板市场上大放异彩。中国证监会曾发布《关于企业申请境外上市有关问题的通知》，以此为政策依托，以中华网为代表的互联网公司和以中国移动为代表的通信类公司在美国的主板和二板市场成功上市。在此期间，中国联通和网易通过发行三级存托凭证分别在纽约证券交易所和 NASDAQ 挂牌上市，可以说是顺应了国际证券市场的趋势。这一阶段的另一重要特征就是内地大型国有企业在我国香港和美国两地上市，具体做法是将部分 H 股转为存托凭证在纽约证券交易所上市。我国石油天然气行业的三大巨头——中石油、中石化、中海油，均已成功登陆美国证券市场。加入世贸组织后，能源、钢铁等关系国计民生的重要行业必然受外资的猛烈冲击，亟须壮大自身实力，参与全球竞争，此时，大型国企通过发行存托凭证进入美国证券市场意义深远。

4. 自 2002 年以来，中国企业存托凭证发行出现分化现象

一方面，大型国有企业，如中国电信、中国人寿、中国平安、中芯国际等继续保持海外上市的势头；另一方面，大量民营企业，如百度、尚德、分众传媒成功上市。

第七节　资产证券化与证券化产品

一、资产证券化与证券化产品的定义

资产证券化是以特定资产组合或特定现金流为支持、发行可交易证券的一种融资形式。传统的证券发行是以企业为基础，而资产证券化则是以特定的资产池为基础发行证券。在资产证券化过程中发行的以资产池为基础的证券被称为证券化产品。通过资产证券化，将流动性较低的资产（如银行贷款、应收账款、房地产等）转化为具有较高流动性的可交易证券，提高了基础资产的流动性，便于投资者进行投资；还可以改变发起人的资产结构，改善资产质量，加快发起人资金周转。

二、资产证券化的种类

（一）根据基础资产分类

根据证券化的基础资产不同，可以将资产证券化分为不动产证券化、应收账款证券化、信

贷资产证券化、未来收益证券化（如高速公路收费）、债券组合证券化等类别。

（二）根据资产证券化的地域分类

根据资产证券化发起人、发行人和投资者所属地域不同，可将资产证券化分为境内资产证券化和离岸资产证券化。国内融资方通过在国外的特殊目的机构（Special Purpose Vehicles，SPV）或结构化投资机构（Structured Investment Vehicles，SIV）在国际市场上以资产证券化的方式向国外投资者融资被称为离岸资产证券化；融资方通过境内 SPV 在境内市场融资则被称为境内资产证券化。

（三）根据证券化产品的属性分类

根据证券化产品的金融属性不同，可以分为股权型证券化、债权型证券化和混合型证券化。值得注意的是，尽管资产证券化的历史不长，但相关证券化产品的种类层出不穷，名称也千变万化。最早的证券化产品以商业银行房地产按揭贷款为支持，故被称为按揭支持证券（简称 MBS）；随着可供证券化操作的基础产品越来越多，出现了资产支持证券（简称 ABS）；再后来，由于混合型证券（具有股权和债权性质）越来越多，干脆用 CDOs（Collateralized Debt Obligations）概念代指证券化产品，并细分为 CLOs、CMOs、CBOs 等产品。最近几年，还采用金融工程方法，利用信用衍生产品构造出合成 CDOs。

三、资产证券化的有关当事人

资产证券化交易比较复杂，涉及的当事人较多，一般而言，下列当事人在证券化过程中具有重要作用。

（一）发起人

发起人也被称为原始权益人，是证券化基础资产的原始所有者，通常是金融机构或大型工商企业。

（二）特定目的机构或特定目的受托人

这是指接受发起人转让的资产，或受发起人委托持有资产，并以该资产为基础发行证券化产品的机构。选择特定目的机构或受托人时，通常要求满足所谓破产隔离条件，即发起人破产对其不产生影响。

（三）资金和资产存管机构

为保证资金和基础资产的安全，特定目的机构通常会聘请信誉良好的金融机构进行资金和资产的托管。

（四）信用增级机构

此类机构负责提升证券化产品的信用等级，为此要向特定目的机构收取相应费用，并在证券违约时承担赔偿责任。在有些证券化交易中，并不需要外部增级机构，而是采用超额抵押等方法进行内部增级。

（五）信用评级机构

如果发行的证券化产品属于债券，则发行时必须由评级机构进行信用评级。

（六）承销人

承销人是指负责证券设计和发行承销的投资银行。如果证券化交易涉及的金额较大，可能会组成承销团。

（七）证券化产品投资者

即证券化产品发行后的持有人。

除上述当事人外，证券化交易还可能需要金融机构充当服务人，服务人负责对资产池中的现金流进行日常管理，通常可由发起人兼任。

四、中国内地资产证券化的发展

中国内地资产证券化起步于20世纪90年代初，但发展较为波折，对国内证券市场产生的影响较小。1992年，三亚市开发建设总公司以三亚市丹州小区800亩土地为发行标的物，土地每亩折价25万元(17万元为征地成本，5万元为开发费用，3万元为利润)，发行总金额为2亿元的三亚地产投资券，预售地产开发后的销售权益，开房地产证券化之先河。1996年8月，珠海市人民政府在开曼群岛注册了珠海市高速公路有限公司，以当地机动车的管理费及外地过境机动车所缴纳的过路费作为支持，根据美国证券法律的144A规则发行总额为2亿美元的资产担保债券(其中一部分是年利率为9.125%的10年期优级债券，发行量是8 500万美元；另一部分是年利率为11.5%的12年期次级债券，发行量为11 500万美元)。随后，国内高速公路建设不同程度引入了证券化融资设计，据不完全统计，国内有20余省、市、自治区高速公路建设采用了证券化融资方案。此外，以中集集团为代表的大型企业还成功开展了应收账款证券化交易。从这些交易的结构看，多数采用了离岸证券化方式，因此较少受到国内证券市场的关注。

2005年被称为“中国资产证券化元年”，信贷资产证券化和房地产证券化取得新的进展，引起国内外广泛关注。2005年4月，中国人民银行、中国银监会颁布《信贷资产证券化试点管理办法》，将信贷资产证券化明确定义为“银行业金融机构作为发起机构，将信贷资产信托给受托机构，由受托机构以资产支持证券的形式向投资机构发行受益证券，以该财产所产生的现金支付资产支持证券收益的结构性融资活动”；中国银监会于同年9月颁布了《金融机构信贷资产证券化监督管理办法》；同时，国家税务总局等机构也出台了与信贷资产证券化相关的法规。2005年12月，作为资产证券化试点银行，中国建设银行和国家开发银行分别以个人住房抵押贷款和信贷资产为支持，在银行间市场发行了第一期资产证券化产品。2005年12月21日，内地第一只房地产投资信托基金(REITs)——广州越秀房地产投资信托基金，正式在香港交易所上市交易。

自2006年以来，我国内地资产证券化业务表现出下列特点：

(一)发行规模大幅增加，种类增多，发起主体数量增加

资产证券化产品种类增多，基础资产涉及信贷资产、不动产、租赁资产应收账款、收费项目等。发行规模从2005年的81.96亿元增加到2006年的115.8亿元、2007年的178亿元、2008年的302亿元，资产证券化发起人除商业银行和企业之外，资产管理公司、证券公司、信托投资公司均成为新的发起或承销主体。

(二)机构投资者范围增加

2006年5月，中国证监会颁布了《关于证券投资基金投资资产支持证券有关事项的通知》(证监基金字[2006]93号)，准许基金投资包括符合中国人民银行、中国证监会相关规定的信贷资产支持证券，以及中国证监会批准的企业资产支持证券类品种。紧接着，6月份，国务院又颁布了《关于保险业改革发展的若干意见》(简称“国十条”)，提出在风险可控的前提下，鼓励保险资金直接或间接投资资本市场，稳步扩大保险资金投资资产证券化产品的规模和品种。

(三)二级市场交易尚不活跃

目前，资产证券化产品的投资主体主要是各类机构投资者，以大宗交易为主，通常采取买入并持有到期策略，导致市场流动性严重不足。以 2009 年 2 月为例，资产支持证券托管数总计 49 只，总金额为 566.06 亿元，但全月仅发生 9 笔交易，交易量为 10.69 亿元。

第八节 结构化金融衍生产品

一、结构化金融衍生产品的定义

结构化金融衍生产品是运用金融工程结构化方法，将若干种基础金融产品和金融衍生产品相结合设计出的新型金融产品。目前，最为流行的结构化金融衍生产品主要是由商业银行开发的各类结构化理财产品，以及在交易所市场上市交易的各类结构化票据，它们通常与某种金融价格相联系，其投资收益随该价格的变化而变化。

目前，我国内地尚无交易所交易结构化产品，但是，很多商业银行均通过柜台销售各类“挂钩理财产品”。这些理财产品的预期收益与某种利率、汇率或者黄金、股票、能源价格相联系，通过事先约定的计算公式进行计算。

二、结构化金融衍生产品的类别

（一）按联结的基础产品分类

按此方法可分为股权联结型产品（其收益与单只股票、股票组合或股票价格指数相联系）、利率联结型产品、汇率联结型产品、商品联结型产品等种类。

（二）按收益保证分类

按此方法可分为收益保证型产品和非收益保证型产品两大类，其中，前者又可进一步细分为保本型产品和保证最低收益型产品。

（三）按发行方式分类

按此方法可分为公开募集的结构化产品与私募结构化产品，前者通常可以在交易所交易。目前，美国证券交易所有数千种结构化产品上市交易；我国香港交易所也推出了结构化产品。

（四）按嵌入式衍生产品分类

结构化金融产品通常会内嵌一个或一个以上的衍生产品，它们有些是以合约规定条款（如提前终止条款）形式出现的；也有些嵌入式衍生产品并无显性的表达，必须通过细致分析方可分解出相应衍生产品。按照嵌入式衍生产品的属性不同，可以分为基于互换的结构化产品、基于期权的结构化产品等类别。当然，还可以按照币种、期限、发行地等进行分类。

三、结构化金融衍生产品的收益与风险

由于结构化金融衍生产品挂钩的基础资产具有不同的风险特征，嵌入式衍生产品的种类、结构各异，导致结构化产品的收益与风险会出现非常大的差异。同时，由于这类产品结构复杂，难以为普通投资者所掌握，通常监管机构和行业自律组织均要求金融机构在销售时格外当心，防止错误地销售给不具备风险承受能力的客户。

四、其他类型的金融衍生工具

前面我们已经提到，衍生证券领域中可能存在的创新是无限的。例如，某些场外交易的期权的损益状态依赖于某一变量在一段时间内的最大值；某些衍生证券的执行价格是时间的函

数；还有一些衍生证券具有如下的特征，即执行一个期权时自动赋予期权持有者另一个期权；等等。到目前为止，期权和其他衍生证券的标的变量通常为股票价格、股票指数、利率、汇率和商品价格。但是，也有使用其他的变量作为衍生证券的标的变量。例如，滑雪场的经营者会发行这样的债券，其收益取决于某个滑雪胜地的总降雪量；银行也发行某种存款工具，支付的利息取决于当地足球队的业绩。

【案例】 马鞍山钢铁股份有限公司认股权和债券分离交易的可转换公司债券

2006 年 5 月 8 日，中国证监会颁布《上市公司证券发行管理办法》，明确规定，上市公司可以公开发行认股权和债券分离交易的可转换公司债券（简称分离交易的可转换公司债券），分离交易的可转换公司债券应当申请在上市公司股票上市的证券交易所上市交易，其中，公司债券和认股权分别符合证券交易所上市条件的，应当分别上市交易。2006 年 11 月 13 日，马鞍山钢铁股份有限公司成为首家在 A 股市场发行分离交易的可转换公司债券的上市公司；11 月 29 日，债券主体与所附认股权证在上海证券交易所上市交易。

一、06 马钢债券

1. 发行条款

(1)发行人及发行规模

06 马钢债券发行人为马鞍山钢铁股份有限公司，该债券是实名制记账式债券，发行总额为550 000 万元。本次发行的公司债券按面值发行，每张面值 100 元，每张债券的认购人可以获得公司派发的 23 份认股权证，所附的认股权证按比例向债券认购人派发，权证总量为 12.65 亿份。

(2)债券利率及利息支付

06 马钢债券按票面金额计息，计息起始日为公司债券发行日（即 2006 年 11 月 13 日），票面利率为 1.40%。

(3)到期日及兑付日期

债券期限为 5 年，到期日为 2011 年 11 月 13 日，兑付日期为到期日 2011 年 11 月 13 日之后的 5 个工作日。

(4)债券回售条款

公司若改变公告的本次公司债券募集资金的用途，将赋予债券持有人一次回售的权利，回售价为面值加上当期应计利息。

(5)担保事项

06 马钢债券由马钢（集团）控股有限公司提供担保。

(6)本次募集资金用途

本次募集资金将用于马钢“十一五”总体规划 500 万吨冷热轧薄板工程项目。若本次募集资金到位时间与项目进度不一致，公司将以自有资金、银行贷款或其他债务融资方式完成项目投资；若募集资金有剩余，将用于偿还银行贷款。

(7)公司债券的评级情况

本次公司债券由中诚信国际信用评级有限责任公司担任评级机构，评价结果为 AAA 级。

(8)债券持有人会议规则

为保护公司债券持有人的合法权利，规范债券持有人会议召开程序及职权的行使，根据《中华人民共和国公司法》、《中华人民共和国证券法》、《上市公司证券发行管理办法》等法律法规及其他规范性文件的规定，公司董事会已制定并审议通过了《债券持有人会议规则》，约定了债券持有人会议的权利、程序和决议生效条件等。

2. 发行与上市

(1)债券的发行

经中国证券监督管理委员会核准，公司于2006年11月13日公开发行了550 000万元(5 500万张)认股权和债券分离交易的可转换公司债券，每张面值100元，发行总额550 000万元。

本次发行向原无限售条件A股流通股股东优先配售(有限售条件A股流通股股东无优先配售权)。原无限售条件A股流通股股东优先配售后的分离交易可转债余额采取网下向机构投资者利率询价配售与网上资金申购相结合的方式进行。

(2)债券上市

06马钢债券以现券方式在上海证券交易所上市交易，债券简称"06马钢债"，交易代码"126001"，上市总额550 000万元，现券交易以手为单位(1手=1 000元面值)。债券上市的起止日期为2006年11月29日至2011年11月13日。

二、马钢认股权证

1. 权证的条款

(1)发行人：马钢股份；

(2)发行数量：12.65亿份；

(3)权证类型：欧式认股权证，即标的证券发行人发行的认购权证，在权证存续期间，认股权证持有人仅有权在行权期行权；

(4)存续期：自认股权证上市之日起24个月，即2006年11月29日至2008年11月28日；

(5)行权期：认股权证持有人可以选择在2007年11月15～16日、2007年11月19～23日、2007年11月26～28日行权，认股权证持有人也可以选择在2008年11月17～21日、2008年11月24～28日行权；

(6)行权比例：1∶1，即一份认股权证可认购一股标的A股股票；

(7)行权价格：3.40元/股。

2. 认股权证的上市交易和行权

经上海证券交易所批准，分离交易的可转债持有人获派的12.65亿份认股权证于2006年11月29日在上海证券交易所挂牌交易：认股权证上市数量为12.65亿份、认股权证简称"马钢CWB1"，交易代码为"580010"。

(1)权证交易

根据《上海证券交易所权证管理暂行办法》，经上证所认可的具有上证所会员资格的证券公司可以自营或代理投资者买卖权证。单笔权证买卖申报数量不得超过100万份，申报价格最小变动单位为0.001元人民币。权证买入申报数量为100份的整数倍。当日买进的权证，当日可以卖出。

(2)权证行权

认股权证持有人行权的，应委托上证所会员通过上证所交易系统申报；当日行权申报指令当日有效，当日可以撤销。当日行权取得的标的证券，当日不得卖出。认股权证的持有人行权时，应支付依行权价格及标的证券数量计算的价款，并获得标的证券。认股权证的行权代码为"582010"，行权简称"ES081128"。

(3)认股权证的行权价格及其调整方式

在认股权证存续期内，若马钢股份A股股票除权、除息，将对本次权证的行权价格、行权比例作相应调整。

马钢股份A股除权时，认股权证的行权价格和行权比例分别按下列公式进行调整：

新行权价格＝原行权价格×(马钢股份A股除权日参考价/除权前一交易日马钢股份A股收盘价)

新行权比例＝原行权比例×(除权前一交易日马钢股份A股收盘价/马钢股份除权日参考价)

马钢股份A股除息时，认股权证的行权比例不变，行权价格按下列公式调整：

新行权价格＝原行权价格×(马钢股份A股除息日参考价/除息前一交易日马钢股份A股收盘价)

本章概念

金融衍生工具　金融期货　金融期权　远期合约　金融互换

思考题

1. 谈一谈金融衍生工具对资本市场的影响。
2. 金融衍生工具给证券市场带来了哪些风险？如何防范这些风险？

第六章

证券投资主体

本章重点内容

✔机构投资者

✔个人投资者

学习目标

· 掌握证券投资主体的类型及特点

· 熟悉主要投资主体的投资状况

· 了解我国证券投资主体的现状

证券投资主体是证券市场的主要构成要素之一，证券投资主体的结构及质量决定着一个国家证券市场的完善程度。证券投资主体主要包括机构投资者和个人投资者。本章主要介绍各种证券投资主体的特点及我国证券投资主体的现状。

在证券市场上，充满了各种类型的参与者，有个人有企业，甚至还有政府，但不管他们参与市场出于何种目的，参与市场的期限如何，凡是出资购买股票、债券等有价证券的个人或机构，统称为证券投资者。根据投资者的组织形式，通常划分为机构投资者和个人投资者两大类。

第一节　机构投资者

一、机构投资者的含义

机构投资者是指在金融市场上从事证券投资的法人机构，主要有保险公司、养老基金和投资基金、证券公司、银行等。在证券市场上，凡是出资购买股票、债券等有价证券的个人或机构，统称为证券投资者。机构投资者从广义上讲，是指用自有资金或者从分散的公众手中筹集资金专门进行有价证券投资活动的法人机构。

机构投资者按照其主体性质，可以划分为政府类机构投资者、金融机构类机构投资者、企业法人类机构投资者和合格境外机构投资者。政府参与证券投资主要是为了调剂资金余缺和进行宏观调控，一般不以获取投资收益为目的。企业进行证券投资主要是为了获取收益，提高资金的使用效率。金融机构包括保险公司、商业银行、信托公司、基金等。此外，资本市场相对落后的国家常常通过设立合格境外机构投资者制度（QFII）的方式引入境外机构，参与本国资本市场的运行。

在西方国家，机构投资者包括证券公司、投资公司、保险公司、各种福利基金、养老基金及金融财团等，其中最典型的机构投资者是专门从事有价证券投资的共同基金。在中国，机构投资者目前主要是具有证券自营业务资格的证券经营机构，符合国家有关政策法规的投资管理基金、保险公司、社保基金等。

二、机构投资者的特点

机构投资者与个人投资者相比，具有以下几个特点。

（一）投资管理专业化

机构投资者一般具有较为雄厚的资金实力，在投资决策运作、信息搜集分析、上市公司研究、投资理财方式等方面都配备有专业部门，由证券投资专家进行管理。自1997年以来，国内的主要证券经营机构，都先后成立了自己的证券研究所。个人投资者由于资金有限而高度分散，同时绝大部分都是散户投资者，缺乏足够时间去搜集信息、分析行情、判断走势，也缺少足够的资料数据去分析上市公司经营情况。因此，从理论上讲，机构投资者的投资行为相对理性，投资规模相对较大，投资周期相对较长，从而有利于证券市场的健康稳定发展。

（二）投资结构组合化

证券市场是一个风险较高的市场，机构投资者入市资金越多，承受的风险就越大。为了尽可能降低风险，机构投资者在投资过程中会合理构建投资组合。机构投资者庞大的资金、专业化的管理和多方位的市场研究，也为建立有效的投资组合提供了可能。而个人投资者由于自身的条件所限，难以构建投资组合，相对来说，承担的风险也较高。

（三）投资行为规范化

机构投资者是一个具有独立法人地位的经济实体，投资行为受到多方面的监管，相对来说，较为规范。一方面，为了保证证券交易的"公开、公平、公正"原则，维护社会稳定，保障资金安全，国家和政府制定了一系列的法律、法规来规范和监督机构投资者的投资行为。另一方面，投资机构本身会通过自律管理，从各个方面规范自己的投资行为，保护客户的利益，维护自己在社会上的信誉。

（四）风险厌恶者

大多数机构投资者的资金是通过各种形式筹集的社会资金，在进行投资决策时首先要考虑的是资金的安全性，因此，机构投资者都是风险厌恶者。为了控制投资风险，机构投资者要谨慎地选择证券，对影响证券价格的因素进行综合分析，一般选取那些上市时间比较长、公司业绩比较好、股价波动程度较低的股票进行投资。

（五）具有稳定市场的功能

首先，机构投资者在进行证券投资时比起个人投资者来说要更理性，它们有着丰富的信息资源、专业的投资团队，能够更准确地预测证券的基础价值，降低个人投资者投资时的非理性导致的股价波动，稳定市场。其次，机构投资者一般会进行组合投资，而且其逆趋势择股的行为，即买入急速下跌的股票，卖出快速上涨的股票，可以矫正股市的非正常波动。最后，机构投资者由于资金规模大，可以构造足够分散的投资组合，而且投资组合一旦完成构建，一般不轻易调整，这种策略显然有利于股市的稳定。

三、政府及政府机构

在世界各国，政府都是证券市场的重要参与者之一。政府参与证券市场的目的完全不同于普通投资者，主要包括以下两个方面：

（一）调剂政府资金余缺

在每一个会计年度，政府往往会出现收入（税收）的低谷与支出的高峰，从而面临财政周转困难，这时政府可以通过发行短期证券的方式来筹措资金。相反，如果出现财政盈余，往往会通过特定渠道将闲置资金投入证券市场，但政府及政府机构出于安全考虑，通常以投资优质债券为主。

（二）实施货币政策

中央银行作为政府的银行，承担着调控宏观经济的任务，其调控手段之一就是进行公开市场操作，即通过在证券市场买卖有价证券（主要是政府债券），调节货币供应量。当货币供应量过大时，向证券市场出售有价证券；反之，则买进有价证券，增加货币供应量。此外，中央银行持有的国家外汇储备一般以储备货币发行国的政府债券为主，因此，各国中央银行又成了外国政府债券的持有者。

政府参与证券市场的特殊目的决定了政府参与证券市场行为的特殊性，其既不是单纯的投资主体，也不是唯利是图的投机主体。

四、金融机构

参与证券市场的金融机构投资者主要包括证券经营机构、商业银行、保险公司、基金、企业法人和境外机构投资者。

（一）证券经营机构

证券经营机构又称证券商，是由证券主管机关批准设立的在证券市场上经营证券业务的金融机构。证券经营机构是证券市场上最为重要的机构投资者，作为市场经济主体，其参与证券市场的主要目的是获取盈利。

证券经营机构参与证券市场主要包括以下两种形式：(1)开展证券经纪业务，指通过收取佣金作为报酬，为促成买卖双方交易行为而进行的证券中介业务；(2)开展证券自营业务，指证券经营机构用可以自主支配的资金或证券，通过证券市场从事以盈利为目的的买卖证券的经营行为。

目前，世界各国都是根据本国证券交易制度特点，来对证券经纪业务做出限定和分类。例如，纽约证券交易所将经纪业务分为5类，专门由5种经纪人来办理：(1)佣金经纪人，专门代理客户买卖证券、收取佣金；(2)场内经纪人，接受佣金经纪人的委托买卖证券；(3)专业经纪人，专门买卖交易所某一柜台的一种或几种证券；(4)零股经纪人，专门办理1～99股的证券交易；(5)债券经纪人，在债券交易厅代理客户买卖债券，从中收取佣金。

（二）商业银行

商业银行是以经营存贷款为主要业务，并以盈利为主要经营目的的金融机构。在很多国家，特别是发展中国家，商业银行是一国金融体系的主体与核心。商业银行的资金主要来自于客户的存款，这些存款代表着商业银行的负债。商业银行将存款和通过其他融资渠道筹集的资金用于对各类经济实体的贷款和投资于各种证券，其收益来源于资产的收益和资金成本之间的差额。商业银行在经营过程中会面临各种各样的风险，如信用风险、利率风险、通胀风险、再融资风险等。为保护广大存款人的资金安全，也为了其自身经营的稳定性，商业银行的证券投资通常采取稳健经营策略。由于商业银行在金融体系中的特殊地位，各国政府均对商业银行的投资业务进行了不同程度的限制性监管。为满足客户提取存款和取得贷款的要求，商业银行通常将其部分资金投资于短期证券作为第二存款准备金，而这些证券又往往以短期国债为主。另外，商业银行也会对中长期国债、公司债等进行长期投资，主要目的在于取得投资收益。

（三）保险公司

由于保险公司特殊的业务性质，其在进行证券投资时往往会受到政府的各种监管与限制。保险公司的收入主要来源于保费收入和投资收益两个部分，而成本则主要包括理赔成本、准备金成本和营运成本，总的盈亏由承保收入和投资收益组成。承保收入是所获保费和理赔成本之间的差额，投资收益是投资于金融资产和实物资产组合的收入。各国政府对保险公司的投资范围，投资对象的类型、品质，投资对象的比例搭配等各个方面都做出了十分详细的限制性规定，保险公司必须遵守有关规定。一般来说，寿险公司出售的保单期限较长，且一般约定若干年后才开始支付现金流给保单持有人，对投资的流动性要求不高，因而较注重安全性和收益性，这样，长期债券就成了它们保证履行承诺的理想工具。寿险公司的负债性质决定了它以长期债券作为主要投资对象。财险公司的保险责任期远远短于寿险公司，并且随保单的种类不同而有所不同。对财险公司而言，承保一份保单，意味着承担了一笔负债并明确了责任范围，即责任的最大数额不会超过保单确定的保险金额，但履行债务的具体时间和金额是未知的，因此，财险公司可以在保单提出索赔和索赔生效前将保费用于投资。财险公司的负债性质使它在投资范围上较少受到限制，而有更大的选择余地，通常在债券和抵押贷款的投资上只要达到监管机构的最低要求，就可以投资于其他方面，如股权投资等。

（四）基金

基金是目前市场上最主要的机构投资者，分为公募和私募两类。截至 2010 年 10 月底，我国 61 家基金管理公司共管理基金 663 只，基金总规模为 2.453 6 万亿份，资产净值达 2.676 万亿元。据不完全统计数据测算，以信托、集合理财等方式进入市场的私募基金的规模和公募基金规模相当。基金进行证券投资存在以下特点：

第一，投资基金实行专业管理、专家操作。投资基金的运营和投资决策的制定都是由基金经理人（又称基金管理人），即基金管理公司负责。这些机构都有投资专家，这些专家都具有丰富的证券投资经验，善于利用他们与证券市场的密切联系，收集各种信息、资料、数据，运用各种先进的技术手段系统地对国内外经济形势、行情动态，各行业、各公司的发展前景、经营业绩进行分析，并在此基础上做出科学、准确的投资决策，从而取得较高的投资收益。这避免了个人投资者因为时间、精力、信息及专业知识等方面的限制而产生的盲目决策现象。

第二，投资基金以"组合投资，分散风险"为基本原则。即把一定量的资金按不同比例分别投资于不同种类和不同行业的有价证券，在一定时期内，某些证券价格下降的损失，可由另一些证券价格上升的收益来抵补，从而在整体上把风险降到最低限度。个人投资者由于受资金量的限制，很难买得起足够多种类的证券，真正达到分散风险的目的。但投资基金具有相当规模的资金，可以同时投资于数十种甚至数百种有价证券，甚至投资于不同种类的投资工具和不同类型、不同国别的金融市场，从而能够有效地分散投资风险。

第三，投资基金以纯粹的投资为目的。投资基金买卖有价证券的目的是为了取得利息、股息、红利或买卖差价收益，绝无通过买入股票而控制特定企业的意图，这一点在投资基金的信托契约或各国的法律法规中都有明确规定。这是投资基金与持股公司等机构在性质上的区别。

（五）企业法人

在我国，企业可以将自有闲置资金或暂时不用的积累资金进行短、中、长期投资；企业还可以通过股票投资实现参股、控股或者组建企业集团的目的。总的来看，企业投资证券市场具有以下两个主要特点：

第一，注重长期投资且比较稳定。企业一般以参股或控股为目的购入另一家公司的股票或买入长期债券，不会在短期内转手出售，而是长期持有，以便享受作为股东或主要债权人的优厚收益，其操作较少受短期市场波动的影响。

第二，短期证券投资交易量大。与个人相比，企业法人的经济实力雄厚，临时闲置资金规模较大，是短期投资工具交易中的主要资金来源，其交易行为与方式对证券市场影响较大。

(六)境外机构投资者

合格境外机构投资者制度(QFII)是指允许合格的境外机构投资者，在一定规定和限制下汇入一定额度的外汇资金，并转换为当地货币，通过受严格监管的专门账户投资当地证券市场，其资本利得、股息等经批准后可转为外汇汇出的一种市场开放模式。目前有花旗环球金融集团、瑞士信贷第一波士顿、摩根士丹利、美林国际等多家 QFII 投资中国市场。QFII 投资呈现以下特点：

第一，QFII 从整体上看以长期投资为主，依据行业的成长性和长期预期，采取分散持股和集中持股两种模式。对周期性行业基本实行集中持股模式，而对于看好的非周期性行业以及消费品行业采取分散持股模式，这与国内不少基金比较短期的投资策略不太一样。

第二，在操作方式上，QFII 的手法更灵活，不仅盯住大盘蓝筹股，而且还会关注不少小盘股，更多的是从价值角度判断和操作。QFII 作为大型机构投资者，偏好选择基本面良好的股票来投资，崇尚业绩，强调所选公司在行业中的地位，因此，那些流动性好、市盈率低、业绩优良及处于行业龙头地位的大盘蓝筹股成为 QFII 的首选。QFII 的这种投资模式造成了其持股比例较低、重仓股更换频繁、行业投资分散的特点。

第三，QFII 来自成熟资本市场，投资理念上与国内的基金有差别。

经过多年的发展，我国机构投资者的发展取得了一定的成绩，初步形成了以证券投资基金为主，其他种类机构为补充的多元化的证券市场机构投资者结构，主要体现在以下几个方面：

第一，证券投资基金发展迅速，基金规模稳步增长，基金产品不断丰富，基金业对外开放进一步深化，基金投资者队伍不断壮大。如前面提到的，截至 2010 年 10 月，我国共有 61 家基金管理公司，证券投资基金总规模达 2.453 6 万亿份，资产净值达 2.676 万亿元。

截至 2010 年，已有 94 家境外金融机构获批 QFII 资格，QFII 持股市值占流通股市值的比重达1.4%。在我国证券市场上，初步形成了以证券投资基金为主，QFII、保险基金、社保基金、企业基金、一般企业及股份公司等机构投资者相结合的发展格局。

第二，社保基金、保险公司、企业年金和 QFII 等机构投资者相继获准以直接或间接方式入市投资。截至 2010 年 10 月底，已获得资格的 34 家 QFII 共持有证券资产 347 亿元，占其总资产的 89.89%。其中，持有股票 223 亿元，占其总资产的 57.9%；持有基金 60 亿元，占其总资产的 15.64%。社保基金持有股票资产市值 205.2 亿元，保险资金投资证券投资基金1 060亿元，直接入市金额达 135.7 亿元，成立了 5 家保险资产管理公司，并有 4 家正在筹建。

第三，机构投资者的市场功能逐步显现，在改善上市公司治理结构、提高证券市场的诚信水平和透明度、增强市场的流动性水平和引导长期投资理念等方面发挥了积极作用。

【案例一】 我国保险资金“入市”进程

1995 年以前，国家对保险资金运用问题并没有相关规定。

1995 年，《中华人民共和国保险法》颁布，规定保险公司的资金运用，限于银行存款，买卖政府债券、金融债券和国务院规定的其他资金运用形式。保险公司运用的资金和具体项目的资金占其资金总额的具体比例，由保险监督管理机构规定。

1999年，保监会颁布《保险公司购买中央企业债券管理办法》和《保险公司投资证券投资基金管理暂行办法》，批准保险公司投资企业债和基金，揭开了保险资金入市的序幕，但只能通过投资证券、基金间接入市。

2002年12月，保监会宣布取消《保险公司投资证券投资基金资格审批》和《保险公司投资证券投资基金的投资比例核定》。

2003年6月，保监会出台的《保险公司投资企业债券管理暂行办法》，对保险资金投资企业债券的条件放宽。

2003年6月，保监会将保险资金投资基金和企业债券的比例分别放宽到总资产的15%和20%，并降低了可投资企业债券的评级水平。

2004年2月，国务院颁布《关于推进资本市场改革开放和稳定发展的若干意见》，其中首次明确提出"支持保险资金以多种方式直接投资资本市场"。

2004年4月，保监会印发《保险资金运用风险控制指引(试行)》。

2004年6月，保监会印发《关于调整保险公司投资银行次级债券、银行次级定期债务和企业债券比例的通知》。

2004年6月，时任国家外汇管理局副局长马德伦表示，国家已原则上同意批准保险资金投资海外市场，外汇管理局目前正与中国保险监督管理委员会制订具体的实施方案。

2004年7月，保监会下发《关于保险公司投资可转换公司债券有关事项的通知》。保险资金获批投资可转债。由于可转换债券兼具债券和股票的双重特性，"试水"可转债被业内人士看作是保险资金直接入市的前奏。

2004年10月25日，经国务院批准，保监会联合证监会下发了《保险机构投资者股票投资管理暂行办法》。

2005年2月17日，保监会联合银监会下发《保险公司股票资产托管指引(试行)》和《关于保险资金股票投资有关问题的通知》，明确了保险资金直接投资股票市场涉及的资产托管、投资比例、风险监控等问题。这两个法规的出台，正式宣布了我国保险资金的直接入市时代。

保监会于2010年8月5日正式颁布《保险资金运用管理暂行办法》(简称《办法》)。这一基础性规章的正式颁布，标志着保险资金运用的渠道和比例有了明确的依据。

在保险资金配置比例方面，银行活期存款、政府债券、中央银行票据、政策性银行债券和货币市场基金等资产的账面余额，合计不低于本公司上季末总资产的5%；无担保企业(公司)债券和非金融企业债务融资工具的账面余额，合计不高于本公司上季末总资产的20%；股票和股票型基金的账面余额，合计不高于本公司上季末总资产的20%；未上市企业股权的账面余额和投资于未上市企业股权相关金融产品的账面余额，合计不高于本公司上季末总资产的5%；不动产的账面余额和投资于不动产相关金融产品的账面余额，合计不高于本公司上季末总资产的10%；基础设施等债权投资计划的账面余额不高于本公司上季末总资产的10%。

此外，该《办法》规范了如何运用风险管理工具。严格限制保险资金参与衍生品交易，强化保险资金运用风险管控；规定衍生品交易仅限于对冲风险，不得用于投机和放大交易，具体办法由保监会制定。该《办法》于2010年8月31日起正式实施。

在允许保险资金进入资本市场、扩大其资金投资范围的同时，如何防范市场风险是首当其冲的问题。特别是在当前国内资本市场大幅调整的情况下，风险防范显得尤为突出。国内目前对于保险资金的监管主要体现在比例控制上，但从国际上看，对保险资金的监管有了新的趋势，主要表现在以下几个方面：

1. “谨慎监管”投资原则逐渐取代简单的数量限制

长期以来，许多国家在保险资金投资监管方面都采用比较具体的数量限制，比如，规定保险资金投资的范围，对某些种类的投资、资产规定最高、最低的投资比率限制等。在激烈竞争的市场环境中，这样的数量限制会在很大程度上影响保险公司的盈利能力和竞争能力。与严格的数量控制相比，“谨慎监管”原则更加强调保险投资的分散化，要求保险公司及其投资托管人谨慎地选择一个最能分散风险的投资组合，而不具体规定各种投资工具的比例，其更注重对保险的动态风险进行控制。

2. 资产和负债的期限结构匹配越来越受重视

对保险公司而言，维持资产负债期限结构的匹配是偿付顺利实现、避免流动性危机的基本保证。目前，已经有越来越多的国家要求保险公司在进行资金投资时，需要对各类资金来源的性质加以充分的考虑，以资产负债的合理匹配及风险控制为原则，确定可投资的工具范围以及相应的投资比例。

3. 对衍生性金融产品的投资监管开始出现

随着金融市场的发展，许多国家的保险监管当局已经允许保险公司在投资和风险控制方面使用衍生性金融产品。由于衍生性金融产品存在较高的风险，各国监管当局正尝试制定一系列的标准，对衍生性金融产品的投资规模、投资额度以及资金来源进行有效的控制，以避免保险公司在进行衍生性金融产品投资时遭受过大的风险。

当然，在当前我国市场主体自我约束不足、外部监管相对薄弱的情况下，严格进行保险资金入市比例的管理还是十分必要和紧迫的。

第二节　个人投资者

一、个人投资者的含义

在证券市场发展初期，市场参与者主要是个人投资者，即以自然人身份从事有价证券买卖的投资者。自20世纪70年代以来，西方大多数国家证券市场上出现了证券投资机构化的趋势。有关统计数据表明，机构投资者市场份额在20世纪70年代为30%，在90年代初已发展到70%，机构投资者已成为证券市场的主要力量。

个人投资者的行为可概括如下：

(1)常从过去股价变动中发掘简单的规律。

(2)缺乏专业的估价知识，对股票的看法容易受到小道消息或传媒等的影响，并且行为短期。

(3)股票投资过于集中。

(4)倾向于快速实现盈利而规避损失。

个人投资者作为市场中庞大的投资群体，其投资行为的取向虽然不一定对市场起主导作用，但却可以从他们的投资行为上看出一个市场的规范程度、理性程度、文明程度与成熟程度。

二、个人投资者的特征

个人投资者在证券市场投资过程中通常具有以下几个重要行为特征。

（一）从众跟风行为

个人投资者比较分散，每个人有每个人的想法，大机构投资者往往善于利用自身的各方面优势，制造出一些容易使人冲动的市场气氛，致使散户时而蜂拥追涨，时而又一拥而出杀跌。具有从众心理的个人投资者往往认为，大多数人看多或看空的东西一定是对的，而没有认清市场运行的本质特征之一是，只有少数人会在关键时刻正确。很多个人投资者通过学习，也掌握了很多分析方法和技巧，有一定的分析水平。可当自己精心研究了一只股票，准备买进时，只要听旁边的股民随便说起“这只股票不好，不如某某有题材的股票……”，就立即放弃买入，或改买别人“推荐”的股票。

（二）贪婪与恐惧行为

贪婪与恐惧是投资者最大的心理弱点。一些操纵股价的机构正是利用中小投资者这一心理弱点，使个人投资者在投资行为上犯错误。一方面，投资者可能由于过于贪婪而追涨股票以致被套，也可能由于贪婪而不愿获利了结股票以致亏损；另一方面，可能由于恐惧而不敢买入正在启动的股票，害怕被套，也可能由于恐惧在低位割肉出局，害怕股价再跌。种种行为无不正中庄家之计，无不使中小投资者大受打击。克服贪婪与恐惧绝非短期可以解决的问题，需要长期的心理训练，更需要一定的操作模式来帮助控制。

（三）被动行为

个人投资者的投资行为还有一个特点就是被动，追涨往往是一种被动的追涨，杀跌也是一种无奈的选择。买股票经常被动地听别人的意见，卖股票也被动地由庄家左右。套牢后被动地等待，获利后也被动地等待（往往股票变得不好才被动出局，而少有主动获利卖出），而“跟庄”更是广大中小散户最常见的被动投资行为之一。此外，散户投资者在信息上常常是被动的，在操作上是被动的，在分析判断上也是被动的。上述这些被动的行为必将导致个人投资者永远被动。

（四）反复行为

个人投资者的投资或投机往往具有一定的固定模式，其投资行为不像机构投资者那样富于变化。无论是追涨杀跌，还是从众跟风，许多行为会反复出现，这次错了下次却还会再犯同样的错误，这也是个人投资者需要解决的一大问题。

【案例二】《证券公司分类监管工作指引（试行）》解读

2007年7月，中国证监会下发了《证券公司分类监管工作指引（试行）》（以下简称《指引》）和相关通知，这是证券公司监管由风险处置的“特殊时期”转入“常规监管期”的重要措施之一，标志着以证券公司风险管理能力为基础，同时考虑其市场影响力的新的分类监管框架思路的初步确立。总体来看，该《指引》的主要内容体现在以下几个方面。

1. 不同于以往分类

《指引》规定，根据证券公司风险管理能力评价计分的高低，将证券公司分为A（AAA、AA、A）、B（BBB、BB、B）、C（CCC、CC、C）、D、E共5大类11个级别。通过《指引》确立的新的监管思路，监管部门可以针对不同类别的公司，采取不同类别的监管措施，一方面有利于合理配置监管资源，另一方面有利于发挥优胜劣汰机制的作用，促进证券公司持续规范发展。中国证监会及其派出机构会根据证券公司分类结果，对不同类别的证券公司实施分类监管、区别对待的监管政策。

2. 分类将作为创新依据

分类将作为监管部门确定新业务、新产品试点范围和推广顺序的依据。从条文来看,《指引》侧重规定了分类依据,但对每类券商对接的监管强度和享受的待遇只做了原则性规定。这是由于分类过程本身就是监管的有机组成部分,分类即监管。同时,监管部门也将根据后续的日常监管情况,根据创新业务必需的具体要求,通过各种政策的调节,来实现分类情况与享受待遇的对接。比如,当一项创新业务试点即将开展时,监管部门可以根据具体的业务要求来规定某一级别以上的券商可提出业务申请并予以受理。这种做法为行业创新发展提供了很好的监管基础,也明确了证券公司的努力方向。

3. 69 个评价指标

《指引》附件规定了 6 类共 69 个评价指标作为证券公司首次分类的自评基础,这些指标综合反映了监管机构的关注重点。这 69 个指标的确定,基本以之前出台的《证券公司风险控制指标管理办法》、《证券公司治理准则》、《证券公司董事、监事和高级管理人员任职资格监管办法》、《证券公司内部控制指引》等规章的条款为基础,同时,在证券公司客户权益保护、合规管理、透明度等方面,也均做出了符合行业发展方向的规定。

需要指出的是,这 69 个指标均为券商经营管理应该达到的基本要求,即"达到不加分,不达到则扣分"。在证券公司自评阶段,有关通知规定了自评扣分的权重,每个指标最高可扣 0.5 分,每类指标最高扣 5 分,最高累计扣分不超过 10 分。但是,凡证券公司在自评结果中存在虚假陈述、误导、遗漏、隐瞒的,一旦在初审等阶段发现,将给予直接下调 1～3 个级别的惩罚。

4. 以监管措施结果为导向

根据《指引》规定,凡评价期内证券公司被证券监管部门采取监管措施的,将根据不同的监管措施级别扣除相应的分数,如最低的扣分标准为"被下达责令整改书面函件的,每次扣 1 分";最高的扣分标准为"被撤销部分业务许可的,每次扣 20 分"。同时,证券公司被证券行业自律组织纪律处分的,每次扣 1 分,累计最高扣 5 分。

通过综合治理以后,证券行业遗留风险基本化解,目前持续正常经营的证券公司的风控指标完全达标。在这种情况下,监管部门认可持续经营公司均为正常经营这一基本事实,认为其潜在风险都在可承受范围内,给予其 100 分的基准分。在此基础上,持续经营过程中,可以实现"做得好就加分,做不好就扣分"的动态监管。

另外,由于现有的创新类、规范类证券公司均已经通过中国证券业协会的评审,监管部门认为其风险管理能力相对较强,故而在首次评分过程中,对创新类、规范类券商分别加 10 分和 5 分,这也在客观上实现了与协会分类评审的有效衔接。如果协会今后不再对证券公司进行分类评审,则不再实施加分。

5."满分"为 145 分

将《指引》所涉各项加分内容进行统计后可以发现,通过加分,一家券商可以获得的最高分数为 145 分。评分结果出台后,监管部门将根据分值的分布情况确定中间值;在确定了中间值之后,分数的分布情况将自然形成若干档次,一一对应于相应的类别。以目前的券商经营情况估计,最终呈现出的分值分布情况应为"中间大、两头小"的正态分布。

从国际情况来看,对证券公司进行以风险为基础的分类监管是一个重要趋势。很多成熟市场国家和包括马来西亚、泰国等在内的新兴市场国家,都在推行以风险为基础的分类监管。因此,《指引》确立的分类监管方法,是符合上述国际惯例的精神实质的。也正因此,《指引》确立的分类监管机制，与证券公司综合治理期间带有过渡性质的分类监管机制不同，能实现较长一段时间的稳定运行。

在2007年的分类标准确定之前，证券公司的分类监管也存在着不同的分类标准。如修订前的《中华人民共和国证券法》曾确定了综合类、经纪类证券公司的分类标准；中国证券业协会也有创新类、规范类评审的分类标准。上述分类标准基本上都是以单项指标或几个简单指标作为分类的依据。进入常规监管期后，行业的发展迫切需要建立起以证券公司的风险管理能力为基础，同时考虑市场影响因素的动态分类监管机制。这是分类监管指引的一个重要背景。

根据该《指引》，2007年8月，中国证监会对104家证券公司进行了分类监管评选，分别盖上了A(AAA、AA、A)、B(BBB、BB、B)、C(CCC、CC、C)、D、E共5大类11个级别的标签。此次参评的104家证券公司中，有17家券商进入A类，大多数券商都是B类，还有少部分券商被评为C类。在17家A类券商中，中金公司、国信证券被评为AA级，没有券商获得A类最高级别——AAA级，且入选A类的券商绝大部分为创新类券商。

《证券公司分类监管工作指引(试行)》的逐步推广实施，是我国券商行业，乃至整个证券行业长期健康平稳发展的保证，其在促进券商业务规范发展的同时，也对保护中小投资者的利益起到了关键性作用。

本章概念

机构投资者　个人投资者　基金　自然人

思考题

1. 机构投资者的特点有哪些？
2. 简述个人投资者的行为特征。
3. 简述基金进行证券投资的特点。

第七章

证券投资的宏观经济分析

本章重点内容

- ☑ 宏观经济分析概述
- ☑ 宏观经济运行对证券市场的影响
- ☑ 宏观经济政策与证券市场

学习目标

- ·了解宏观经济变动与证券市场的概念
- ·熟悉宏观经济运行分析
- ·了解经济周期与股价波动的关系

第一节 宏观经济分析概述

一、宏观经济分析

宏观经济分析是以整个国民经济活动作为考察对象，研究各个有关的总量及其变动，特别是要研究国民生产总值和国民收入的变动及其与社会就业、经济周期波动、通货膨胀、经济增长等之间的关系。约翰·梅纳德·凯恩斯是现代西方宏观经济分析方法的创立者，他运用这种方法建立了凯恩斯经济理论体系。

（一）简述

宏观经济分析又称总量分析或整体分析。宏观经济分析（总量分析）和微观经济分析（个量分析）都被认为是经济学中的数量分析。这些分析方法的共同特征是：只研究经济中数量（总量或个量）的变动以及数量之间的关系。而以既定的制度结构作为分析的前提，与数量分析相对的是经济学中的制度结构分析。

（二）分析

宏观经济分析从总供给和总需求两方面入手。

在进行总供给形势分析时，人们会考虑全国工业增加值和这一数值的同比增长情况。进一步细分时，人们会区分所有制，分析国有及国有控股企业、集体企业、股份制企业、“三资”企业等不同类型企业的增长情况。重工业增长与轻工业增长的比较也十分重要。例如，重工业增长快于轻工业，反映出政府投资拉动的力度不够和消费低迷的状况。成品钢材、铝材、水泥、化肥、化学农药等主要原材料的产量，耐用消费品及通信产品的生产情况，以及全国发电量、运输量增长情况均能反映总供给状况。不过，在分析基础产品增长的时候，应当意识到基础产品对经济增长的决定作用正在逐渐发生变化。例如，发电量的多少，在以往一直作为经济发展的指标之一。但现在由于许多行业从高能耗变为低能耗，即使发电量增长相对缓慢，也不能像以前那样推断经济增长速度减慢了。这一现象背后，可能隐藏着更加复杂的因素。

总需求分析一般从投资需求、外贸需求和内需三方面入手。

固定资产投资是增是减，反映了投资需求整体情况。不过对于不同需求类型的固定资产投资应进行具体分析。如果国有单位固定资产增加较多，那么可以推断政府的调控力度较大。技术更新改造投资体现了企业对未来的预期，对未来预期好，就会在技术更新上投入更多的资金。

外贸需求用出口减去进口的净出口数值来表示。如果净出口出现下降，不仅会减弱对经济增长的直接拉动力，更为严重的是，出口受阻的产品不得不在国内寻找市场，这样就会出现外需压迫内需的局面。

内需以社会消费品零售总额来表示。有关部门还会编制反映消费者对家庭经济状况和总体经济走向预期的消费者信心指数。指数值越大，消费者信心也越大。

物价是反映消费状况的一个重要指标。一般使用消费者物价指数和零售物价指数来反映物价整体水平。如果物价指数持续下跌，对消费者和投资者的信心有较大负面影响，有人会认为今天消费不如明天消费，企业也会因为市场对产品的需求不旺而缺乏资金进行生产。

物价指数的涨跌在很大程度上取决于一些基本产品的价格。例如，当粮食和生猪产量大丰收的时候，与粮食和猪肉相关的商品价格会下调，带动物价整体下滑。

宏观经济分析还需要关注财政和金融运行状况。财政收支情况（尤其是税收政策变化）、主要税种的征收情况以及国家的国债政策对宏观经济具有很大的影响。货币供应量增幅大小反映出国家对宏观金融的调节力度。

（三）意义

1. 把握证券市场的总体变动趋势

在证券投资领域中，宏观经济分析非常重要，只有把握住经济发展的大方向，才能把握住证券市场的总体变动趋势，作出正确的长期决策；只有密切关注宏观经济因素的变化，尤其是货币政策和财政政策因素的变化，才能抓住证券投资的市场时机。

2. 判断整个证券市场的投资价值

证券市场的投资价值与国民经济整体质量、结构变动息息相关。这里的证券市场的投资价值是指整个市场的平均投资价值。从一定意义上说，整个证券市场的投资价值就是整个国民经济增长质量与速度的反映，因为不同部门、不同行业与成千上万的不同企业相互影响、互相制约，共同影响着国民经济发展的速度和质量。宏观经济是个体经济的总和，因而企业的投资价值必然在宏观经济的总体表现中综合反映出来，所以，宏观经济分析是判断整个证券市场投资价值的关键。

3. 掌握宏观经济政策对证券市场的影响力度与方向

证券市场与国家宏观经济政策息息相关。在市场经济条件下，国家通过财政政策和货币政策来调节经济，或挤出泡沫，或促进经济增长，这些政策直接作用于企业，从而影响经济增长速度和企业效益，并进一步对证券市场产生影响。因此，进行证券投资必须认真分析宏观经济政策，掌握其对证券市场的影响力度与方向，以准确把握整个证券市场的运动趋势和各个证券品种的投资价值变动方向。这无论是对投资者、投资对象，还是对证券业本身乃至整个国民经济的健康发展都具有重要的意义。

二、宏观经济分析的主要内容

证券投资的宏观经济分析主要有两个方面的内容，即宏观经济运行和宏观经济变动对证券市场的影响分析。

（一）宏观经济运行与证券市场

证券市场是一国市场体系的重要组成部分，因此，有必要将证券市场纳入整个宏观经济运行的过程中去考察，从全局的角度找出影响证券市场价格的因素，揭示宏观经济变动与证券投资间的关系。

证券市场主要包括股票市场、债券市场和衍生品市场，此处主要分析股票市场和债券市场。

1. 影响股票价格的因素

股票价格反映人们对未来收益的预期。随着有关股票市场的信息进入市场，人们将改变对股票未来收益和价格的预期，并通过市场作用而改变股票价格。因而股票价格一方面受一些内在基本因素的影响，另一方面还受市场行为因素的制约。综合起来，这些因素可归纳如下：

（1）宏观经济形势与政策因素

①经济增长与经济周期。

经济运行具有周期性，股票市场作为经济的“晴雨表”，将提前反映经济周期变化。总体上，从经济繁荣初期开始，人们对未来经济形势持好的预期，从而对公司的利润和发展前景也有好的预期，投资者开始购入股票使其市场价格随之上扬。当经济繁荣时，更多的投资者认识到良好的经济形势已经到来，尤其此时公司经营形势已经好转，利润不断增加，得到投资者完全的认同，市场必呈现大牛市走势。当经济繁荣接近顶峰时，意识到这一点的投资者开始撤离股市，股市交投减缩直到逆转。到经济开始衰退时，股市将加速下跌。当然，不同行业受经济周期影响的程度会有差异，有些行业（如钢铁、能源、耐用消费品等）受经济周期影响比较明显，而有些行业（如公用事业、生活必需品行业等）受经济周期影响较小。

②通货膨胀。

总体上，适度的通货膨胀对证券市场有利，过度的通货膨胀必然恶化经济环境，而且人们将资金用于囤积商品保值，对证券市场将产生极大的负面效应。

③利率水平。

贷款利率的提高会增加公司成本，从而降低利润；存款利率的提高会增加投资者投资股票的机会成本，二者均会使股票价格下跌。但在开放经济条件下，利率上升会导致资本流入增加，股价受其影响可能会上涨。

④汇率水平。

汇率变动对国际化程度较高的证券市场影响较大，币值大幅波动会影响国际投资者对该国的信心，造成资本外流，导致股价下跌。但对国际化程度较低的证券市场影响较小。

⑤货币政策。

当中央银行采取紧缩性货币政策时，货币供应量减少，市场利率上升；公司获取资金困难，运行成本加大，盈利预期下降甚至亏损，红利减少甚至没有；居民收入下降，失业率增加，从而多方面促使股价下跌。

⑥财政政策。

当政府通过财政政策刺激或抑制经济时，将增加或减少公司的利润和股息；当税率出现升降时，将降低或提高企业的税后利润和股息水平。财政和税收政策还会影响居民收入，这些影响将综合作用在证券市场上。

(2)行业因素

①行业周期。

经济发展有其内在的规律，不同行业之间也彼此关联、相互影响，在经济发展的不同时期和阶段，不同行业可能会有不同的表现。某一行业伴随经济周期有不同的表现特征，这便形成行业伴生周期。从长期来看，行业自身也有产生、发展和衰落的生命周期。一般可将行业的生命周期分为初创期、成长期、稳定期和衰退期四个阶段。不同行业经历这四个阶段的时间长短不一。一般在初创期，盈利少，风险大，因而股价较低；成长期利润大增，风险有所降低但仍然较高，行业总体股价水平上升，个股价格波动较大；稳定期，公司盈利相对稳定，风险较小，股价比较平稳；处于衰退期的行业通常被称为夕阳行业，盈利普遍减少，风险也较大，股价呈下跌趋势。

②其他因素。

行业股价变动还受政府产业政策的明显影响。政府通过产业、财政和货币政策鼓励某行业的发展时，行业的经营状况和盈利都将改善，也会提高人们的预期，从而使该行业股价上涨。相关行业的变动对目标行业股价也将产生影响。某行业的投入品价格上涨，则该行业的生产成本提高，利润下降，股价会下跌；替代行业的产品价格上升，则该行业产品的需求会提高，盈利增加，股价会上升；互补行业产品价格上升，会影响本行业的销售，股价会下跌。

(3)公司因素

公司因素一般只影响特定公司自身的股票价格。这些因素包括公司的财务状况、盈利能力、股息水平与股息政策、公司净资产价值、管理水平、主导产品市场占有率、新产品开发能力、行业性质等。

(4)市场技术因素

所谓市场技术因素，指的是股票市场上的各种投机操作、股票市场规律以及证券管理机构的管制行为等因素。其中，股票市场上的各种投机操作尤其应当引起投资者的注意。

①股票市场上的各种投机操作。

在股票市场上，一些追求短期收益的股票投机者为了从股价变动中获取差价收益，往往对市场进行投机操作。例如，转账轧空、操纵、制造题材进行技术性操作等。这种投机操作会影响股市价格。

②股票市场规律。

任何市场都有其运动的规律，股票市场规律包括股价循环规律和信用交易规律。股价循环规律是指股票市场上的股票价格涨跌存在一个盘旋—转变—活跃—再盘旋的循环过程。盘旋期的股票交易量不大，股价涨跌幅度较小；转变期的股票交易量上升，股价上涨幅度增大；活跃期的股票成交量剧增，股票价格也趋于大幅度上涨；回落期的股票交易卖多买少，价格大幅度下跌。当下跌到一定程度时，引起下跌的因素逐渐消失，股市价格进入新的盘旋期。可见，处于不同循环期的股票价格的变动情况是不一样的。信用交易规律是指以信用为基础的股票交易活动中股票价格的变动规律。当某种股票价格上涨，预期股价进一步上涨而用远期买进股票的信用交易多于预期股价下跌而用远期卖出股票的信用交易时，预示着未来股票市场的现货价格因该种股票的售出冲销交易较多而可能出现下跌；相反，当某种股票价格下跌，而用远期买进少于用远期卖出时，预示着未来股票市场的现货交易价格会因买进冲销交易较多而可能出现上涨。把握这种规律，对投资者是十分重要的。

③证券管理机构的管制行为。

维持证券市场的正常秩序是证券管理机构的任务。当某些股票的市场价格因过度投机而波动过大时，管理机构会通过规定信用贷款限额、提高信用交易的保证金比率、降低抵押证券的抵押率等方法，限制股票交易的规模，平抑股票价格的异常波动。因此，证券管理机构的管制行为也经常是影响股票价格的重要因素。

2. 影响债券价格的因素

影响债券价格的因素大多与股票相同，只不过传导机制存在差异。在这里，我们主要就那些对债券市场有特殊影响的因素进行分析。

(1)宏观经济形势与政策因素

①经济增长与经济周期。

债券市场总体上与股票市场一样，随经济增长和经济周期作同向变动，但这种变动受债券本身的固定利息率和有限期限特征的制约，程度远不及股市。当经济持续增长繁荣时，商品需求旺盛，企业资金比较充足，经营条件和环境良好，盈利增加，债券风险减少，居民收入增加，因而债券投资需求增加，促使价格上扬。但同时，经济繁荣往往伴随着通货膨胀，从而使债券贬值，对价格起负面影响。再者，经济繁荣时，经济扩张，企业为筹集更多的资金用于扩大生产，可能发行债券，这将增加债券的供给，从而促使债券价格下跌。正负两方面的影响，其作用力强度的对比决定了对债券价格影响的方向和程度。

②利率水平。

利率水平是影响债券价格变化最主要的因素，在债券发行之时，其利息参照利率水平制定；在持有期，如果利率水平发生变化，必然导致对债券所要求的收益率要与利率水平相适应。由于票面利率是不变的，为实现所要求的收益率的变化，只有改变债券的价格。当利率上升时，所要求的收益率上升，债券价格必然下跌；反之亦然。

③通货膨胀。

一方面，通货膨胀提高了对债券收益率的要求，以抵消通货膨胀造成的资金贬值，从而降低债券的价格；另一方面，通货膨胀增大了债券投资的风险，风险补偿的要求提高了对债券收益率的要求，从而降低债券的价格。但在适度的通货膨胀下，人们可能热衷于投资债券来实现资金保值，从而增加对债券的需求并导致债券价格上涨，这可能抵消一部分下跌效应。过度通货膨胀时，对任何资本市场的投资都起不到保值作用，人们会纷纷将资金转移到实物资产和囤积商品上来实现保值。

④货币政策与财政政策。

对债券市场影响最大的是公开市场业务与国债发行，这主要是通过改变债券市场的供求状况来影响整个债券市场价格。

(2)公司因素

影响债券价格的公司因素主要是公司的债务状况，债务比重越大，违约风险越大。这里的债务状况包括负债总量占自有资本金的比重以及偿债能力。用来反映偿债风险的最常用的指标是信用等级。信用等级提高，违约风险降低，从而市场对该公司债券要求的收益率降低，债券价格便会上涨。

(3)期限因素

即使要求的收益率不变,随着债券到期日的临近,其价格将逐渐接近票面价值。

3. 股票交易价格与债券交易价格特点的比较

前面已经指出影响股票价格和债券价格的因素基本相同,但是这些影响因素对股票价格和债券价格的影响力度有很大差别,这些差别使得它们的价格呈现出不同的特点。

(1)对影响因素变动的反应程度不一样

股票交易价格对影响因素变动的反应远比债券交易价格灵敏得多,而且程度也要大得多。其根本原因在于债券的利息是固定的,影响债券价格变化的根本因素是预期偿债风险的大小。而股票则不同,股息不固定,各种因素都可能对公司的盈利状况有较大影响,从而很大程度上影响股票投资收益。再者,债券的有限期限对债券价格形成了制约,而股票则没有期限。

(2)价格波动幅度不一样

股票的市场交易价格波动幅度很大,有时远远高于其理论价值,有时也会远远低于其理论价值。而债券的市场交易价格波动幅度不大,其原因与前面的分析类似。

(二)宏观经济变动与证券市场

1. 国内生产总值(GDP)变动对证券市场的影响

GDP 是一国经济成就的根本反映,持续上升的 GDP 表明国民经济良性发展,制约经济的各种矛盾趋于或达到协调,人们有理由对未来经济产生好的预期;相反,如果 GDP 处于不稳定的非均衡增长状态,暂时的高产出水平并不表明一个好的经济形势,不均衡的发展可能激化各种矛盾,从而导致一个大的经济衰退。证券市场是如何对 GDP 的变动作出反应的呢? 我们必须将 GDP 与经济形势结合起来进行考察,不能简单地以为 GDP 增长,证券市场就必将伴之以上升的走势,实际上有时恰恰相反。下面对几种基本情况进行阐述。

(1)持续、稳定、高速的 GDP 增长

在这种情况下,社会总需求与总供给协调增长,经济结构逐步合理、趋于平衡,经济增长来源于需求刺激并使得闲置的或利用率不高的资源得以更充分的利用,从而表明经济发展的良好势头。这时证券市场将基于下述原因而呈现上升走势。

①伴随总体经济成长,上市公司利润持续上升,股息和红利不断增长,企业经营环境不断改善,产销两旺,投资风险也越来越小,从而公司的股票和债券全面得到升值,促使价格上扬。

②人们对经济形势形成了良好的预期,投资积极性得以提高,从而增加了对证券的需求,促使证券价格上涨。

③随着 GDP 的持续增长,国民收入和个人收入都不断得到提高,收入增加也将增加对证券投资的需求,从而证券价格上涨。

(2)高通胀下的 GDP 增长

当经济处于严重失衡下的高速增长时,总需求大大超过总供给,这将表现为高通货膨胀率,这是经济形势恶化的征兆,如不采取调控措施,必将导致未来的“滞胀”(通货膨胀与经济停滞并存)。这时经济中的矛盾会突出地表现出来,企业经营将面临困境,居民实际收入也将降低,因而失衡的经济增长必将导致证券市场下跌。

(3)宏观调控下的 GDP 减速增长

当 GDP 呈失衡的高速增长时,政府可能采用宏观调控措施以维持经济的稳定增长,这样必然减缓 GDP 的增长速度。如果调控目标得以顺利实现,GDP 仍以适当的速度增长而未导致 GDP 的负增长或低增长，说明宏观调控措施十分有效，经济矛盾逐步得以缓解，为进一步增长创造了有利条件。这时证券市场也将反映出这种好的形势而呈平稳渐升的态势。

(4)转折性的 GDP 变动

如果 GDP 在一定时期呈负增长，当负增长速度逐渐减缓并呈现向正增长转变的趋势时，表明恶化的经济环境逐步得到改善，证券市场走势也将由下跌转为上升。GDP 由低速增长转向高速增长，表明在低速增长中，经济结构得到调整，经济的"瓶颈"制约得以改善，新一轮经济高速增长已经来临，证券市场也将伴之以快速上涨之势。

在上面的分析中，我们只沿着一个方向进行，实际上，每一点都可沿着相反的方向导出相反的结果。最后我们还必须指出，证券市场一般会提前对 GDP 的变动作出反应，也就是说，它是反映预期的 GDP 变动，而 GDP 的实际变动被公布时，证券市场只反映实际变动与预期变动的差别，因而对 GDP 变动进行分析时必须着眼于未来，这是最基本的原则。

2. 经济周期与股价波动的关系

股票市场素有经济"晴雨表"之称。经济情况从来不是静止不动的，某个时期产出、价格、利率、就业不断上升直至某个高峰——繁荣，之后就可能是经济的衰退，产出、产品销售、利率、就业开始下降，直至某个低谷——萧条，此阶段的明显特征是需求严重不足，生产严重过剩，销售量下降，价格低落，企业盈利水平极低，生产萎缩，出现大量破产倒闭，失业率增大。接下来则是经济重新复苏，进入一个新的经济周期。而股票市场综合了人们对于经济形势的预期，这种预期较全面地反映了人们对经济发展过程中的有关信息的切身感受。这种预期又必然反映到投资者的投资行为中，从而影响股票市场的价格。既然股价反映的是对经济形势的预期，因而其表现必定领先于经济的实际表现(除非预期出现偏差，经济形势才对股价产生纠错反应)。

当经济持续衰退至尾声——百业不振，投资者已远离股票市场，每日成交量很低。此时，那些有眼光，而且在不停搜集和分析有关经济形势信息并作出合理判断的投资者已在默默吸纳股票，股价将缓缓上升。当各种媒介开始传播萧条已去，经济日渐复苏，股价实际上已经升至一定水平时，随着人们普遍认同此现象以及投资者自身的境遇也在不断改善，股市日渐活跃，需求不断扩大，股价不停地攀升，更有大户和主力借经济形势之大利好进行哄抬，普通投资者在利欲和乐观从众心理的驱使下极力"捧场"，股价屡创新高。而那些有识之士在综合分析经济形势的基础上，认为经济将不会再繁荣时，已悄然抛出股票。股价虽然还在上涨，但供需力量逐渐发生转变。当经济形势逐渐被更多的投资者所认识，供求趋于平衡直至供大于求时，股价便开始下跌。当经济形势发展按照人们的预期走向衰退时，股价便会大幅下跌。

三、宏观经济运行分析

(一)宏观经济变动与证券市场波动的关系

(1)由于"新兴加转型"的特殊性及上市公司的二元股权结构，简单地用成熟市场的标尺来衡量我国证券市场可能容易产生偏差。

(2)经济周期是一个连续不断的过程，表现为扩张和收缩的交替出现。

(二)宏观经济变动与证券市场波动的规律

上面描述了股价波动与经济周期相互关联的一个总体轮廓。这个轮廓告诉我们以下几点启示：

(1)经济总是处在周期性运动中。股价伴随经济周期相应地波动，但股价的波动超前于经济运动，股价波动是永恒的。

(2)应收集有关的宏观经济资料和政策信息，随时注意经济发展动向。正确把握当前经济发展处于经济周期的何种阶段，对未来作出正确判断。

(3)把握经济周期，认清经济形势。不要被股价的“小涨”和“小跌”迷惑而追逐小利或规避小失，这一点对中长期投资者尤为重要。

第二节 宏观经济运行对证券市场的影响

证券市场作为宏观经济的“晴雨表”，一方面表明证券市场是宏观经济的先行指标，另一方面也表明宏观经济的走向决定证券市场表现。宏观经济环境对整个证券市场的影响因素，既包括经济周期波动这种纯粹的经济因素，又包括政府经济政策及特定的财政金融行为等混合因素。宏观经济因素是影响证券市场长期走势的唯一因素，一些非经济因素可以暂时改变证券市场的中期和短期走势，但改变不了证券市场的长期走势。

宏观经济运行对证券市场的影响通常通过以下途径实现：

(1)公司经营效益。无论从长期还是短期看，宏观经济环境是影响公司生存、发展的最基本因素。公司的经营效益会随着宏观经济运行周期、市场环境、宏观经济政策、利率水平和物价水平等宏观经济因素变化而变动。如当公司经营随宏观经济的趋好而改善，盈利水平提高时，其股价自然会上涨；当政府采取强有力的宏观调控政策，紧缩银根时，公司的投资和经营也会受到影响，盈利下降，证券市场会遭受重创。

(2)居民收入水平。在经济周期处于上升阶段或存在提高居民收入政策的情况下，居民收入水平提高将不仅促进消费、改善企业经营环境，而且能直接增加证券市场的需求，促使证券价格上涨。

(3)投资者对股价的预期。投资者对股价的预期也就是投资者的信心，即“人气指标”，是宏观经济影响证券市场走势的重要途径。当宏观经济趋好时，投资者预期公司效益和自身的收入水平会上升，证券市场自然人气旺盛，从而推动证券价格上扬。

(4)资金成本。当国家经济政策发生变化，如采取调整利率水平、实施消费信贷、征收利息税等政策，居民、单位的资金持有成本会随之变化，这将促使资金流向改变，影响证券市场的需求，从而影响证券市场的走向。

本节我国宏观经济运行对证券市场的影响分析从两方面展开。

一、当前国内环境

(一)国内经济仍将持续增长

目前看来，短期内我国的经济增长还是受房地产行业和制造业影响比较明显；从长期来讲，国内众多的企业为了增强自身的竞争力而进行的设备升级，对于拉动内需有着重要的影响，国内银行等金融机构的储蓄率水平也表明拉动内需的空间还是非常大的，所以我国国内的经济仍将持续增长。

(二)我国宏观经济政策仍旧不变

我国的经济发展在种种因素的影响下出现了些许的曲折，甚至导致小部分基础设施生产企业和钢铁企业出现几乎停产的现象，众多的中小型企业在经营过程中资金不充足，特别是沿海地区部分与国际市场有联系的外贸型企业生产停滞，使得我国部分地区的失业率上升。之后我国的财政政策和货币政策将根据我国整体经济发展需要制定，因此不会有较为显著的变化，仍是积极的财政政策和稳健的货币政策。

（三）第二产业发展和城镇化推进

我国第二产业的持续发展和城镇化程度的不断加深，为我国经济的发展提供了坚实的基础和动力，第二产业的发展和城镇化程度的加深将成为经济发展的强大驱动力。

（四）经济格局的调整有利于我国经济的科学发展

全世界范围内经济发展的低迷状态使我国不得不把经济发展的突破口从“扩大出口”转到“拉动内需”上来。我国必须利用这一契机调整经济结构和格局，推动新兴产业和高科技企业的发展，尽快将其作为推动我国经济增长的新动力。

（五）中西部地区经济发展空间大

我国经济发展在区域间存在不平衡，我国东部沿海地区与内陆地区相比，在促进经济发展的资源、能源、土地、劳动力等生产要素方面拥有着先天性优势，并且差距较为显著，所以我国内陆的中西部地区经济发展水平相对较差，市场还有待进一步开拓，经济发展的空间较大。

（六）内需拉动空间大

自改革开放以来，我国的经济得到了长足的发展，人民群众的生活水平和生活质量不断提高，目前正在积极实现小康社会的建设，人民群众的消费结构也在发生着明显的改变。我国政府部门及机构也正在根据现实需要调整收入分配机制，提高劳动者的报酬，尽可能缩小人民群众的收入差距，采取有效的政策举措解决制约拉动内需的症结，国内市场仍然有很大的开拓空间。

二、对经济发展不利的因素

（一）国际方面

1. 欧洲主权债务危机

欧洲主权债务危机已经严重影响了世界经济复苏的步伐。欧洲经济危机在很大程度上使得世界金融市场更加不稳定、监督管理的难度更大和世界范围内的金融体系更加脆弱。一些国家对宏观经济的调整能力在逐渐减弱；全世界范围内部分国家目前处于一个“拆东墙补西墙”的怪圈，而新添加的债务只能由少数的储蓄剩余国家来填补，如果出现某一国家新添加的债务不能找到买主的现象，该国便不得不破产，这也就会出现新的债务危机和信任危机，后果对于全球来讲是相当严重的。

2. 欧美经济发展前景堪忧

目前，美国经济虽然在缓慢恢复，但受到通货膨胀的影响，美国人民群众的实际收入的增长速度在减慢；不少投资者在美国经济发展缓慢的背景下持观望态度，顾虑重重。欧洲经济发展的风险较大。全世界范围内都处于经济发展的低迷状态，欧盟成员国之间的分化也越来越明显，欧洲普通民众的就业形势依然严峻，欧洲经济甚至可能会出现负增长。

3. 日本的通货紧缩

日本在一段时期持续遭受着自然灾害的困扰，这给本来脆弱的经济体系带来了不小的打击。日本的出口额下降明显，以往的贸易顺差大幅下降，经济发展的通货紧缩状态对于日本乃至世界经济的发展有着不利的影响。

（二）国内方面

1. 经济发展整体缓慢，投资单一

世界经济极具不确定性和不稳定性，内需增长有限，经济增速呈现逐渐回落趋势。目前，我国经济发展的投资方向主要集中在房地产的开发上，因此投资比较单一，这也对我国经济的发展有着不利的影响。

2. 经济结构不科学

长期以来，我国的内需拉动力度不足，人民群众的消费水平不高，经济的发展主要依赖投资和扩大再生产，这也就导致了消费水平持续下降，而生产力和资源却闲置。对于出口的过分依赖，很可能导致国际贸易结构的失衡，贸易的风险也加剧了贸易摩擦的可能性。

3. 通货膨胀的风险较大

目前，世界范围内的多数国家为了应对经济危机都采用了较为宽松的经济政策，这也就导致了我国通胀问题短期内很难解决；当前经济内在扩张压力依然存在；收入分配体制改革能提高普通劳动者收入，但也必然导致劳动力成本提高；资源税的改革，使得土地和资源等的要素成本提高。

三、宏观经济因素对证券市场的影响

(一)利率对证券市场的影响

相对于其他因素来说，利率的波动对证券市场的发展和稳定有着关键的影响。通常情况下，利率和股票价格成反比例关系，利率低，股市会出现上涨；利率高，股市相应下跌。

(二)汇率变动对证券市场的影响

自改革开放以来，我国的市场经济体系不断形成和完善，证券市场也随之变得国际化程度较高，汇率对证券市场的影响也显得愈加重要。

(三)货币政策、财政政策对证券市场的影响

货币政策作为国家宏观调控的一种手段，对于证券市场的影响是不容忽视的。金融危机发生之后，我国及时采取了有效的扩张性货币政策，为经济的发展提供了有力的保障。另外，财政政策对证券市场也会产生重要的影响，自金融危机以来，政府不断提高转移支付水平，创造了更多的社会福利条件。

(四)经济运行周期对证券市场的影响

在我国股市的发展过程中，熊市和牛市不断交替出现，从中不难发现证券市场的发展规律，而证券市场的周期与经济运行的周期之间存在着必然的联系。如果经济发展进入低迷时期，CPI、PPI 指数便会下滑，会出现企业利润减少、倒闭、失业率上升等这样的恶行循环，导致公司的股息、红利分配随之不断下降，持股的股东也会因收益下降纷纷抛售，使股票价格下跌，证券市场也随即陷入衰退期。这是经济运行周期对证券市场的影响之一。

第三节　宏观经济政策与证券市场

一、宏观经济运行态势

(一)中国经济迅猛发展导致产业结构出现问题

若干年来，中国经济都保持高速增长，GDP 年均增长速度曾一度超过 10%，有的地区甚至超过 20%。中国经济的高速发展，的确为人们的生活带来了好处与方便，但同时，我们不可否认，我国的产业结构也因此出现了一定问题。近年来，淘汰产能占了很大比重，部分经济增长以牺牲环境、能源为代价。可以看出，中国将在一定程度上调整产业结构，未来 5～10 年发展

新兴能源产业，正如“十二五”规划纲要所提及的“绿色发展，建设资源节约型、环境友好型社会”。由此我们可以初步得出结论：对于高耗能上市公司存在不好的预期，中国经济迅猛发展导致产业结构出现的问题不利于其股票价格的上扬。

（二）长期通货膨胀一定程度上导致经济滞胀

2008 年，席卷全球的金融危机拉开序幕，世界经济陷入第二次世界大战以后最严重的衰退。伴随着愈演愈烈的国际金融危机对世界经济的严重冲击，中国经济开始陷入了一种困境，受到了相当大的冲击。为此，政府制定出台了十大措施以及两年投资 4 万亿元的刺激经济方案，而这一切逐渐拉开了中国有史以来最大规模投资建设的序幕。虽然 4 万亿计划让我们在一定程度上摆脱了金融危机造成的巨大影响，但造成了通货膨胀，一定程度上导致了经济滞胀，不利于证券市场价格的上扬。

二、宏观经济政策

（一）财政政策的调整对证券市场具有持久的但较为缓慢的影响

财政政策是政府调控宏观经济的一种基本手段，是通过财政收入和财政支出的变动来影响宏观经济活动水平的经济政策。综合来看，实行扩张性财政政策时，增加财政支出、减少财政收入，可增加总需求，使公司业绩上升、经营风险下降、居民收入增加，从而使证券市场价格上涨；反之，实行紧缩性财政政策时，减少财政支出、增加财政收入，可减少社会总需求，使过热的经济受到抑制，从而使得公司业绩下滑、居民收入减少，这样，证券市场价格就会下跌。

一方面，可以通过调节税收政策，提高中等收入者比重，实现扩大内需的目的，并有效减轻部分民营企业的经营压力；另一方面，通过财政的定向支出，可以实现对新兴产业的政策支持，达到调整结构的目的，并可适度支持处于资金链困境下的中小企业。近年来，我国一直实施积极的财政政策没有变。同时，财政政策基调应强调“以稳为主，稳中求进”。因此，当前财政政策对于我国证券市场价格影响不大，同时，针对我国证券市场的行情，我们要综合考虑，全盘分析。

（二）货币政策的调整会直接、迅速地影响证券市场

当经济持续高涨、通货膨胀压力较重时，各国往往采用适当紧缩的货币政策。此时，中央银行就可通过提高法定存款准备金率、中央银行的再贴现率或在公开市场上卖出国债以减少货币供应量，紧缩信用，以实现总需求和总供给大体保持平衡。当国家为防止经济衰退、刺激经济发展而实行扩张性货币政策时，中央银行就会通过降低法定存款准备金率、中央银行的再贴现率或在公开市场上买入国债的方式来增加货币供应量，扩大社会的有效需求。

三、国际形势及外国环境的影响

2007～2008 年，次级房屋信贷危机爆发后，投资者开始对按揭证券的价值失去信心，引发流动性危机。即使多国中央银行多次向金融市场注入巨额资金，也无法阻止这场金融危机的爆发，华尔街金融衍生产品的“滥用”和对次贷危机的估计不足终酿苦果。突如其来的变故使得世界各国都为美国金融危机而震惊。紧接着，美国国内生产总值有较大幅度下降，虽然美国政府也采取了一系列措施，但经济危机仍然对美国经济造成了不可估计的损失。

虽然我国金融市场并未全面开放，但我国的经济目前对外依存度高达 50%以上，而我国出口最大的地区就是欧洲、美国等发达国家和地区。我国对外出口国家的经济出现大幅下滑，其需求也会大幅下降，因而势必影响我国出口，而国内月度出口数据正说明了这一点。外国经济不景气，尤其影响我国出口企业。由此，不利于我国证券市场价格的整体上扬。

宏观经济因素是影响证券市场长期走势的唯一因素。宏观经济因素对投资领域的影响是全方位的，主要体现在两个方面：一是宏观经济政策的调整会对证券市场产生重大影响；二是宏观经济的运行决定了证券市场的总体运行态势。下面结合我国财政政策和货币政策两方面论述宏观经济因素是如何对证券市场产生影响的。

（一）货币政策对证券市场的影响

国家的货币政策对证券市场的影响非常大。自金融危机以来，我国采用了扩张性货币政策。如2009年3月18日，中国人民银行、中国银行业监督管理委员会联合印发《关于进一步加强信贷结构调整促进国民经济平稳较快发展的指导意见》（银发[2009]92号），要求人民银行系统和各金融机构深入贯彻落实党中央、国务院关于进一步扩大内需、促进经济增长的十项措施和《国务院办公厅关于当前金融促进经济发展的若干意见》（国办发[2008]126号）精神，认真执行适度宽松的货币政策，促进国民经济平稳较快发展。这意味着一方面，社会货币供给总量扩大，使更多资金进场，对证券市场交易有着积极的影响；另一方面，货币政策宽松，利率降低，投资者成本、上市公司运营成本也相应降低。之后，股市上涨近30%，可以说正是得益于宽松的货币政策。

（二）财政政策对证券市场的影响

财政政策会对证券市场产生一定的影响。自金融危机以来，政府不断提高转移支付水平，创造了更多的社会福利条件，如出口退税、家电下乡政策。这些优惠政策会使一部分人的收入水平和购买力水平提高，从而增加社会总需求，带动经济的发展，间接促进证券价格上升。

在金融危机爆发后，我国政府出台了庞大的4万亿投资计划，国务院批准了十个重点产业的调整和振兴规划。这样宏伟的计划对社会总需求产生的乘数效应和挤出效应，可以直接刺激经济，从而刺激股市。4万亿计划带动了水泥、钢铁、建材等行业的发展，财政政策对证券市场影响深远。当然，某些政策也会使证券市场受到负面影响，比如2007年被称为“530”的大跌，就是因为出台上调印花税的政策。综上，证券市场受到宏观经济政策的影响是显而易见的。

经济运行周期对证券市场的影响很大。在我国股市20余年的发展历程中经历了几次熊市和牛市的交替，其证券市场周期初露端倪。而证券市场的周期与经济运行的周期之间存在着必然的联系。如2007年CPI指数和GDP达两位数时，股市形势一片大好，而2008年两个指数下降时，股市也出现下跌。当经济周期进入衰退期时，CPI、PPI指数会双双下降，引起通货紧缩。通缩会造成工厂利润减少、失业人数增加、消费减少，进而导致更多的工厂倒闭，这样恶行循环，又会导致公司的股息、红利分配随之不断下降，持股的股东也因收益下降纷纷抛售，使股票价格下跌，证券市场随即陷入衰退期。这是经济周期对证券市场的影响之一。值得注意的是，经济周期与证券市场的周期并不一致，证券市场的反应相对宏观经济要慢一些，可以通过先行指标、同步指标、后行指标以及GDP对证券市场的影响进行预测。

【案例一】 宏观经济分析

2012年3月公布的2月CPI数据同比增长了3.2%，创20个月新低，对此多数基金认为，原因主要集中在春节因素和食品价格大幅下降两个方面，在通胀下行趋势确立的情况下，宏观经济政策将继续坚持稳中求进的态势。温总理在政府工作报告中表示，国内生产总值增长目标是7.5%，居民消费价格涨幅目标是4%。有观点认为我国经济增长中枢下移已得到政府决策部门确认，未来我国经济增长将是较快增长、适当通胀。从基本面和政府换届看，A股不会有超预期表现，现在属于季节性上涨，理由来自于三个方面：

1. 市场情绪的好转。经过杀跌，原有避险情绪得到宣泄。

2. 政策支持。每年两会之前，政策会宽松。

3. 流动性好转，体现在短期利率下行。除了理财产品，收藏品等领域资金本身具有较高的风险偏好，会在股市里寻找投资机会。

因此股市目前处于上涨后的自我强化阶段，就是股市上涨会产生赚钱效应，赚钱效应又会吸引新的资金，场外资金进来，进一步推升股市上涨，目前这种过程还会持续。

但是，以上因素相对都是短期因素。归根结底，从长期看，股市上涨还需要基本面的实际支撑，还看不到明确信号。总体来说，市场空间有限，不能把短期市场反弹当作趋势来看，应考虑是阶段性行情，跌得最多，反弹幅度最大；还是修复行情，地产股表现较好体现了大家对未来的预期在好转，房地产的带动作用较大、涉及面较广，只有房地产真正起来了，大家才会对经济的预期有所好转。具体行业方面，短期内，相对看好估值低、需求稳定，并具有竞争力的公司，随着美国经济的缓慢复苏，相关的出口汽车零部件类公司将迎来机会；白酒行业 2011 年 12 月行情较好，但由于经销商提货时间具有滞后性，会导致 1 月旺季，2、3 月淡季行情的出现。

央行决定从 2012 年 5 月 18 日起下调存款类金融机构人民币存款准备金率 0.5 个百分点。本次系 2012 年央行第二次“降准”，将一次性释放约 4 200 亿元资金。专家认为，在当前经济增速出现下滑的背景下，央行此举意在继续释放流动性，之后还会将继续下调。存款准备金率下调有利于股市稳定，流动性改善的预期得以延续，整理后的 A 股有望再拾升势。从 CPI 数据来看，通胀压力已得到明显的缓解，这为央行货币政策的调整腾出了空间。央行这次下调存款准备金率，是为了避免经济下滑过快，同时也为了保持信贷的平稳。央行是否会通过连续微调货币政策来保增长，取决于本次下调的政策效果，若各项指标依然不理想，下半年就可能会继续下调。存款准备金率下调主要目的是缓解银行体系的流动性压力，避免信贷收缩影响实体经济，对企业和个人信贷自然也是好消息。央行此次“释放流动性”的资金量应在 4 000亿元以上且明显是对于市场预期的呼应。经济学意义上这无疑是又一个使总量适当宽松的政策动作，但由于外汇结汇占款的变化，实际宽松量还需作对冲计算。其后宏观政策的“定向宽松”与“定向不宽松”，更值得关注。尽管普遍认为此次降准利好股市，但对于其效果，专家之间略有分歧。

【案例二】　利率市场化案例与影响

1. 利率市场化方面可能会有动作

2003 年中国人民银行提出我国利率市场化改革方向：先外币、后本币；先贷款、后存款；先长期、大额，后短期、小额。央行官员在不同场合发出推进利率市场化进程的言论。通过梳理国外的一些案例，可以看出利率市场化会带来名义利率上升、银行利差收窄、外资流入和本币升值、金融体系风险增大等一系列影响，中国人民银行可能会扩大贷款利率下浮区间，并尝试提高部分存款利率的上浮区间，但考虑到经济主体预算软约束等制度因素，对国内利率市场化的进程不宜过于乐观。

2. 渐进式改革容易获得成功

美国、日本等国家的利率市场化都经历了一个较长的时间跨度，在正式开始利率市场化改革之前，先期的一些政策取向和调整也经历了比较长时间的铺垫。以拉美国家为代表的发展中国家的利率市场化改革，由于其经济体制不健全和先期准备不足等原因，往往在激烈改革后出现名义利率飙升、企业倒闭、低成本外债大幅增加、金融机构经营不善，最终酿成金融危机的结局。

3. 利率市场化对金融体系带来冲击

对历史案例梳理后显示:(1)利率市场化一般会导致存贷款利率有一定幅度上升(选取的名义利率数据完整的20个国家和地区中,15个上升,5个下降),随后则回落、稳定;(2)存贷利差普遍收窄;(3)中小型金融机构面临的竞争压力增大,可能导致其经营困难;(4)收窄的利差导致金融机构用量弥补,普遍还会伴随着货币和信贷供给的扩张;(5)名义利率上升往往导致外资流入,本币出现升值。

4. 利率市场化进程会比想象的要缓慢

到目前为止,国内的债券市场利率、同业拆借利率、贴现利率都已经基本实现了市场定价,外币利率的市场化基本到位,贷款利率的浮动空间已经足够大,基本只剩下了贷款下限和存款上限的管制。中国的利率市场化改革具备了尝试的条件,从官方的一系列表态来看,央行很可能采用渐进方式对存贷款利率上下限做一些改革的尝试,比如放开贷款下限、扩大大额中长期存款利率上浮区间等,但由于经济和金融体制的特性,中国的利率市场化可能会带来一系列较为严重的负面影响,市场化进程最终可能会比大家想象的要艰难和缓慢。

本章概念

宏观经济分析　债券价格　宏观经济运行　宏观经济形势　宏观经济政策　股票市场价格　宏观经济分析的意义

思考题

1. 简述影响证券市场价格的因素。
2. 简述影响债券价格的因素。
3. 总需求分析由哪三个方面组成?
4. 宏观经济运行对证券市场的影响通常有哪几个途径?
5. 简述宏观经济分析的意义。

第八章

证券投资的产业周期分析

本章重点内容

- 产业的生命周期
- 产业生命周期理论
- 产业周期性在证券市场上的表现
- 行业特征分析

学习目标

· 掌握证券投资的产业周期的类型

· 熟悉产业周期理论

行业分析是对上市公司进行分析的前提，也是连接宏观经济分析和上市公司分析的桥梁，是基本分析的重要环节。行业分析是指分析证券所属行业所处的生命周期阶段、所属行业的经济因素对证券价格的影响。

产业是专门的经济学术语，使用条件更为严格。按照产业经济学的定义，产业指的是具有某种同类属性的、相互作用的，又因替代性差异与其他企业群体存在差别的经济活动的状态或集合、系统。

第一节　产业的生命周期

一、从证券市场角度进行的产业分类

(一)产业的概念

产业是指一个企业群体内，各企业因生产具有高度替代性的同一类产品而处于一种紧密联系的状态。

(二)从不同角度进行的分类

1. 道琼斯分类法

道琼斯分类法将大多数股票分为三类：工业、运输业和公用事业，然后选取有代表性的股票。

2. 标准行业分类法

联合国经济和社会事务统计局曾制定了《全部经济活动国际标准行业分类》(简称《国际标

准行业分类》)。

3. 三次产业分类法

三次产业分类法是新西兰经济学家费歇尔首先创立的，英国经济学家、统计学家克拉克在费歇尔的基础上，采用三次产业分类法对三次产业结构的变化与经济发展的关系进行了大量的实证分析，总结出其对经济发展的作用。

(三)根据具体的关系分类

1. 根据产业发展与国民经济周期性变化的关系分类

(1)成长型产业

销售收入和利润不受经济周期影响，主要依靠技术进步、管理水平实现持续成长的产业。

(2)周期型产业

周期型产业的经济指标与经济周期直接相关。

(3)防御型产业

防御型产业的销售收入和利润呈缓慢增长或变化不大，不受经济周期影响，其产品特征属于收入弹性较小的商品。

(4)成长周期型产业

既含有成长状态，又随经济周期波动的产业。

2. 根据产业未来可预期的发展前景分类

(1)朝阳产业

未来发展前景看好的产业。

(2)夕阳产业

未来发展前景不乐观的产业。

3. 按照产业所采用技术的先进程度分类

(1)新兴产业

采用新兴技术进行生产、产品技术含量高的产业。

(2)传统产业

采用传统技术进行生产、产品技术含量低的产业。

4. 按照产业的要素集约程度分类

(1)资本密集型产业

生产中需要大量资本投入的产业。

(2)技术密集型产业

生产中技术含量较高的产业。

(3)劳动密集型产业

生产中使用较多劳动力的产业。

(四)中国证监会的上市公司行业分类

中国证监会于2001年颁布的《上市公司行业分类指引》(简称《指引》，后于2012年修订)，对我国境内上市公司的行业分类作出了规定。2001年的《指引》以上市公司营业收入为分类标准，将上市公司的经济活动分为门类、大类、中类。对于上市公司集中的制造业的门类和大类之间增设次类。分类方法包括：

(1)当公司某类业务的营业收入比重大于或等于50%时，则将其划入该业务相对应的类别。

(2)当公司没有一类业务的营业收入比重大于或等于50%时，如果某类业务营业收入比重比其他业务收入比重均高出30%，则将该公司划入此类业务相对应的行业类别；否则，将其划为综合类。

（五）其他分类

中证指数有限公司借鉴国际主流行业分类方法，并结合我国上市公司特点，将上市公司分为10个一级行业和25个二级行业；而国外的分类主要有：摩根士丹利公司和标准普尔公司联合发布的全球行业分类标准（GICS）、由富时集团与道琼斯指数共同创立的行业分类标准（ICB，Industry Classification Benchmark）。

（六）行业特性与证券投资选择

选择原则为：（1）根据行业结构演进的趋势，选择有潜力的行业进行投资；（2）对处在生命周期不同阶段的行业，不同的投资者、不同性质的资金应有不同的选择与处理；（3）正确理解国家的行业政策，把握投资机会。

其选择方法为：（1）行业增长比较分析，即比较行业增长率与经济增长率；（2）观察行业生产总值占国民生产总值的比重，判断该行业是增长型行业还是周期型行业。

（七）行业周期和行业业绩

行业兴衰是行业经历“幼稚产业—先导产业—主导产业—支柱产业—夕阳产业”的过程，是资本在某一行业领域“形成—集中—大规模聚集—分散”的过程，是新技术“产生—推广—应用—转移—落后”的过程，会涉及市场需求、顾客、技术进步、政府的影响和干预、社会习惯的改变。行业周期与行业业绩分析见表8－1。

表8－1　　行业周期与行业业绩

阶段 要素	初创阶段	成长阶段	成熟阶段	衰退阶段
增长率	高于GNP增长率	高于GNP增长率	等于或者低于GNP增长率	增长为零或者负增长
增长潜力	消费者基本不满意，产品知名度低	消费者部分满意，有一定知名度	消费者满意，知名度高	消费者满意，知名度高
产品范围	品种很多	多样化	标准化	较少
竞争者数目	增加	最多并递减	稳定或下降	最少
市场占有率分布	较为分散	逐渐集中	稳定	集中或很分散
市场占有率稳定性	不稳定	逐渐稳定	基本稳定	非常稳定
顾客稳定性	不稳定	逐渐稳定	稳定	非常稳定
行业壁垒	低	较高	很高	无吸引力
技术	已知技术少	变化中	容易获取	容易获取

（八）影响行业兴衰的主要因素

1. 当前技术进步的行业特征

（1）以通信技术为核心的高新技术成为21世纪国家产业竞争力的决定性因素之一。

（2）信息技术的扩散与应用引起相关行业的技术革命，并加速改造传统产业。

（3）对研发活动的投入强度成为划分高技术群类和衡量产业竞争力的标尺。

（4）技术进步速度加快，周期明显缩短，产品更新换代频繁。

2. 技术进步对行业的影响

技术进步会催生新的行业，并迫使一个旧的行业加速进入衰退期。

(1)产业结构政策

这是选择行业发展重点的优先顺序的政策措施，其目标是促使行业之间的关系更协调、社会资源配置更合理，使产业结构高级化。主要包括：产业结构长期构想；对战略产业的保护和扶植；对衰退产业的调整和援助。

(2)产业组织政策

这是调整市场结构和规范市场行为的政策。其目的在于实现同一产业内企业组织形态和企业间关系的合理化。市场秩序政策包括鼓励竞争、限制垄断。产业合理化政策包括确保规模经济、防止过度竞争。产业保护政策包括减少国外企业对本国幼稚产业的竞争。

3. 产业组织创新

产业组织创新是指同一产业内企业的组织形态和企业间关系的创新。产业组织创新的直接效应包括实现规模经济、专业化分工与协作、提高产业集中度、促进技术进步和有效竞争等。间接效应包括创造产业增长机会、促进产业增长实现、构筑产业赶超效应、适应产业经济增长等。产业组织创新的具体形式包括产业化经营、产融结合、服务体系建设、大规模数字化经济、企业信息化管理等。

4. 社会习惯的改变

人们消费心理、消费习惯、文明程度和社会责任感会影响对商品的需求，进而影响行业的兴衰。生活水平的提高，使人们增加了服务消费和金融投资，从而使金融、旅游、教育、医疗、保险、体育、文化等行业获得了快速增长。

第二节 产业生命周期理论

一、产业生命周期理论的概念和特征

产业的生命周期是企业外部环境的重要因素，因此产业生命周期理论自诞生之日起就受到经济学和管理学研究者的极大兴趣。

在已有的研究成果中，从战略角度研究产业生命周期，主要集中在产业生命周期的阶段性变化对企业战略决策的影响，以及在产业生命周期不同阶段，如导入期、成长期、成熟期，可供企业选择的战略决策。

(一)产业生命周期的概念

产业生命周期是每个产业都要经历的一个由成长到衰退的演变过程，是指从产业出现到完全退出社会经济活动所经历的时间。产业的生命周期可分为四个阶段：初创阶段、成长阶段、成熟阶段和衰退阶段。

(二)产业生命周期的阶段特征

1. 初创阶段的主要特征

(1)产业组织方面

产业内的企业数量少，集中度高；企业间的竞争较弱；进入壁垒低。

(2)技术与产品方面

生产技术不成熟，产品品种单一、质量较低且不太稳定。

(3)市场需求方面

市场规模较小,市场需求增长缓慢,需求的价格弹性很小。

(4)成本与利润方面

需要大量投入,固定费用较高;产业利润微薄甚至亏损;投入成本较高;市场需求相对较小;销售收入不高;投资风险大,证券价格波动剧烈,适合投机者。

2. 成长阶段的主要特征

(1)产业组织方面

产业的市场容量急剧扩大,进入壁垒低,有大量新企业进入,产业的集中度低;企业间竞争激烈,主要竞争形式是价格竞争;破产率与并购率相当高。

(2)技术与产品方面

生产技术日渐成熟和稳定,产品呈现多样化、差别化,质量提高且稳定。

(3)市场需求方面

市场需求增长迅速,市场规模增大,需求的价格弹性增大。

(4)成本与利润方面

固定费用下降,可变费用开始上升,产业利润迅速增长,且利润率较高;生产技术开始成熟,有可能出现企业的破产和合并(生产厂商良莠不齐,不断有劣势企业被淘汰);投资回报较高,利润增长幅度较大,证券价格上扬,风险较高,适合投机者。

3. 成熟阶段的主要特征

(1)产业组织方面

少数大厂商垄断了整个产业的市场,产业的集中度很高;进入壁垒高,新企业很难进入;企业间的竞争转向采取非价格竞争手段,在价格上通常会出现合谋。

(2)产品方面

产品无差别化。

(3)市场需求方面

市场需求仍在增长,但增长速度减缓,需求的价格弹性减小。

(4)利润方面

产业的利润由于垄断的存在达到了很高水平,且利润较为稳定;行业利润稳定但增长不快,整体风险稳定在一定水平;成熟行业竞争激烈,成长率不高;垄断利润丰厚,证券价格呈稳步攀升之势,风险较小,适合收益型和价值型投资者进行长线投资,在这段时期投资是最安全的。

4. 衰退阶段的主要特征

(1)产业组织方面

企业数量减少。

(2)产品方面

替代品大量出现。

(3)市场需求方面

市场需求逐渐减少。

(4)利润方面

利润水平逐渐降低。此阶段是垃圾股的摇篮,低价股较多;公司股价相当平稳,并渐趋下跌,是投资者见好就收、逐步撤出的好时候。市场开始出现饱和,整体利润率下降,行业公司减少。此时行业开始寻求资产重组以转移剩余资产或获得新的成长机会；风险较高，适合投机者。

(三)产业生命周期图示

产业生命周期理论是在产品生命周期理论基础上发展而来的。1966 年，弗农提出了产品生命周期理论，随后由威廉·爱伯纳思（William J. Abernathy）和詹姆斯·阿特拜克（James M. Utterback）等以产品设计为主线将产品的发展划分为流动、过度和确定三个阶段，进一步发展了产品生命周期理论。在此基础之上，1982 年，戈特和克莱珀通过对 46 个产品最长达 73 年的时间序列数据进行分析，按产业中的厂商数目进行划分，建立了产业经济学意义上第一个产业生命周期模型。其后，许多学者从不同角度对产业生命周期进行了深入研究，主要集中在以下几个方面：

(1)从实证的角度来考察产业生命周期曲线的形态。

(2)考察在产业生命周期不同阶段，企业的进入、退出以及进入壁垒和退出壁垒等。

(3)分析推动产业生命周期演化的动力。

(4)研究如何根据产业生命周期来制定相应的产业政策。

产业生命周期见图 8－1。

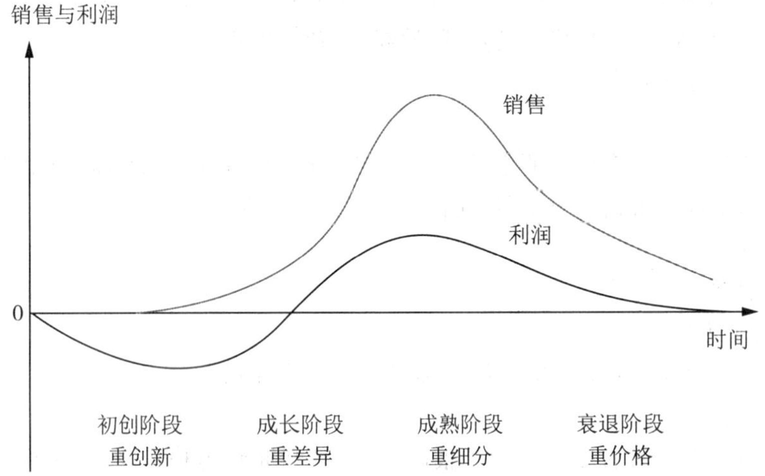

图 8－1　产业生命周期

(四)产业生命周期理论的理论基础

1. 生物进化论

经济系统犹如生物系统，是一个不断演化的系统，它在外部环境变化和内部结构调整的交互作用中随着时间的推移不断演变进化。20 世纪 70、80 年代，随着自然科学与社会科学日益发展，系统论、控制论、信息论的学术成果在技术、经济、管理、制度等方面的结合研究越来越盛行。生物进化论的思想也给经济学研究以极大启示，还被用来研究经济变迁、制度演变、企业发展、产业进化、技术创新等重大问题。由于产业和产品演化与生物进化之间的基本相似性，借鉴生物进化论的部分理论和方法，结合经济系统本身的实际及特点来研究产业或产品系统的发展规律，就成为产业或产品生命周期理论所共有的理论基础。

2. 需求—技术生命周期理论

需求是有生命周期的，需求的生命周期可以分为五个阶段：出现期、加速成长期、缓慢增长期、成熟期和衰退期。为了满足人们的某种需求，必须借助于各种新技术作保证，新技术通常都能最好地满足需求，但是这些技术也有一个需求—技术生命周期。需求—技术生命周期包括出现期、加速成长期、缓慢增长期、成熟期和衰退期五个阶段。在给定的需求—技术周期内，一系列的产品或者说某一产业满足某个时期某种特定的需求。需求—技术生命周期决定了这些产品或产业也是按照一定的生命周期运动的，这就是产品或产业的生命周期。因此，需求—技术生命周期理论也是产业和产品生命周期理论所共有的理论基础。

（五）产业生命周期理论的研究对象和研究目的

随着世界经济形势的深刻变化、竞争的日益激烈，发达国家为保持市场优势而着手对新产品开发销售趋势和销售规律展开研究。早期研究的是在某种产品从投入市场到被淘汰的整个过程中，不同阶段的市场销售量、成本、利润变化的特征。

1. 英国的戈波兹

在汉密尔顿管理咨询公司出版的《新产品管理》一书中，提出产品生命周期依其进入市场后不同时期销售的变化可分为投入期、成长期、成熟期和衰退期。以后，英国的戈波兹等人又把产品生命周期和生物老化现象的规律结合起来，根据对产品的产出和价格的时间序列分析，提出了戈波兹曲线模型，从而将产品生命周期理论的研究由定性阶段推向定量阶段。

2. 哈佛大学教授弗农

弗农发表的“产品生命周期中的国际贸易与国际投资”一文，提出了国际产品生命周期概念。按照国际产品生命周期理论，新产品的生命周期可划分为产品创新、产品成熟和标准化三个阶段。哈佛大学的阿伯纳西和麻省理工学院教授阿特伯克将产品生命周期与创新联系起来进行研究，着重研究创新驱动型产品的发展规律，提出依据产出增长率可将产品生命周期划分为流动、过渡和确立三个阶段，并据此建立了一种更完善的产品生命周期理论。

产业生命周期的研究是从产品生命周期的研究演变而来的。在对每种产品的整个或部分生命周期的销售、价格和产量的时间序列数据进行分析的基础上，按产业中的厂商净进入数对产品生命周期进行划分，得到引入、大量进入、稳定、大量淘汰和成熟五个阶段。

相关研究还得出了对以后产业生命周期研究产生重要影响的四个程式化事实。还有一些学者研究了每种产品的创新、专利和净进入的时间序列数据，并考察厂商的数量以及产品的年龄与该产品市场结构演化的联系，从而完成了以个别产品作为分析单位的产品生命周期观念向以产业组织方法分析内生产业演化的转移。这产生了一系列更加丰富的结论。其中有人证实了产业生命周期与产业的进入、退出、创新、产量和边际利润等因素密切相关。

还有人则论证了处于不同产业生命周期阶段的企业行为存在着显著的差异，体现在如企业战略、企业能力、组织结构、投资与风险、企业重组与并购、竞争行为等上。尽管产业生命周期理论的流派及演变脉络目前还不是十分清晰，但可以说，产业生命周期的研究对象是某一产品集合的整体产业而不是单一产品市场发展规律，其研究的目的是考察单一产业的演化规律及应用而不是特定产品的市场销售规律及应用。

（六）产业生命周期理论研究的重点及所属学科和应用范围

作为产业经济学中产业演化理论重要内容的产业生命周期理论，其中心任务应在范式下，研究产业的不同阶段的特点与产业结构、行为、绩效之间的关系。从目前文献看，研究的重点主要在以下几个方面：

（1）实证产业生命周期曲线的存在性，或不同产业的特征和不同市场条件下产业生命周期曲线的特征。

(2)对产业生命周期某个特定阶段的具体分析，讨论较多的是成熟阶段和衰退阶段。

(3)不同阶段的进入、退出及其壁垒，市场集中度等的变化规律。

(4)产业生命周期与创新的关系。

(5)产业生命周期不同阶段的企业战略规划。

(6)产业生命周期的动力机制。

(7)产业生命周期与产业政策制定的关系。

产业生命周期应用范围非常广泛，但从目前的实际情况看，它主要还是应用于企业的战略管理、股市中的产业分析和政府的产业政策。

(七)产业生命周期曲线形态、持续时间和特征

1. 曲线形态

产业生命周期的曲线形态和产品生命周期的曲线形态大致相同，并且，未发生异化的标准形态都要经过导入期、成长期、成熟期和衰退期四个阶段。产业部门以产品的生产或销售为基础，产品生命的周期性运动客观上决定了产业部门的生命周期。

2. 持续时间

在持续时间的长度上，产业生命周期要比产品生命周期长，这是因为，产品生命周期长度和产品所属的范围有直接的关系。

3. 特征

产业内的企业力图延长产品生命周期时，客观上就扩大了产品的市场容量，从而也就延长了该产业的生命周期。当一种产品的生命周期走向衰亡时，若通过技术创新引入新产品以满足需求，则产业继续发展，此时产业生命周期曲线是产品生命周期曲线的包络线(见图 8—2)。若无新的产品出现，该产业的生命周期也将趋向衰亡，也就是说，在特定条件下，产品生命周期曲线和产业生命周期曲线是相同的。同时，产业生命周期曲线和产品生命周期曲线还有相区别的一面，即某些产业由于科技进步和消费结构的变化，使其产品生命周期曲线存在着一个或若干个回峰，这会使该产业具有“起死回生”或衰而不亡的特征。

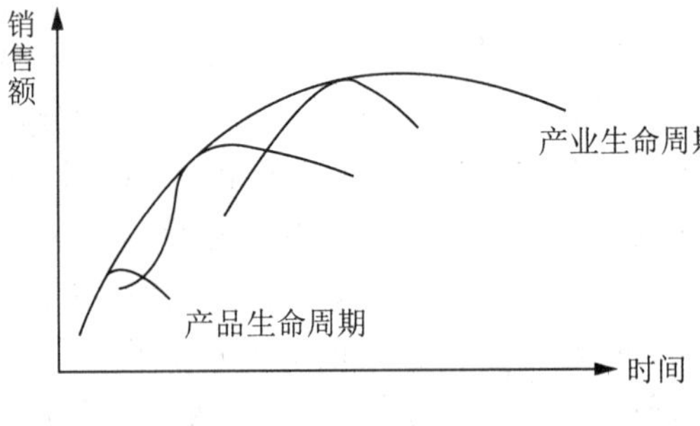

图 8—2 产业生命周期和产品生命周期

产业生命周期的阶段性特征：(1)在导入期，企业数量少，集中程度高，技术不成熟，产品品种单一，质量较低且不稳定，市场规模小，需求增长缓慢，需求的价格弹性很小；产业利润微薄甚至全产业亏损；进入壁垒低，竞争程度较弱，产品定价各自为政。(2)在成长期，大量厂商进入，产业内部集中程度低；生产技术日渐成熟和稳定，产品呈现多样化、差别化，质量提高且稳定；市场规模增大，需求增长迅速，需求的价格弹性增大；产业利润迅速增长且利润率较高；进入壁垒低，内部竞争压力大，竞争形式主要表现为价格竞争。(3)在成熟期，产业集中程度高，出现了一定程度的垄断；技术较成熟，产品无差异化，产品质量较高；市场需求增长速度明显减缓，需求的价格弹性减小；产业的利润达到很高水平；进入壁垒高，主要体现为规模壁垒，竞争手段转向非价格手段；持续时间较长，是产业发展的稳定阶段，若有技术创新，则会有更长期的持续增长。(4)在衰退期，厂商数量减少；需求逐渐减少，销售量下降，利润降低；新产品和替代品大量出现，原有产业的竞争力下降。

产业生命周期与不同时期产品的关系见图8—3。

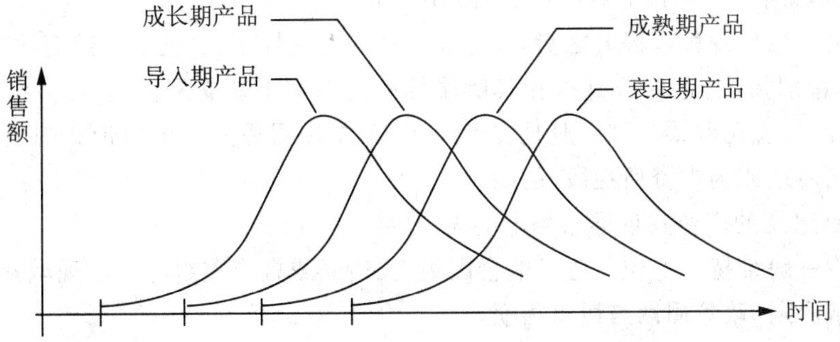

图8—3 产业生命周期与不同时期产品的关系

(八)产业生命周期理论的应用价值

产业生命周期理论是对产业的动态变化进行分析和描述的理论，它是产业经济学的重要组成部分。产业生命周期的动态性主要表现在四个方面：

(1) 单一产业的生命周期。即任何一个产业在特定的国家和地区，都必然经历形成、成长、成熟和衰退四个发展阶段，这就是产业的生命周期。

(2) 产业时序作用周期。这是指随着社会生产力的不断发展，会逐渐形成第一、二、三产业，而各产业渐次在经济增长中起主导作用，成为国民经济的支柱。

(3)不同产业或产业综合体在经济发展中随着对经济增长作用的变化，在地位上会出现演进，呈现阶段性和周期性。

(4)是由主体需求层次的升级规律推动的产业结构升级的演进过程。

对于(2)、(3)、(4)方面，一些学者进行了较为广泛而深入的研究，并取得了一系列成果。例如，英国经济学家克拉克在经济发展中劳动力在三次产业间的分布规律基础上，提出揭示产业结构演变规律的配第—克拉克定理。美国经济学家库兹涅茨在考察产业发展中国民收入在三次产业间分布结构演变趋势的基础上，提出产业结构演变规律。德国经济学家霍夫曼则对工业化过程中的工业结构演变规律，提出霍夫曼定理。但是对(1)，我国经济学界研究极少，而国外研究成果也不是很多，不成体系。因此，对产业生命周期理论的进一步研究，可以弥补产业演进理论研究的不足，充实产业经济理论的内容。

第三节 产业周期性在证券市场上的表现

一、产业周期性的表现

(一)在证券市场上的表现

1. 处在初创期的产业在证券市场上的表现

在投资者对产业发展前景看好时，证券价格有可能大幅上涨，但在公司业绩处于亏损状态时，高价格不可能长期维持，大涨后会大跌。

2. 处在成长期的产业在证券市场上的表现

对于产业内竞争实力强的企业，由于利润快速增长，证券价格会呈现快速上涨趋势，并由于有业绩为基础，证券价格的上涨趋势具有长期性质，但在长期上涨的趋势中会因投资者预期的调整而出现中短期波动。对于产业内竞争实力弱的企业，证券价格上涨缓慢甚至会暴跌。

3. 处在成熟期的产业在证券市场上的表现

证券价格一般呈现稳步攀升之势，大涨和大跌的可能性不大（处于成熟期的产业是蓝筹股的集中地）。特别指出，蓝筹股是指在其所属行业内占有重要支配性地位、业绩优良、成交活跃、红利优厚的大公司股票。红筹股是在境外注册、在我国香港上市的带有中国内地概念（主要业务在中国内地或为中资所控股）的股票。

4. 处在衰退期的产业在证券市场上的表现

证券价格一般维持在低位。也可能会因买壳、借壳或资产重组等而出现飙升行情。

（二）经济周期、政策周期与股市周期

1. 经济周期长期影响股市运行

经济周期在一般情况下是衰退、萧条、复苏、繁荣四个阶段的循环，而这四个阶段的循环形成了股市由熊转牛—由牛转熊的运行特点，国际上几乎都将股市作为本国国民经济的“晴雨表”，这正是基于股市运行反映了经济周期变化。

经济周期对股市周期的影响往往存在内在性、长久性和根本性的特点，虽然两个周期在很多时候并非同步运行，均存在其自身独有的规律，但股市周期与经济周期变化往往在时间上相隔不长，或经济先繁荣、股市才进入牛市，或股市先进入牛市、经济才繁荣。总之，从时间周期上说，经济周期与股市周期变动是趋同的或是长期关联的。

2. 成熟市场经济周期与股市运行规律的波动关系

由于我国的股市自1990年才开始运行，其发展的时间相对较短，不能算是成熟的市场，因此我们有必要借鉴成熟股市周期与经济周期的波动关系来定性分析，以预测未来我国股市周期和经济周期的运行趋势。

美国股市自设立至今已有很长的历史，应该说是世界上最为成熟的市场之一，因此我们引用1966～1999年美国经济与股市运行的数据作为研究标的，来定性分析成熟市场中经济周期与股市运行的规律：

(1)1966～1983年

道琼斯指数一直维持在1 000点左右水平，同期美国经济由第二次世界大战后9年的繁荣进入长达18年的滞胀阶段，其中每3年出现一次衰退，1982年出现负增长（－1.9%）。

(2)1983～1990年

道琼斯指数上升到3 000点，同期美国经济进入第二次世界大战后的第二次繁荣。

(3)1990～1995年

道琼斯指数上升到4 000点，同期美国经济进入第二次世界大战后的第三次繁荣。

(4)1995～1999年

道琼斯指数突破10 000点，同期是以信息技术革命为源头的“新经济”引领美国经济持续高增长。

1979～1982年间经济周期跌入衰退的谷底，但道琼斯指数并没有随之下跌而是率先进入牛市，其后涨幅达到300%。而1990年开始美国经济进入了另一个衰退期，但并未经历太长时间，转而在“新经济”的带动下迅速走向了下一个经济繁荣期。其间，道琼斯指数的涨幅只有30%多，但明显预期到下一个经济繁荣的到来，其后的1995～1999年再度大涨250%以上。可见，美国经济自1966年以来持续的发展是推动道琼斯指数从1 000点到10 000点的根本动力，因此可以佐证经济周期长期影响股市运行的观点。

二、产业的市场结构分析

(一)市场结构的四种类型

1. 完全竞争

初级产品产业的市场结构较接近于完全竞争。

2. 不完全竞争

如啤酒业、服装业、鞋业等的市场结构为不完全竞争。

3. 寡头垄断

资本密集型产业或技术密集型产业，以及少数储量集中的矿产品采掘业多为寡头垄断。

4. 完全垄断

公用事业和资本、技术高度密集型产业，以及稀有金属矿藏开采业多为完全垄断。

(二)不同市场结构对投资的影响

通常情况下，竞争程度高的产业，其商品价格和企业利润受供求关系影响大，利润较低且不稳定，因此该产业的证券投资风险大。而垄断程度高的产业，其商品价格和企业利润能较好地受自身控制，利润较高且稳定，因此该产业的证券投资风险小。

(三)产业与经济周期关系的运用

根据产业与经济周期的关系，可划分不同类型的产业，进而针对不同类型产业选择不同的投资策略。成长型产业与防御型产业较少受经济周期影响，投资者可进行长线投资。周期型产业与成长周期型产业受经济周期影响大，投资者可根据经济周期波动调整投资。

下面我们列举美国股市近百年来一些主要的波动，进一步论证经济周期与股市周期的波动关系：

1929年前美国的经济空前繁荣，但严重的经济危机和第二次世界大战影响了美国经济的繁荣并使其进入衰退期，股市也于1929年9月3日见到了381.7点的牛市顶点。1929年9月5日道琼斯指数开始下跌，在此后的3年半的时间里，道琼斯指数一泻千里。到1932年，道琼斯指数较1929年下跌了89%，美国的经济从高度繁荣进入了大萧条。

20世纪70年代美国经济出现滞胀，加上越南战争影响，道琼斯指数始终无法突破1 000点关口，直至越南战争结束美国经济才进入第二次繁荣，股指于1982年突破1 000点，牛市延续了近5年，本次经济周期与股市周期几乎同步运行，只是于1979～1982年率先表现出由熊转牛的特点。

2000年美国的“新经济”开始衰退，网络经济随之降温，纳斯达克指数也开始下跌，2000年3月以后的3年半时间里，纳斯达克指数跌去61%。2001年，“9·11”事件加深了美国经济的衰退，直至2003年才重新复苏，道琼斯指数也从7 500点重回万点之上。

近一个世纪以来，美国股市走出了与经济走势高度一致的行情。作为经济的“晴雨表”，股市往往会很敏锐地对经济变化做出反应。股市的萧条与繁荣都维系于经济的萧条与繁荣，每一次萧条的结束都是股票市场复苏之时。可见在成熟市场中，经济周期与股市运行表现出同向波动的关系，这也为研究我国股市运行与经济周期的规律指明了方向。

第四节 行业特征分析

行业特征分析主要从行业的市场结构、行业的竞争结构、行业的周期性、行业的生命周期四方面进行分析。

一、行业的市场结构

根据各行业的厂商数量、产品性质、厂商的价格控制能力和其他一些因素，可以把各行业划分为完全竞争、垄断竞争、寡头垄断和完全垄断四种市场类型。

各种类型的典型行业举例如下：完全竞争，如农产品；垄断竞争，如纺织服装；寡头垄断，如钢铁、汽车；完全垄断，如公用事业及稀有金属。

二、行业的竞争结构

主要参考美国哈佛大学迈克尔·波特的五力竞争模型，包括一个行业存在的潜在进入者、替代品、供给方、需求方以及行业内现有竞争者五种竞争力量。

三、行业的周期性

行业景气状况与国民经济总体的状况是有关系的，但关系密切的程度又不一样，据此可以将行业分为3种。

（一）增长型行业

这种行业不总是随经济的变动而同步变动，经济增长时该行业会高增长，经济衰退时仍有一定增长，如科技行业。

（二）周期型行业

这种行业的变化态势和经济周期紧密相关，典型的周期型行业有钢铁、有色、煤炭、水泥等。

（三）防御型行业

这种行业的经营状况在经济周期的上升和下降时期都很稳定，像食品行业和公用事业。

周期性股票是数量最多的股票类型，是随着经济周期的盛衰而涨落的股票。这类股票多为投机性股票。当整体经济上升时，这些股票的价格也迅速上升；当整体经济走下坡路时，这些股票的价格也下跌。与之对应的是非周期性股票。非周期性股票是那些生产必需品的公司的股票，不论经济走势如何，人们对这些产品的需求都不会有太大变动，例如，食品和药物。

典型的周期型行业包括：钢铁、有色金属、化工等基础大宗原材料行业，水泥等建筑材料行业，工程机械、机床、重型卡车、装备制造等资本集约型行业。

一些非必需的消费品行业也具有鲜明的周期性特征，如轿车、高档白酒、高档服装、奢侈品、航空、酒店等行业。

综上，简单来说，提供生活必需品的行业就是非周期型行业，提供非必需品的行业就是周期型行业。

四、行业的生命周期

每个行业都要经历从成长到衰退的发展演变过程，这个过程就是行业生命周期。

初创期，主要涉及分化、衍生、新生长；成长期，主要涉及需求弹性、生产技术、产业关联度、市场容量；成熟期，主要涉及技术成熟、产品成熟、工艺成熟；衰退期，主要涉及大量替代品，具体行业如纺织业、钢铁、烟草业。

在国民经济中，各个行业的发展很不平衡。行业的发展前景与许多因素有关，因此行业的分类也有多重标准。根据行业的发展与国民经济周期性变化的关系、未来可预期的发展前景、所采用技术的先进程度、要素集约度，可以对行业进行不同的分类。

本章概念

成长型产业　周期型产业　资本密集型产业　技术密集型产业　劳动密集型产业　完全竞争　垄断竞争　寡头垄断　完全垄断

思考题

1. 行业的生命周期有哪几个阶段？它们各有什么特点？
2. 产业周期理论有哪些？
3. 哪些因素能改变行业的生命周期？为什么？

第九章

公司财务分析

本章重点内容

✔ 财务分析概述

✔ 财务分析指标

学习目标

- 掌握财务分析的几个基本指标
- 理解财务分析指标的运用

第一节　财务分析概述

一、财务分析的含义

财务分析是在现行会计准则、会计制度、税收法规和价格体系下，通过对财务效益与费用的预测、编制财务报表、计算评价指标，进行财务盈利能力分析、偿债能力分析和财务生存能力分析，据以评价项目的财务可行性。

二、财务分析的作用

(一)作为项目决策分析与评价的重要组成部分

项目评价应从多角度、多方面进行，项目的前期评价、中期评价和后期评价，都是财务分析必不可少的重要内容。在项目的前期评价——决策分析与评价——的各个阶段中，无论是机会研究报告、项目建议书、初步可行性研究报告，还是可行性研究报告，财务分析都是其中的重要组成部分。

(二)重要的决策依据

在经营性项目决策过程中，财务分析结论是重要的决策依据。项目发起人是否发起或进一步推进某一项目，权益投资人是否投资于某一项目，债权人是否贷款给某一项目，审批人是否批准某一项目，这些都要以财务分析为依据。对于那些需要政府核准的项目，各级核准部门在做出是否核准该项目的决策时，许多相关财务数据可作为项目对社会和经济影响大小的估算基础。

(三)在方案比选中起着重要作用

项目决策分析与评价的精髓是方案比选。在规模、技术、工程等方面都必须通过方案比选予以优化。财务分析结果可以反馈到建设方案构造和研究中,用于方案比选,优化方案设计,使项目整体更趋于合理。

(四)财务生存能力分析

财务分析中的财务生存能力分析对项目,特别是非经营性项目的财务可持续性的考察起着重要作用。

【例 9-1】 财务分析是投资项目决策分析与评价的重要组成部分,是(　)的必不可少的重要内容。

A. 项目建议书　　B. 项目申请报告　　C. 战略研究报告

D. 市场研究报告　　E. 可行性研究报告

答案:AE

三、财务分析的内容和步骤

财务分析内容随项目性质和目标的变化而有所不同。为投资提供盈利的经营性项目,其财务分析应包括下述内容。

(一)财务分析的内容

(1)在明确项目评价范围的基础上,根据项目性质和融资方式选取适宜的方法。

(2)选取必要的基础数据进行财务效益与费用的估算,包括营业收入估算、成本费用估算和相关税金估算等,同时应编制相关辅助报表。以上内容是为财务分析作准备,也称财务分析基础数据与参数的确定、估算与分析。

(3)进行财务分析,即编制财务分析报表和计算财务分析指标。财务分析包括盈利能力分析、偿债能力分析和财务生存能力分析。

(4)对初步设计的建设方案(称为基本方案)进行财务分析后,还应进行不确定性分析,包括盈亏平衡分析和敏感性分析。常常需要将财务分析的结果进行反馈,优化原先的建设方案,有时甚至会对初步设计的建设方案进行较大的调整。

【例 9-2】 投资项目财务工作包括:①根据项目性质和融资方式选择适宜的方法;②选取必要的基础数据进行财务效益与费用的估算;③进行不确定性分析;④进行盈利能力分析、偿债能力分析和财务生存能力分析。这些工作的正确顺序是(　)。

A. ①②③④　　B. ②①③④

C. ①②④③　　D. ②①④③

答案:C

(二)财务分析的步骤

财务分析的步骤以及各部分的关系,包括财务分析与投资估算和融资方案的关系,见图9-1。

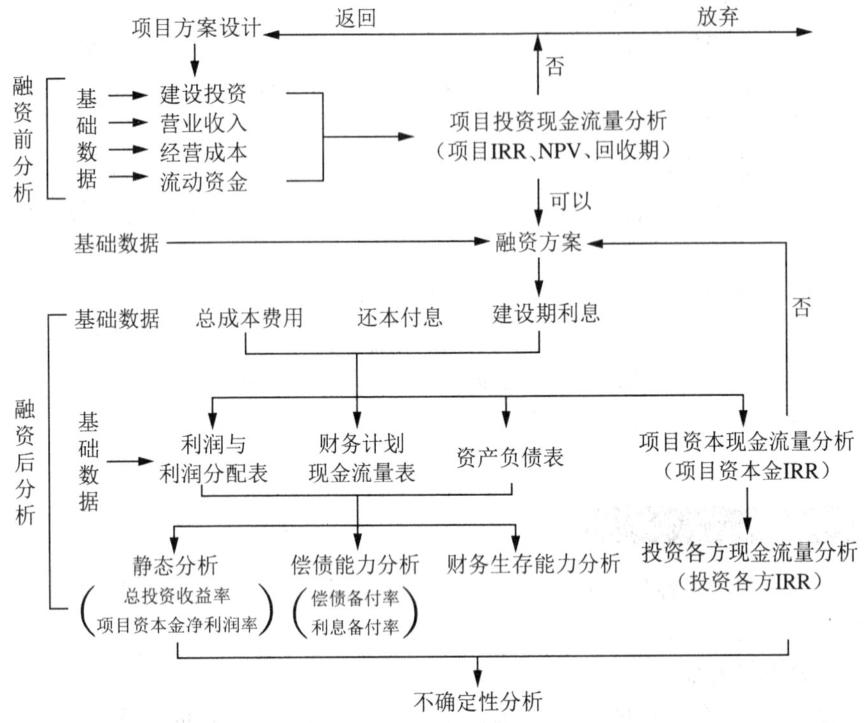

图 9—1　财务分析的步骤

四、财务分析的基本原则

(1)费用与效益计算口径的一致性原则。

(2)费用与效益识别的有无对比原则。

有无对比原则是国际上进行项目评价时通用的识别费用与效益的基本原则,项目评价的许多方面都需要遵循这条原则,采用有无对比的方法进行。所谓"有",是指实施项目的将来状况;"无"是指不实施项目的将来状况。在识别项目的效益和费用时,须注意只有"有无对比"的差额部分才是由于项目的建设而增加的效益和费用,即增量效益和费用。采用有无对比的方法,就是为了识别那些真正应该算作项目效益的部分,即增量效益。

有无对比原则适用于依托老厂进行的改扩建与技术改造项目的增量盈利能力分析。对于从无到有进行建设的新项目,也同样适用该原则,只是通常认为无项目与现状相同,其效益与费用均为零。

(3)动态分析与静态分析相结合,以动态分析为主的原则。

(4)基础数据确定的稳妥原则。

财务分析结果的准确性取决于基础数据的可靠性。

【例 9—3】 下列有关投资项目财务分析基本原则的表述中,正确的有(　)。

A. 从稳妥性原则考虑,应尽可能低估项目效益,高估项目费用

B. 有无对比原则不仅适用于改扩建项目,也适用于新建项目

C. 项目财务分析应采用动态分析方式,不应考虑静态指标

D. 财务分析的费用和效益计算口径应保持一致

E. 财务分析结果的准确性只取决于基础数据的可靠性

答案:BD

第二节　财务分析指标

一、偿债能力分析

(一)短期偿债能力指标

1. 流动比率

流动比率=流动资产÷流动负债

2. 速动比率

速动比率=(流动资产-存货-其他流动资产)÷流动负债

3. 现金流动负债比率

现金流动负债比率=经营现金净流量÷流动负债

(二)长期偿债能力指标

1. 资产负债率

资产负债率(或负债比率)=负债总额÷资产总额

2. 产权比率

产权比率=负债总额÷所有者权益

3. 已获利息倍数

已获利息倍数=息税前利润÷利息费用

4. 长期资产适合率

长期资产适合率=(所有者权益+长期负债)÷非流动资产

二、营运能力分析

(一)流动资产周转情况指标

1. 应收账款

(1)应收账款周转率

应收账款周转率(次)=营业收入净额÷平均应收账款

(2)应收账款周转天数

应收账款周转天数(平均应收账款回收期)=360÷应收账款周转率

=(平均应收账款×360)÷营业收入净额

2. 存货

(1)存货周转率

存货周转率(次)=营业成本÷平均存货

(2)存货周转天数

存货周转天数=360÷存货周转率

=(平均存货×360)÷营业成本

3. 资产

(1)流动资产周转率

流动资产周转率(次)=营业收入净额÷平均流动资产

(2)流动资产周转天数

流动资产周转天数=360÷流动资产周转率

=(平均流动资产×360)÷营业收入净额

(二)固定资产周转情况指标

固定资产周转率(次)=营业收入净额÷平均固定资产

(三)总资产周转情况指标

总资产周转率(次)=营业收入净额÷平均资产总额

三、盈利能力分析

(一)主营业务利润率

主营业务利润率=(主营业务利润÷主营业务收入)×100%

(二)成本费用利润率

成本费用利润率=(利润总额÷企业成本费用总额)×100%

(三)总资产报酬率

总资产报酬率=(利润总额+利息支出)÷平均资产总额×100%

(四)净资产收益率

净资产收益率=(净利润÷平均净资产)×100%

(五)社会贡献率

社会贡献率=(社会贡献总额÷平均资产总额)×100%

其中,社会贡献总额包括工资、劳保退休统筹,以及其他社会福利支出、利息支出净额、应交或已交的各项税款。

社会积累率=(上缴国家财政总额÷企业社会贡献总额)×100%

四、发展能力分析

(一)营业收入增长率

营业收入增长率=(营业收入增长额÷营业收入总额)×100%

(二)总资产增长率

总资产增长率=(本期总资产增长额÷年初资产总额)×100%

(三)固定资产成新率

固定资产成新率=(平均固定资产净值÷平均固定资产原值)×100%

五、资产分析

(一)净资产收益率

净资产收益率(自有资金利润率)=总资产净利率×权益乘数

(二)总资产净利率

总资产净利率=销售净利率×总资产周转率

(三)权益乘数

权益乘数=1÷(1-资产负债率)

六、价值分析

（一）市盈率（倍数）

市盈率（倍数）＝每股市价÷每股收益

每股收益＝净利润÷年末普通股股数

（二）股利收益率

股利收益率＝每股股利÷每股市价

每股股利＝股利总额÷年末普通股股数

（三）市净率（倍数）

市净率（倍数）＝每股市价÷每股净资产

每股净资产＝期末所有者权益÷年末普通股股数

七、指标分析

（一）指标简介

财务分析指标是以简明的形式、以数据为语言来传达财务信息，并说明财务活动情况和结果。这里介绍的财务指标与国家考核企业工作所用到的财务指标是不同的，涉及的企业财务活动范围较广，包含的指标数目较多，而国家规定的考核指标则是抓住重点，有选择地规定一些指标。

企业财务分析的内容包括：

1. 外部分析内容

具体包括：企业偿债能力分析；企业盈利能力分析；企业资产运用效率分析；社会贡献能力分析；企业综合实力分析。

2. 内部分析内容

具体包括：企业筹资分析；企业投资分析；企业经营预算执行情况分析；财务状况和财务成果形成原因分析。

3. 专题分析

随着市场经济的发展，企业将会遇到许多新情况、新问题。企业和外部信息使用者可根据自身的特点，结合特定的目标选取特定的资料及内容，有针对性地进行一些专题分析，如公司财务信息质量分析、资本资产结构优化分析等。

4. 关于财务分析与相关学科关系的探讨

随着市场经济改革的深入，我国财会学界学科体系的改革也进入一个新的阶段，由 20 世纪 80 年代初期的财务会计之争深入到各二级学科，这是理论发展的必然。学科的分分合合是由于环境的变迁、历史的发展而致，是科学发展的客观规律。20 世纪 90 年代，财会论坛上就有财务分析要独立成科的声音，后来对此论题的讨论越来越热烈，且似乎已达成共识，即由于市场机制、竞争机制的逐步完善，财务分析必须独立出来。那么，独立的财务分析学科在财会学众多学科中地位如何，包括哪些内容，与其原附着的学科关系如何？这不是一个简单的减法问题，而是一个漫长的选择和甄别的过程。

（二）内部分析

内部指标体系的设置，主要是为满足企业内部管理的需要，可根据企业所在行业的特点和管理的特殊需要灵活设置，其内容相当广泛。一般来说，可从筹资、投资两方面进行设置。

1. 企业筹资分析

在市场经济体制下，企业经营所需资金需靠企业自己来筹集，这样，筹资分析便成为企业财务分析中的一项重要内容。在筹资分析中，首先要分析企业的资金需要量，其次分析企业未来的财务状况和获利能力；再次分析企业的资金成本和筹资风险；最后确定一个合理的筹资方案并与资金供应者进行协商，使企业筹资活动顺利进行。具体可设置筹资结构比率、资金成本率等指标。

2. 企业投资分析

企业对投资活动首先应进行可行性分析，为投资决策提供依据，这是投资分析的重点；其次应对投资活动进行事中分析，以控制投资规模，提高投资效益；最后对投资活动进行事后分析，以考核投资效果、评价投资业绩，为改善企业今后的投资决策提供依据。企业在投资分析时一般需考虑货币时间价值、投资的风险价值、资金成本和现金流量等财务因素。在投资阶段为考察投资方案的可行性，可设置内含报酬率；为考察投资的收益可设置投资报酬率、投资回收期等指标。

(三)外部分析

1. 企业偿债能力

企业偿债能力是指企业偿还其债务的能力，通过对它的分析，能揭示企业财务风险的大小。按债务偿还期限的长短，又可将其分为短期偿债能力与长期偿债能力。

(1)短期偿债能力

短期偿债能力是指一个企业以流动资产支付流动负债的能力。设置该指标对外部信息需要者非常重要。对于企业来讲，该指标也至关重要，短期偿债能力的大小，主要取决于企业营运资金的大小以及资产变现速度的快慢。

另外，可动用的银行贷款指标、准备很快变现的长期资产、偿债能力的声誉、未作记录的或有负债、因担保责任引起的负债、未决诉讼等对偿债能力也有影响。对于短期偿债能力通常设置以下指标：流动比率、速动比率、现金比率。

(2)长期偿债能力

长期偿债能力是指企业以资产或劳务支付长期债务的能力。对长期偿债能力进行分析是因为企业的利润与其有紧密的联系。分析长期偿债能力时不能不重视企业的获利能力，这是因为企业的现金流入量最终取决于能够获得的利润，现金流出量最终取决于必须付出的成本。此外，债务与资本的比例也是极其重要的。影响企业长期偿债能力的因素有很多，除资产、负债、股东权益外，还有长期租赁、担保责任、或有项目等因素。长期偿债能力指标有已获利息倍数、资产负债率、产权比率、有形净值债务率。

2. 企业资产运用效率分析

资产运用效率是指对企业总资产或部分资产的运用效率和周转情况所作的分析。企业经营的目的在于，有效运用各项资产获得最大的利润。利润主要来源于营业收入，企业必须凭借资产、运用资产才能取得营业收入。资产周转速度越快，表示其运用效率越高，利润越大。企业运用各项资产时有无过量投资、有无因设备短缺而导致生产不足、有无因资产闲置而导致利润降低，凡此类问题，皆为企业管理者、投资者、债权人及其他相关人士所关切。通过分析资产运用效率，可以评价企业营业收入与各项营运资产是否保持合理关系，考察企业运用各项资产效率的高低。资产运用效率指标有存货周转率、应收账款周转率、流动资产周转率、固定资产周转率、总资产周转率。

3. 盈利能力分析

盈利能力分析是指对企业盈利能力和盈利分配情况所作的分析，它是企业财务结构和经营绩效的综合表现。企业经营的目的，在于使企业盈利且使其经营规模不断发展。

各方信息使用者无不对企业盈利情况非常关切。投资者关心企业赚取利润的多少并重视对利润的分析是因为他们的投资报酬是从中支付的，如果是上市公司，企业盈利增加还能使股票市价上升，从而使投资者获得资本收益。对于债权人来讲，利润是企业偿债能力的重要来源。政府有关部门关心的则是微观和宏观的经济效益，以及各种税费上缴的可靠性。对于企业管理者来讲，可通过对盈利能力的分析来评价判断企业的经营成果，分析变化原因，总结经验教训，不断提高企业获利水平。企业盈利是管理者经营业绩和管理效能的集中表现；对于职工来讲，则是丰厚报酬及资金的来源，并可保证工作的稳定；它也是集体福利设施不断完善的重要保障。

企业盈利能力分析指标可从一般企业及上市公司两方面制定。一般企业盈利能力指标有销售利润率、成本费用利润率、资产总额利润率、资本金利润率、权益利润率。上市公司除上述指标外，还可借助以下指标：每股盈余、每股股利、市盈率、股东权益报酬率、股利支付率、留存盈利比率。

4. 社会贡献能力分析

社会贡献能力是从国家或社会的角度衡量企业对国家或社会的贡献水平。企业的目标是追求最大的利润，但作为社会主义国家的企业，单纯片面地追求企业个体的经济效益是不行的，还必须考虑对社会的贡献。对盈利企业可用实现利税来衡量，但对一些主要体现社会效益的企业来讲，则无法适用。因此，为此设计的社会贡献率、社会积累率可兼顾反映企业经济效益和社会效益两个方面，考察其对国家、社会的贡献情况。

5. 综合财务能力分析

综合财务能力分析是根据企业财务状况和经营情况的性质、趋势进行的分析。

上述指标多从一个侧面反映企业的财务状况，有一定的片面性和局限性，必须把它们综合在一起，进行系统分析。具体指标有杜邦模型中的权益报酬率和计分综合分析法的实际得分值。

【案例一】 质量成本管理

目前，各公司负责产品销售退回业务的部门为用户服务部，该部门对退回的产品负责技术上的维修或更换，原则上也对相关的商务内容负责。但是，这种职责划分不利于公司的经营管理，因为售后发生的质量问题以及由此产生的退货、换货以及补充发货等问题只是反映在用户服务部，并没有纳入公司整体的市场营销以及相应的管理活动中，其结果是：公司只看到了销售情况，而忽视了因质量问题引发的退货、维修、更换等对销售收入的影响，也制约了财务部对相关成本和收入的确认和核算。

另外，对于单纯由用户服务部来处理售后质量问题，从公司目前的业务流程和管理制度来看，存在如下几个问题。

一是缺乏对其工作的监督。

二是不利于市场部掌握产品销售的整体情况，因为销售合同包括一定时间的质量保证期，市场部有责任跟踪产品的质量情况和发生的质量成本，并且对于在这段时间内发生的保证费用要对财务部有一个明确的书面说明；保证期结束后的问题可以移交用户服务部全权负责。

三是不利于维修更换产品的及时回款，因质量问题引发的公司成本和费用与销售合同息息相关，这些工作应该由有关部门共同协作完成。目前为了尽可能掌握这类信息，财务部经常为了一个产品的去向和用途要追查很多部门，询问很多经办人员。这是一种本末倒置的做法，难以保证公司售后成本的确认和准确归集。

【案例二】 财务分析

2011 年，一家国际工程公司(以下简称甲方)承接了一项海外通信网络建设项目，委托国内一家设备供应商(以下简称乙方)负责该项目的设计、提供设备及配件、安装调试以及系统开通等工作。根据最终用户对设备的要求，该项目的标的涉及国内外厂商的产品以及乙方的设计与工程服务。对于乙方来说，该项目的商业模式涵盖了内贸和外贸业务，业务形式繁琐复杂。由于甲方的承包合同在先，项目总的销售规模和利润水平是个定量，留给甲乙双方的就是一个切蛋糕的问题。甲方根据自身的盈利模式，明确了国产销售、转口和进料加工的商业模式，确定了与乙方之间结算的合同金额为 10 900 万元。为结算方便，又同时分别确定了国产、转口和进料加工产品的结算价格。合同于 2011 年底生效。

对于乙方来说，恰当的运作模式是盈利的关键。为了厘清复杂的业务关系，乙方财务人员根据业务性质画出了商品、资金和票据结算的流程图，并就该业务咨询了当地的税务机关和海关等机构。然而，甲方财务人员对乙方现有的条件和当地的政策进行分析后发现，采取进料加工的方式，乙方难以按期向甲方提交一些必要的文件，违约风险很大。之后乙方财务人员提出了直接进口材料在国内组织加工生产，再销售给甲方的方案。新的方案产生了大额的增值税款，如果维持原合同额不变，乙方必将蒙受损失，如果提高合同额，甲方的利益将受到影响，为了合同的顺利执行以及将双方的损失降到最小，乙方财务人员对不同商业模式下的合同损益重新进行测算，结合甲方关注的焦点问题做出适当让步，最终达成了双赢的方案，合同额提高了约 700 万元。

然而，实际情况并没有计划的那样理想和规范，很快又出现了新问题。2012 年 8 月，乙方财务人员发现，由于设备采购的实际价格和品种数量发生了变化，导致转口部分的商品的计划进价和实际进价出现差异，计划进价(即计划销售金额)为 17 013 780 元，实际采购价格为 12 628 703 元，差价为 4 385 077 元。其实该项目是一个整体合同，不同商业模式下交易金额的划分仅是通过商务谈判人为划分的结果，因此，完全可以按照原合同金额确认收入并核算成本。但是如果按照配比原则进行详细核算，将超过采购成本的转口部分的销售额确认为收入缺乏理论依据；但如果不确认为收入，对于公司无疑是一种损失。针对该业务，乙方财务人员以稳健和合法为出发点，提出这样的处理方案：

1. 将计划与实际采购之间的差价部分并入销售合同中，作为销售收入处理。

2. 将转口采购成本部分作为与甲方的资金往来处理，即乙方支付的款项记入其他应收款，回款后再做冲减。

该处理方案的直接结果是乙方在该项目上比原计划多收入 374 792 872 元，多缴税金 637 147.88 元。由于该方案有理有据，甲方最终认可，合同金额再度提高，乙方的收入进一步扩大。

以上案例表明，财务人员在日常核算工作中，多关注一下所核算的具体业务，深入分析具体业务的经济实质以及交易双方的利益关系，从财务管理的角度重新审视每一笔交易，有利于为企业争取更多的利益，减少不必要的损失。业务人员的视野是有限的，他们更多关注的是如何获取订单和签订合同，至于这些订单和合同会给公司带来怎样的经济利益，由于受到专业知识和精力的限制，他们考虑得并不周到，这时就需要财务人员予以辅助和指导。所以，应强调财务人员深入具体业务。

值得关注的是，业务人员和财务人员都需要更新观念，突破传统职能的条块分割，认为各司其职、互不相干就能做好工作的意识，已经不再适合瞬息万变的现代经济社会，靠一个人或一个职能部门的知识和能力不足以使企业的利益最大化。不同职能之间相互协作的管理模式被越来越多的企业采纳，工作不再局限于按照行政管理方式划分的各个部门的内部。

然而，还有相当多的企业存在着这样的抱怨：业务人员抱怨财务不能给他们提供更有价值的服务；财务人员则无奈于被排斥在经营业务之外，因缺乏必要的信息和权限而难以充分发挥其职能；而企业高管们则感慨他们的财务部门没能有效地指导经营。这个问题已经超出了财务分析本身，属于业务管理模式的范畴，不过却从另一个角度反映出财务分析密切联系业务的重要性。

分析业务流程，关注内部控制。现在很多企业都通过了ISO 9000之类的质量管理认证，拥有一整套具备质量管理和内部控制的业务流程。然而这些并不是财务部门的职责，其中融入多少财务部门的意见也就不得而知。

自从2002年《萨班斯—奥克斯利法案》(Sarbanes-Oxley Act)颁布之后，越来越多的企业开始关注公司的内部控制。该《法案》第404条"管理层对公司内部控制的评估"，要求公司年报中应包括一份"内部控制报告"，该报告应明确指出，公司管理层对建立和保持一套完整的与财务报告相关的内部控制系统和程序所负有的责任，并且应包含管理层在财务年度期末对公司财务报告相关内部控制体系及程序的有效性的评估。

其实，即使没有这样一部法律的要求，我们也应该积极看待企业的内部控制。一方面，要积极促进企业经营和盈利目标的实现，另一方面，要尽最大努力防止资源的流失。内部控制在协助管理层防止资源流失、保证信息的可靠性和系统整体恰当运转方面是必不可少的。

财务分析是检查内部控制合理性和有效性的有力工具，其作用是其他部门无法比拟和替代的。以下一个案例节选自一家通信设备公司财务部给公司管理层的财务分析报告，该报告提出了公司成立的最初三年时间内，业务流程和内部控制方面存在的问题。

【案例三】 发货管理

公司在市场销售方面，从任务的分解到产品发出历经多个环节，公司为此专门设计了一套流程，然而在实际操作中，管理和信息在该流程中呈现出单方向流动的特点，有关部门只对自己辖区内的业务负责，没有对整个流程和业务进行全面的监督控制，其结果是难以对以下几个问题予以可靠的回答和合理解释：

(1)销售项目的具体分解是否经济合理；

(2)销售项目的具体分解和产品生产是否一致；

(3)生产出的产品(包括领料和备货)与实际发货是否一致；

(4)实际发货和市场销售合同中的销货项目是否一致。

我们认为产品部应该对第一个问题负责，市场部应该对后三个问题负责。鉴于公司产品的多样性和鲜明的专业性，财务部在合同毛利测算和成本核算中，默认销售项目的分解和生产备货都是合理的。

然而经过调查发现，市场部(也包括生产计划部)没有有效地解决后三个问题，因此我们不得不对这些问题表示怀疑。财务部为了提高成本核算的准确性，实际上已经承担起调查和回答这些问题的工作。我们从市场部取得销售合同，从生产计划部取得发货清单，从仓储部取得材料领用单，然后将这三者进行了核对。

由于专业限制，财务部在将销货项目与实际发货情况进行核对的过程中面临很大的困难，我们往往为了调查三种单据之间的一个差异而要询问市场部、计划部和产品部的经办人员，在询问过程中，我们发现了很多不被财务部知晓的信息，比如维修更换情况、合同变更情况等(如果这些信息能够及时地流到财务部，我们将节省大量时间)。然而这种询问也并不能有效地解决问题，最后经常是球又被踢回到财务部。

例如：对于XX移动项目，市场部开具结算单时，不能提供发货清单(或类似单据)，经过财务部多方查找，发现实际发货比合同要求多出两台主设备，我们将此问题向市场部提出后，经过进一步调查才确认，该多发货物属于尚未签订合同的其他销售项目。

又例如：对于YY联通项目，在结算时我们发现，合同签订的品种数量、发货清单上的品种数量和领料单所反映的品种数量均不一致，市场部与计划部均未能给予解释。经过调查分析后我们发现，因三种单据之间缺乏内在的联系和配比关系，发货和领料不能与具体的销售合同对应而产生差异，影响了成本核算的准确性。

案例三揭示的问题似乎有些幼稚，但是在一些快速成长的高科技企业里确实存在类似的问题。在此要说明的是，财务管理人员对内部业务流程的审查以及对各个业务模块之间内在关系的分析，必然有利于提高企业的管理水平、运作效率和效果，这也是在做财务分析时应当关注的重要方面。不过，财务管理人员是否有时间、精力、耐心和毅力去深入探究业务流程和追查内部控制的问题，则成为开展这种财务分析的关键所在。

提及财务分析，人们往往联想起一大堆费解的指标公式，这些计算出来的各种各样的比率可能更有助于对企业业绩的评价和管理，而那些能够直接帮助提高企业价值和经营管理水平的财务分析，往往又不具备成形的模型和公式，需要财务人员因地制宜地发挥自身所拥有的知识和技能，这也许才是财务分析最有魅力的地方。

企业应根据自身的实际情况来不断改进财务分析，使财务分析能够更加完善和合理，从而实现企业的财务管理目标，提高企业的经济效益。

本章概念

市盈率　市净率　应收账款周转率　应付账款周转率　存货周转率　经营性现金流　每股收益　稀释每股收益　流动比　速动比　财务杠杆　经营杠杆

思考题

1. 什么是财务分析？财务分析的内容主要有哪些？
2. 衡量企业偿债能力的指标有哪些？

第十章

证券投资技术分析概述

本章重点内容

- ✔技术分析的理论基础
- ✔市场行为的四个要素

学习目标

- ·掌握技术分析的理论基础
- ·熟悉技术分析的三大假设和市场行为的四个要素
- ·了解技术分析的历史

技术分析是证券投资分析中常用的一种分析方法，各种理论和技术指标都经过几十年甚至上百年的实践检验，在今天看来仍然具有参考意义。本章主要介绍技术分析的理论依据及市场行为的四大要素。

第一节　技术分析的理论基础

技术分析法是仅从证券的市场行为来分析证券价格未来变化趋势的方法。证券的市场行为可以有多种表现形式，其中证券的市场价格、成交量的变化以及完成这些变化所经历的时间是市场行为最基本的表现形式。技术分析的理论基础建立在三个假设之上，即市场的行为包含一切信息、价格沿趋势移动、历史会重复。技术分析理论的内容就是市场行为的内容。若粗略地进行划分，可以将技术分析理论分为以下几类：K 线理论、切线理论、形态理论、技术指标理论、波浪理论和循环周期理论。技术分析理论经过长时间的发展和演化，形成了技术分析流派。技术分析流派认为，股票价格的波动是对市场供求均衡状态偏离的调整。该流派以价格判断为基础、以正确的投资时机抉择为依据，从最早的直觉化决策方式，到图形化决策方式，再到指标化决策方式，直到最近的模型化决策方式以及正在研究开发中的智能化决策方式，其投资分析方法的演进遵循了一条日趋定量化、客观化、系统化的发展道路，实现了对投资市场的数量化与人性化理论之间的平衡。

技术分析以三大假设为理论依据、以历史数据为信息基础、以经验总结而非缜密逻辑为分析思路等特点都导致了技术分析的局限性，并在实际运用中存在技术分析对长期趋势判断无效以及“骗线”现象。

一、技术分析的含义

技术分析是以证券市场过去和现在的市场行为作为分析对象，应用数学和逻辑的方法，探索出一些典型变化规律，并据此预测证券市场未来变化趋势的技术方法。由于技术分析运用了广泛的数据资料，并采用了各种不同的数据处理方法，因此受到投资者的重视和青睐。技术分析法不但适用于证券市场，还广泛应用于外汇、期货和其他金融市场。

二、技术分析的基本假设

技术分析是进行证券价格预测的行为，它的分析依据是过去和现在的市场行为，通过过去和现在的市场行为结果来对未来证券价格趋势进行预测。其采用的方法主要融合统计学、逻辑学等相关的知识，用总结、归纳、推理等手段，对已有的数据进行处理后，作出预测。它的分析结论要有效可靠，必须满足三个最基本的前提条件，因为技术分析是在这三个命题的基础上进行的。

（一）市场行为涵盖一切信息

这条假设是进行技术分析的基础。其主要思想是：任何一个影响证券市场的因素，最终都必然会体现在股票价格的变动上。外在的、内在的、基础的、政策的和心理的因素，以及其他影响股票价格的因素，都已经在市场行为中得到了反映。技术分析人员只需关心这些因素对市场行为的影响效果，而不必关心具体导致这些变化的原因。这一假设有一定的合理性，因为任何因素对证券市场的影响都必然会体现在证券价格的变动上，所以它是技术分析的基础。

（二）证券价格沿趋势移动

这一假设是进行技术分析时最根本、最核心的条件。具主要思想是：证券价格的变动是有一定规律的，即保持原来运动方向的惯性，而证券价格的运动方向是由供求关系决定的。技术分析法认为，证券价格的运动反映了一定时期内供求关系的变化。供求关系一旦确定，证券价格的变化趋势就会一直持续下去。只要供求关系不发生根本改变，证券价格的走势就不会发生反转。这一假设也有一定的合理性，因为供求关系决定价格在市场经济中是普遍存在的。只有承认证券价格遵循一定的规律变动，运用各种方法发现、揭示这些规律，并将其对证券投资活动进行指导的技术分析法，才有存在的价值。

（三）历史会重演

这条假设是从人的心理因素方面考虑的。市场中进行具体买卖的是人，是由人决定最终的操作。这一行为必然要受到人类心理学中某些规律的制约。在证券市场上，一个人在某种情况下如果能按一种方法进行操作取得成功，那么以后遇到相同或相似的情况，就会按同一方法进行操作；如果失败了，以后就不会按前一次的方法操作。证券市场的某个市场行为给投资者留下的阴影或快乐是会长期存在的。因此，技术分析法认为，根据历史资料概括出来的规律已经包含了未来证券市场的一切变动趋势，所以可以根据历史预测未来。这一假设也有一定的合理性，因为投资者的心理因素会影响投资行为，进而影响证券价格。

三、技术分析假设的合理性分析

技术分析的假设是否合理，是技术分析方法可靠性的基本保证。那么进一步分析技术分析的三个理论前提，是否完全可靠呢？一般认为，技术分析的三个假设有合理的一面，也有不尽合理的一面。

(一)假设一有其合理的一面

我们知道,影响证券价格的变动有很多方面的因素,包括宏观面、政策面、市场面、资金面、心理面等,但任何一个因素对证券市场的影响最终都必然体现在证券价格的变动上。我们也应该看到,在这一假设的基础上,投资者在市场上获得的信息是公开的且所有投资者所获得的信息都是一致的,即市场是有效的。因为市场的有效性,加上投资者对市场信息的反馈及时准确,使得证券价格能够完全将市场信息加以消化,并最终体现在证券价格上。但现实的证券市场并非完全如此:首先,市场并非是完全有效的,信息披露是否完全真实、信息传递是否完全没有漏损等,这些在现实的经济环境中都是不可能完全实现的。其次,不同的投资者对信息的把握和解读,以及所作出的投资决策是不完全相同的。由于证券价格最终是由供求关系来决定的,因此,证券价格的形成,并不一定包含了完整的信息内容。最后,受外在因素的影响,市场上的证券价格也不一定能完全包含所有的市场信息,比如说我国当前股票市场中的涨跌停板限制等。由此可见,技术分析的第一个假设命题是有缺陷的。

(二)第二个理论假设并不完全可信

与趋势论者的观点相反,随机漫步论者认为证券价格的形成是随机的,其价格变动并无趋势可言。在证券市场中,买方与卖方同样聪明机智,他们都能够接触到同样的信息,但新的经济、政治消息是随意出现的,并不会固定地流入市场。这些消息的进入使分析人士重新估计股票的价值而作出买卖决策,并致使股票价格发生变化。但这些消息有时无迹可寻,是突然而来的,事前并没有人能够预告估计,证券价格走势的推测就不能成立。而且既然所有证券市场的价格反映其基本价值,这个价值是公平的、由买卖双方决定,这个价值就不会再出现变动,除非有突发事件如战争、收购、合并、加息减息、石油战等,这时股价才会再次波动。但下一次的消息是利好还是利空大家都不知道,所以股票价格是没有记忆系统的。昨日涨并不代表今日涨;今日跌,明日可以涨亦可以跌。每日与第二日之间的升跌并不相关。就好像掷硬币一样,这次掷出的是正面,并不代表下一次掷出的又是正面,下一次掷出的是正面或反面的概率各占50%,也没有人会知道下一次一定是掷出正面或反面。既然股价是没有记忆系统的,企图用股价波动找出一个原理去战胜市场、赢得大市,注定失败。因为股票价格完全没有方向,随机漫步。我们无法预知股市去向,没有人一定是赢家,也没有人一定会输。由此可见,技术分析的第二个假设的成立也有其或然性,证券价格的运行是遵循趋势还是随机漫步尚待研究。

(三)第三个假设反映了证券投资市场上的真实情形

第三个假设比较合理,且在一定程度上反映了证券投资市场上的真实情形。证券交易价格的统计结果对交易者的心理影响是很大的。从唯物辩证法的角度来分析,运动是永恒的,静止是相对的,世间万事万物总是在不断发展变化之中。哲学家说,一个人不可能两次踏入同一条河,每天升起的太阳都是新的。证券市场的情况也是如此,比如,股票市场是变化无常的,其价格走势也不可能有完全相同的情况在重复,差异总是或多或少地存在。

技术分析能为我们提供建仓时机和点位,但是需要明白,所有的技术指标都是对历史数据进行的分析统计,具有滞后性,是很难准确预测未来行情的。技术分析的作用在于,发现当前价格在历史中处于何种水平,从而为我们提供建仓时机和点位。所以不要轻信一些分析师对行情的预测,一个好的分析师是不会轻易去预测行情的,他们只关注价位所处的状态是在趋势中还是在震荡中。

技术分析认为,只要关注价格趋势的变化及成交量的变化就可以找到盈利的线索。技术分析的目的不是为了"跟庄",而是为了寻找买入、卖出、止损信号,并通过资金管理而在风险市场中长期稳定获利。与技术分析相对应的是基础分析，又称基本面分析。但是注意，基本面分析不等于基本面。基本面是指一切影响供需的事件。基本面分析则是指对这些基本事件进行归纳总结，最终来确定标的物的内在价值。当标的物的价格高于标的物的价值时，被称为价值高估，在交易中需减持；反之，如果价格低于价值则被称为价值低估，在交易中需买入。从交易实践来看，技术分析方法要领先于基础分析方法，在操作上技术分析更为实用。最后补充一下，无论是技术分析还是基础分析都不是“跟庄”的工具，“跟庄”的本质是一种交易作弊行为，跟庄者认为庄家能战胜市场；而对于一位严谨的技术分析者而言，庄家的作用并不是决定性的，跟庄者无须跟随他，因为事实上，庄家并不能改变市场自身的运行规律，并没有什么庄家能战胜市场。

四、技术分析的方法

技术分析的方法有许多，从不同角度对证券市场的行为进行分析，寻找和发现其中不直接显露出来的实质性内容，是进行证券投资技术分析最基本的出发点。由于不同的分析人士会运用不同的方法和技巧，从不同角度对证券市场的行为进行分析，技术分析方法也就千变万化，各有不同。技术分析一般都是在价、量的历史资料基础上进行的统计、数学计算、绘制图表。不管技术分析方法是如何产生的，人们最关心的是它的实用性，因为我们的目的是用它来预测未来价格走势，从而为投资决策服务。目前，投资市场上最常见的技术分析方法，一般来说，大体有以下五大类，即技术指标法、切线法、形态法、K线法、波浪理论。

（一）技术指标法

所谓技术指标法，就是应用一定的数学公式，对原始数据进行处理得出指标值，并将指标值绘成图表，从定量的角度对股市进行预测的方法。这里的原始数据指开盘价、最高价、最低价、收盘价、成交量和成交金额等。技术指标法的本质是通过数学公式产生技术指标。这些指标反映了股市的某些方面深层次的内涵，这些内涵仅仅通过原始数据是很难看出的。技术指标法是一种定量分析方法，它克服了定性分析方法的不足，极大提高了具体操作的精确度。尽管这种分析不是完全准确，但至少能在我们采取行动前从数量方面给予帮助。

技术指标法主要是通过考察市场行为的各个方面，建立一个数学模型，给出数学上的计算公式，得到一个体现证券市场的某个方面内在实质的数字，这个数字叫指标值。指标值的具体数值和相互间的关系，直接反映证券市场所处的状态，为我们的操作行为提供指导。指标反映的东西大多是无法从行情报表中直接看到的。目前，证券市场上的各种技术指标数不胜数，例如，相对强弱指标（RSI）、随机指标（KD）、趋向指标（DMI）、平滑异同移动平均线（MACD）、能量潮（OBV）、心理线（PSY）、乖离率（BIAS）等。这些都是很著名的技术指标，在证券市场应用中长盛不衰。而且，随着时间的推移，新的技术指标还在不断涌现。

（二）切线法

切线法是按一定方法和原则在根据股票价格的数据所绘制的图表中画出一些直线，然后根据这些直线的情况推测股票价格的未来趋势，这些直线就叫切线。切线主要是起支撑和压力的作用。支撑线和压力线的延伸对价格趋势起一定的制约作用。一般来说，股票价格在上升的过程中，一触及压力线，甚至远未触及压力线，就会调头向下。同样，在股价下跌的过程中，在支撑线附近就会转头向上。另外，如果触及切线后没有转向，而是继续向上或向下，这就叫突破。突破之后，这条切线仍然有实际作用，只是名称和作用变了：原来的支撑线变成压力线，原来的压力线变成支撑线。切线分析主要就是依据切线的这个特性。切线的画法是最为重要的，画得好坏直接影响预测的结果。目前，画切线的方法有很多种，主要有趋势线、通道线等，此外还有黄金分割线、甘氏线、角度线等。

（三）形态法

形态法是根据价格图表中，过去一段时间股票价格走过的轨迹形态来预测股票价格未来趋势的方法。技术分析第一条假设告诉我们，市场行为包括一切信息。价格走势的形态是市场行为的重要组成部分，是证券市场对各种信息的具体表现，用价格图的轨迹或者形态来推测股票价格的未来走势是有道理的。从价格轨迹的形态中，我们可以推测出证券市场处在一个什么样的大环境之中，由此对我们今后的投资给予一定的指导。主要的形态有 M 头、W 底、头肩顶、头肩底等十几种。

（四）K 线法

K 线法是通过制图手段，将证券市场行为具体体现在一系列的图表上，其研究方法是侧重于用若干天的 K 线组合情况，推测证券市场多空双方力量的对比，进而判断证券市场多空双方谁占优势。K 线图是进行各种技术分析时会用到的最重要的图表。单独一天的 K 线形态有十几种，若干天的 K 线组合种类就无法计数了。人们经过不断地总结经验，发现了一些对股票买卖有指导意义的组合，而且，新的研究结果正不断地被发现、运用。K 线最初是由日本人在德川幕府时期，用以记录米市交易行情而发明的，后在东亚地区广为流行，许多股票投资者进行技术分析时往往首先接触的就是 K 线图。

（五）波浪理论

波浪理论最早出现于 1978 年美国人查尔斯 · J. 柯林斯（Charles J. Collins）发表的专著《波浪理论》中。波浪理论的实际发明者和奠基人是拉尔夫 · 纳尔逊 · 艾略特（Ralph Nelson Elliot），他在 19 世纪 30 年代就有了对波浪理论最初的想法。波浪理论是较为典型的股价循环周期理论的具体化，它把股价的上下变动和不同时期的持续上涨、下跌看成是波浪的上下起伏。波浪的起伏遵循自然界的规律，股票的价格运动也就遵循波浪起伏的规律。简单地说，例如，上升是 5 浪，下跌是 3 浪时，数清楚了各个波浪就能准确地预见到：熊市什么时候接近尾声，牛市什么时候来临，或是牛市已到了强弩之末，熊市即将来到。波浪理论较之于别的技术分析流派，最大的区别就是能提前很长的时间预计到行情的底和顶，而别的流派往往要等到新的趋势已经确立之后才能看到。但是，波浪理论又是公认的较难掌握的技术分析方法。

以上五类技术分析流派从不同的方面理解和考量股票市场，有的注重长线，有的注重短线；有的注重价格的相对位置，有的注重绝对位置；有的注重时间，有的注重价格。

五、应用技术分析时要注意的问题

技术分析方法的确能够帮助投资者正确地选择和研判证券投资的时机，作出正确的投资选择。但正如我们前面所阐述的，技术分析是有其理论前提和局限性的，在投资人运用技术分析手段进行投资分析时，应特别注意对以下几个方面内容的把握。

（一）不能单纯运用技术分析进行研判

不能单纯运用技术分析方法来进行行情趋势的研判，技术分析必须与基本分析结合起来使用，这样才能提高其准确程度，否则单纯的技术分析结论是不全面的。技术分析说到底仅是对证券市场行为单方面的研判，侧重于对市场的交易信息的研究，在成熟和均衡的市场状况下，对投资决策有一定的帮助；但对于类似于我们国家这种刚刚兴起的不成熟市场，由于市场突发消息较频繁，人为操纵的因素较大，仅靠过去和现在的数据、图表去预测未来是不可靠的，这方面的例子举不胜举。事实上，在中国的证券市场上，技术分析依然有非常高的预测成功率。这里，成功的关键在于不能机械地使用技术分析，除了在实践中不断修正技术分析外，还必须结合基本分析来使用技术分析。

(二)注意用多种技术分析方法

应注意用多种技术分析方法进行综合研判，切忌片面地使用某一种技术分析手段分析得出的结果。任何技术分析方法和手段至今来看，都不是完美无缺的，这也是证券投资市场中众多投资者所共同认可的。使用技术分析方法的投资者需要全面考虑技术分析的各种方法来对未来作出预测，汇总并归纳这些方法得到的结果，最终得出一个合理的多空双方力量对比的结论。实践证明，单纯使用一种技术分析方法有相当的局限性和盲目性。

(三)技术分析的结论要不断修正，并在实际中检验

每个技术分析的结论要通过不断修正，并经实践验证后才能放心地使用。由于证券市场的财富效应能够给投资者带来巨大的收益，多年来研究证券投资技术分析者不断涌现，分析的方法各异，使用同一分析方法的风格也不同。前人和别人的结论是在一定的特殊条件下和特定环境中得到的，随着环境的改变，前人和别人成功的方法到自己这里也有可能会失败。因此，不能机械地照搬照套别人技术分析的结论和做法，要在实践中不断修正技术分析参数，对技术分析结论反复斟酌，这样才能使自己的分析结论更加可靠。

(四)技术分析是一种工具，决定技术分析结论的是人

对技术分析不要抱有过高的期望。证券投资技术分析中的许多技术参数是人为设定的，不同的分析者，选用的参数与标准不同，可能最终的分析结论也会迥异。过于倚重技术分析的结论可能会使分析者误入歧途，况且，证券市场中还有许多其分析能力所不可企及的地方，也不是在任何环境和条件下都可以运用的。

第二节　市场行为的四个要素：价、量、时、空

一、技术分析的要素

证券市场中，价格、成交量、时间和空间(简称价、量、时、空)是技术分析的要素。这几个因素的具体情况和相互关系是进行正确分析的基础。市场行为最基本的表现就是成交价和成交量。过去和现在的成交价、成交量涵盖了过去和现在的市场行为。技术分析就是利用过去和现在的成交量、成交价资料，以图形和指标分析工具来分析、预测未来的市场走势。在某一时点上的价和量反映的是买卖双方在这一时点上的市场行为，是双方的暂时均势点。随着时间的推移，均势会不断发生变化，这就是价量关系的变化。一般来说，买卖双方对价格的认同程度通过成交量的大小得到确认：认同程度低，分歧大，成交量小；认同程度高，分歧小，成交量大。双方的这种市场行为反映在价、量上就往往呈现出这样一种趋势规律：价升量增，价跌量减。根据这一趋势规律，当价格上升时，成交量不再增加，意味着价格得不到买方确认，价格的上升趋势就会改变；反之，当价格下跌时，成交量萎缩到一定程度就不再萎缩，意味着卖方不再认同价格会继续往下降，价格下跌趋势就会改变。成交价、成交量的这种规律是技术分析的合理性所在，因此，价、量是技术分析的基本要素，一切技术分析方法都是以价、量关系为研究对象的，目的就是分析、预测未来的价格趋势，为投资决策提供服务。在进行行情判断时，时间有着很重要的作用。一个已经形成的趋势在短时间内不会发生根本改变，中途出现的反方向波

动，对原来趋势不会产生大的影响。一个形成了的趋势又不可能永远不变，经过了一定时间又会有新的趋势出现。循环周期理论着重关心的就是时间因素，它强调了时间的重要性。此外，从某种意义上讲，波动空间可以被认为是价格的一方面，指的是价格波动能够达到的极限。

在股票市场中，价格、成交量、时间和空间是进行分析时的四大要素。这四大要素之间的相互关系是进行正确分析的基础。技术分析是证券市场投资分析中最常见的分析方法，而在分析内容上正是主要选取成交量、成交价格、时间背景、价格运行的空间，即通常意义上所说的价、量、时、空四个方面来进行展开的。

(一)技术分析的内容

1. 成交量

用个股或大盘的成交量来研判市场的状态时，成交量大说明市场上获利机会较多，成交量小说明市场上获利机会较少。一般而言，股票市场上的许多技术指标，包括成交价格都有可能是主力或庄家通过一定的手法来操纵形成的，但成交量往往反映了市场真实的情况。成交量的产生是需要一定的交易成本的，因此，成交量的增减是市场交投变化的实际反映。没有分析成交量的技术分析就好像是闭着眼睛射箭，当然很难命中目标。

2. 成交价格

关注成交价格时主要应当关注价格及其运行的趋势。价格是最能够直接反映市场供求状况的指标。在技术分析中，分析得最多的、最普遍的内容就是成交价格。成交价格的变动是投资人获得资本利得收益的唯一来源，在投资中在股息红利收益既定的条件下，成交价格的变化及变化趋势，就成了投资人最关注的焦点，当然也就是技术分析中的焦点内容。

3. 时间背景

时间在技术分析中指的是完成某个过程所用的时间长短，通常指一个波段或一个升降周期所经过的时间。在任何一个证券市场中，证券价格的波动都有一定的时间周期特征，而且因市场性质的不同，不同国家和地区的证券市场的表现会有所不同。

4. 价格运行的空间

这里的“空间”通常指价格升降所能够达到的程度，它反映了一个市场上价格运行变化的能量大小。如果受到某些因素的影响或是出现突发性事件，股票内在价值发生了根本性的变化，或是股票市场的供求关系在短期内发生了实质性的转变，股价就会出现大幅度的飙升或暴跌。如果短时间内聚集的能量巨大，股价上升或下降的空间就会很大，价格的运行空间就会被打开；否则，证券价格的运行会被限制在一定的波动区间内。价格的波动范围在一定的时间段内能反映出价格运行的空间。

(二)价、量、时、空的关系

技术分析的四个要素间是相互联系、相互依存的，它们之间存在着密切的联系，投资者在进行技术分析的过程中，必须要将它们联系起来进行分析。

1. 价与量的关系

成交价格与成交量间的关系是众多关系中最重要的，也是技术分析者应当十分关注的。一般来说，价量间的关系无外乎有价涨量增、价涨量减、价跌量增和价跌量减这四种状态。

价涨量增应顺势推动，一般来说，股票价格会随着成交量放大而出现上升势头，如果成交量配合性放大，可以看作是多头信号，意味着股价在以后相当长的一段时间内可能还会继续上扬。特别是在证券价格上涨趋势的初期，若成交量也随之放大，显示涨势已成，投资者要追买。但若股价经过一段大涨之后，突然出现极大的成交量，价格却未能进一步上涨，此时就要留心了。通常这种情况表示多头转弱，空头压力日增，行情随时将反转。所以这里的价涨量增是指价格上涨的同时，成交量配合性放大，强调“配合性”增长；但如果成交量放得过大，就有庄家出货的嫌疑了。

价涨量减呈背离现象，多少意味着股价偏高，跟进意愿不强，所谓“曲高和寡，乏人跟进”。这种现象多出现在反弹行情中，多为短空回补所致。此时要对日后成交量变化加以观察，若继续上涨，成交量也增加，则有上涨行情；反之，则应酌情减少手中持股数，以免高位套牢。

价跌量增则对市场有待观察。在股票市场上如果出现这种情况，在不同的时期，证券价格在不同的水平上所反映的含义有所不同。成交量萎缩，说明投资者仍在观望，如果指数或价格是刚从高位滑落，均可视为主力出货，是空头的典型信号；如果是在跌势中，且价格已经下跌了许多，表示在逐渐筑底；如果发生在涨势初期，显示已经有主力大户介入，随时可能有大变化。

价跌量减情况所体现的情况各异。总体来看，证券价格下跌，且成交量也相应缩减，说明投资者的投资意愿不强，绝大多数情况下，后市难以乐观。但如果是指数或价格刚从高位滑落，成交量与价格配合性减少，也有可能是上升过程中的回档，要看后市股票价格的走势变化，如果短期内股价走势为上涨，则不可完全看空。还有就是指数或价格已上涨或下跌很久，出现了价跌量减的走势，当日的下影线比上影线要超出许多，且次日股价能够超过前日的最高点的话，其价格走势有望于近期内转跌为升。

2. 时间与空间的关系

时间与空间这对技术分析要素的联系，多与循环周期理论有关，反映的是市场的价格起伏的内在规律和事物发展的周而复始的特征，体现了市场能量由小变大、再由大变小的过程。升久必跌，跌久必升，这是证券市场不变的规律。许多技术分析理论和假说都认为，股票市场的价格变化呈现出周期性变化规律，甚至涌现出了诸如“太阳黑子说”、康克狄夫大波浪周期理论、十八年周期论、九年周期论等一大批关于股市周期循环的理论。但无论哪一种假说，都说明了一个问题，就是随着时间的推移，股票市场价格总是在一个既定的价格空间范围内起伏变化，反映了时间与空间在股价运行中的关系。

3. 时间、空间与价格趋势的关系

时间、空间与价格走势的关系，可从短线和长线投资角度分析。一般来说，时间持续越长，证券价格变化的空间可能就会越大，正如股票价格在一天内的波动幅度，一般而言，总是比它在1年乃至10年内的波动幅度小。对于短线投资者而言，可能对周期性变化规律关注得少，更关注的是短期内证券价格上升或下降的空间有多大；而相对于中长线投资者而言，空间与时间在证券价格表现上的关系就显得格外重要。一般来说，时间长、证券价格波动空间大的过程，对今后价格趋势的影响和预测作用也大；时间短、波动空间小的过程，对今后价格走势的影响和预测作用也小。

二、量价关系理论

在技术分析中，研究量与价的关系占据了极重要的地位。成交量是推动股价上涨的原动力，市场价格的有效变动必须有成交量配合，量是价的先行指标，是测量证券市场行情变化的“晴雨表”，通过其增加或减少的速度可以推断多空战争的规模大小和指数、股价涨跌幅度。然而到目前为止，人们并没有完全掌握量价之间的准确关系。这里仅就目前常用的量价关系理论进行介绍。

(一)成交量与股价趋势——葛兰碧九大法则

葛兰碧(Granville)在对成交量与股价趋势关系研究之后,总结出下列九大法则。

(1)价格随着成交量的递增而上涨为市场行情的正常特性,此种量增价升的关系,表示股价将继续上升。

(2)在一个波段涨势中,股价会随着递增的成交量而上涨,突破前一波的高峰,创下新高价,继续上扬。然而,此阶段股价上涨的整个成交量水平却会低于前一个波段上涨时期的成交量水平。此时若股价创出新高,但量却没有突破,则此阶段股价涨势令人怀疑,同时也是股价趋势潜在反转的信号。

(3)股价会随着成交量的递减而回升,即股价上涨,成交量却逐渐萎缩。成交量是股价上升的原动力,原动力不足显示出股价趋势中有潜在的反转信号。

(4)有时股价会随着缓慢递增的成交量而逐渐上升,渐渐地,走势突然成为垂直上升的喷发行情,成交量急剧增加,股价跃升暴涨;紧随着此波走势的是成交量大幅萎缩,同时股价急速下跌。这种现象表明涨势已到末期,上升乏力,显示出趋势有反转的迹象。反转所具有的意义,将视前一波股价上涨幅度的大小及成交量增加的程度而言。

(5)股价走势因成交量的递增而上升是十分正常的现象,并无特别暗示趋势反转的信号。

(6)在一波长期下跌形成谷底后,股价回升,但成交量并没有随股价上升而递增,导致股价上涨欲振乏力,然后再度跌落至原先谷底的价位附近,或高于谷底。当第二谷底的成交量低于第一谷底时,是股价将要上升的信号。

(7)股价下跌相当长一段时间后,市场出现恐慌性抛售,此时随着日益放大的成交量,股价会大幅度下跌;继恐慌性卖出之后,股价可能上涨,同时恐慌性卖出所创的低价,将不可能在极短的时间内被突破。因此,随着因恐慌大量卖出之后,往往是(但并非一定是)空头市场的结束。

(8)股价下跌,向下突破股价形态、趋势线或移动平均线,同时出现大额成交量,是股价下跌的信号,明确体现下跌的趋势。

(9)当市场行情持续上涨数月之后,出现急剧增加的成交量,而股价却上涨乏力,在高位整理,无法再大幅上升,显示了股价在高位抛压沉重,上涨遇到了强阻力,此为股价下跌的先兆,但股价并不一定必然会下跌。另外,当股价连续下跌之后,在低位区域出现大成交量,而股价却没有进一步下跌,仅出现小幅波动,此即表示有投资者在进货,通常是上涨的前兆。

(二)涨跌停板制度下的量价关系分析

由于涨跌停板制度限制了股票一天的涨跌幅度,使多空的能量得不到彻底的释放,容易形成单边市。很多投资者存在追涨杀跌的意愿,而涨跌停板制度下的涨跌幅度比较明确,在股票接近涨幅或跌幅限制时,很多投资者可能经不起诱惑,挺身追高或杀跌,这会形成涨时助涨、跌时助跌的趋势。而且,涨跌停板的幅度越小,这种现象就越明显。目前,在沪、深证券市场中,ST 板块的涨跌幅度由于被限制在 5%,因而它的投机性是非常强的,涨时助涨、跌时助跌的现象最为明显。

在实行涨跌停板制度下,大涨(涨停)和大跌(跌停)趋势的继续,是以成交量大幅萎缩为条件的。拿涨停板时的成交量来说,在以前,看到价升量增,我们会认为价量配合好,涨势形成或会继续,可以追涨或继续持股;如上涨时成交量不能有效配合放大,说明追高意愿不强,涨势难以持续,应不买或抛出手中股票。但在涨跌停板制度下,如果某只股票在涨停板时没有成交量,那是卖主目标更高,想今后卖出个好价钱,因而不愿意以此价抛出,买方买不到,所以才没有成交量。第二天,买方会继续追买,因而会出现续涨。然而,当出现涨停后中途打开,而成交量放大，说明想卖出的投资者增加，买卖力量发生变化，下跌在即。

类似地，价跌量缩说明空方惜售，抛压不大，后市可看好；若价跌量增，则表示跌势形成或继续，应观望或卖出手中的筹码。在涨跌停板制度下，若跌停，买方寄希望于明天以更低价买入，结果在缺少买盘的情况下成交量小，跌势不止；如果收盘仍为跌停，但中途曾被打开，成交量放大，说明有主动性买盘介入，跌势有望止住，盘升有望。

在涨跌停板制度下，量价分析基本判断为：

(1)涨停量小，将继续上扬；跌停量小，将继续下跌。

(2)涨停中途被打开次数越多、时间越久、成交量越大，反转下跌的可能性越大；同样，跌停中途被打开的次数越多、时间越久、成交量越大，则反转上升的可能性越大。

(3)涨停关门时间越早，次日上涨可能性越大；跌停关门时间越早，次日下跌可能性越大。

(4)封住涨停板的买盘数量大小和封住跌停板的卖盘数量大小说明买卖盘力量大小。这个数量越大，继续当前走势的概率越大，后续涨跌幅度也越大。

不过，要注意庄家借涨停板制度反向操作。比如，他想卖，会先以巨量买单挂在涨停价位处，因买盘量大集中，抛盘措手不及而惜售，股价少量成交后收涨停。自然，原先想抛的就不抛了，而这时有些投资者以涨停价追买，此时庄家撤走买单，填卖单，自然成交。当买盘消耗差不多了，庄家又填买单接涨停价位处股票，以进一步诱多；当散户又追入时，他又撤买单再填卖单……如此反复操作，以达到高挂买单虚张声势诱多，在不知不觉中悄悄高位出货。

反之，庄家想买，他会先以巨量在跌停价位处挂卖单，吓出大量抛盘时，他先悄悄撤除原先卖单，然后填写买单，吸纳抛盘。当抛盘吸纳将尽时，他又抛巨量股票在跌停价位处，再恐吓持股者，以便吸纳……如此反复。所以，在此种情形下，巨额买卖单多是虚的，不足以作为判断后市会继续先前态势的依据。判断虚实的根据为是否存在频繁挂单、撤单行为，涨跌停是否经常被打开，当日成交量是否很大。若回答为是，则这些量必为虚；反之，则为实，从而可依先前标准做出判断结论。

【案例】 巴林银行倒闭

1995 年 2 月 26 日，一条消息震惊了整个世界金融市场。具有 230 多年历史、在世界 1 000 家大银行中按核心资本排名第 489 位的英国巴林银行，因进行巨额金融期货投机交易，造成 9.16 亿英镑的巨额亏损，在经过英格兰银行的拯救失败之后，被迫宣布破产。后经英格兰银行的斡旋，同年 3 月 5 日，荷兰国际集团(ING)以 1 美元的象征性价格，宣布完全收购巴林银行。

请查找资料分析巴林银行倒闭的原因是什么。

本章概念

三大假设　波浪理论　葛兰碧九大法则

思考题

1. 技术分析是建立在哪三大假设之上的？
2. 为什么在弱式有效市场技术分析无效？
3. 技术分析的四大要素是什么？它们各有什么特点？

第十一章

证券投资技术分析理论方法

本章重点内容

- ✔ 道氏理论
- ✔ 支撑压力
- ✔ 股票形态分析
- ✔ BOLL 指标

学习目标

· 熟悉趋势指标

本章主要介绍证券投资技术分析的基本理论和方法。通过本章的学习,要求学生掌握和了解证券投资技术分析理论,主要是道氏理论、支撑压力和形态理论,在理解的基础上能综合应用各类技术分析方法为投资决策服务。

第一节 道氏理论

一、道氏理论简介

道氏理论是所有市场技术研究的鼻祖。虽然现在已经是计算机的天下,大量崭新的且具有说服力的技术指标层出不穷,但道氏理论仍有一席之地。尽管它经常因为"反应太迟"而受到批评,并且有时还受到那些拒不相信其判定的人士的讥讽(尤其是在熊市的早期),但只要对股市稍有经历的人都对它有所耳闻,并受到大多数人的推崇。

道氏理论的形成经历了几十年。1902 年,在查尔斯·亨利·道(Charles Henry Dow)去世以后,威廉姆·彼得·汉密尔顿(William Peter Hamilton)和罗伯特·雷亚(Robert Rhea)继承了道氏理论,并在其后有关股市评论的写作过程中,加以组织与归纳而成为今天我们所见到的理论。他们所著的《股市晴雨表》、《道氏理论》成为后人研究道氏理论的经典著作。

值得一提的是,这一理论的创始者——查尔斯·亨利·道,声称其理论并不是用于预测股市的,甚至不是用于指导投资者的,而是一种反映市场总体趋势的晴雨表。大多数人将道氏理论当作一种技术分析手段——这是非常遗憾的一种观点。其实,道氏理论的最伟大之处在于其宝贵的哲学思想,这是它全部的精髓。雷亚在所有相关著述中都强调,道氏理论在设计上是一种丰富投机者或投资者知识的工具,并不是可以脱离经济基本条件与市场现状的全方位的严格技术理论。根据定义，道氏理论是一种技术理论；换言之，它是根据对价格模式的研究，推测未来价格趋势的一种方法。

二、道氏理论的基本原则

道氏理论的六项基本原则：平均价格包容消化一切因素；市场具有三种趋势；大趋势可分为三个阶段；各种平均价格必须相互验证；交易量必须验证趋势；唯有确切的反转信号发出，才能表明原有趋势的结束。下面针对各项原则进行详细说明。

（一）平均价格包容消化一切因素

这个原则表明，所有可能影响供求关系的因素都必须由平均市场价格来表现，天灾也不例外，像地震、洪灾等自然灾害也被囊括其中；并且，这些自然灾害事先都无法预料到，一旦发生，就会很快被市场通过价格变化消化吸收掉。

（二）市场具有三种趋势

道氏理论对趋势的定义是，只要相继出现的上冲价格的波峰和波谷都对应地高过前一个波峰、波谷，那么市场就处在上升趋势之中。换言之，上升趋势必须体现在依次上升的峰和谷上；相反，下降趋势则以依次下降的峰和谷为特征。

道氏理论将趋势分成三类：主要趋势、次要趋势和短暂趋势。三种趋势中最重要的是主要趋势，其次是次要趋势，短暂趋势是唯一可以被操纵的，没有研究价值，即抓主要趋势、参与次要趋势、放弃短暂趋势。因为次要趋势的运行时间、幅度等具有相对不确定性，在识别上比主要趋势要难，风险相对要大，所以对大方向向下的次级反弹仅可适当参与。道氏用大海来比喻这三种趋势，把它们分别对应于潮汐、浪涛和波纹。

1. 主要趋势向上是牛市，向下是熊市，每个趋势分三个阶段。

(1)主要趋势向上(牛市)的三个阶段

①第一阶段。

第一阶段的上升是当股价很低，通常经济也处于低潮的时候，具有远大眼光的投资者进行股票收集，趁低价买入。眼光远大的投资者在低价买入是推动股价在主要趋势第一阶段向上的原动力和主要原因。

②第二阶段。

公司的业绩开始改善，投资者信心恢复，经济低潮已经过去，股市低迷也因此成为过去，投资者对经济前景更加有信心，争相入市买股票，因此促成股价和指数上升。

③第三阶段。

这时上升的原动力不一定是企业盈利的改善，吸引投资者买入的原因是所有的消息都是利好的，所有的金融报道、分析差不多都只有好消息，即使有坏消息也会被当成是好消息，股市便因被大家看好，大家争相入市买股、抢股，而指数不断上升。这时，投机的气味开始浓厚。

(2)主要趋势向下(熊市)的三个阶段

①第一阶段。

最初出现下跌的原因是，当股价已经很高时，眼光远大的投资者认为企业的盈利根本不足以维持这样高的股价，于是开始在股票市场派发股票。派发对象是一些基金大户的话，股价通常会在大量沽盘出现之时，由升变跌。第一次下跌的原动力是聪明投资者高位派发，使指数回落。

②第二阶段。

其他投资者也发觉企业的盈利能力被大大地高估了，害怕股价仍会有很大的下跌空间，于是争相卖出手中股票。

③第三阶段。

通常这时候距主要趋势向下的第一阶段股价及指数下跌之时，已经有一段时间，但这时的企业盈利不但没有改善、提高，反而越来越差，经济金融消息差不多都是利空消息，使人心灰意冷，将手中的股票卖掉。

2. 次要趋势

次要趋势（或称中趋势）代表主要趋势中的调整，通常持续三个星期到三个月。这类中等规模的调整通常可回撤到介于先前趋势的三分之一到三分之二之间的位置。通常回撤约为一半，即百分之五十。

3. 短暂趋势

短暂趋势（或称小趋势）通常持续不到三个星期，是中趋势中的较短线的波动。

（三）大趋势可分为三个阶段

第一阶段，又称积累阶段。以熊市末尾、牛市开端为例，此时所有经济方面的所谓坏消息已经为市场所包容消化，于是那些最机敏的投资者开始精明地逐步买进。第二阶段，商业新闻趋暖还阳，绝大多数技术性顺应趋势的投资者开始跟进买入，从而价格快速上扬。第三阶段，即最后一个阶段，报纸上好消息连篇累牍，经济新闻捷报频传，大众投资者积极入市，买卖活跃，投资性交易量日益增长。

（四）各种平均价格必须相互验证

具体而言，该原则是指工业股指同铁路股指应相互验证。除非两个平均价格都同样发出看涨或看跌信号，否则就不可能发生大规模的熊市或牛市。换句话说，为了标志牛市的发生，两种平均价格都必须涨过各自的前一轮“波浪”（中趋势）的峰值。如果只有一个平均价格突破了前一个高峰，那还不是牛市。

（五）交易量必须验证趋势

道氏认为交易量分析是第二位的，但其作为验证价格信号的指标具有重要价值。简而言之，当价格在顺着大趋势变化的时候，交易量也应该相应递增。如果大趋势向上，那么价格上涨的同时，交易量应该日益增加；当价格下跌时，交易量应该日益减少。在下一个趋势，情况正好相反，当价格下跌时，交易量放大；而价格上涨时，交易量则萎缩。必须强调，交易量是处于第二位的参照指标，道氏理论实际使用的买卖信号完全是以收市价格为依据的。

（六）唯有确切的反转信号发出，才能表明原有趋势的结束

它表明了一个既成趋势具有惯性，通常要继续发展。

三、道氏理论的三个假设

道氏理论有极其重要的三个假设，与人们平常所看到的技术分析理论的三大假设有相似的地方，不过在这里，道氏理论更侧重于其对市场含义的理解。

（一）假设1

人为操纵。指数或证券每天、每星期的波动可能受到人为操纵，次级折返走势也可能受到这方面的影响，比如常见的调整走势，但主要趋势不会受到人为操纵。

（二）假设2

市场指数会反映每一条信息。例如，每一位对于金融事务有所了解的市场人士，他所有的希望、失望与知识，都会反映在上证综指与深圳成指或其他的指数每天的收盘价中。因此，市场指数永远会适当地体现事件的影响。如果发生火灾、地震、战争等灾难，市场指数也会迅速地加以体现。

（三）假设 3

道氏理论是客观化的分析理论。这是指利用它协助投机或投资行为时，需要深入研究理论本身，并作客观判断。当过分凭个人主观使用它时，就会不断犯错、不断亏损。

四、道氏理论的核心思想

道氏理论有三个核心思想，即三重运动原理、相互验证原则和投机原理。

三重运动原理是道氏思想的核心。这个原理发源于自然法则，其中高级别的基本运动规律能够为我们所把握，而日常波动这样低级别的运动具有很强的随机性，不能为我们所把握。这是由于它们的运动机理不同。这个原理告诉我们，市场的主要趋势是可以预测的，但具体运动轨迹又是测不准的。

相互验证原则是道氏理论的第二个核心，尽管基本运动能够为我们所知，但是通过一种方式得出的结果，必须用另一种方式得出的结果来验证，这个原则的思想是通过相互背离来否定错误的结论，并通过它们的一致性来验证正确的市场走势，只有被证明了的结论才是正确的。

道氏理论的第三个核心是投机原理。市场之所以可以被我们预测，是由于市场中具有投机性，投机性是市场的基本属性之一，如果没有投机性，市场就不存在了。道氏理论所提出的投机原理是我们一直所忽略的，或者说我们一直将投机视为非市场属性。

市场会按一定的不规则的周期运动，但是政府总是想对市场中的错误进行纠正，而政府的干预通常会酿成更大的错误，结果反而加重了市场的大起大落。历史上构成市场最大错误的就是战争，战争爆发之前会导致市场暂时的虚假繁荣，随后陷入严重的经济衰退。投机也可分为 3 个级别，市场中的自然经济行为是一种常见的投机，政府的干预是造成市场大起大落的投机，而战争更是疯狂投机。投机行为必然会带来错误，而一系列的错误产生了趋势，价格的波动就是对原来错误价格的否定，向着正确的方向运动，甚至可以说，历史是由错误推动的。

下面对道氏理论的三个核心思想具体展开论述。

（一）三重运动原理

在三重运动原理中，道氏将市场的走势分为三种运动，即基本运动、次级运动以及日常波动。市场的基本运动是可以被预测的，预测次级运动时很容易被欺骗，而日常运动是随机漫步的、不可预测的。因此，市场的主体趋势是可以被预测的，而每一次价格波动的时间和位置又是测不准的。必然当中有偶然，偶然中又有必然，这是一种辩证的思想方法。

道氏理论正确地指出，市场行为是一种发源于自然人心理的行为，它是有规律的，但无法简单地衡量，但在几率的层面上却有高度的可预测性。道氏理论的这一原理体现了市场是可以被预测的，但又是测不准的这样一个辩证思想，而这也正是道氏理论的灵魂。如果了解什么是趋势，趋势何时变化，就可以避免去精确预测某一价格出现的时间和位置这样无谓的探索。据说江恩可以准确预测市场，但是从他的晚年境况看，他最终也失败了。

在结构上，三重运动是指基本的上升或下降运动、次级下跌或反弹运动以及永不停歇的日常波动。在股票市场的发展过程中同时存在着这三种运动，彼此的方向可能相同也可能相反。在可预测性方面，高级别的基本运动是最重要的，基本运动的规律能够为我们所把握，次级运动带有一定的欺骗性，虽然可以被认识，但是难以准确把握，而日常波动这样低级别的运动具有很强的随机性，根本不可能被我们所把握。这是由于三个级别运动的机理不同。在时间上，日常波动持续数天至数个星期；次级运动持续数个星期至数个月；基本运动持续数个月至数年。在任何市场中，这三种趋势必然同时存在。

股价的第一级波动，即主级正向波，是最为重要的价格波动形式，是投资者获取战略性利润的基础，这也正是我们通常所说的牛市或熊市。第二级波动，即次级逆向波，是最具欺骗性的波动，是市场得以存在的基础，是绝大部分投资者亏损失败的陷阱，也正是我们通常所说的调整或反弹。第三级波动，即日间杂波，是最无意义的价格波动，是诱惑投资者不断参与的诱饵，也正是我们通常所说的盘中即时股价走势。对日间杂波走势目前无法寻找到规律，今后也可能无法寻找到。从本质上看，它具有最大的随意性、不确定性和人为操纵性。

这个原理也适用于投机者，但他不会在次级折返走势中持有反向头寸：他的操作目标是顺着中期趋势的方向建立头寸。投机者可以利用短期趋势的发展，观察中期趋势的变化征兆。他的心态虽然不同于投资者，但辨识趋势变化的基本原则相当类似。然而，如果希望精确掌握中期趋势，则必须了解它与长期（主要）趋势之间的关系，不过这种方式不是道氏所赞成的。

道氏理论正确地指出了在股票市场中同时存在着三种确定的运动——上升或下降的基本运动，不时让前者中断的次级下跌或反弹（视具体情况而定），以及无法预测的日常波动。正如道氏指出的那样，在股票市场的基本运动和次级运动的过程中自始至终都存在着一种明显的日常波动。正是从这个意义上说，平均指数对于个股的投机活动具有欺骗性。

但是道氏还是坚信，大部分股市投资者钟情于市场的主要方向，所以道氏理论的着眼点仅仅是股市运动的主潮流；因为次级运动和日常波动的随机色彩很浓，不易预测和捕捉，而且持续时间往往不会太久。但是一旦股市潮流形成之后，尽管也会时常发生次级运动的干扰，出现日常波动的噪声，但其总体趋势会延续下去，直到整个主潮流发生根本性的转变。这种对于股市运动的多层次理解和剖析，给予了后来的股市投资分析极其重要和深远的影响。

（二）相互验证原则

相互验证原则是指，通过相关性来验证结论的正确性，通过认识市场，不断重复理论与实践的循环来验证市场与预测之间的关系，是用验证来说明预测的正确性，并非仅仅依靠一个指标或一个工具将市场的预测绝对化。

对于两个有较强相关性的品种或指数，当它们的走势一致的时候，其中一个品种或指数的走势就可以得到另一个品种或指数的验证，这意味着趋势还将继续；当它们之间的走势背离的时候，则其中一个品种或指数的走势不能得到另一个品种或指数的验证，这意味着趋势难以继续。利用计算机建立模型，当我们得到相关系数 ρ_1 达到 70%以上，且相关系数 ρ_2 在 50%以上时，我们就可以认为两个变量之间存在着较强的相关性。

道氏所指的相互验证原理并非现象间简单的验证，它既是指相关制约要素间的相互验证关系，也是指不同要素、不同指标间的相互验证关系。对此，投资者应该进行准确的理解。要素间的制约因素不同，但是又有较强的相关性，这是相互验证原则成立的必要条件。相互验证原则是十分重要的，它贯穿于市场分析的始终。

既然有较强的相关性，也就存在不相关，当出现不相关时，这就是相互背离现象。相互背离现象和它相对应的相互验证原则总是结合使用的，因为它们的运作机理是一致的。所谓相互验证，是指把技术信号或指标加以比较，从而保证它们中的大部分内容相互验证，指向共同方向。在股票市场的交易中，存在一种最严重的错误，那便是仅根据一种指数的走势作出判断。我们经常可以发现，某一市场指数出现反转走势达数星期或数个月之久，而另一种指数却呈现相反方向的走势。这种现象称为背离,就趋势还将继续而言,它仅有负面作用。

犹如雷亚所说:两种市场指数必须相互验证——铁路指数与工业指数的走势永远应该一起考虑。一种指数的走势必须得到另一种指数的确认,如此才可以做有效的推论。仅根据一种指数的趋势作判断,而另一种指数对结论并未确认,结论几乎是必然错误的。

雷亚从1932年起根据上述原则进行多项观察,认为除了道琼斯工业指数与道琼斯铁路(运输)指数以外,还应考虑S&P 500指数、价值线指数、主要市场指数、债券指数、美元指数、商品指数……所以,上述原则应更新,即"两种市场指数必须相互确认"应该改为"所有的相关指数都必须相互确认"。

更重要的是,在相关市场所组成的类群中,各个市场表现倾向于同步,因此我们必须探索一下与研究对象同属一个类群的其他市场的行为。如果我们分析的是某金属市场,那么也应当看看其他金属市场的情况如何。对其他市场的研究经常为我们的分析对象提供一些线索。

我们还可以考察我们的分析是否与商品市场的大方向一致。如果商品市场在总体上处于下降趋势中,对于任何个别市场的看涨分析,我们都需要对它的结论打些折扣。因此,我们必须明确,商品的总体环境到底是牛市还是熊市。

(三)投机原理

所谓投机也就是我们的预期是否能够在市场中得到体现,可以说市场中已经包含了我们对于市场的预期,我们的预期是市场中不可分割的组成部分,因此投机也是市场的成分之一。可以这样说,市场之所以可以被预测,正是由于我们在预测市场,所以预测就是我们在预测我们的预测,以个体来对群体行为作出预测。因此,我们和我们预测的市场是对立统一体。

技术分析派人士提出的市场行为包容并消化一切,是技术分析的三大假设之一,这是进行一切技术分析的基础。其主要思想是认为影响价格的每一个因素(包括内在的和外在的)都反映在市场行为中,它所遵循的道氏理论的一个基本原则是:"任何人所了解、希望、相信和预期的任何事都可以在市场中得到体现"。因此,市场行为也必然包括投机行为。它是市场中最活跃的因素,它为市场带来可以被预测的重要元素。不过,关于投机行为一直都没有一个能被所有人接受的定义,不妨给出一个能够表现投机行为本质特征的定义:投机行为就是指通过采取积极的措施,使自己所预期和相信的,并带有很强随机性和不确定性的事情得以实现的行为。

在投机的定义中表明了,投机的本质特征是主体(投资者)希望自己的愿望能在客体(市场)中得到反映。如果市场所反映的是广大投资者的愿望,这才是真正意义上的市场投机行为;但如果投机行为反映的仅仅是政府或政策的愿望,这可能反而给市场带来过度投机;又如果投机行为反映的是战争发动者的愿望,就一定会带来政治投机。因此,我们有必要分清市场投机行为与过度投机行为和政治投机行为的区别。

五、道氏理论五大定理

(一)道氏理论定理一:道氏理论的三种走势

道氏理论的三种走势中,第一种走势最重要,它是主要趋势:整体向上或向下的走势,又称为多头或空头市场,时间可能长达数年。第二种走势是次级折返走势,是多头市场中的重要下跌走势,或是空头市场中的反弹,通常会持续数个月。第三种走势通常较不重要,它是每天波动的走势。

股票市场与其他任何市场都有三种趋势:短期趋势,持续数天至数个星期;中期趋势,持续数个星期至数个月;长期趋势,持续数个月至数年。任何市场中,这三种趋势必然同时存在,彼此的方向可能相反。长期趋势最为重要,也最容易被辨认、归类与了解。它是真正的长期投资者主要的参考内容,对于投机者较为次要。

中期与短期趋势都附属于长期趋势之中。中期趋势是专业投机者的主要考虑因素。它与长期趋势的方向可能相同,也可能相反。如果中期趋势严重背离长期趋势,则被视为是次级折返走势或修正走势。对次级折返走势必须谨慎评估,不可将其误认为是长期趋势的改变。短期趋势最难预测,唯有短线客才会随时考虑它。

将价格走势归类为三种趋势,并不是一种学术上的游戏。投资者如果了解这三种趋势并注重长期趋势,也可以运用逆向的中期与短期趋势获利。运用的方式有许多种:第一,如果长期趋势是向上,他可在次级折返走势中卖空股票,并在修正走势的转折点附近,以空头头寸的获利追加多头头寸的规模。第二,由于他知道这只是次级折返走势,而不是长期趋势的改变,所以他可以在有信心的情况下,平稳渡过这段修正走势。第三,他也可以利用短期趋势决定买卖的价位,提高投资的获利。

自从20世纪80年代初期以来,由于信息科技的进步以及计算机交易的影响,市场中期趋势的波动程度已经明显加大。在修正走势中持有多头头寸,并看着多年来的利润逐渐消失,似乎是一种无谓的浪费与折磨。当然,在大多数的情况下,经过数个月或数年以后,这些获利还是会再度出现。然而,如果只是专注于中期趋势,这些损失大体都是可以避免的。

(二)道氏理论定理二:主要走势

主要走势代表市场整体的基本趋势,通常有多头或空头市场,持续时间可能在一年以内,或长达数年之久。正确判断主要走势的方向,是投机行为成功与否的最重要因素。没有任何已知的方法可以预测主要走势的持续期限。

了解长期走势(主要走势)是成功投机或投资的最起码条件。一位投机者如果对长期走势有信心,只要在进场时机上有适当的判断,便可以有相当不错的获利。有关主要走势的幅度大小与期限长度,虽然没有明确的预测方法,但可以利用历史上的价格走势资料,以统计方法归纳主要走势与次级折返走势。虽然近半个世纪以来科技与知识有了突破性的发展,但驱动市场价格走势的心理因素基本上仍相同。这对专业投机者具有重大的意义。

(三)道氏理论定理三:主要的空头市场

主要的空头市场是长期向下的走势,其间夹杂着重要的反弹。它来自于各种不利的经济因素,唯有股票价格充分反映可能出现的最糟情况后,这种走势才会结束。空头市场会历经三个主要阶段:第一阶段,市场参与者不再期待股票可以维持已经过度膨胀的价格。第二阶段,卖压反映了经济状况与企业盈余的衰退,所涉及的不利的经济因素是(几乎毫无例外)政府行为的结果:干预性立法、非常严苛的税务与贸易政策、不负责任的货币或财政政策以及重要战争。第三阶段,对股票的失望性卖出,不论价值如何,许多人急于套现至少一部分的股票。

(四)道氏理论定理四:多头市场

多头市场是一种整体性上涨走势,其中夹杂次级折返走势,平均持续期间长于两年。在此期间,由于经济情况好转与投机活动转盛,投资性与投机性的需求增加,并因此推高股票价格。多头市场有三个阶段:第一阶段,人们对于未来经济恢复的信心;第二阶段,股票对于已知的公司盈余改善产生反应;第三阶段,出现投机热潮而股价明显膨胀——这一阶段的股价上涨是基于期待与希望。多头市场的特色是所有主要指数都持续联袂走高,回调走势不会跌破前一个次级折返走势的低点,然后再继续上涨而创新高。在次级折返走势中,指数不会同时跌破先前的重要低点。

(五)道氏理论定理五:次级折返走势

次级折返走势是多头市场中重要的下跌走势,或空头市场中重要的上涨走势,持续的时间通常在三个星期至数个月;此期间内折返的幅度为前一次级折返走势结束之后主要走势幅度的 33%~66%。次级折返走势经常被误以为是主要走势的改变,因为多头市场的初期走势,显然可能仅是空头市场的次级折返走势,相反的情况则会发生在多头市场走势达到顶部后。次级折返走势(修正走势)是一种重要的中期走势,它是违背主要趋势的重大折返走势。如何判断违背主要趋势的"重要"中期走势,是道氏理论中最微妙与困难的一环。

判断中期趋势是否为修正走势时,需要观察成交量、修正走势的历史统计资料、市场参与者的普遍态度、各个企业的财务状况、财政部的政策以及其他许多因素。在多头市场中,次级折返走势相当于安全阀,它可以释放市场中的超买压力。在空头市场中,次级修正走势相当于为锅炉添加燃料,以缓解超卖压力。

道氏理论的许多原理蕴含于我们日常使用的各种投资术语中,只不过一般人没有觉察到而已。研究道氏理论的基本原理之后,我们便具备了一种重要的知识和观念,这种知识和观念可以指导我们以后的学习与投资应用。

第二节 支撑压力

历史的发展告诉我们,人只有顺应时代的潮流,改变原来不正确的观念,才能有所进步。证券市场也有顺应潮流的要求。要"顺势而为",不"逆势而动",已成为广泛接受的证券投资准则。一个证券投资者如果不懂得这一点,其后果将是非常可怕的。即使一时取得成功,但维持的时间不可能长久,最终必将招致重大损失。

要准确地把握形势,了解大势的发展方向,判断是上升还是下降,是暂时上升马上就会下降,还是长期上升不会马上下降,要做到这一点是很困难的。大势的发展并不是简单的上升下降,由于各种原因,在上升和下降的过程中要经过许多曲折。也就是说,上升的趋势中会有下降,下降的趋势中含有上升。这就给投资者的判断造成很大的麻烦,容易在究竟是暂时反弹还是彻底转势这个问题上出现失误。

本节从对趋势的认识着手,应用有关支撑压力的分析方法,帮助投资者提高识别大势是继续维持原方向还是掉头反向的能力。当然,主要是给出一些方法,这些方法一般只能提供参考意见。获得"正"收益的前提是对投资分析方法的合理、正确使用。

一、趋势

(一)趋势的定义

证券的市场价格随时间的推移,在图表上会留下自己的痕迹,这些痕迹会呈现一定的方向。这样的方向反映了价格的波动情况。

趋势就是价格波动的方向,或者说是证券市场运动的方向。若当前市场是一段上升(或下降)趋势,则价格的波动就是向上(或向下)运动。当然,在上升趋势里,肯定会出现下跌的过程,但这不是主流,不会影响上升的大方向。不断出现的新的高价会使偶尔出现的小幅度下跌黯然失色。在下降趋势中,情况正好相反,不断出现的新的低价会使投资者悲观失望、人心涣散。

技术分析的三个假设的第二条明确说明价格的变化是有趋势的,如果没有特别的理由,价格将沿着这个趋势持续运动。这一点说明趋势这个概念在技术分析中占有很重要的地位，是分析人员应该注意的核心问题。

一般来说，市场变动不是朝一个方向直来直去，中间肯定要出现曲折。从图形上看就是一条蜿蜒曲折的折线，每个折点处就形成一个峰或谷。从这些峰或谷的相对高度上，我们可以看出趋势的方向。

(二)趋势的方向

趋势有三种方向：第一，上升方向；第二，下降方向；第三，水平方向，也就是无趋势方向。在实际的投资行为中，人们关心的重点是上升和下降方向。

价格的波动在图表中会形成一些峰和谷。从直观上看，如果价格波动图形中后面的峰和谷都高于前面的峰和谷，则趋势就应该属于上升方向。这就是常说的一底比另一底高，或底部抬高。如果图形中后面的峰和谷都低于前面的峰和谷，则趋势就应该是下降方向。这就是常说的一顶比另一顶低，或顶部降低。

如果价格图形中后面的峰和谷与前面的峰和谷相比没有明显的高低之分，几乎呈水平延伸，这时的趋势就是水平方向。水平方向趋势是容易被大多数投资者忽视的一种方向，这种方向在市场上出现的机会是相当多的。就水平方向本身而言，也是极为重要的。大多数技术分析方法在处理水平方向的市场时都容易出错，或者说作用不大。这是因为此时的市场正处于供需平衡状态，下一步朝哪个方向运动的偶然性很大，没有规律可循，可以向上也可以向下。对这样的对象去预测它朝何方运动是极为困难的，也是不明智的。随机漫步理论正是基于此种情况而提出的。

(三)趋势的类型

按道氏理论的分类，趋势分为三种类型。

1. 主要趋势

主要趋势是趋势的主要方向，是证券投资者极力要弄清楚的目标。了解了主要趋势后才能做到顺势而为。主要趋势是价格波动的大方向，持续的时间一般比较长。技术分析三个假设中的第二个假设说明了这一点。

2. 次要趋势

次要趋势是在主要趋势的过程中进行的调整。我们知道，趋势不会一成不变地直来直去，总有局部调整和回撤的过程，次要趋势正是要完成这一使命。

3. 短暂趋势

短暂趋势是在次要趋势的过程中所进行的调整。短暂趋势与次要趋势的关系就如同次要趋势与主要趋势的关系一样。

这三种类型趋势的最大区别是时间的长短和波动幅度大小的不同。以上三种划分可以解释绝大多数行情，对于更复杂的价格波动过程，以上三种类型可能还不够用。不过这不是很大的问题，可以对短暂趋势再进行细分。图 11－1 是三种趋势类型的图形说明，1→3 为主要趋势，1→2 为次要趋势(含短暂趋势)。

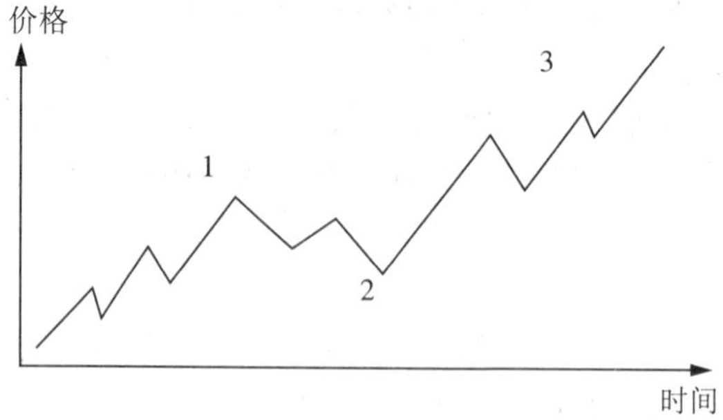

图 11－1 三种趋势类型的图形说明

二、支撑线和压力线

认清趋势是进行投资的重要步骤。认清趋势之后,就应该采取相应的行动。例如,如果认识到大牛市已经来临,那么就应该进入市场进行实际的投资,这时将面临一个选择入市时机的问题。每个投资者都希望在大涨之前的低点买入,或者在涨势的中途回落的低点买入。但这些低点在哪里呢？对这些问题肯定没有十全十美的答案;但是支撑线和压力线会给我们一些帮助。

(一)支撑线和压力线的含义

1. 支撑线

支撑线又称为抵抗线。当价格下降到某个价位附近时,价格会停止下跌,甚至有可能回升,这是多方在这个位置买入造成的。这个位置对价格继续下降起了迟滞作用。这个阻止证券价格继续下降或暂时阻止价格继续下降的价格位置就是支撑线所在的位置。

2. 压力线

压力线又称为阻力线。当价格上涨到某个价位附近时,价格会停止上涨,甚至回落,这是空方在此抛售造成的。压力线所在的位置会阻止价格继续上升。这个起着阻止或暂时阻止价格继续上升的价位就是压力线所在的位置。

不要产生这样的误解,认为只有在下跌行情中才有支撑线,只有在上升行情中才有压力线。其实,在下跌行情中也有压力线,在上升行情中也有支撑线。由于在下跌行情中投资者最关注的是价格下跌到什么地方才能结束,因此关心支撑线就多一些;在上升行情中人们更关注价格上涨到什么地方,所以关心压力线多一些。

最初的支撑线和压力线仅是简单地指出价格位置。后来在实际应用中发现,这样做有很大片面性,不能满足实际的需要。因为在实际中不可能知道实际的支撑在什么位置,简单地指出一个点是不符合实际的。后来支撑线和压力线的概念有所发展,支撑和压力扩大成了一个价格区域,而不是某个价格。常用的选择支撑线和压力线的方法是采用前期的高点和低点以及成交密集区。

(二)支撑线和压力线的作用

如前所述,支撑线和压力线会阻止或暂时阻止价格沿原来的方向继续运动。我们知道,价格的变动是有趋势的,要维持这种趋势,保持原来的变动方向,就必须冲破阻止其继续向上或向下的障碍。要维持下跌行情,就必须突破支撑线的阻力和干扰,创出新的低点;要维持上升行情,就必须突破压力线的阻力和干扰,创出新的高点。由此可见,支撑线和压力线有被突破的可能，它们不可能长久地阻止价格保持原来的变动方向，使之在一个区间永远地呆下去，只不过是使之暂时维持而已。具体如图 11－2 所示。

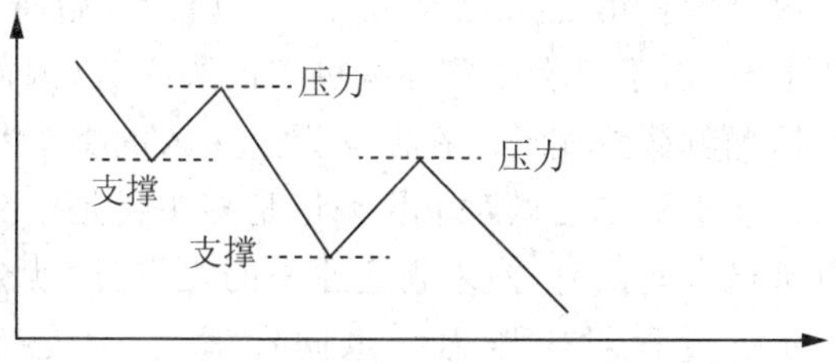

图 11－2 支撑线和压力线

同时，支撑线和压力线又有彻底阻止价格沿原方向变动的可能。当一个趋势终结或者说到头了，它就不可能创出新的低价和新的高价，这时支撑线和压力线就显得异常重要，是取得巨大利益的地方。当然，应该指出，趋势终结是相对的概念，从经验上看，没有不可能被突破的高点或低点，突破只是时间问题。

在上升趋势中，如果价格未创出新高，即未突破压力线，这个上升趋势就已经处在很关键的位置了，如果再往后的价格又向下突破了这个上升趋势的支撑线，就产生了一个趋势有变的很强烈的警告信号，通常意味着这一轮上升趋势已经结束，下一步的走向是下跌的过程。同样，在下降趋势中，如果未创新低，即未突破支撑线，这个下降趋势就已经处于很关键的位置了，如果下一步价格向上突破了这个下降趋势的压力线，就发出了这个下降趋势将要结束的强烈的信号，下一步将是上升的趋势。具体如图 11－3 所示。

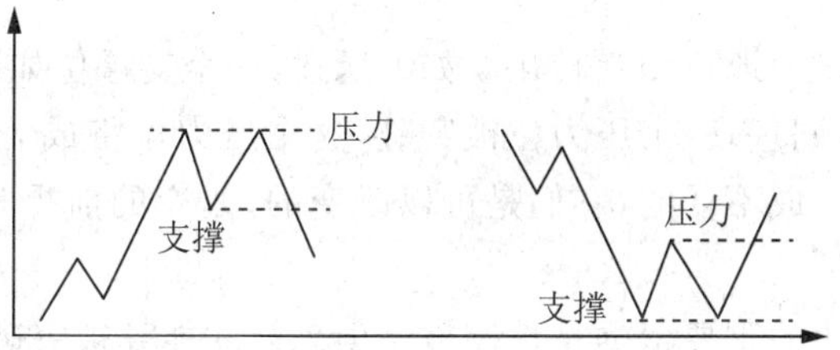

图 11－3 支撑线和压力线的突破

(三)支撑线和压力线的相互转化

支撑线和压力线体现了投资者的心理因素，两者的相互转化也是从心理方面体现的。支撑线和压力线之所以能起支撑和压力作用，很大程度上是心理因素造成的，这就是支撑线和压力线理论上的依据。当然，心理因素不是唯一的依据，还可以找到别的依据，但心理因素是主要的理论依据。

一个证券市场上无外乎三种人：多头、空头和旁观者，旁观者又可分为持股者与持币者两种。假设价格在一个支撑区停留了一段时间后开始向上移动，在此支撑区买入股票的多头们肯定会认为自己买对了，并对自己没有多买入一些而感到后悔。在支撑区卖出股票的空头们这时也认识到自己卖错了，他们希望价格再跌回其卖出区域以便将原来卖出的股票补回来。而旁观者中持股者的心情同多头相似，持币者的心情同空头相似。无论是这四种人中的哪一种，都有买入股票成为多头的愿望。

正是由于这四种人决定要在下一个买入时机买入股票，所以才使价格稍一回落就会受到大家的关心，他们会或早或晚地进入市场买入股票，这就使价格还未下降到原来的支撑位置，上述四种买入大军就又把价格推上去了。在该支撑区发生的交易越多，说明越多的股票投资者在这个支撑区有切身利益，这个支撑区就越重要。

再假设价格在一个支撑位置获得支撑后，停留了一段时间开始向下移动，并不是像前面假设的那样向上移动。对于上升，由于每次回落都有更多的买入者，因而产生新的支撑位；而对于下降，跌破了该支撑位，情况就截然相反。在该支撑区买入的多头都意识到自己买错了，而没有买入的或卖出的空头都意识到自己做对了。无论是多头还是空头，他们都有抛出股票逃离目前市场的想法。一旦价格有些回升，尚未到达原来的支撑位，就会有一批股票抛出来，再次将价格压低。以上的分析过程对于压力线也同样适用，只是方向正好相反。具体见图11－4。

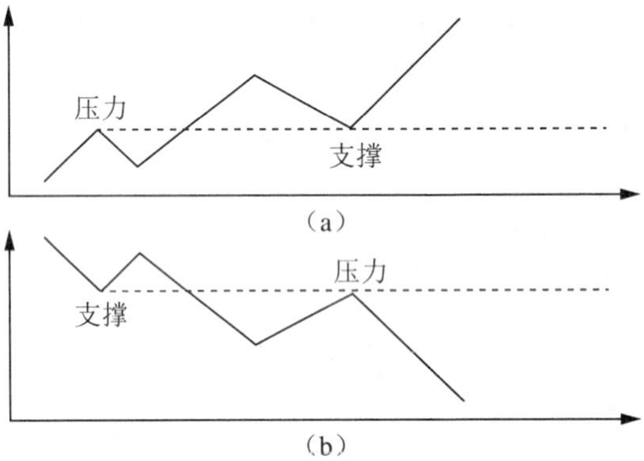

图 11－4　支撑线和压力线的转化

这样就使得支撑和压力地位相互转化。如上所述，一个支撑位如果被突破，那么这个支撑位将成为今后的压力位；同理，一个压力位被突破，这个压力位将成为今后的支撑位。这说明支撑和压力的角色不是一成不变的，它们是可以改变的，改变的前提是被有效的、足够强大的价格变动所突破。

支撑和压力相互转化的重要依据是被突破。但怎样才能算被突破呢？仅用数字来严格区分突破和未突破是很困难的，不可能有一条很明确的分界线。

一般来说，价格穿过支撑线或压力线越远，支撑位或压力位被突破的结论越正确，越值得相信，需要我们去寻找新的压力线和支撑线。

(四)支撑线和压力线的确认和修正

每一条支撑线和压力线的确认都是人为主观判断的，主要依据是由价格变动所画出的图表，这里面必然有很大的主观成分。

一般来说，一条支撑线或压力线对当前时期股价走势的重要性应从三个方面来考虑：一是价格在这个区域停留时间的长短；二是价格在这个区域伴随的成交量大小；三是这个支撑区或压力区出现的时间离当前这个时间的远近。很显然，价格停留的时间越长，伴随的成交量越大，离现在越近，则这个支撑区或压力区对当前的影响就越大；反之就越小。

上述三个方面是确认支撑或压力的重要手段。有时，由于价格的变动，人们会发现原来确认的支撑或压力并不真正具有支撑或压力的作用，比如不完全符合上面所述的三条。这时，就有一个对支撑线和压力线进行调整的问题，这就是对支撑线和压力线的修正。具体如图11－5 所示。

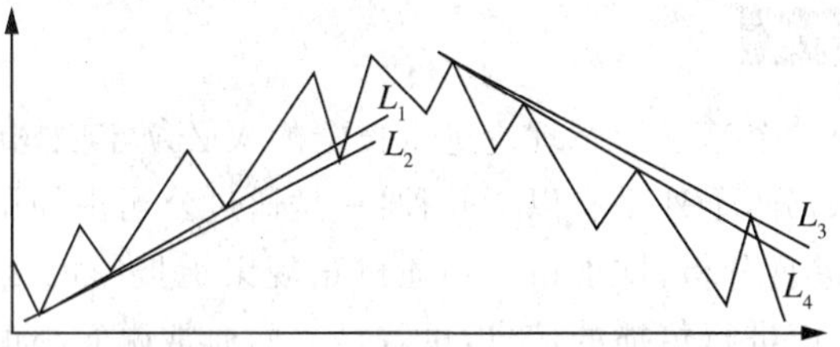

图 11－5　支撑线和压力线的修正

对支撑线和压力线的修正过程，其实是对现有的支撑线和压力线重要性的确认过程。每个支撑区和压力区在人们心目中的地位是不同的。价格到了某个区域，有些投资者心里清楚，它很有可能被突破，而到了另一个区域，有些投资者心里明白，它不容易被突破。这为买入卖出提供了一些依据，投资者不会仅凭直觉进行买卖决策。

（五）支撑线和压力线的方向

支撑线和压力线分为水平和倾斜两种。最初的支撑线和压力线都是水平的，后来经过发展，增加了倾斜的。实际情况中，倾斜的居大多数，即使是水平的支撑线和压力线，也不是严格意义上的水平，而是指一个带状区域，只不过比较窄而已。黄金分割线和百分比线是水平的支撑压力线，其余的支撑压力线都是倾斜的。

（六）实际支撑压力位和人为预测的支撑压力位

实际支撑压力位是证券价格实际被阻止的位置，由证券价格的实际移动结果决定。人为预测的支撑压力位是交易者通过某些方法事先人为画出的位置，由投资者根据自己的经验得到。应用支撑压力理论的本质是尽量使这两种支撑压力位的位置一致。

第三节　股票形态分析

股票形态分析是一种直接从历史价格图表去分辨股价变动趋势的分析方法。股票形态分析是技术分析体系的基础，其他技术分析也包括各种图形分析，区别只是在于这些图形的取样已不再是原始的价格数据，而是经过数学处理了的或指标化了的价格数据，因此，其他技术分析是形态分析的变形、复杂化和理性化，形态分析的一些基本方法也往往被用于其他技术分析。

一、股票形态分析的几种假设

(1)股票具有典型统计特性，它是按规律运行的。

(2)历史走势特别是近期走势对后来形态具有直接的影响。

(3)股票的上涨是交易能量积累的结果，其中主动性买盘中大单交易的影响具有决定意义。反之，股票的下跌也是量能释放的结果，其中主动性卖盘中大单具有决定性的影响。

(4)具有一定规模的上涨一定是主力促成的，不能希望由散户抬起一只股票；而有一定规模的下降则主要是散户所为。

(5)所有的股票中都有主力存在。只是它们的性质不同、强弱不同、表现方式不同。表现主力所有性质和意图的最好方式是 K 线图，因为现有的股票信息除了 K 线外都可以低成本造假。K 线是实实在在用金钱堆起来的。也就是说，K 线造假是所有股票虚假信息中成本最高的一种。

二、股票形态分析要点

形态高于一切，这是一个基于形态理论进行投资的人必须牢固树立的理念。

按股票信息的来源划分，不外乎有以下几种：一是通过公司现场调研，取得的第一手信息；二是基于所占有的资料进行分析，即上市公司通过正规渠道披露的信息，如财务报表、相关公告等；三是通过不正规渠道进行传播的信息，也就是人们通常说的小道消息。

股票形态就像一个大笼子，它把股票的一切信息进行合成，最终显示为一幅图画。不论是公司的经营状况，还是主力的意图，最终都会无一遗漏地反映在这幅神奇的图上。这种说法是基于以下推断。

（一）正确的股票信息会被正确的投资人所利用

一切正确的信息会引导股票形态向一个正确的方向运行，而错误的信息虽然可以暂时打乱股票价格的轨迹，但正确的信息会对股票的形态进行修正。那些“正确的人”就是那些占有了正确信息和正确利用了正确信息的投资者，他们有两类：第一类是原发性占有者，也就是直接取得正确信息的公司核心成员、重要的投资主力机构或者个人投资者。第二类是能正确分析形态、跟上了形态节奏的聪明散户。

（二）背离公司基本面的走势一定是主力的原因造成的

我们知道，散户的意志是高度分散的，正如一盘散沙，是没有凝聚力和战斗力的，背离公司基本面的走势要么是主力有意所为，他们不管公司业绩如何，随意进行打压或拉升，要么是主力根本没有发现这个股票的价值，形成因个股形态控制人缺位而造成的“真空”，放任价格随波逐流。而这一切最终又会变为一种信息，真真实实地反映在K线图上，这就是我们经常说的当涨不涨、当跌不跌。

（三）形态分析是散户分析股票时成本最低的一种方法

除非是能掌握核心信息，可以借此获利，即使如此，做别的股票时也无能为力了。但只要掌握了形态分析方法，打开电脑，你就能对一个股票的基本情况、未来趋势一目了然，其成本可以大大降低。

（四）从另一个角度，一切股票信息中，形态的形成是成本最高的一种

股票的K线是用钱堆出来的，不论是正常的走势还是所谓的“骗线”，都是实实在在用金钱做出来的，这远比制造一份财务报表、发布一份公告的成本要高。

从各个方面进行比较，选择形态分析方法都是一种成本最低、可信度最高、最易上手的股票分析方法。它是散户在股市立足的必然选择。股票的形态是有其必然性的，也就是说，一只股票的形态的形成，是必然按它特定的规律往前走的。

三、股票形态分析技巧

在股票操作中，所运用的任何方法都不是恒定不变的。随着炒股知识的不断普及，许多投资者的炒股水平也相应提高，主力为了成为赢家往往煞费苦心，不断地变换坐庄手法，以期误导对手，其手法之一便是利用形态分析中的图形来制造陷阱。

形态分析中的形态根据股价所处位置的不同，又可分为底部形态、顶部形态以及整理形态，其中每一种形态都有其相应的图形特征和操作方法（如最佳买卖点和止损点）。许多初学形态分析的中小投资者自认为找到了一个简单易行的致富法宝，可是在实战中，却往往因之败北。常常会出现以下情况：当个股的K线组合出现底部形态之时买进股票，但股价却迟迟不涨甚至出现了下跌；当个股的K线组合出现顶部形态之时，抛出手中的股票，这时股价却出现大涨。这是什么原因呢？主力会针对一般散户只重视形态分析中的图形表象，而忽略了同一图形形态所处的具体位置不同，其所代表的真实含义就不一定完全相同，甚至完全相反的情况，从而制造假象，诱使投资者作出错误的判断，以达到自己巧妙洗盘或出货的目的。

（一）圆弧底

圆弧底，顾名思义就是K线形态略呈圆形的底部组织结构，是底部常见的图形之一，有许多大牛股就产生在圆弧底中。其形成的原因是：当股价从高位回落到一定位置时，主力开始进场吸纳筹码，为了不让市场察觉，采取慢慢地少量吸纳的方法，直到在当前的价位难以买到筹码时，便把股价稍微拉高一点以再次进行吸纳，时间一长便在股价的底部出现了一圆弧状的K线组合，这就是圆弧底。许多投资者因经受不住主力的折磨而抛出手中的股票时，主力则顺利地完成了建仓的工作。然而在实战当中，投资者如果看见K线呈现圆弧底的形态就奋不顾身地冲进去，则常常会陷入主力的多头陷阱之中（如图11－6所示）。

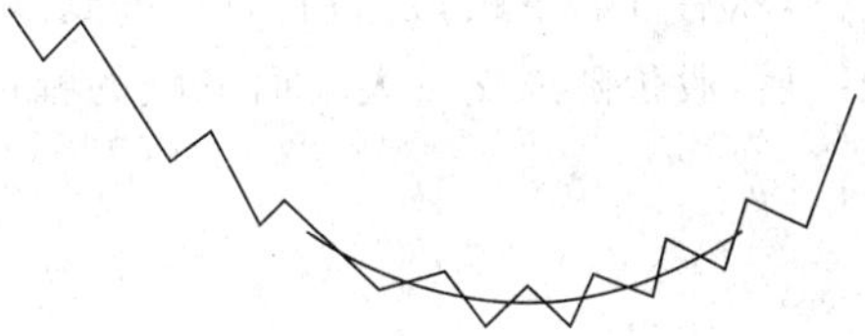

图11－6　圆弧底

有时主力为了达到顺利出货的目的，会修建一条极为漂亮的圆弧底形态，诱使许多投资者误认为主力打算再做一波。而当许多散户纷纷冲进去想“坐轿子”时，却万万没想到主力正在悄悄地派发手中的筹码，致使许多人深陷其中，久久难以自拔。

（二）圆弧顶

圆弧顶就是K线形态略呈圆形的顶部组织结构，是顶部常见的图形之一，许多大熊股就产生在这圆弧顶中。其形成的原因是：当股价上升到主力认可的目标位时，为了达到不惊动散户而顺利出货的目的，主力开始有计划地分批出货，导致股价上行速度减缓，直至股价无力上行之后，便逐级滑落，在股价的头部出现一明显的圆弧形状，这就是圆弧顶。因此，许多人一见此图形，便心惊肉跳，或割肉逃之，或获微利了结。然而在实战中，有些主力却巧妙地利用了一般投资者对圆弧顶的恐惧之感，进行震仓洗盘工作，当许多投资者绝望并忍痛割爱时，该股股价却从此青云直上（如图11－7所示）。

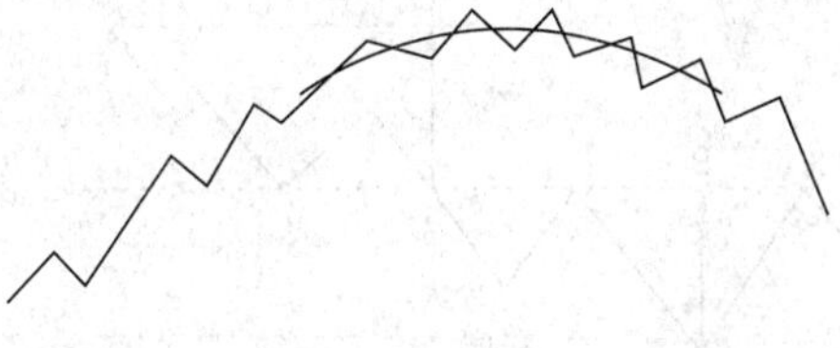

图11－7　圆弧顶

有时主力为了达到震仓洗盘的目的，会在K线图上修建一条令人生畏的圆弧顶，使许多投资者误以为顶部已成而纷纷抛出手中筹码，但股价却止住跌势，随即掉头而上，展开了一段主升浪。

投资者对于形态的分析不能仅停留在对图象表面的认识上（即形态的具体形状上），而忽略了形态所处的具体位置。照搬图形进行操作,其结果往往会在实战中摔得头破血流。由此我们可以得出如下结论:在实战中如果发现底部图形出现在股价所处的顶部,顶部图形出现在股价所处的底部,则应警惕主力是否在"明修栈道,暗度陈仓",此时只有在操作上多运用逆向思维,才能够走出形态分析中的陷阱,并获得不错的收益。

(三)头肩形

头肩形被认为是最可靠的主要反转形态之一。头肩顶形中,一个主升势(即头部)隔开了两个不一定相同的弱升势(肩部),将两个肩部的底部连接起来,可以划出一条"颈线"。通常在收盘价明显低于这条颈线时,该形态可确认已完成。头肩底形是头肩顶形上下倒转的形态。

1. 头肩顶形

头肩顶形中,一开始,股价呈明显的上升形态,成交量随涨势大增。接着发生初次下跌,成交量减少,是为左肩。以后,又有一个成交量极大的上升,在超过左肩顶部后发生另一次成交量较小的下跌,价格接近左肩底部的水平,是为头部。之后,第三次上升的顶点无法超过头顶,成交量也较左肩与头顶时减少,然后开始下跌,是为右肩。等到从右肩顶下跌,突破由左肩底与头部底连接形成的底部颈线后,股价随成交量大增而下跌的幅度至少为头顶至颈线的距离(如图 11—8 所示)。

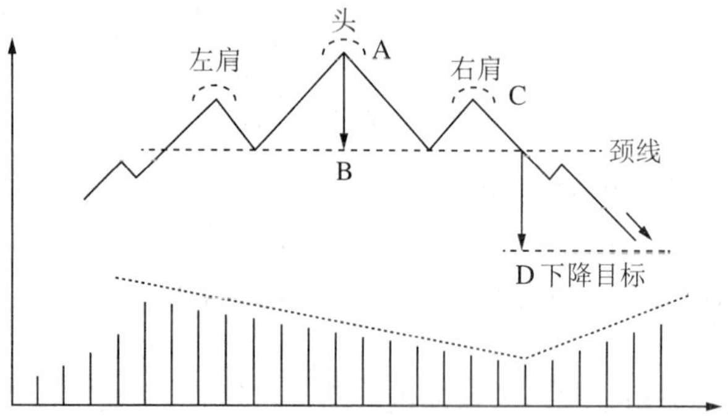

图 11—8　头肩顶形

2. 头肩底形

头肩底形呈与头肩顶形反方向的形态,左肩先跌后升,头部跌幅超过左肩后回升至左肩顶价位附近;右肩跌幅较小,等反弹回升后将因成交量大增而向上突破由左肩顶与头顶连成的颈线,这是股价即将大涨的预兆,上升的幅度至少为头部的底部至颈线的距离(如图 11—9 所示)。

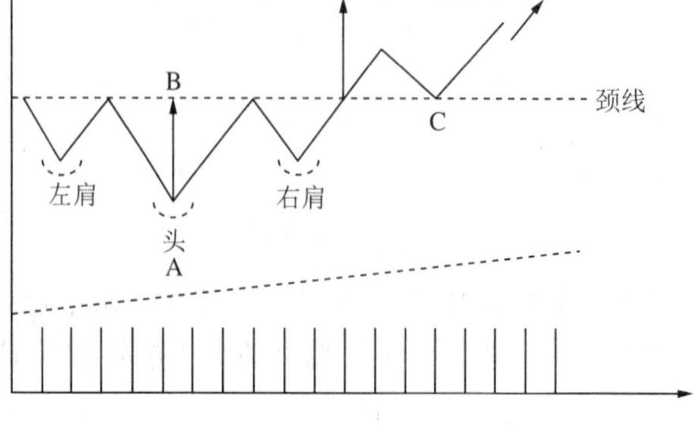

图 11—9　头肩底形

（四）双重顶和双重底

双重顶（底）是常见的反转突破形态，一旦得到确认就可以对后市进行预测了，从突破点算起，价格至少要跌（涨）到形态初始价位（如图 11－10 和图 11－11 所示）。

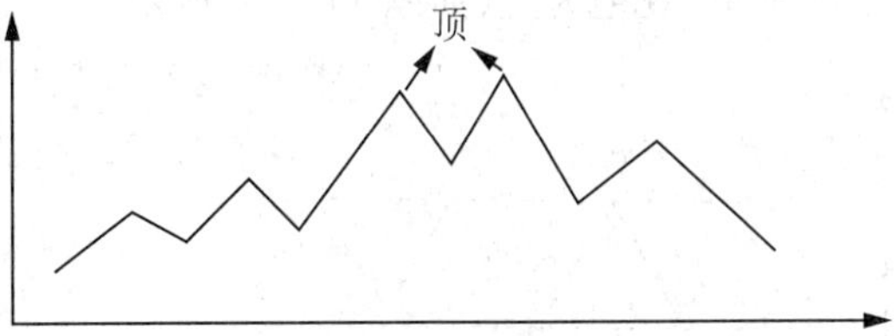

图 11－10　双重顶

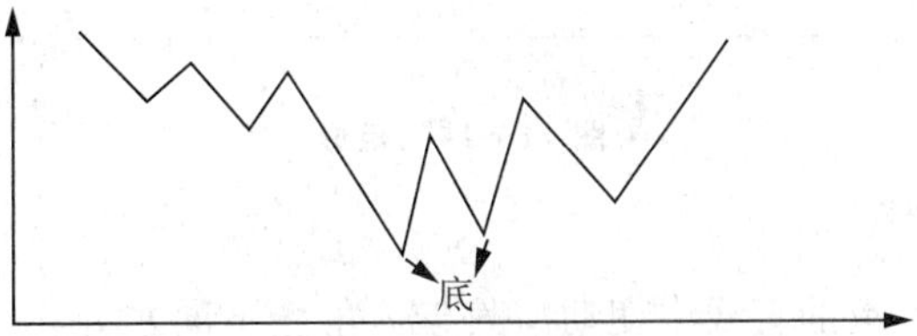

图 11－11　双重底

（五）三角形

1. 上升三角形

在上升三角形中压力线始终水平，而支撑线却一步步抬高，股价一般会向上突破（如图11－12 所示）。

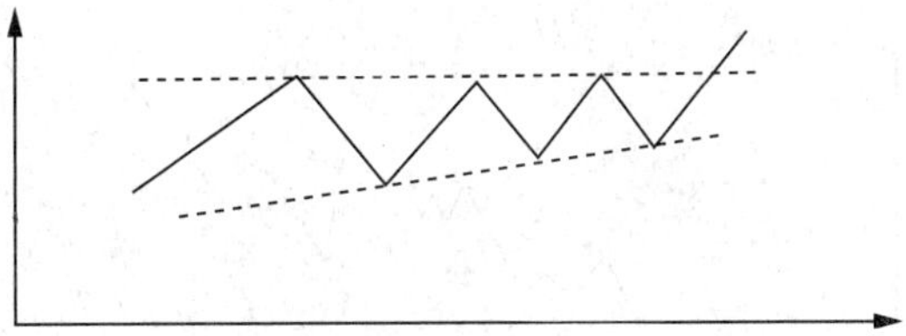

图 11－12　上升三角形

特点：(1)上涨高点基本处于同一水平位置，回落低点却不断上移；(2)成交量不断萎缩，向上突破压力线时放大量；(3)上升三角形越早向上突破则后劲越足，那些迟迟不能突破的，后市应谨慎做多；(4)获利目标区一般以第一峰顶至支撑线的垂直距离为准。

2. 下降三角形

在下降三角形中支撑线始终水平，而压力线却一步步降低，股价向下突破的可能性大（如图 11－13 所示）。

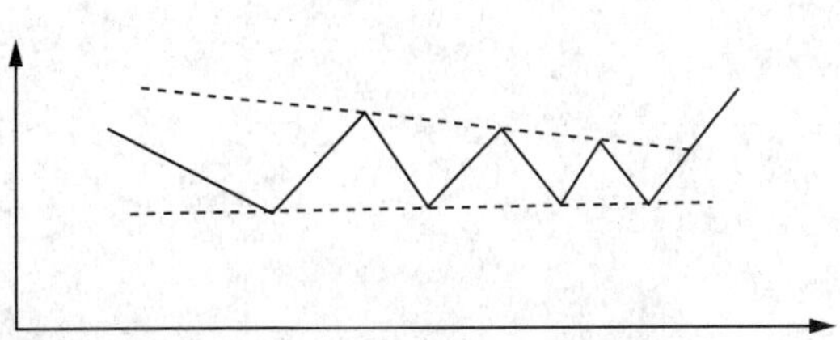

图 11－13　下降三角形

特点:(1)出现在下跌趋势中;(2)反弹高点不断下移,但下跌低点处于同一水平位置,上边的高点相连形成压力线,下边的低点相连形成支撑线;(3)盘整下挫是卖出信号。

(六)矩形

这是一种持续形态,方向不定,观望为宜(如图 11—14 所示)。

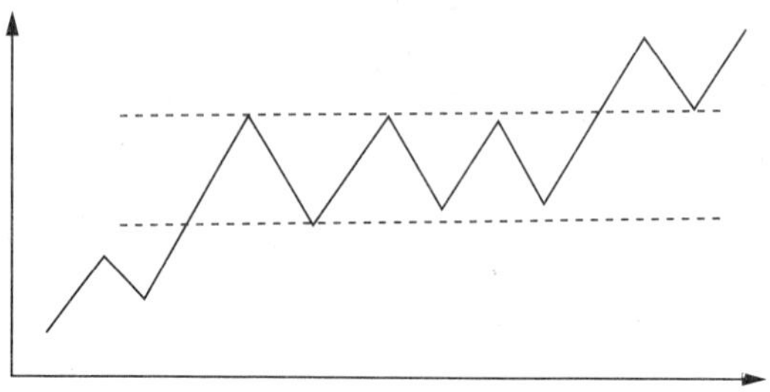

图 11—14 矩形

(七)楔形

楔形系股价在两条收敛的直线中变动。其与三角线不同之处在于,两条界线同时上倾或下斜。成交量变化和三角形一样向顶端递减。楔形又分为上升楔形和下降楔形。

1. 上升楔形

上升楔形指股价经过一次下跌后有强烈技术性反弹,而价格升至一定水平后又掉头下落,但回落点价格较前次高,之后又上升至新高点比上次反弹点高,最终形成一浪高过一浪之势。把短期高点相连、短期低点相连,分别形成两条向上倾斜直线,下面一条则较为陡峭(如图 11—15所示)。

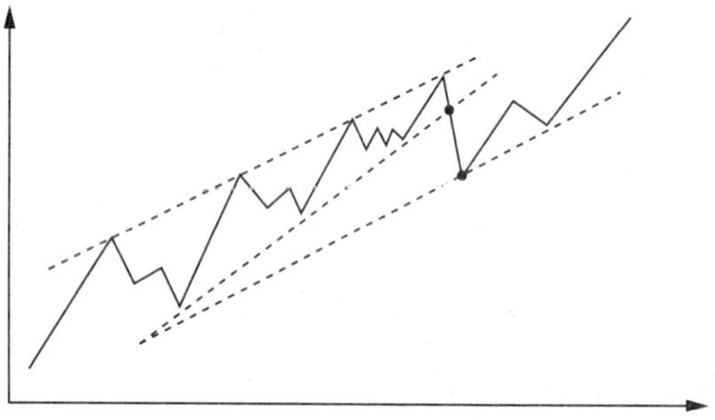

图 11—15 上升楔形

2. 下降楔形

下降楔形则相反,高点一个比一个低,低点也一个比一个低,形成两条同时下倾的斜线(如图 11—16 所示)。

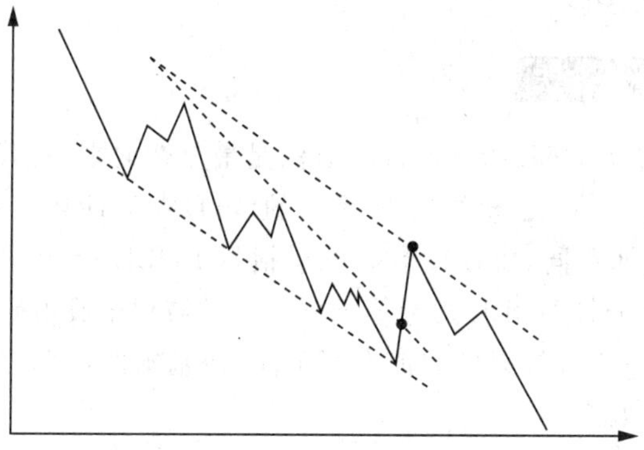

图 11－16　下降楔形

两种楔形成交量都是越来越小。

第四节　BOLL 指标

BOLL 指标又叫布林线指标，其英文全称是“Bollinger Bands”，是用该指标的创始人约翰·布林格（John Bollinger）的姓来命名的。该指标是研判股价运动趋势的一种中长期技术分析工具。

一、BOLL 指标的原理

BOLL 指标是美国股市分析家约翰·布林格根据统计学中的标准差原理设计出来的一种非常简单实用的技术分析指标。一般而言，股价的运动总是围绕某一价值中枢（如均线、成本线等）在一定的范围内变动，布林线指标正是在上述条件的基础上，引进了“股价通道”的概念，布林格认为股价通道的宽窄会随着股价波动幅度的大小而变化，而且股价通道具有变异性，它会随着股价的变化而自动调整。正是由于它具有灵活性、直观性和趋势性的特点，BOLL 指标渐渐成为投资者广为应用的热门指标。

在众多技术分析指标中，BOLL 指标属于比较特殊的一类指标。绝大多数技术分析指标都是通过数量方法构造出来的，它们本身不依赖于趋势分析和形态分析，而 BOLL 指标却与股价的形态和趋势有着密不可分的联系。BOLL 指标中的“股价通道”概念正是股价趋势理论的直观表现。BOLL 指标是利用“股价通道”来显示股价的各种价位，当股价波动很小，处于盘整时，股价通道就会变窄，这可能预示着股价的波动处于暂时的平静期；当股价波动超出狭窄的股价通道的上轨时，预示着股价的异常激烈的向上波动即将开始；当股价波动超出狭窄的股价通道的下轨时，同样也预示着股价的异常激烈的向下波动即将开始。

投资者常常会遇到两种最常见的交易陷阱：一是买低陷阱，投资者在所谓的低位买进之后，股价不仅没有止跌反而不断下跌；二是卖高陷阱，股票在所谓的高点卖出后，股价却一路上涨。布林线特别运用了爱因斯坦的相对论，认为各类市场间都是互动的，市场内和市场间的各种变化都是相对的，是不存在绝对性的。股价的高低是相对的，股价在上轨线以上或在下轨线以下只反映该股股价相对较高或较低，投资者作出投资判断前还须综合参考其他技术指标，包括价量配合、心理类指标、类比类指标、市场间的关联数据等。

总之，BOLL 指标中的股价通道对预测未来行情的走势起着重要的参考作用，它也是

BOLL 指标所特有的分析手段。

二、BOLL 指标的计算方法

在所有的指标计算中，BOLL 指标的计算方法是最复杂的之一，其中引进了统计学中的标准差概念，涉及对中轨线（MB）、上轨线（UP）和下轨线（DN）的计算。另外，和其他指标的计算一样，由于选用的计算周期不同，BOLL 指标也包括日 BOLL 指标、周 BOLL 指标、月 BOLL 指标、年 BOLL 指标以及分钟 BOLL 指标等类型。经常被用于股市研判的是日 BOLL 指标和周 BOLL 指标。虽然对它们计算时的取值有所不同，但基本的计算方法一样。以日 BOLL 指标计算为例，其计算方法如下：

1. 日 BOLL 指标的计算公式

中轨线＝N 日的移动平均线

上轨线＝中轨线＋两倍的标准差

下轨线＝中轨线－两倍的标准差

2. 日 BOLL 指标的计算过程

（1）计算 MA

MA＝N 日内的收盘价之和÷N

（2）计算标准差 MD

MD＝平方根 N 日的（C－MA）的两次方之和÷N

（3）计算 MB、UP、DN 线

MB＝（N－1）日的 MA

UP＝MB＋2×MD

DN＝MB－2×MD

在股市分析软件中，BOLL 指标一共由四条线组成，即上轨线 UP、中轨线 MB、下轨线 DN 和价格线。其中上轨线 UP 是 UP 数值的连线，用黄色线表示；中轨线 MB 是 MB 数值的连线，用白色线表示；下轨线 DN 是 DN 数值的连线，用紫色线表示；价格线是以美国线表示，颜色为浅蓝色。和其他技术指标一样，在实战中，投资者不需要进行 BOLL 指标的计算，主要是了解 BOLL 指标的计算方法和过程，以便更加深入地掌握 BOLL 指标的实质，为运用指标打下基础。

三、BOLL 指标的一般研判标准

（一）BOLL 指标中的上、中、下轨线的意义

（1）BOLL 指标中的上、中、下轨线所形成的股价通道的移动范围是不确定的，通道的上下限会随着股价的上下波动而变化。在正常情况下，股价应始终于股价通道内运行。如果股价脱离股价通道运行，则意味着行情处于极端的状态。

（2）在 BOLL 指标中，股价通道的上下轨是股价安全运行的最高价位和最低价位。上轨线、中轨线和下轨线都可以对股价的运行起到支撑作用，而上轨线和中轨线有时则会对股价的运行起到压力作用。

（3）一般而言，当股价在布林线的中轨线上方运行时，表明股价处于强趋势；当股价在布林线的中轨线下方运行时，表明股价处于弱趋势。

(二)BOLL 指标中的上、中、下轨线之间的关系

(1)当布林线的上、中、下轨线同时向上运行时,表明股价的强势特征非常明显,股价短期内将继续上涨,投资者应坚决持股待涨或逢低买入。

(2)当布林线的上、中、下轨线同时向下运行时,表明股价的弱势特征非常明显,股价短期内将继续下跌,投资者应坚决持币观望或逢高卖出。

(3)当布林线的上轨线向下运行,而中轨线和下轨线却还在向上运行时,表明股价处于整理态势之中。如果股价是处于长期上升趋势,则表明股价是上涨途中的强势整理,投资者可以持股观望或逢低短线买入;如果股价是处于长期下跌趋势,则表明股价是下跌途中的弱势整理,投资者应以持币观望或逢高减仓为主。

(4)布林线的上轨线向上运行,而中轨线和下轨线同时向下运行的可能性非常小,这里就不作研判。

(5)当布林线的上、中、下轨线几乎同时处于水平方向,股价横向运行时,则要根据股价目前的走势处于什么样的情况来判断。

四、BOLL 指标的实战技巧

研究目标主要集中在股价 K 线(或美国线)与 BOLL 指标的上、中、下轨线之间的关系,以及布林线的开口和收口的状况等方面。由于在部分软件上 BOLL 指标是在主图上,为了更准确地研判行情,我们可以采用 BOLL 指标和 TRIX 指标相结合的方法来研判行情。下面根据 BOLL 指标,来揭示其买卖和观望功能(注:在大部分软件上,对 BOLL 指标的参数一般不作修改)。

(一)买卖信号

(1)当股价 K 线带量向上突破布林线的上轨,并且 TRIX 指标也已经发低位“金叉”信号时,说明股价即将进入一个中长期上升通道,这是 BOLL 指标发出的买入信号。此时,投资者应及时地买入股票。

(2)当股价很长一段时间在低位窄幅水平运动后,股价 K 线突然带量向上突破布林线的上轨,同时原本狭窄的布林线通道突然开口向上时,说明股价即将脱离原来的水平运行通道,进入新的上升通道之中,这也是 BOLL 指标发出的买入信号。

(3)当股价 K 线向下突破布林线的中轨,并且 TRIX 指标也已经发出高位“死叉”信号时,说明股价即将进入一个中长期下降通道,这是 BOLL 指标发出的卖出信号。此时,投资者应尽早清仓离场。

(4)当股价很长一段时间在高位窄幅水平运动后,股价 K 线突然向下突破布林线的下轨,同时原本狭窄的布林线通道突然开口向下时,说明股价即将脱离原来的水平运行通道,进入新的下降通道之中,这也是 BOLL 指标发出的卖出信号。

(二)持股持币信号

(1)当布林线开口向上,只要股价 K 线始终运行在布林线的中轨上方,说明股价将长期处在一个中长期上升轨道之中,这是 BOLL 指标发出的持股待涨信号。如果 TRIX 指标也是发出持股信号,则这种信号更加准确。此时,投资者应坚决持股待涨。

(2)当布林线开口向下,只要股价 K 线始终运行在布林线的中轨下方,说明股价将长期处在一个中长期下降轨道之中,这是 BOLL 指标发出的持币观望信号,如果 TRIX 指标也是发出持币信号,则这种信号更加准确。此时,投资者应坚决持币观望。

【案例】 证券投资技术分析大师交易策略

戴若·顾比(Daryl Guppy)是全球金融市场十大技术分析大师之一。他是享有国际声誉的证券投资技术分析大师、澳大利亚全职交易商、国际技术分析协会会员及澳大利亚和新加坡技术分析协会会员;被新加坡股票交易所、澳大利亚股票交易所和马来西亚股票交易所职业经纪人及交易者尊为教父级人物。他还著有多本畅销书,包括《股票交易》、《交易策略》、《熊市交易》、《图线交易》、《亚洲股票炒作》、《市场交易策略》、《最佳交易》以及《最佳股票交易》等。他更被尊称为世界级投资大师,有着在3年时间内凭借2 000美元狂赚150 000美元的成功投资记录。

作为一名资深的技术型交易员,他主要凭借图线与市场动态信息来做出交易决策。顾比把策略放在首位,认为市场上有交易者和投资者两种人,交易者(也就是我们所称的短线投机者)能够改变市场趋势;而投资者对趋势的认可能使趋势得以延续。进入市场前,我们首先就要观察分析市场的趋势以及该趋势能否延续,从而制定我们的交易策略和计划。顾比认为,牛市中有三种交易方法:长线投资、趋势交易、短线交易。成功的交易者应该不只会使用一种方法。在交易技巧上,顾比复合移动平均线和顾比倒数线是他独创的特色指标。顾比复合移动平均线是通过期限不同的两组平均线,来揭示市场中的长期趋势和短期趋势,而且均线组传递的信息比单一均线可信度更大。而顾比倒数线可以帮助我们确定进场、离场的时间和价格。顾比认为:技术分析是个神奇的东西,它能为投资者指出什么时候价格正在走弱,什么时候市场得知了我们还没听说的信息,给出随后显示是正确的指导信号。

本章概念

技术分析　道氏理论　委比　量比　多头市场　空头市场　趋势　阻力线　趋势线　反转形态　缺口　BOLL线

思考题

1. 道氏理论的基本思想是什么?
2. 如何根据道氏理论把握市场的发展趋势?
3. BOLL线的实战技巧是什么?
4. 如何将各种技术分析加以综合应用?

第十二章

技术指标

本章重点内容

- ✔ 技术指标概述
- ✔ 市场趋势指标
- ✔ 市场动量指标
- ✔ 市场大盘指标
- ✔ 市场人气指标

学习目标

- 掌握 K 线理论和分析方法
- 了解市场趋势指标

股票技术分析是证券投资市场中普遍应用的一种分析方法。由于证券市场的价格是复杂变化的,投资者在这个市场上进行投资时都要有一套方法来制定或选择投资策略进行投资。股票技术分析是以预测市场价格变化的未来趋势为目的,通过分析历史图表对市场价格的运动进行判断的一种方法。本章主要介绍几种不同的技术分析方法及重要指标。

第一节 技术指标概述

技术分析是证券投资分析中较常用的一种分析方法,各种理论和技术指标都经过了几十年甚至上百年的实践检验,今天看来仍然具有指导意义。技术分析,其理论基础是空中楼阁理论。空中楼阁理论是英国经济学家凯恩斯提出的,他认为股票市场价格完全是由投资者心理决定的,它完全抛开股票的内在价值,强调心理因素对股市的决定性作用。也就是说,投资者之所以要以一定的价格购买某种股票,是因为他相信有人将以更高的价格向他购买这种股票。至于股价的高低并不重要,关键是存在更激进的冒险者以更高的价格向其购买。精明的投资者无需去计算股票的内在价值,他需要做的只是抢在别人之前成交,即在股价达到最高点之前买进股票,在股价达到最高点时卖出股票。

一、K线的起源

K线又称为日本线，其起源于日本。K线发明时日本没有股票市场，只是用于米市交易。经过上百年的运用和完善，目前已经形成了一整套K线分析理论。K线理论在我国证券市场研究中得到了广泛的应用。

二、K线的画法与基本形状

（一）K线的画法

K线是一条柱状的线条，由影线和实体组成。影线在实体上方的部分叫上影线，下方的部分叫下影线。实体分阳线和阴线两种，又称红（阳）线和黑（阴）线（见图12—1）。一条K线记录的是某一种股票一天的价格变动情况。将每天的K线按时间顺序排列在一起，就组成该股票自上市以来的每天的价格变动情况，称为日K线图。

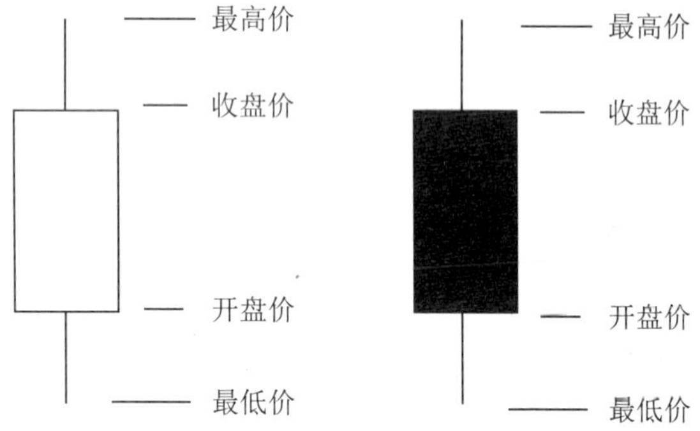

图12—1 K线的画法

股票价格的变动主要体现在四个价格上，即开盘价、最高价、最低价和收盘价。

日开盘价是指每个交易日的第一笔成交价格，这是传统的开盘价定义。为了克服机构庄家利用通信上的优势，故意造出一个不合实际的开盘价的弊端，目前中国市场采用集合竞价的方式产生开盘价，这样就在一定程度上弥补了传统意义上的开盘价的缺陷。

日最高价和日最低价是每个交易日成交股票的最高成交价格和最低成交价格。它们反映当日股票价格上下波动幅度的大小。最高价和最低价如果相差很大，说明该股票当日交易活跃，买卖双方斗争激烈。但是，同传统的开盘价一样，最高价、最低价也容易受到庄家大户的故意做市，造出一个脱离实际的最高价和最低价。

日收盘价是指每个交易日的最后一笔成交价格，是多空双方经过一天的争斗最终达成的共识，也是供需双方当日最后的暂时平衡点，具有指明目前价格的非常重要的功能。2001年8月31日颁布的《上海、深圳证券交易所交易规则》规定，收盘价的计算按该证券最后一笔交易前一分钟的所有交易的成交量的加权平均数确定。

（二）常见K线形状与含义

在掌握了K线的基本画法之后，我们可以根据K线图的形状研判股价未来的走势。阳线表示市场上买方较强，卖方较弱，未来股价看涨；阴线表示市场上卖方较强，出售量大，而买方则较弱，未来股价看跌。K线的形状暗示了今后股价的走势。图12—2给出了在证券市场上经常出现的K线形状及其含义。

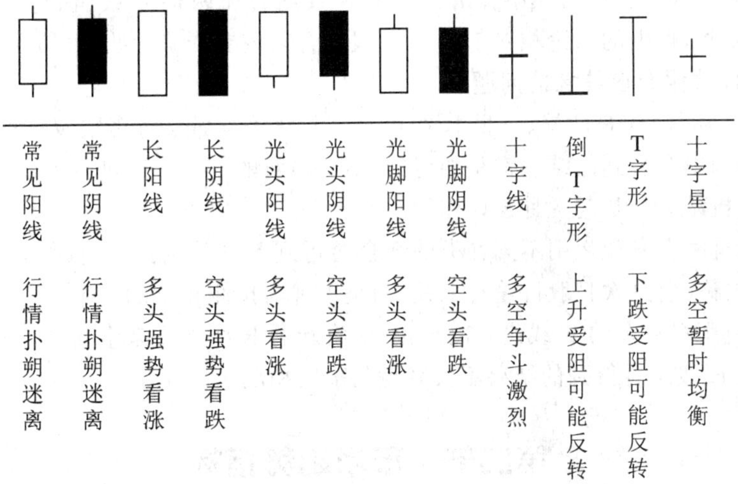

图 12－2　常见 K 线形状与含义

(三)K 线的应用

熟悉了单根 K 线的价格走势特点后，我们可以尝试将两根、三根、多根 K 线组合起来分析行情。K 线组合变换无穷、数以百计，应用时应注意分析以下几个方面：

1. 分析实体的长短

两根或三根 K 线组合在一起时，如果同是阳线，且后面的阳线实体与前面的阳线实体相比，一根比一根长，表明买方占据绝对优势，股价涨势还将继续；如果后面的阳线与前面相比，渐次缩短，表明买方气势已开始减弱，股价涨幅有限。如果是阴线则正好相反。

2. 分析上影线和下影线的长短

上影线长，说明买方将股价推高后遇空方打压，上影线越长，空方阻力越大；下影线长，说明买方在低价位有强力支撑，下影线越长，支撑力越强。

3. 两根、三根 K 线的相互关系

如果紧连的两根或三根 K 线分别为阳线或阴线，则要注意分析它们之间的相互关系，着重比较收盘价的相互关系。以两根 K 线为例，如果第一根是阴线，第二根为阳线，要看第二根 K 线的收盘价是否高于第一根 K 线的收盘价，是否超过第一根 K 线实体长度的 50%，是否高于阴线的开盘价，是否将前一日阴线全部包入。阳线收盘价位置越高，表明买方力量越强。如果第一根是阳线，第二根是阴线，则要看阴线收盘价是否低于阳线的收盘价，是否低于阳线实体长度的 50%，是否低于阳线的开盘价，是否将前一日阳线全部包入。阴线收盘价越低，卖方力量越强。三根或多根 K 线组合也可依据上述办法分析。

4. 分析 K 线是否组合成某一形态

对多根 K 线组合分析时，要注意其是否已组成某一种反转或盘整形态。若已经组成形态，则应按形态理论分析，而不必过于拘泥于 K 线的关系，但要特别注意突破形态的 K 线，如大阳线向上突破或大阴线向下突破，加上量的配合，是明确的信号。

5. 分析 K 线在一个较大行情中的位置

分析 K 线也要顾全大局，不要只见树木，不见森林。特别要注意高价圈和低价圈中出现的大阳线、大阴线和十字星，要将它们放在整个行情走势中加以分析判断。

K 线组合无论多复杂，考虑问题的方式是相同的，都是由最后一根 K 线相对于前面 K 线的位置来判断多空双方实力的大小。由于三根K线组合比两根K线组合多了一根K线，可获得的信息就多些，得出的结论相对于两根K线组合来说要准确一些，可信度更大些。

(四)应用K线组合应注意的问题

无论是一根K线，还是两根、三根K线以至多根K线，都是对多空双方的争斗作出的一个描述，由它们的组合得到的结论都是相对的，不是绝对的。对实际进行股票买卖的投资者而言，K线组合分析结论只是起一种建议作用。

在应用时，有时会发现运用不同种类的组合会得到不同的结论。有时运用一种组合得到明天会下跌的结论，但是次日股价没有下跌，而是出现与预测相反的结果。这个时候的一个重要原则是尽量使用根数多的K线组合的结论，应将新的K线加进来重新进行分析判断。一般来说，根据多根K线组合得到的结果不太容易与事实相反。

第二节　市场趋势指标

一、移动平均线(MA)

(一)计算方法

MA的计算方法就是求连续若干天市场价格(通常采用收盘价)的算术平均数。天数就是MA的参数。10日的移动平均线常简称为10日线[MA(10)]，同理我们有5日线、15日线等概念。

(二)移动平均线的特点

MA最基本的思想是消除股价随机波动的影响，寻求股价波动的趋势。它具有以下几个特点：

(1)追踪趋势

MA能够表示股价的波动趋势，并追随这个趋势，不轻易改变。原始数据的股价图表不具备追踪趋势的特性。

(2)滞后性

在股价原有趋势发生反转时，由于MA的追踪趋势的特性，其反应往往过于迟缓，调头速度落后于大趋势，这是MA一个极大的弱点。

(3)稳定性

要较大地改变MA的值，无论是向上还是向下，都比较困难，要求当天的股价必须有很大的变动。因为MA的变动是几天的变动，一天的大变动被几天一平均，变动就会变小而显示不出来。这种稳定性既是优点，也是缺点，在应用时应多加注意。

(4)支撑线和压力线的特性

由于MA的上述三个特性，使得它在股价走势中起支撑线和压力线的作用。MA被突破，实际上是支撑线和压力线被突破，从这个意义上就很容易理解后面将介绍的葛兰碧法则。

MA参数的变化可以调整MA上述几方面的特性。参数选择得越大，上述的特性就越明显。比如，突破5日线和突破10日线要求的助涨助跌的力度完全不同，10日线比5日线要求的力度更大。使用MA时通常是对不同的参数同时使用，而不是仅用一个。虽然参数的选择有些差别，但一般都包括长期、中期和短期三类的MA。应注意，长期、中期、短期是相对的。

(三)葛兰碧法则

对于移动平均线的应用，美国著名股票分析家葛兰碧(Joseph E. Granville)创造的八项法则可谓其中的精华，因为它淋漓尽致地发挥了道琼斯理论。葛兰碧根据200天移动平均线与每日股价平均值的关系提出了买卖股票的八条法则：

(1)当移动平均线持续下滑后，逐渐转为平滑，并有抬头向上的迹象；另外，每日股价平均线也转而上升，并自下方突破了移动平均线，这是买进信号。因为移动平均线止跌向平，表示股价将转为上升趋势，而此时股价平均线突破移动平均线向上延伸，则表示当天股价已经突破卖方压力，买方已处于相对优势地位。

(2)股价线开始时仍在移动平均线之上，但呈急剧下跌趋势，在跌破移动平均线后，忽然转头向上，这也是买进信号。这是因为移动平均线反应较为缓慢，当移动平均线持续上升时，若股价平均线急速下跌且跌穿平均线，在多数情况下，这种下跌只是一种表象，过几天后，股价又会回升至移动平均线之上。

(3)与上述情况类似，但股价尚未跌破移动平均线，只要移动平均线依然呈上升趋势，应买进。这是因为在这种情况下，往往表示投资者获利回吐，但由于市场承接力较强，股价在短期内经过重整后，又会强劲上升。

(4)股价平均线与移动平均线都在下降时，如果股价平均线狠狠下挫，远离了移动平均线，表明反弹指日可待，但切忌不可恋战，因为大势依然不妙，久战势必套牢。

(5)移动平均线从上升转为平缓，并有向下趋势，且股价平均线也从其上方下移，跌破了移动平均线，宜卖出。因为此时表明股价将继续下跌。

(6)股价平均线和移动平均线持续下滑时，这时股价平均线自下方上升，并在突破了仍在下落的移动平均线后，又掉头下落，宜卖出。此时表明股价大势将继续下跌。

(7)股价平均线在移动平均线的下方，并朝着移动平均线的方向上升，但在未到达或未突破移动平均线时再次降落，表明股价疲软而应看跌。

(8)股价一路暴涨，远远超过了正在上升的移动平均线，但暴涨之后必有暴跌，所以此处是卖出信号，以防止暴跌带来的不必要的损失。

葛兰碧法则见图12－3。

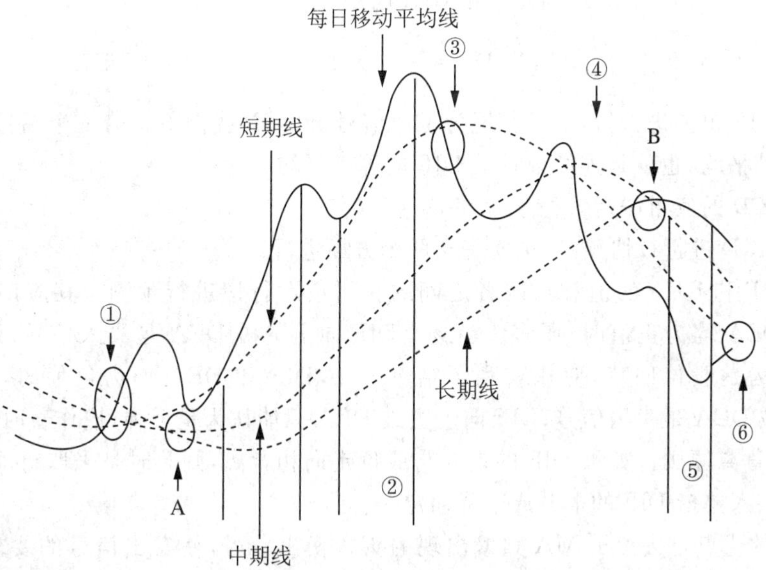

图12－3　葛兰碧法则

注：图中①②为买入信号；③④⑤⑥为卖出信号。

需要说明的是，每天的股价实际上是1日的MA。股价相对于移动平均线实际上是短期MA相对于长期MA。从这个意义上说，上述法则中股价相对于MA的所有叙述，都可以换成短期MA相对于长期MA。由此也引出了股市中常说的“死亡交叉”和“黄金交叉”两个概念。所谓黄金交叉指的是，短期移动平均线从下方上穿中期移动平均线或长期移动平均线，或者中期移动平均线从下方上穿长期移动平均线所形成的交叉。它表明后市将出现多头排列，投资者可以买进。所谓死亡交叉指的是短期移动平均线从上方向下突破中期移动平均线或长期移动平均线，或者中期移动平均线从上方向下突破长期移动平均线所形成的交叉。它表明后市将出现空头排列，投资者应卖出手中的股票。

对葛氏法则的记忆，只要掌握了支撑和压力的思想就不难记住。但在盘整阶段或趋势形成后的中途休整阶段，以及局部反弹和回落阶段，MA极易发出错误的信号，这是运用MA时最应该注意的。另外，MA只是作为支撑线和压力线，站在某线之上，当然有利于上涨，但并不是说就一定会涨，支撑线也有被击穿的时候。

二、平滑异同移动平均线(MACD)

(一)MACD的计算

MACD由正负差(DIF)和异同平均数(DEA)两部分组成，DIF是核心，DEA是辅助。DIF是快速平滑移动平均线与慢速平滑移动平均线的差。快速和慢速的区别是进行数据平滑时采用的参数大小不同，快速是短期的，慢速是长期的。以现在常用的参数12和26为例，对DIF的计算过程进行介绍。

$$\text{今日 EMA}(12)=\frac{2}{12+1}\times\text{今日收盘价}+\frac{11}{12+1}\times\text{昨日 EMA}(12)$$

$$\text{今日 EMA}(26)=\frac{2}{26+1}\times\text{今日收盘价}+\frac{25}{26+1}\times\text{昨日 EMA}(26)$$

$$\text{DIF}=\text{EMA}(12)-\text{EMA}(26)$$

$$\text{今日 DEA(MACD)}=\frac{2}{10}\times\text{今日 DIF}+\frac{8}{10}\times\text{昨日 DEA}$$

单独的DIF也能进行行情预测，但为了使信号更可靠，我们引入另一个指标DEA。DEA是DIF的移动平均，也就是连续数日的DIF的算术平均。

(二)MACD的应用法则

利用MACD进行行情预测，主要是从两个方面进行：

(1)以DIF和DEA的值和这两者之间的相对值对行情进行预测。其应用法则如下：第一，DIF和DEA均为正值时，属多头市场。DIF向上突破DEA是买入信号；DIF向下跌破DEA只能认为是股价回落，应作获利了结。第二，DIF和DEA均为负值时，属空头市场。DIF向下突破DEA是卖出信号；DIF向上突破DEA只能认为是反弹，应作暂时补空。

(2)指标背离原则。如果DIF的走向与股价走向相背离，则此时是采取行动的信号，至于是卖出还是买入要依DIF的上升或下降而定。

MACD的优点是去掉了MA频繁出现的买入卖出信号，使发出信号的要求和限制增加了，避免假信号的出现，用起来比MA更有把握。MACD的缺点同MA一样，在股市没有明显趋势而进入盘整时，该指标失误的时候较多。另外，对未来股价的上升和下降的程度不能提供有帮助的建议。

第三节 市场动量指标

一、威廉指标(WMS)

威廉指标最早起源于期货市场,由拉里·威廉姆斯(Larry Williams)于1973年首创,目前已经成为在中国股市中被广泛使用的指标。WMS可以表示市场是处于超买还是超卖状态。

(一)计算方法

威廉指标的计算公式如下:

$$\mathrm{WMS}(n)=\frac{H_n-C_t}{H_n-L_n}\times 100$$

式中:C_t 表示当天的收盘价;H_n 表示 n 日内最高价;L_n 表示 n 日内最低价。

由计算公式可知,WMS只有一个参数,那就是天数 n。n 可取6、14、20等,投资者可根据个人习惯和需要而定。WMS指标表示的含义是,当天收盘价在过去的一段日子的价格范围内所处的相对位置。如果WMS的值较小,则当天的价格处在相对较高的位置,要提防回落;如果WMS的值较大,则说明当天的价格处在相对较低的位置,要注意反弹。

(二)威廉指标的应用

威廉指标的应用大致有以下几条规则:

(1)在0~100区间内,WMS低于20为相对超买,WMS高于80为相对超卖。

(2)WMS=50称作多空均衡区,WMS≤50为多头市场,WMS≥50为空头市场。

(3)当WMS从多头区回调至50点后又接近80点,或当WMS从空头区反弹至50点后再接近20点,则有OBOS法则:6WMS≤10为卖点;6WMS≥90为买点;12WMS≤20为卖点;12WMS≥80为买点。

(4)当股价由超卖区向上攀升并突破中轴线50,则表示市场较强,可买入;当股价由超买区回落,并下破中轴线50,则表示市场较弱,可卖出。

二、KDJ指标

KDJ指标的中文名称是随机指数(Stochastic),是由乔治·莱恩(George Lane)首创的。与威廉指标一样,最早也起源于期货市场。

(一)KDJ指标的计算公式和理论依据

产生KDJ以前,会先产生未成熟随机值RSV(Raw Stochastic Value),其计算公式为:

$$n\text{日 RSV}=\frac{C_t-L_n}{H_n-L_n}\times 100$$

式中:C_t、H_n、L_n 的意义同WMS计算公式。

对RSV进行指数平滑,就得到如下 K 值:

$$\text{今日 }K\text{ 值}=2/3\times\text{昨日 }K\text{ 值}+1/3\times\text{今日 RSV}$$

对 K 值进行指数平滑,就得到如下 D 值:

$$\text{今日 }D\text{ 值}=2/3\times\text{昨日 }D\text{ 值}+1/3\times\text{今日 }K\text{ 值}$$

式中:1/3是平滑因子,是可以选择的,所以 K、D 指标就有WMS的一些特性。在反映股市价格变化时,WMS最快,K 其次,D 最慢。K 指标反应敏捷,但容易出错,D 指标反应稍慢,但稳健可靠。

J 是 D 加上一个修正值，其计算公式为：

$$J=3D-2K=D+2(D-K)$$

(二)KDJ 指标的应用法则

KDJ 指标是三条曲线，在应用时主要从以下五个方面进行考虑：

1. 从 K、D 的取值方面考虑

K、D 的取值范围都是 0～100，再将其划分为几个区域：80 以上为超买区，20 以下为超卖区，其余为徘徊区。根据这种划分，K、D 超过 80 就该考虑卖出了，低于 20 就该考虑买入。需要说明的是，上述划分只是一个应用 K、D 指标的初步过程，仅仅是信号，完全按这种方法进行操作很容易招致损失。

2. 从 K、D 指标曲线的形态方面考虑

当 K、D 指标在较高或较低的位置形成了头肩形和多重顶(底)时，是采取行动的信号。注意，这些形态一定要在较高位置或较低位置出现，位置越高或越低，结论越可靠。对于 K、D 曲线，我们同样可以引入支撑和压力的概念。某一条支撑线和压力线被突破，也是采取行动的信号。

3. 从 K、D 指标的交叉方面考虑

K 与 D 的关系就如同股价与 MA 的关系一样，也有死亡交叉与黄金交叉的情形，不过这里对交叉的应用是很复杂的，还要看别的条件。以 K 线从下向上与 D 线交叉为例：K 上穿 D 是金叉，为买入信号。但是出现金叉是否应该买入，还要看别的条件。第一个条件是金叉的位置应该比较低，是在超卖区的位置，越低越好。第二个条件是与 D 相交的次数。有时在低位，K、D 要来回交叉好几次。交叉的次数以两次为最少，越多越好。第三个条件是交叉点相对于 K、D 线低点的位置，这就是常说的“右侧相交”原则。K 是在 D 已经抬头向上时才同 D 相交，比 D 还在下降时与之相交要好得多。

4. 从 K、D 指标的背离方面考虑

当 K、D 处在高位或低位时，如果出现与股价走势的背离，则是采取行动的信号。当 K、D 处在高位，并形成两个依次下降的峰，而此时股价还在一个劲地上涨，这叫顶背离，是卖出的信号；与之相反，若 K、D 处在低位，并形成一底比另一底高，而股价还继续下跌，这构成底背离，是买入信号。

5. 从 J 指标的取值大小考虑

J 指标取值超过 100 和低于 0，都属于价格的非正常区域，大于 100 为超买，小于 0 为超卖。

三、相对强弱指标(RSI)

(一)相对强弱指标的计算

相对强弱指标的英文字母为 RSI(Relative Strength Index)，是以股票价格的相对涨跌幅度为依据，对股价的变动及其趋势进行预测与分析的工具。股票市场中的相对强弱指标的计算公式为：

$$\mathrm{RSI}(n)=\frac{A}{A+B}\times 100$$

式中：A 表示 n 天中股价向上波动的大小；B 表示 n 天中股价向下波动的大小；$A+B$ 表示股

价总的波动大小。

RSI 的参数是天数 n，即时间的长度，一般用 5、9、14 等。RSI 实际上是向上波动的幅度占总的波动的百分比，如果占的比例大就是强式，否则就是弱式。RSI 的取值介于 0～100。

相对强弱指标(RSI)有时可采用如下计算公式：

$$相对强弱指标(RSI)=100-(100/1+RS)$$

式中：RS 为相对强度，用如下公式求得：

$$相对强度(RS)=n\ 日内收盘涨数和的平均值/n\ 日内收盘跌数和的平均值$$

式中：n 可取 6、9、14 等不同的天数，主要根据分析者的习惯和需要而定。

(二)相对强弱指标的运用原则

根据股市操作中的实际经验，运用相对强弱指标分析预测股票价格走势，决定买卖股票的时机时，应把握以下原则：

(1)如果 RSI 值低于 20%，则表示市场上的卖盘多于买盘，市价下跌的幅度过大，投资者可抓紧时机买进。

(2)如果 RSI 值高于 80%，则表示市场上的买盘多于卖盘，市价上涨的幅度过高，未来下跌的可能性很大，投资者应抓紧时机卖出。

(3)如果 RSI 值低于 10%，则表示市价已下跌到底部，接近地价，股价随时可能反弹，投资者应抓住时机买进。

(4)如果 RSI 值高于 90%，则说明市价过高，涨得太快，接近天价，随时都会跌下来。如果投资者手中持有这种股票，就应不失时机地抛出，以免高价套牢。

(5)如果 RSI 值长期在 50%以上，则表示是多头市场。如果 RSI 值长期在 50%以下，则表示是空头市场。

四、乖离率

(一)乖离率的计算

乖离率英文名"BIAS"，简称 Y 值，它是以当日移动平均数为基准的。实际价格与移动平均数之间的差距，被称为乖离程度。用乖离程度除以移动平均数得到的数值就是乖离率。也就是说，乖离率是表示当日实际价格与平均价格之间的差距，从而也就可以用数字来表示股价线与移动平均线的距离了。其计算公式为：

$$BIAS(n)=\frac{C_t-MA(n)}{MA(n)}\times 100\%$$

式中：C_t 表示当日收盘价；MA(n)表示 n 日移动平均价。

(二)乖离率的应用法则

公式中分子为收盘价与移动平均值的绝对距离，可正可负，除以分母，就是相对距离。BIAS 的公式中含有的参数项只有一个，即 MA，这样 BIAS 的参数就是 MA 的参数，即天数。一般来说，参数越大，则允许股价远离 MA 的程度就越大。换句话说，股价远离 MA 到了一定程度，我们就会认为该回头了。

第四节　市场大盘指标

众所周知，证券市场中会使用到的指标很多，而且很杂。根据它所要判断的目标，可以将成千上万的指标进行分类。例如，判断大盘变化的大盘类指标、判断量能变化的量能类指标、判断价格趋势的趋向类指标和反趋向类指标、判断量价关系的量价类指标等。其中，大盘类指标是指证券市场技术分析中分析交易品种与整个大盘关系的一大类指标。

大多数技术指标都是既可以应用于个股，又可以应用于大盘指数。而大势型指标主要是对整个证券市场的多空状况进行描述，它只能应用于研判证券市场整体形势，而不能应用于个股。

一般来说，描述股市整体状况的指标是综合指数，如道琼斯指数、上证指数等。但是无论哪种指数都不可能面面俱到，总有不尽如人意的地方。以下介绍的 ADL、ADR 和 OBOS 等大势型指标从某些角度来说，可以弥补综合指数的不足，提前向投资者发出信号。

一、腾落指数(Advance Decline Line, ADL)

腾落指数即上升下降曲线的意思。ADL 是以股票每天上涨或者下跌的家数作为观察的对象，通过简单算术加减来比较每日上涨股票或下跌股票家数的累积情况，形成升降曲线，并与综合指数相对比，对大势的未来进行预测。

(一)ADL 的计算公式

假设已经知道了上一个交易日 ADL 的值，则今天 ADL 的值为：

$$今日\ ADL = 昨日\ ADL + NA - ND$$

式中：NA 表示当天所有股票中上涨的家数；ND 表示当天下跌的股票家数。

涨跌的判断标准是以今日收盘价与上一日收盘价相比较(无涨跌日不计)。ADL 的初始值可取零。

(二)ADL 的应用法则

(1)ADL 的应用重在相对走势，而不看重取值的大小，这个与 OBV 相似。

(2)ADL 不能单独使用，要同股价曲线结合使用才能显示其效果、作用。

①ADL 与股价同步上升(下降)，创新高(低)，则可以验证大势的上升(下降)趋势，表示短期内反转的可能性不大。

②ADL 连续上涨(下跌)了很长一段时间(一般是 3 天以上)，而指数却向相反方向下跌(上涨)了很长一段时间，这是买进(卖出)信号，至少有反弹(调整)存在，这是一种背离现象。

③在指数进入高位(低位)时，ADL 并没有同步行动，而是开始走平或者下降(上升)，这是趋势进入尾声的信号，也是背离现象。

④ADL 保持上升(下降)趋势，指数却在中途发生转折，又很快恢复原有的趋势，并且创新高(低)，这是买进(卖出)信号，是后市多方(空方)力量强盛的标志。

(3)形态学和切线理论的内容也可以用于 ADL 曲线。

(4)经验证明，ADL 对多头市场的应用比对空头市场的应用效果更好。

二、涨跌比指标(Advance Decline Ratio, ADR)

ADR 是根据股票的上涨家数和下跌家数的比值，推断证券市场多空双方力量的对比情况，进而判断证券市场的实际情况。

(一)ADR 的计算公式

$$ADR(n) = \frac{P_1}{P_2}$$

式中：$P_1 = \sum nA$，表示 n 日内股票上涨家数之和；$P_2 = \sum nB$，表示 n 日内股票下跌家数之和；

n 表示选择的天数，是 ADR 的参数。目前，n 比较常用的参数是 10。ADR(n)取值不小于 0。

ADR 的图形以 1 为中心上下波动，波动幅度取决于参数的选择。参数选择得越小，ADR 波动的幅度就越大，曲线的起伏就越剧烈；参数选择得越大，ADR 波动的幅度就越小，曲线上下起伏越平稳。

(二)ADR 的应用法则

1. 从 ADR 的取值看大势

在 0.5～1.5 是常态，此时多空双方处于均衡状态。在极端的情况下，如出现突发的利多、利空消息引起股市暴涨暴跌时，ADR 常态的上限可以修正为 1.9，下限修正为 0.4。超过了 ADR 常态的上下限，就是采取行动的信号，表示上涨或下跌的势头过于强烈，股价将有回头的可能。ADR 处于常态时，对买进或卖出股票都没有太大的帮助。

2. ADR 可以与综合指数配合使用

其应用法则与 ADL 相似，也有一致与背离两种情况。

3. 从 ADR 曲线的形态看大势

ADR 从低向高超过 0.5，并在 0.5 上下来回波动几次，是空头进入末期的信号。ADR 下降到 0.75 以下，是短期反弹的信号。ADR 先下降到常态的下限，但不久就上升并接近常态的上限，则说明多头已经具有足够的力量将综合指数拉上一个台阶。

三、超买超卖指标(Over Bought Over Sold，OBOS)

OBOS 是以一段时间内上涨和下跌的股票家数的数量差距，来反映当前股市多空双方力量的对比和强弱，也是运用上涨和下跌的股票家数的差距对大势进行分析的技术指标。与 ADR 相比，其含义更为直观，计算更为简便。

(一)OBOS 的计算公式

$$\text{OBOS}(n)=\sum nA-\sum nD$$

式中：$\sum nA$ 表示 n 日内每日上涨股票家数的总和；$\sum nD$ 表示 n 日内每日下跌股票家数的总和；天数 n 是 OBOS 的参数，一般选 10。

OBOS 的多空平衡位置是 0，也就是 $\sum nA=\sum nD$ 的时候。当 OBOS(n)$>$0 时，多方占优势；当 OBOS(n)$<$0 时，空方占优势。

(二)OBOS 的应用法则

(1)根据 OBOS 的数值判断行情。当 OBOS 的取值在 0 附近变化时，市场处于盘整时期；当 OBOS 为正数时，市场处于上涨行情；当 OBOS 为负数时，市场处于下跌行情。当 OBOS 达到一定正数值时，大势处于超买阶段，可以选择时机卖出；当 OBOS 达到一定负数值时，大势处于超卖阶段，可以选择时机买入。至于 OBOS 超买超卖的区域划分，受上市股票总的家数、参数选择的直接影响。其中，参数选择得越大，OBOS 一般越平稳，但是上市股票的总家数则是不能确定的因素，这是 OBOS 的不足。

(2)当 OBOS 的走势与指数背离时，是采取行动的信号，大势可能反转。

(3)形态理论和切线理论中的结论也可以用于 OBOS 曲线。

(4)当 OBOS 曲线第一次进入发出信号区域时，应该特别注意是否出现错误。

(5)OBOS 比 ADR 的计算简单，意义直观易懂，所以 OBOS 使用得比较多，ADR 使用得比较少，但是放弃 ADR 是不对的。

第五节 市场人气指标

一、心理线指标(PSY)

PSY是从投资者的买卖心理角度，将一定时期内投资者看多或看空的心理转化为数值，来研判股价未来走势的技术指标。

(一)PSY的计算公式

$$\text{PSY}(n)=(A/n)\times 100$$

式中：n表示天数，是PSY的参数；A表示n天中股价上涨的天数。

在实际应用中，n一般定为12天。例如，$n=12$，而12天中有3天上涨，9天下跌，则$A=3$，$\text{PSY}(12)=25$。这里的上涨和下跌的判断是以收盘价为标准的。

PSY(n)的取值范围是0～100，以50为中心，50以上是多方市场，50以下是空方市场。

PSY(n)参数的选择是人为的，参数选得越大，PSY(n)的取值范围就越集中、指数表现越平稳。

(二)PSY的应用法则

(1)PSY的取值在25～75时，说明多空双方基本处于均衡状态。如果PSY的取值超出了这个范围，则是超卖或超买。

(2)PSY的取值过高或过低，都是应采取行动的信号。一般来说，如果有$\text{PSY}<10$和$\text{PSY}>90$这两种极端情况出现，是强烈的买入和卖出信号。

(3)PSY的取值第一次进入采取行动的区域时，据此行动往往容易出错。一般都要求PSY进入高位或低位两次以上才能采取行动。

(4)PSY曲线如果在低位或高位出现大的W底或M头，也是买入或卖出的行动信号。

(5)PSY曲线一般可同股价曲线配合使用，这时前面讲到的背离原则在PSY中也同样适用。

心理线所显示的买卖信号一般为事后现象，事前并不能十分确切地预测。同时，投资者的心理偏好又受诸多随机因素影响，会随时调整，不可捉摸。特别是在一个投机气氛浓厚、投资者心态不十分稳定的股市中，心理线的运用有其局限性。

二、能量潮指标(OBV)

OBV的英文全称是On Balance Volume，即“平衡交易量”，人们更多称其为“能量潮”，它是葛兰碧在20世纪60年代提出来的。该指标的理论基础是市场价格的有效变动必须有成交量配合，量是价的先行指标。利用OBV可以验证当前股价走势的可靠性，并可以得到趋势可能反转的信号。比起单独使用成交量，OBV看得更清楚。

(一)OBV的计算公式

假设已经知道上一个交易日的OBV，则：

$$\text{今日 OBV}=\text{昨日 OBV}+\text{sgn}\times\text{今天的成交量}$$

式中：sgn是符号函数，其数值由下式决定：

$$\begin{cases}\text{sgn}=+1 & \text{今日收盘价}\geq\text{昨日收盘价}\\ \text{sgn}=-1 & \text{今日收盘价}<\text{昨日收盘价}\end{cases}$$

这里的成交量指的是成交股票的手数，不是成交金额。$\text{sgn}=+1$时，其成交量计入多方的能量；sgn＝－1时，其成交量计入空方的能量。

计算OBV时，初始值可自行确定，一般可用第一日的成交量代替。

(二)OBV的应用法则和注意事项

(1)OBV不能单独使用，必须与股价曲线结合使用才能发挥作用。

(2)OBV曲线的变化对当前股价变化趋势的确认有如下原则：

当股价上升(下降)，而OBV也相应地上升(下降)时，则可确认当前的上升(下降)趋势。

当股价上升(下降)，但OBV并未相应地上升(下降)，出现背离现象时，则对目前上升(下降)趋势的认定程度要大打折扣。OBV可以提前告诉我们趋势的后劲不足，有反转的可能。

(3)形态学和切线理论的内容也同样适用于OBV曲线。

(4)在股价进入盘整后，OBV曲线会率先给出结束盘整的信号，之后会向上或向下突破，且成功率较大。

OBV是预测股市短期波动的重要指标，能帮助投资者确定股市突破盘整后的运行方向，而且OBV的走势可以局部显示出市场内部主要资金的流向，有利于告诉投资者市场内的多空倾向。

(三)能量潮理论成立的依据

(1)交易双方对股票价格的评价越不一致，成交量越大；反之则越小。

(2)股价上升需要的能量大，因而要以成交量放大作为配合；股价下跌不必耗费很大能量，因而成交量不一定放大，甚至有萎缩倾向。

(3)股价波动总有规律可循，变动到某一点之后总会改变方向。

三、情绪指标(BRAR)

情绪指标(BRAR)是由两个部分——BR线(买卖意愿线)与AR线(人气指标线)共同组成的，其中BR线是对“市场情绪”的全面反映，而AR线则包含一种“潜在的能量”，这种“潜在的能量”是通过股价在开盘之后的表现来体现的。

(一)BRAR的原理

当股价开盘后，从开盘价向上推升至当天最高价的过程中，每超越一个价位都会损耗一份能量。当AR值升到一定高度时，代表能量已经耗尽，缺乏股价的推动力，股价此时就容易反转下跌；相反，股价开盘后并未向上冲高，自然就减少能量的损耗，相对保存了许多能量。

该指标是以“反市场心理”作为分析原理的，即当市场中大多数人蜂拥购买股票时，该指标则会帮助你悄然离开市场；反之亦然。(可思考“擦鞋童”理论与此的共同之处。)

股票市场上，每一个交易日都要进行多空力量的较量，市场会正确、全面地反映每一个交易日或某一段时期内的多空双方力量的对比。在一个交易日或某一段时期，多空双方的优势是不断交替着的，双方都有可能在一定时期内占据优势。如果一定时期内多方力量占据优势，股价将会不断上升；如果一定时期内空方力量占据优势，股价则会不断下跌；多空双方力量如果大致平衡，股价则会在某一区域内窄幅波动。而市场上多方力量大，则买方气势就会比较强、卖方气势就会减弱；市场上空方力量大，则卖方气势就会比较强、买方气势就会减弱。

因此，股价走势的变动主要是由供求双方买卖气势和多空力量的对比造成的。

(二)BRAR的计算方法

1. AR的计算方法

AR指标是通过比较一个周期内开盘价在该周期价格中的高低，从而反映市场买卖人气的技术指标。以计算周期为日为例，其计算公式为：

$$n\text{日 AR}=[n\text{日内}(H-O)\text{之和}\div n\text{日内}(O-L)\text{之和}]\times 100$$

式中：H 表示当日最高价；L 表示当日最低价；O 表示当日收盘价；n 表示设定的时间参数，一般原始参数日设定为 26 日。

2. BR 指标的计算方法

BR 指标是通过比较一个周期内收盘价在该周期价格波动中的地位，来反映市场买卖意愿程度的技术指标。以计算周期为日为例，其计算公式为：

$$n\text{日BR}=n\text{日内}(H-CY)\text{之和}\div n\text{日内}(CY-L)\text{之和}$$

式中：H 表示当日最高价；L 表示当日最低价；CY 表示前一交易日的收盘价；n 表示设定的时间参数，一般原始参数日设定为 26 日。

与其他指标的计算一样，由于选用的计算周期不同，AR、BR 指标也包括日 AR、BR 指标，周 AR、BR 指标，月 AR、BR 指标，年 AR、BR 指标以及分钟 AR、BR 指标等类型。经常被用于股市研判的是日 AR、BR 指标和周 AR、BR 指标。虽然它们的取值有所不同，但基本的计算方法一样。另外，随着股市软件分析技术的发展，投资者只需掌握 AR、BR 形成的基本原理和计算方法，无须去计算指标的数值，就可以利用 AR、BR 指标去分析、研判股票行情。

（三）BRAR 的应用法则

（1）一般情况下，AR 指标可以单独使用，BR 指标则需与 AR 指标同时使用，才能发挥效用。该指标虽不适合捕捉整体底部，但是灵活运用该指标，却能够抓住阶段底部，特别适合做反弹。

（2）BR<AR，且 BR<100，可考虑逢低买进。

（3）BR<AR，而 AR<50 时，是买进信号；BR>AR，再转为 BR<AR 时，也可买进。

（4）AR 和 BR 同时急速上升，意味着股价已近顶部，持股者应逢高卖出。

（5）BR 急速上升，而 AR 处在盘整或下跌时，应逢高卖出。

（6）BR 从高峰回落，跌幅达 1～2 倍时，若 AR 无警戒信号出现，应逢低买进。

（四）BRAR 的买卖原则

（1）当 BRAR 曲线在 100 附近盘整了较长一段时间以后，突然 BRAR 曲线几乎同时突破 50 这条线，并且股价也放量突破中期均线，则意味着股票中期强势行情即将开始，这是 BRAR 指标发出的中线买入信号。此时，投资者可以开始买进股票。

（2）当 BRAR 曲线从高位向下滑落，又接着突破了 100，股价同时也跌破中长期均线，则意味着股票的短期强势行情可能将结束，这是 BRAR 指标发出的短线卖出信号。此时，投资者应及时卖出股票。

本章概念

移动平均线　葛兰碧法则　平滑异同移动平均线　威廉指标　KDJ 指标　相对强弱指标　OBV 指标　腾落指数　涨跌比指标　超买超卖指标　平滑指标　情绪指标

思考题

1. 简述技术分析的优缺点。
2. 如何综合运用各种技术分析方法对股票进行分析？

第十三章

证券投资

本章重点内容

- ✔ 证券投资组合管理
- ✔ 风险资产的定价
- ✔ 资本资产定价模型
- ✔ 套利定价理论
- ✔ 期权定价理论

学习目标

- 资本资产定价模型
- 套利定价模型

证券投资组合是指个人或机构投资者所拥有的由股票、债券以及金融衍生工具等多种有价证券形成的投资组合。证券投资组合理论是用于分析资产之间的相互关系及组合整体的风险特征，即风险与收益的权衡。证券投资组合目标是构建最优的资产组合，它涉及在可行的资产组合中决定最佳风险—收益组合，从可行的资产组合中选择最佳的资产组合。

第一节 证券投资组合管理

一、证券投资组合管理介绍

(一)证券投资组合管理的含义

证券投资组合是指由投资者对各种证券资产的选择而形成的投资组合。证券投资组合管理，又称证券组合管理，是指对投资进行计划、分析、调整和控制，从而将投资资金分配给若干不同的证券资产，如股票、债券及证券衍生产品，形成合理的资产组合，以期实现资产收益最大化和风险最小化的经济行为。

(二)证券投资组合管理的必要性

证券投资组合理论是建立在对理性投资者行为特征的研究基础上的。在经典经济理论中，厌恶风险和追求收益最大化是理性投资者最基本的行为特征。证券投资组合管理可以在降低资产组合风险的同时，实现收益最大化。

1. 降低风险

人们常常用篮子装鸡蛋的案例来说明构建资产组合能降低投资风险：如果我们把所有的鸡蛋放在同一个篮子里，万一不小心篮子掉在地上，那么这个篮子里的鸡蛋就可能全部摔碎；而如果我们把鸡蛋分开放在不同的篮子里，一个篮子掉落，不会影响其他篮子里的鸡蛋，这样就在某种程度上降低了风险。资产组合理论证明，资产组合的风险会随着组合所包含的证券数量的增加而降低，资产间相关度极低的多元化资产组合可以有效地降低非系统性风险。

2. 实现收益最大化

理性的投资者既厌恶风险，但是又追求收益最大化。就单个资产而言，风险与收益是成正比的，收益越高则风险越大。但是，当我们把资产按不同比例组合，就可以使证券组合整体的收益风险特征，达到在同等风险水平上收益最高和在同等收益水平上风险最小的理想状态。

（三）证券投资组合管理的意义

证券投资组合管理的重要意义在于，它在投资管理理念上带来了革命。对证券投资进行管理与对证券投资组合进行管理是两个不同的概念，传统证券投资管理尽管其所管理的也是一种证券的组合，但是其思维方式和着眼点都在于证券个体，是个体管理的简单集合。而组合管理则是以资产组合整体为对象和基础，或者说是以拥有整个资产组合的投资者的效用最大化为目标所进行的管理，而资产个体的风险和收益特征并不是组合管理关注的焦点。组合管理的重点应该是资产之间的相互关系及组合整体的风险收益特征，即风险与收益的权衡。

二、证券投资组合管理的基本步骤

（一）确定组合管理目标

所谓组合管理目标，从大的方面讲，可以收入、增长或均衡为目标；从小的方面讲，可以在大目标下具体设定收益率水平等。

组合管理目标对外是指证券投资组合及其管理者特征的反映，在组合营销（如基金营销）时体现为组合管理者吸引特定的投资者群体。反过来说，投资者应根据自身的需要和情况选择投资组合。例如，养老基金因其定期有相对固定的货币支出，因此，要求有稳定的资产收入，收入目标就是最基本的。

组合管理目标对内可以帮助组合管理者明确工作目标，以便实现一定风险下的收益最大化，也可以为组合管理者的业绩评估提供一种标准。

（二）制定投资组合管理政策

投资组合管理政策是为实现组合管理目标、指导投资活动而制定的原则和方针。证券投资组合管理政策首先要规定的是投资范围，即确定证券组合所包含的证券种类。例如，我国《证券投资基金法》中对基金投资组合禁止行为的规定，就是基金管理人必须遵守的。此外，投资政策的制定还会受到来自于信息公开制度的压力，这有时会导致组合管理者被迫制定对自己不利的政策。

（三）构建证券组合

证券投资组合的构建首先取决于组合管理的投资策略。投资策略大致可分为积极进取型、消极保守型和混合型三类。采取积极进取型投资策略的投资组合管理者会比较激进；消极保守型投资者则相反，只求获得市场平均的收益率水平，一般会模拟某一种主要的市场指数进行投资；混合型的组合管理介于二者之间。

选择哪一种投资策略主要取决于两个因素：一是组合管理者对市场效率的看法，相信市场是有效率的管理者就会选择消极保守型，反之就会选择积极进取型；二是组合负债的性质特点，如养老金就比较适合消极保守型投资策略，因为其有定期的支付要求。传统投资管理和组合管理的组合形成过程是不同的。现代组合管理构建证券投资组合的程序是：确定整体收益和风险目标→进行资源配置→确定个别证券投资比例。资源配置可以利用威廉·夏普(William F. Sharpe)的单一指数模型进行，个别证券投资比例可以利用哈里·马科维茨(Harry Markowitz)的最小方差资产组合模型来确定。传统证券投资管理原则是：证券分析→资产选择→自发形成一种组合。进行证券分析时可选择的方法主要是基本分析方法和技术分析方法。

(四)修订证券投资组合的资产结构

证券投资组合的目标是相对稳定的，但是，个别证券的价格及收益风险特征是可变的。根据上述原则构建的证券组合，在一定时期内应该是符合组合的投资目标的，但是，随着时间的推移和市场条件的变化，证券投资组合中一些证券市场情况与市场前景可能发生变化，如某一企业可能出现并购事件，导致生产和经营策略发生变化等。当某种证券收益和风险特征的变化足以影响组合整体发生不利的变动时，就应当对证券投资组合的资产结构进行修订，或剔除该证券，或增加有抵消作用的证券。

(五)对证券投资组合管理的业绩评估

对证券投资组合资产的经济效果进行评价是证券投资组合管理的最后一环，也是十分关键的一环，它既涉及对过去一个时期投资组合管理业绩的评价，也关系到下一个时期投资组合管理的方向。评价经济效果并不是仅仅比较一下收益率就行了，还要看资产组合承担的风险。风险不同，收益也不同，在同一个风险水平上的收益率数值才具有可比性。而资产组合风险水平的高低应取决于投资者的风险承受能力，超过投资者的风险承受能力进行投资，即使获得高收益也是不可取的。对于收益的获得也应区分哪些是投资组合管理者主观努力的结果，哪些是市场客观因素造成的。如在强劲的牛市中，市场平均收益率为50%，那么，即使某资产组合收益率为35%，也可以说是表现不合格的。

三、证券投资组合的基本类型

证券投资组合通常以组合的投资目标为标准进行分类，可以分为避税型、收入型、增长型、收入—增长混合型、指数型、国际型以及货币市场型等。

(一)避税型证券投资组合

该种证券投资组合以避税为主要目的，主要服务于处于高税率档次的富人。该组合通常投资于政府债券，这种债券在大多数国家都是免税的。在西方国家，投资管理要考虑的一个重要因素就是投资者的税收地位。以美国为例，要想使投资者实际获得尽可能多的基本收入和资本收入，就不仅要考虑联邦所得税，还要考虑州所得税。一个处于高税率档次的富人，如果投资于高股息或高利息的证券上，纳税后，他实际上收获不了多少；而一个处于50%税率档次的投资者，如果购买了一个收益率为6%的免税债券的话，就相当于他获得了12%的税前收益率。

(二)收入型证券投资组合

该种证券投资组合追求的是低风险和基本收益(即利息、股息收入)的稳定。能够带来基本收益的证券有附息债券、优先股及一些避税债券等。一般而言，年纪大的投资者、需要负担家庭生活及教育费用的投资者以及有定期支出的机构投资者(如养老基金等)会偏好这种组合。这种投资组合的主要功能是为投资者实现基本收益的最大化,定期从投资组合获得的收入可能要用于满足投资者的部分或全部日常开支的需要。当然,这也不是说收入型组合仅适用于中等收入阶层,作为一种投资目标,富人也可能有此需要,只是对于他们而言,不仅要考虑基本收入的最大化,还要考虑避税的问题。

(三)增长型证券投资组合

这种证券投资组合以资本升值(即未来价格上升带来的价差收益)为目标,投资者往往愿意通过延迟获得基本收益来求得未来收益的增长,投资风险较大。增长型证券投资组合管理要想获得成功,就一定要严格遵守投资组合管理的基本步骤和原则。所谓增长是指收益要远远高于市场,因此,选股极为重要。在分析中可以借助预期收入、标准方差、贝塔值等工具。多元化原则也不应忽视,因为证券太少、风险太大,证券太多又影响效益。此外,还需要对企业做深入细致的分析,如产品需求、竞争对手的情况、经营特点、公司管理状况等。

朝气蓬勃的年轻人及高税率阶层往往偏好这种组合,年轻人希望通过延迟眼前的收益来获得未来收益的增长,富人们则是看重长期资本收入的所得税率低于基本收入所得税率。

(四)收入—增长混合型证券投资组合

这种证券投资组合试图在基本收入与资本增长之间、收益与风险之间达到某种均衡,因此也称为均衡组合。二者的均衡可以通过两种组合方式获得:一种是使组合中的收入型证券和增长型证券达到均衡;另一种是选择那些既能带来基本收益,又具有增长潜力的证券进行组合。

(五)指数型证券投资组合

该种证券投资组合会模拟某种市场指数,信奉有效市场理论的机构投资者通常会倾向于这种组合,以求获得市场平均收益水平,因此也常被称为追踪基金或被动基金。根据模拟指数的不同,指数型证券投资组合可以分为两类:一类模拟内容丰富的市场函数,这属于常说的被动投资管理;另一类模拟某种专业化指数,如道琼斯工业指数,这种投资组合不属于被动管理之列,因为它对指数是有选择的。第一只指数基金产生于1917年。在20世纪70年代初期西方股市的大规模调整中,指数基金的总体业绩好于进取型基金,从而在基金市场上赢得了市场份额。20世纪90年代更是指数基金大发展的时期,美国养老基金市场总资产中的35%已经被指数化。

指数基金的业绩之所以好于进取型基金,主要原因有以下三点:

(1)指数基金是非常分散化的投资,可以有效降低少数股票损失对整个基金业绩的损害,比如追踪FTSE 100指数的基金可能会购买该指数包括的全部100种股票,这样每只股票对基金整体业绩的影响就只有1%。

(2)指数基金总是处于满仓的状态,这在股市处于下跌状态时,相对于进取型基金较为不利,但是,在股市处于上升状态时,却是大有益处的。自20世纪80年代以来,西方股市除了几次大调整之外,一直处于上升趋势中。

(3)指数基金的交易成本低。指数基金形成后,除了指数构成发生变化或有资金加入或撤出之外,指数基金不需要交易,这使得指数基金的运营成本较频繁换手的进取型基金要低得多。研究表明,交易成本是基金不能跑赢大市的基本决定因素。

(六)国际型证券投资组合

这种证券投资组合投资于海外不同国家,是组合管理时代的潮流,是经济、金融全球化与国际资本流动的必然结果。实证研究结果表明,这种证券投资组合的业绩总体上强于只在本土投资的组合，因为它可以规避国家或地区的风险，在世界范围内追求收益的最大化。20 世纪 90 年代初期，由于发达国家普遍实行低利率政策，导致国际资本大规模流入新兴市场，基金的国际化投资也在其中。但 1997 年在对冲基金的投资活动引发了波及全球的东南亚金融危机后，大量国际型基金从新兴市场中逃出来流回欧美等发达国家市场，这不仅对东南亚等新兴国家的股市和汇市下跌起了推波助澜的作用，也大大缩减了国际型基金的规模。

（七）货币市场型证券投资组合

该种投资组合是由各种货币市场工具构成的，如国库券、高信用等级的商业票据等。货币市场交易具有规模大、价差波动小的特点，不适宜小额投资，而这种组合使中小投资者愿意参与货币市场投资。在西方国家，货币市场基金还赋予投资者以基金账户为基础的签发支票的权利，使基金账户具有结算账户的功能。资产管理账户中的货币通常会在投资者作出再投资决策前自动转入货币市场基金，由于很多货币市场基金都是基金家族的一员，使得投资者可以免费将货币从一种基金转入另一种基金。

四、证券投资组合的收益与风险

收益和风险是证券投资的核心问题。人们投资于证券，是为了获得投资收益。证券投资包含着风险。投资收益是未来的，而且一般情况下是难以事先确定的，未来收益的不确定性就是证券投资的风险。收益和风险并存，一般总是收益越高，风险越大；或是收益越低，风险越小。投资者一般遵循以下原则进行投资：在两种风险相同的证券中选择其中收益较高的证券，或是在两种收益相同的证券中选择其中风险较小的证券。因此，计算不同证券的收益率和风险就成了必不可少的工作。

（一）有价证券的收益

投资者进行证券投资的最直接动机是获得收益，因而投资决策的目标是使得收益最大化。但由于收益与投资之间存在时间上的滞后，导致收益受许多未来不确定因素的影响，从而使收益成为一个变量。投资者在进行决策时要面向未来，只能根据所掌握的资料对未来形势进行预测和判断，形成对收益的估计（预期）。预期收益是指未来投资期间可能实现的平均收益。该收益在目前并没有实现，将来的实际收益也可能与期望的收益存在偏差。因此，证券投资可分为两类：

一类为已实现的收益，是指在过去的投资期间实现的收益。某一证券在某一时期内的收益率的计算通常采用以下公式：

$$\text{收益率}=\frac{\text{期末财富}-\text{期初财富}}{\text{期初财富}}\times 100\%$$

式中，期初财富是时刻 0 的一个单位证券（如某公司的 1 股普通股）的购买价格；期末财富是在时刻 t 该证券的市场价格，加上在持有期间支付给投资者的现金（及现金等价物）的价值。

另一类为预期收益。设某证券在时刻 t 的价格为 P_t，在 $[0,t]$ 时间内的红利收入为 D_t，则该证券的预期收益率 R_t 为：

$$R_t=\frac{D_t+P_t-P_0}{P_0}$$

另外，收益率也可以用对数收益率计算，即

$$\ln R_t=\ln(P_t)-\ln(P_0)$$

同样，证券组合的收益率是各种证券资产收益率的加权平均。设证券组合中包含 n 种证券，每种证券的已实现收益率分别为 $R_1, R_2, \cdots, R_n$，各证券的加权系数即资产组合权数或资产组合比例为 $X_1, X_2, \cdots, X_n$，且 $\sum_{i=1}^{n} X_i = 1, X_i \geqslant 0$，则证券组合 P 的收益率为：

$$R_p = X_1 R_1 + X_2 R_2 + \cdots + X_n R_n = \sum_{i=1}^{n} X_i R_i$$

如某投资者在 0 时刻购买 A、B、C 三种股票，组成一个证券组合 P，见表 13－1。

表 13－1　　投资者在 0 时刻购买 A、B、C 三种股票

名称	数量(股)	0 时刻每股市价(元)	投资额(元)	权数(%)
A	100	20	2 000	20
B	200	15	3 000	30
C	200	25	5 000	50
总计			10 000	100

投资者在 t 时刻出售 A、B、C 三种股票见表 13－2。

表 13－2　　投资者在 t 时刻出售 A、B、C 三种股票

名称	数量(股)	t 时刻每股市价(元)	投资额(元)	收益率(%)
A	100	20	2 500	25
B	200	18	3 600	20
C	200	32	6 400	28
总计			12 500	25

证券组合 P 的收益率的计算方法有以下两种：

一种是将证券组合 P 看成是一只股票，按收益率计算公式计算收益率，即

$$R_t = \frac{P_t - P_0}{P_0} \times 100\% = \frac{12\ 500 - 10\ 000}{10\ 000} \times 100\% = 25\%$$

另一种方法是按证券组合方法计算其收益率。由表 13－1、表 13－2 可知：$X_1 = 20\%$，$X_2 = 30\%$，$X_3 = 50\%$；$R_1 = 25\%$，$R_2 = 20\%$，$R_3 = 28\%$。计算可得：

$$\begin{aligned} R_p &= X_1 R_1 + X_2 R_2 + X_3 R_3 \\ &= 20\% \times 25\% + 30\% \times 20\% + 50\% \times 28\% \\ &= 25\% \end{aligned}$$

(二)证券投资组合的预期收益

1. 单一证券的预期收益率

由于某证券在 t 时刻的价格 P_t，以及在时间段 $[0, t]$ 内的红利收入 D_t 为随机变量，因此，证券投资的未来收益率 R_t 也为随机变量。

如果某投资者以每股 10 元价格买入 A 公司的股票，持有一段时间后，股票的价格上升到 15 元。若不计红利，则投资者的收益率为：

$$R_t = \frac{P_t - P_0}{P_0} \times 100\% = \frac{15 - 10}{10} \times 100\% = 50\%$$

若投资者购入股票后，行情下跌，其股票跌至 8 元，此时，投资者的收益率为：

$$R_t=\frac{P_t-P_0}{P_0}\times 100\%=\frac{8-10}{10}\times 100\%=-20\%$$

实际上，投资者并不知道证券未来的准确价格，不可能准确地判断未来一定时期的收益率是50%还是-20%。在这种情况下，投资者可能会关心在未来一段时间内股票A上涨50%或者下跌20%的可能性有多大的问题。假设未来只有两种情况，即上涨50%或者下跌20%，同时假设上涨和下跌的可能性（概率）均为50%，此时，证券投资的未来收益率 R_t 为随机变量。我们如何确定股票A的收益率呢？只能计算出平均收益率：

$$R_{平均}=50\%\times 50\%+(-20\%)\times 50\%=15\%$$

该平均收益率即证券预期收益率。

实际上，受到经济环境变化的影响，证券未来收益分布会比上面假定的两种情形复杂得多。通常，在不确定的经济环境下，证券的收益率存在不同的分布，而每一种经济环境下的收益率分布都有一个对应出现的可能性。如我们对经济环境可作不同的设定，在第一种经济环境下的收益率取值为 R_1，其出现的可能性为 P_1；第二种经济环境下的收益率取值为 R_2，其出现的可能性为 P_2……就得到一个关于收益率的概率分布，见表13-3。

表13-3　　收益率的概率分布

经济环境	第一种经济环境	第二种经济环境	……	第 n 种经济环境
收益率 R(%)	R_1	R_2	……	R_n
概率 P	P_1	P_2	……	P_n

$$\sum_{i=1}^{n}P_i=1$$

在得到这样的概率分布后，预期收益率就可定义为不同经济环境下的收益率的所有可能取值的加权平均值，其中，权数为相应的概率值。所以，预期收益率也称为收益率的均值。这个预期收益率，实际上就是根据概率论中求数学期望的公式而得出的期望收益率。记期望收益率为 $E(R)$，其计算公式如下：

$$E(R)=R_1P_1+R_2P_2+\cdots+R_nP_n=\sum_{i=1}^{n}R_iP_i$$

如投资者的A、B、C三只股票，它们在不同经济环境下的收益率分布及相对应的概率见表13-4，可分别计算它们的预期收益率（期望收益率）。

表13-4　　A、B、C三只股票的收益概率分布

经济环境	不同经济环境的概率	在不同经济环境下的收益		
		A	B	C
Ⅰ	0.1	4	6.5	13
Ⅱ	0.2	6	7	11
Ⅲ	0.4	8	8	9
Ⅳ	0.2	10	9	7
Ⅴ	0.1	12	9.5	5

根据公式，A、B、C三只股票的预期收益率（期望收益率）分别为：

$$E(R)_A=\sum_{i=1}^{5}R_{iA}P_i=4\times0.1+6\times0.2+8\times0.4+10\times0.2+12\times0.1=8(\text{元})$$

$$E(R)_B=\sum_{i=1}^{5}R_{iB}P_i=6.5\times0.1+7\times0.2+8\times0.4+9\times0.2+9.5\times0.1=8(\text{元})$$

$$E(R)_C=\sum_{i=1}^{5}R_{iC}P_i=13\times0.1+11\times0.2+9\times0.4+7\times0.2+5\times0.1=9(\text{元})$$

很明显，若以期望收益率作为评价的标准，那么投资者一定会选择C进行投资，因为其预期收益最大。但这是片面的，因为这样做只考虑了未来收益的平均水平和变动范围，并未考虑各种收益偏离预期收益的大小，即其离散程度。这个问题将在后面的风险衡量中做进一步讨论。

2. 期望收益率的估计

在实际问题中，证券投资的收益率的概率分布很难准确得知，因此，企图对期望收益率作较好的估计也十分困难，因为通常无法对影响收益率的各种复杂因素及影响程度作出合理的定量化判断。在实际应用中，投资者都会假定收益率的分布不随时间推移而变化，实际收益率的变化来自于同一分布的不同表现，因此，反映收益率变化规律的两个重要数值——期望收益率与方差，也不随时间推移而变化。这样，就可从收益率的历史表现中得到期望收益率的估计值，即用样本均值来代替期望收益率。

假设证券的月或年实际收益率为 $R_t(t=1,2,\cdots,n)$，那么，期望收益率的计算公式为：

$$E(R)=\bar{R}=\frac{1}{n}\sum_{i=1}^{n}R_i$$

3. 证券组合的预期收益

设证券组合中包含 n 种证券，每种证券的收益率为随机变量，分别记为 $R_1,R_2,\cdots,R_n$，各证券的期望收益率分别为 $E(R_1),E(R_2),\cdots,E(R_n)$，各证券的加权系数为 $X_1,X_2,\cdots,X_n$，且 $\sum_{i=1}^{n}X_i=1,X_i\geqslant0$，那么证券组合P的收益率一定为随机变量，有如下公式：

$$R_p=X_1R_1+X_2R_2+\cdots+X_nR_n=\sum_{i=1}^{n}X_iR_i$$

根据概率论的原理，证券组合 P 的期望收益率（预期收益率）为：

$$E(R_p)=X_1E(R_1)+X_2E(R_2)+\cdots+X_nE(R_n)=\sum_{i=1}^{n}X_iE(R_i)$$

4. 证券资产组合预期收益率的估计

如果已知各证券期望收益率的估计值为 $\bar{R}_1,\bar{R}_2,\cdots,\bar{R}_n$，证券资产组合预期收益率的估计可用下式计算出：

$$\bar{R}_p=\sum_{i=1}^{n}X_i\bar{R}_i$$

（三）证券组合风险的衡量

证券组合风险的计算较为复杂，首先要计算出组合中各单项证券预期收益的标准差或方差，其次要计算出协方差，再次要计算出相关系数，最后才能计算出证券组合的风险。

1. 单项证券预期收益的标准差的计算

风险是指投资者投资于某种证券所面临的不确定性，即遭受损失的可能性。它是以预期收益率的标准差来表示的。标准差是指证券收益率对其预期收益率的偏差。标准差的计算公式为：

$$\sigma_i=\sqrt{\sum_{i=1}^{n}[r_i-E(r)]^2P_i}$$

式中：σ_i 表示标准差（代表风险）；r_i 表示所观察到的收益率；$E(r)$表示预期收益率；P_i 表示各收益率出现的概率。

通常把标准差的平方 σ^2 称为方差。

标准差可以作为衡量风险大小的尺度，标准差大的证券，其风险大；反之，标准差小的证券风险小。而且通过计算，不同的证券之间的风险可以对比。

标准差之所以能够表示风险的大小，是因为风险产生于未来的不确定性，这种不确定性会导致预期收益的变动。变动性越大，不确定性越大；变动性越小，就越容易确定证券的价值。而标准差的作用正是衡量一个数列变动性的情况。因此利用证券各年收益率的资料计算其标准差，即可反映出其各年收益率的变动性的情况，从而衡量投资该证券的风险程度，以作为投资决策的依据。

2. 协方差的计算

协方差是统计学上表示两个随机变量之间关系的指标，它也是用来确定证券组合风险的一个重要指标。若以 A、B 两种证券的组合为例，协方差的计算公式为：

$$\sigma_{AB}=\sum[r_A-E(r_A)][r_B-E(r_B)]P_i$$

式中：σ_{AB} 表示 A、B 两种证券收益率的协方差；r_A 表示 A 证券的收益率；r_B 表示 B 证券的收益率；$E(r_A)$表示 A 证券的预期收益率；$E(r_B)$表示 B 证券的预期收益率；P_i 表示各收益率出现的概率。

A、B 两种证券收益率的协方差在此处的含义在于：

（1）当 $\sigma_{AB}>0$ 时，表示 A、B 证券收益的变化方向相同；

（2）当 $\sigma_{AB}<0$ 时，表示 A、B 证券收益的变化方向相反；

（3）当 $\sigma_{AB}=0$ 时，表示 A、B 证券收益的变化是完全独立的，互不影响。

3. 相关系数的计算

相关系数是用来表示两种证券之间相互影响程度的指标。其计算公式为：

$$\rho_{AB}=\frac{\sigma_{AB}}{\sigma_A\sigma_B}$$

式中：ρ_{AB} 表示 A、B 两种证券的相关系数；σ_A 表示 A 证券的标准差；σ_B 表示 B 证券的标准差。

相关系数的取值范围在-1～$+1$。

当 $\rho_{AB}>0$ 时，表示证券之间是正相关关系，即变化方向相同；

当 $\rho_{AB}<0$ 时，表示证券之间是负相关关系，即变化方向相反；

当 $\rho_{AB}=-1$ 时，表示证券之间是完全负相关关系，即变化方向相反但幅度完全一致；

当 $\rho_{AB}=0$ 时，表示证券之间是不相关的。

所以，一个证券组合中各证券之间如果存在着较高程度的正相关关系，则进行组合后并不能避免风险。只有当各证券之间存在较低程度的正相关关系或不相关、负相关时才能分散风险，达到较好的组合效应。

4. 组合风险的计算

组合风险的大小是以组合收益率的标准差或方差来表示的。仍以两种证券的组合为例，其组合方差的计算公式为：

$$\sigma_R^2=W_A^2\sigma_A^2+W_B^2\sigma_B^2+2W_AW_B\rho_{AB}\rho_A\rho_B$$

式中：σ_R^2表示组合的方差，代表组合的风险；W_A 表示 A 证券的投资比例；W_B 表示 B 证券的投资比例；σ_A^2表示A证券的方差；σ_B^2表示B证券的方差；ρ_{AB}表示A、B两种证券的相关系数。

从组合风险的计算公式可以看出，影响组合风险大小有三个因素：组合中每种证券所占投资比例、组合中证券收益率之间的相关性、组合中每种证券的风险大小。

第二节　风险资产的定价

马科维茨的投资组合理论第一次以严谨的数理工具为手段，向人们展示了一个风险厌恶的投资者如何在众多风险资产中构建最优资产组合。应该说，这一理论带有很强的规范性意味，告诉了投资者应该如何进行投资选择。但问题是，在20世纪50年代，即便有了在当时刚刚诞生的电脑的帮助，在实践中应用马科维茨的理论仍然是一项烦琐、令人生厌的高难度工作；或者说，与投资的现实世界脱节得过于严重，进而很难被投资者采用。美国普林斯顿大学的威廉·鲍莫尔(William Baumol)在其1966年一篇探讨马科维茨—托宾体系的论文中就谈到，按照马科维茨的理论，即使从较简化的模式出发，要从1 500只股票中构造出有效率的投资组合，当时每运行一次电脑需要耗费150～300美元，而如果要完整执行马科维茨的运算，所需要的成本至少是前述金额的50倍；而且所有这些还必须有一个前提，就是分析师必须能够持续且精确地估计标的证券的预期报酬、风险及相关系数，否则整个运算过程将变得毫无意义。

正是由于这一问题的存在，从20世纪60年代开始，以夏普、林特纳和莫辛为代表的一些经济家开始从实证的角度出发，探索马科维茨的理论在现实中的应用能否得到简化？如果投资者都采用马科维茨资产组合理论选择最优资产组合，那么资产的均衡价格将如何在收益与风险的权衡中形成？或者说，在市场均衡状态下，资产的价格如何依风险而确定？

这些学者的研究直接导致了资本资产定价模型(Capital Asset Pricing Model，CAPM)的产生。作为基于风险资产期望收益均衡的预测模型之一，CAPM阐述了在投资者都采用马科维茨的理论进行投资管理的条件下市场均衡状态的形成，把资产的预期收益与预期风险之间的理论关系用一个简单的线性关系表达了出来，即认为一个资产的预期收益率与衡量该资产风险的β值之间存在正相关关系。应该说，作为一种阐述风险资产均衡价格如何决定的理论，单一指数模型，或以之为基础的CAPM不仅大大简化了投资组合选择的运算过程，使马科维茨的投资组合理论朝现实世界的应用迈进了一大步，而且也使得证券理论从以往的定性分析转入定量分析，从规范性转入实证性，进而对证券投资的理论研究和实际操作，甚至整个金融理论与实践的发展都产生了巨大影响，成为现代金融学的理论基础。

当然，近几年，作为资本市场均衡理论模型研究中关注的焦点，CAPM的形式已经远远超过了夏普、林特纳和莫辛提出的传统形式，有了很大的发展，如套利定价模型、跨时资本资产定价模型、消费资本资产定价模型等，目前已经形成了一个较为系统的资本市场均衡理论体系。

一、传统资本资产定价模型

(一)传统CAPM下的SML和CML的比较

SML(证券市场线)和CML(资本市场线)是传统的CAPM两个最重要的结论，但SML和CML之间存在一些较为明显的差异：CML只适合于描述无风险资产与有效率的风险资产组合(由市场资产组合与无风险资产构成的资产组合)的收益和风险关系，即市场组合的风险溢价是资产组合标准差的函数；而SML描述的是任何一种资产或资产组合的收益和风险之间的关系，其中测量单个资产风险的工具不再是资产的方差或标准差，而是资产对于资产组合方差的贡献度（β 值）。

从上述分析可以清晰地看到：

首先，无论是对于市场组合还是单个风险资产（实际上也包括无风险资产）而言，其收益都是由两部分组成的：一是无风险资产收益 r_f，或者说时间补偿；二是与风险直接相关的超额收益，即$[E(r_m)-r_f]$，或者说风险补偿。这意味着风险资产的收益率要高于无风险资产的收益率，即体现了金融市场中“高风险，高收益”的基本原理。

其次，并非对风险资产承担的所有风险都要予以补偿，给予补偿的只是系统性风险，这是因为非系统性风险是可以通过多元化投资分散掉的，当投资者持有投资组合时，可以说是没有非系统性风险的——既然没有，就无须补偿。而系统性风险是无法靠多元化来降低的，因此需要补偿。

（二）传统 CAPM 的应用

由于早期对传统 CAPM 的检验结果是支持模型的，加上 CAPM 对收益与风险关系的描述简单而合乎逻辑，因此在 20 世纪 70 年代，CAPM 和 β 值的概念受到职业投资组合管理者的青睐，尤其是 β 值的概念一直被一些资产组合管理者和投资公司采用，价值线（Value Line）和美林（Merrill Lynch）这些公司还计算了一些公司的 β 值。

从理论上说，传统 CAPM 至少可以有两种用途：资产估值和资产配置。

1. 资产估值

SML 上的各点，或者说根据 CAPM 计算出来的资产预期收益是资产的均衡价格，即市场处于均衡状态时的价格，这一价格与资产的内在价值是一致的。但市场均衡毕竟是相对的，在竞争因素推动下，市场永远处于由不均衡向均衡转化，再到均衡被打破的过程中。因此，市场中的实际资产收益率往往并非均衡收益率，可能比其高，也可能比其低。如果我们相信用 CAPM 计算出来的预期收益是正确的话，就可以用它与实际资产收益率进行比较，从而发现价值被高估或低估的资产，并根据低价买入、高价卖出的原则指导投资行为，如图 13－1 所示。

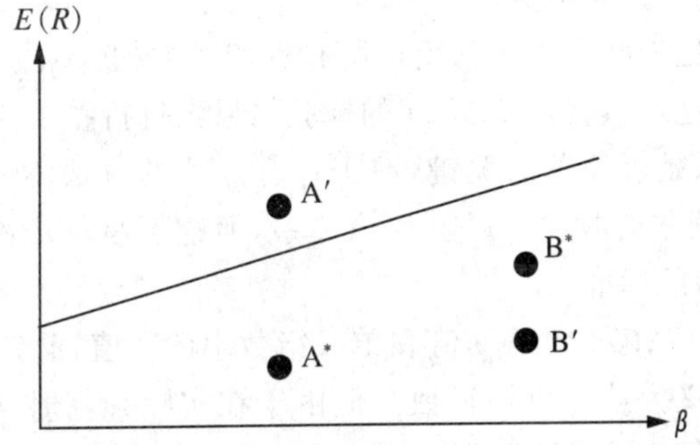

图 13－1　资产实际价格与均衡价格的比较

由图可知，资产 A 的均衡价格 A^* 低于实际价格 A'，资产 A 的价值被市场高估了，应卖出；资产 B 的均衡价格 B^* 高于实际价格 B'，资产 B 的价值被市场低估了，应该买入。

2. 资产配置

CAPM 的思想在消极的资产组合管理和积极的资产组合管理中都可以应用。在消极的资产组合管理中，根据 CAPM，投资者可以按照自己的风险偏好，选择一种或几种无风险资产和一个风险资产的市场组合进行资产配置，只要投资偏好不改变，资产组合就可不变。

积极的投资组合管理者是那些喜欢追踪价格、赚取价差的人。利用 CAPM 的理念，他们将在预测市场走势和计算资产 β 值上下功夫，即根据市场走势，调整资产组合的结构。例如，当预测到市场价格将呈上升趋势时，他们将在保持无风险资产和风险资产比例的情况下，增加高 β 值资产的持有量；反之，将增加低 β 值资产的持有量。

此外，由于风险资产实际获得风险补偿额的大小取决于 β 值，因此 β 值在传统 CAPM 中成为衡量市场风险的一个标准。而 SML 也为评估投资业绩提供了一个基准——对于一项投资，若以 β 值测度其投资风险，通过 SML 就能得出投资人为补偿风险应要求的期望收益率以及货币的时间价值。

（三）传统 CAPM 的有效性问题

早在 20 世纪 70 年代末期，有关 CAPM 有效性以及在投资管理中应用 β 值的合理性问题就被提出了。理查德·罗尔（Richard Roll）分别于 1977 年、1978 年、1980 年和 1981 年论证了传统 CAPM 的不可检验性，概括了简单应用模型可能带来的错误和不正确结果。1992 年，法玛（Fama）和弗伦奇（French）又发现预期收益与 β 值之间没有显著关系。有关 CAPM 检验的论文数以千计，但至今仍是一个悬而未决的问题。人们对传统 CAPM 有效性问题的质疑是由模型推导过程中一些不现实的假设引起的。不过，从经济理论和现实的一般关系来看，只要模型预测反映的是现实世界的真实情况，假设是否真实就无关紧要了。所以，传统 CAPM 检验主要回答了：在现实生活中，β 值是否是衡量资产风险的相对标准，资产收益是否与 CAPM 确定的收益—风险关系相符合。大量检验的结果是不一致的，有些检验结果（特别是早期检验结果）是支持模型的，有些则不支持。

传统 CAPM 缺乏一致的有效性检验结果的主要原因有二：一是资本市场非常复杂，传统 CAPM 的很多假设在现实生活中很难成立。所以，像传统 CAPM 这样一个简单的模型，尽管它反映了由理性投资者构成的资本市场中预期收益与风险的内在逻辑关系，但也不足以概括复杂的资产价格形成过程。二是受实证检验所用的统计技术的限制。

传统 CAPM 有效性问题的关键在于，市场组合和 β 值的衡量标准。从理论上说，市场组合应包括全世界范围内的各种风险资产，不仅应包括金融资产，还应包括非金融资产，但就算是能够搜集到所有资产，也未必能搜集到衡量所有资产的数据。人们通常是以某一市场指数作为市场组合的替代品，这自然就使 CAPM 的检验结果大打折扣了。

有关收益—风险关系是否显著的关键，在于计算 β 值的方法不一样。批评者认为，传统 CAPM 尽管提出了一个简单的收益—风险理论关系，但这不是一个准确的表示，所以 β 值不能作为衡量资本市场风险的标准。

另外，也应注意区分 CAPM 中的 β 值和单一指数中的 β 值，前者包含市场均衡和市场组合的概念，后者则直接定义为某一市场指数。但由于在实际计算时，CAPM 的市场组合往往取某一市场指数，所以人们容易把这两个 β 值简单地等同起来。

上述有关传统 CAPM 的争论给我们的启示是，对 CAPM 的应用应持慎重态度，要充分认清传统 CAPM 的限制，避免简单、机械地应用 CAPM。

二、CAPM 的几种发展形式

资本资产的定价问题一直是金融经济学研究的核心。因此，自 20 世纪 60 年代 CAPM 问世以来，无数学者投身于 CAPM 这一问题的研究，他们通过在理论上放松传统 CAPM 的某些假设，再结合实证，取得了丰硕的研究成果，极大地深化了人们对 CAPM 的认识。下面介绍有一定代表性的几种 CAPM 的新理论。

(一)零 β CAPM

零 βCAPM 是由布莱克(Black)推导出来的。他放松的假设条件是存在一个无风险资产，且投资者可以按无风险利率无限制地对其买卖。在布莱克的模型中，无风险资产被零 β 资产组合代替，零 β 资产组合的收益率与市场组合收益率无关，即它的 β 值是零，不过 β 资产组合并非是完全没有风险的，因为它还有误差项的方差。零 β 资产组合处在有效边界上，是最小方差资产组合。

零 βCAPM 的均衡收益公式：

$$E(r_i)=E(r_z)+[E(r_m)-E(r_z)]\beta_i$$

可见，零 βCAPM 与传统 CAPM 有着同样的线性特征，衡量系统风险的 β 值也是一样的，只是零 β 资产组合的预期收益比无风险利率高，并需要估计。

由于零 βCAPM 放松了“无风险资产”的假设，相对于传统 CAPM，证实检验结果更支持它，因此，零 βCAPM 已被接受为传统 CAPM 的一种发展形式。当然，它仍然面临其他限制的束缚。该模型的其他变形要进一步考虑的放松条件包括：(1)可以无风险借贷，但应以不同利率水平进行；(2)投资者的投资应按无风险利率进行，但不能按无风险利率借入资金；(3)可以无风险放贷，但对借入资金有要求；(4)没有无风险资产，禁止卖空。

(二)跨期 CAPM

众所周知，时间在投资的过程中扮演着举足轻重的角色，但由于在传统 CAPM 中，经济学家关注的焦点是投资者某一特定时间的行动模式，并不是在连续时间中的行动模式。所以，一旦基础经济条件改变，传统 CAPM 就变得毫无用处；换句话说，在持续变动的世界中，传统 CAPM 中的 β 值将具有相当的不确定性，其结论也就没有太大意义了。因此，如何把单一时间模型转换为更为实际的模型，使理论在横跨多个期间时仍然能够成立，就成为 CAPM 提出之后许多经济学家努力的方向。跨期 CAPM 和多 βCAPM 就是金融理论在这一方向上较为突出的两类成果。

跨期 CAPM 最早是由默顿(Merton)于 20 世纪 70 年代初推导出来的，他放松的假设条件是只考虑一个时期的投资水平。

在跨期 CAPM 中，投资者在确定效用最大化的资产组合时，不仅要考虑一个时期的可能收益，还要考虑下一个时期的可能收益；也就是说，其资产组合要实现终身消费预期效用的最大化。

跨期 CAPM 还假设，资产交易是连续的，而且投资者能及时了解到投资机会集合的随机变动过程。此外，传统 CAPM 假设资产收益呈正态分布，跨期 CAPM 则假设收益呈对数正态分布。

根据上述假设，默顿推导出了一个一般化的持续跨期均衡模型。同时，他还假设：(1)投资机会集合是不变的；(2)存在无风险资产，无风险资产率随着时间的推移是非随机变动的。

该模型在形式上与传统 CAPM 没什么区别，如果把传统 CAPM 看成静态模型，那么跨期 CAPM 当然就是动态模型，前者可以从后者推导出来。但是，跨期 CAPM 放松假设是建立在另一个不现实的假设基础之上的——投资机会集合不变。因此，跨期 CAPM 还需进一步放松这一假设，这便导致了多 βCAPM 的产生。

(三)多 β CAPM

多 βCAPM 是默顿于 1973 年，在放松投资集合和无风险利率长期不变的假设条件基础上发展起来的。在把两者视为随机变量的情况下，投资者将选择三种资产组合投资：无风险资产、市场组合、收益率与机会集合完全负相关的资产组合 N。这样，多 βCAPM 的资产预期均衡收益可描述如下：

如果一个变量不足以把握机会集合的波动，我们可以继续增加变量。多 βCAPM 的一般表达式为：

$$E(r_i)=r_f+[E(r_m)-r_f]\beta_{im}+[E(r_{N1})-r_f]+\cdots+[E(r_{NK})-r_f]\beta_{iNK}$$

其中，$E(r_N)$是防御性资产组合 N 的预期收益率；β_{in} 是资产 i 相对于 N 的 β 值，它表示资产 i 不仅面临市场波动的风险，还面临投资机会集合不利波动的风险，这种风险的补偿便是$[E(r_N)-r_f]$。

以消费为基础的 CAPM 是由布里登(Breeden)于 1979 年提出的。其基本形式为：

$$E(r_i)=r_f+[E(r_c)-r_f]\beta_{ic}$$

其中，$E(r_c)$是人均消费总量增长率；β_{ic} 是资产 i 的消费 β 值，$\beta_{ic}=\dfrac{Cov(r_i,r_c)}{\sigma_c^2}$。

布里登把默顿的多 β 模型又简化为单一 β 模型。他强调，在市场均衡状态下，消费的边际效用必须等于财富的边际效用。所以，投资者在选择最优资产组合和进行消费决策时，应该使资产预期收益与消费增长率之间存在上述线性关系。

以消费为自变量虽然解决了变量的可测性问题，但仍没有足够的证据证明它比其他形式的 CAPM 更具有使用价值。

第三节 资本资产定价模型

资本资产定价模型的思想大致为：在假设证券市场完全有效和存在一种"无风险证券"的前提下，首先推导出表示证券组合的预期收益与总体风险之间关系的"资本市场线"，再推导出反映某种证券的预期收益与其系统性风险之间关系的"证券市场线"，最后根据这种关系推导出证券的"均衡市场价格"。

一、资本资产定价模型的假设条件

在进行理论推导之前，资本资产定价模型首先作了几个重要的前提假设：

(一)证券市场上存在一种收益固定的无风险证券

这个假设是指证券市场上存在一种无风险而有收益的金融资产，其收益率称为无风险利率，证券市场上的投资者都可以按无风险利率无限制地借入或借出资金。当然，现实中的证券是不可能真正做到完全"无风险"的，但可以认为国债近似满足上述要求。

(二)证券市场上的投资者是理性的

这个假设是指投资者都是根据一定时期内的证券组合的预期收益率和标准差来评价组合的优劣的。投资者在风险一定时，会优先选择期望收益大的证券组合；在期望收益率相同时，会选择标准差最小的证券组合。投资者选择的最优证券组合就是使其效用达到最大化的证券组合。在不同的系统性风险中，投资者之所以选择不同的投资组合，是由于他们对风险的偏好不同。

(三)证券市场是有效的

这个假设是指证券市场的信息可以自由流动，所有的投资者都可以从市场上免费获取有关的信息，因而所有投资者对证券的预期收益率、标准差及证券之间的相关性具有完全相同的预期，即他们在这些方面的看法一致。

(四)证券市场上不存在任何摩擦

证券市场是完善的，不存在有限的可分性、税收、交易成本等投资障碍，证券价格是一种均衡价格。

二、资本市场线(CML)

(一)市场证券组合

在给定的假设条件下，投资者可以借入或贷出无风险资产，他们对未来作出相同的预期，所以他们也面临着完全相同的处境，因而所有投资者都在图 13－2 中的射线 R_pR 上选择最优组合。

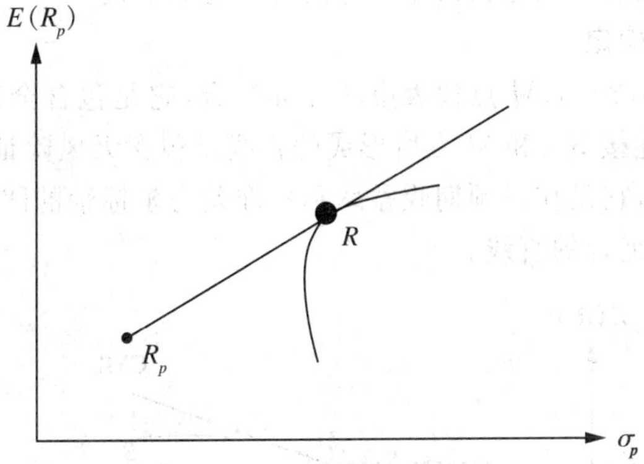

图 13－2　最优风险证券组合

在 R_pR 线上的不同位置，有些人借入无风险资产，有些人贷出无风险资产，有些人不借也不贷，但他们把资金以相同的方式分散投在各种风险证券、风险证券组合及一个最优的风险证券组合上。总之，在市场均衡时，借入的数量必然等于贷出的数量，整个市场投资于无风险资产的净额为零，因此最优风险证券组合只存在于证券市场中，它由市场上所有的风险证券组成，并且组合中的风险证券比例和整个市场风险证券比例一致，即最优证券组合中每种证券的权数必然同该证券的相对市场价值相对应。设市场组合为 M，X_{Mi} 为市场证券组合中证券 i 的比例，n 为全部风险证券的数目，Q_i 为流通股数，P_i 为第 i 种证券的市场价格，则：

$$X_{Mi}=\frac{P_iQ_i}{\sum_{i=1}^{n}P_iQ_i}(i=1,2,\cdots,n)$$

我们将由市场上所有风险证券组成的、各证券组合权数与证券的相对市场价值相对应的证券组合称为市场证券组合。这样就可以通过计算市场均衡条件下的市场组合来确认最优风险证券组合。例如，在市场均衡条件下，仅有三种风险证券 A、B 和 C，其市场价值分别为 50 元、30 元和 20 元，则市场证券组合中 3 种证券的权数分别为：

$$X_A=\frac{50}{50+30+20}=0.5$$

$$X_B=\frac{50}{30+30+20}=0.3$$

$$X_C=\frac{50}{20+30+20}=0.2$$

市场均衡时，最优风险证券组合中3种证券的权数同市场证券组合中3种证券的权数一致，所以投资者只要以5∶3∶2的资金比例投资于证券A、B、C，就构建了一个最优风险证券组合。

由于构建最优风险证券组合的成本及投资者自身条件的限制，投资者实际上很难完全根据市场证券组合来确定最优证券组合。但是市场证券组合在资本市场理论中仍然扮演着重要角色，且它在资本资产定价模型中具有核心作用。市场证券组合的预期收益率是市场上所有证券的加权平均收益率。市场证券组合中各单项证券的非系统性风险会相互抵消，剩下的是证券投资活动中无法避免的风险，即系统性风险，因此市场证券组合可以提供最大限度的资产多样化效应。在实践中，覆盖面较广的股票指数所对应的证券组合，能比较全面地反映市场证券组合的大部分信息，从而可以作为市场证券组合的近似替代。

(二)资本市场线的确定

资本市场线可见图13－3，M点代表市场证券组合，它是包含全部风险证券的最优组合，R_F代表无风险利率。连接R_F和M点所形成的直线是包含无风险证券的有效证券组合。这条直线就是资本市场线，它是在以预期收益率和标准差为坐标轴的图上，表示风险资产有效组合与一种无风险资产再组合的直线。

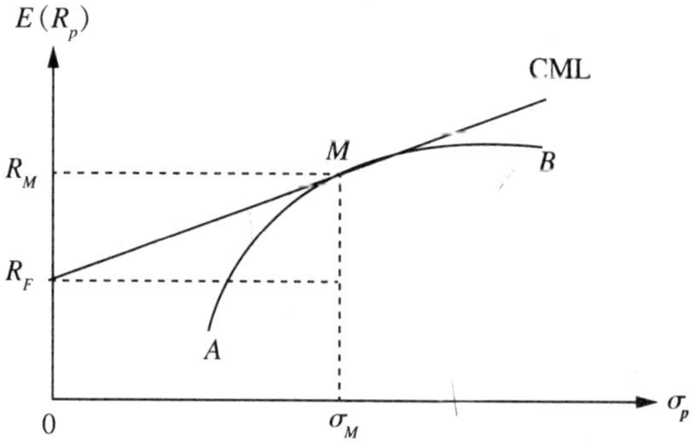

图13－3 资本市场线

从图13－3可以看出，资本市场线的截距为R_F，斜率等于市场证券组合预期收益率和无风险收益率之差除以风险σ_M，因此资本市场线的数学表达式为：

$$E(R_p)=R_F+\frac{R_M-R_F}{\sigma_M}\times\sigma_P$$

在公式中，$E(R_p)$和σ_P分别表示资本市场线上任一证券组合P的预期收益率和标准差。

资本市场线上的任一证券组合都是有效证券组合，因此，有效证券组合的预期收益率就由两部分构成：一部分是无风险利率，它表示投资者推迟当前消费所获得的补偿；另一部分是风险报酬，是对投资者承担风险给予的补偿。斜率$\frac{R_M-R_F}{\sigma_M}$表示资本市场给予投资者单位风险的报酬或风险的价格。

从图13－3中可以看出，引入无风险证券后，原来的有效边界不再有效，而资本市场线成为新的有效边界，因为除了市场证券组合与无风险证券构成的证券组合之外，其他所有的证券组合都位于资本市场线的下方。所以，资本市场线上的点代表所有由无风险证券和市场证券组合形成的有效组合。

三、证券市场线(SML)

资本市场线揭示了有效组合的收益与风险的均衡关系，而没有说明任意证券或证券组合的收益与风险之间的特定关系，因为这些证券或证券组合有可能在资本市场线之下。证券市场线则提供了准确计算某一证券风险并确定该证券价格的方法。

(一)系统性风险与非系统性风险

证券的风险是指它未来收益的变动程度，包括系统性风险和非系统性风险两部分，风险量是以证券收益率的方差或标准差来表示的。当投资者用若干种证券组成一个证券组合时，有一部分风险会被相互抵消，证券组合的风险小于组合中各项证券风险的总和。而市场证券组合可以消除所有的非系统性风险，只剩下无法消除的系统性风险，使证券多样化效应达到最大化。可见，市场证券组合的总风险就是它的系统性风险，因而只要知道市场证券组合未来可能收益率的概率并求出预期收益率，就可求出代表总风险也就是系统性风险的方差或标准差。

但是要计算证券组合的风险就不是那么简单了。虽然市场证券组合是由市场上各种证券组成的，但是市场证券组合的风险却不是各项证券风险的简单加总或加权平均，而是要考虑各项证券之间的协方差关系。更进一步说，对于单项证券而言，不仅那些由各自的独特因素引起的非系统性风险，而且由共同因素引起的系统性风险，对各种证券的影响程度也是不同的。也就是说，有的证券系统性风险大，而有的系统性风险小。因此，即使知道了市场证券组合的风险量以及单项证券在组合中所占的比例，也不能计算出单项证券的系统性风险。

(二)单项证券的风险

我们可以把单项证券的收益分解为三部分：第一部分是证券 i 的无风险利率，这是不受任何因素影响的收益率，可以看做是一常数，用 α_i 表示。第二部分是受共同因素影响的收益率，一旦某些共同因素发生作用，市场证券组合的收益率就会发生变化，而证券 i 的这部分收益率也会发生相应变化。由于共同因素对各项证券收益率的影响程度不相同，可以假设单项证券受共同因素的影响程度和市场组合对各项证券收益率的影响程度之间有一个固定的比例关系。如果用 r_m 表示市场收益率，用 β_i 表示与单项证券 i 有关的个别因素的变化和市场收益率变化之间的函数关系，则单项证券第二部分收益率可以用 $\beta_i r_m$ 表示。第三部分是受个别因素影响的收益率，一旦发生与证券 i 有关的个别因素的变化，这部分收益率就会发生变动，它用 ε_i 表示。这样，单项证券 i 的收益率可用下面的公式表示：

$$r_i=\alpha_i+\beta_i r_m+\varepsilon_i$$

从上式可知，单项证券 α 的收益率是由 α_i、$\beta_i r_m$ 和 ε_i 三部分组成，由于证券的风险是收益率的方差，因此，单项证券 i 的风险也是由三部分组成，即 α_i 的方差、$\beta_i r_m$ 的方差和 ε_i 的方差。由于这三部分收益率是相互独立的随机变量，它们两两之间的相关系数为零，根据方差的加法定理，相互独立的随机变量之和的方差等于它们的方差之和。第一项 α_i 是无风险利率，因为没有风险，其方差为零。第二项 $\beta_i r_m$ 是一个常数与一个随机变量积的方差，应等于这个常数的平方与这个随机变量的方差之积。因此，单项证券 i 的风险等于两项收益率的方差之和。

$$\sigma_i^2=\beta_i^2\sigma_m^2+\sigma_{\varepsilon i}^2$$

式中：σ_i^2 表示单项证券 i 的总风险；$\beta_i^2\sigma_m^2$ 表示单项证券 i 的系统性风险；$\sigma_{\varepsilon i}^2$ 表示单项证券 i 的非系统性风险。

上式表明，系数 β_i 可用于衡量单项证券系统性风险，因为 $\sigma_{\varepsilon i}^2$ 是市场证券组合的风险，也就是市场上所有证券的系统性风险，而 β_i 则表示证券 i 的非系统性风险与市场证券组合风险之间的倍数，因此 β_i 系数是衡量某一单项证券系统性风险的标准，成为系统性风险的量化指标。

（三）β 系数的计算

公式 $\sigma_i^2=\beta_i^2\sigma_m^2+\sigma_{\varepsilon i}^2$ 是一个线性回归方程，β_i 是方程的回归系数。我们可以用最小二乘法推导出回归系数的计算公式（推导过程省略）：

$$\beta_i=\frac{\sigma_{mi}}{\sigma_m^2}$$

式中：β_i 表示单项证券 i 的系统性风险；σ_{mi} 表示单项证券 i 与市场证券组合的收益率之间的协方差；σ_m^2 表示市场证券组合收益率的方差。

（四）证券市场线的确定

证券市场风险可以分为系统性风险和非系统性风险，其中非系统性风险可以通过证券组合予以消除。因此对系统性风险的考虑显得更为重要。证券市场线就是表示证券的预期收益率与系统性风险之间关系的直线。

根据资本资产定价模型，当所有投资者都在资本市场线上选择证券组合时，所有证券的预期收益率与 β 系数之间都存在着线性关系。而且，当 $\beta_i=0$，即系统性风险为 0 时，$E(R_P)=R_F$；当 $\beta_i=1$，即系统性风险完全等于市场证券组合风险时，$E(R_P)=R_m$。根据这两点，可确定证券市场线，见图 13－4。其数学表达式即资本资产定价模型表达式为：

$$E(R_P)=R_F+(R_M-R_F)\beta_i$$

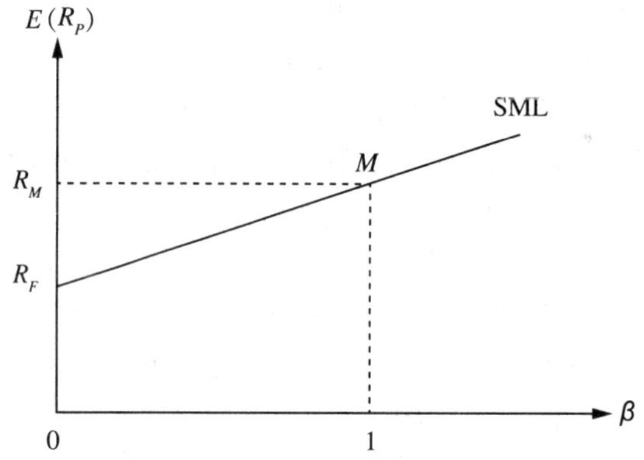

图 13－4　证券市场线

因此，我们可以看出，任何证券的预期收益率仅取决于其系统性风险的大小，即 β 系数的值。只要 β 系数相同，无论非系统性风险如何，都可由证券市场线上的同一个点表示，因而具有相同的预期收益率。

资本市场线和证券市场线是资本资产定价模型的两个重要结论，两者存在内在的关系：

第一，资本市场线表示的是无风险证券和有风险证券组合后的有效证券组合的预期收益率与总风险之间的关系，因此在资本市场线上的点就是有效组合；而证券市场线表明的是任何一个单项证券或组合的预期收益率与其系统性风险之间的关系，因此在证券市场上的点不一定在资本市场线上。

第二，证券市场线既然表明的是单项证券或组合的预期收益率与其系统性风险之间的关系，因此在均衡情况下，所有证券都将落在证券市场线上。

第三，资本市场线实际上是证券市场线的一个特例，当单项证券或一个证券组合是有效的时候，该证券与证券组合的相关系数等于1，此时证券市场线与资本市场线是相同的。

综上所述，资本资产定价模型是描述如何在市场上对证券进行定价的经济模型，由于证券价格是由时间、利率、未来市场收益率等因素来决定的，因此证券价格可用预期收益率表示。CAPM假设每个投资者都持有市场证券组合，都害怕风险，因此都关心市场证券组合的标准差。对单一证券的评估要以它在证券组合标准差中所占份额，即β系数而定，因此β系数可代替标准差作为测定证券风险的指标。用于证券或证券组合的预期收益率与β系数呈正相关线性关系，因此β系数越大，证券预期收益率越高。在一个完全竞争的市场里，证券收益与风险会通过调整证券价格使对它的需求量与供应量一致，实现两者的均衡。

(五)SML和CML的区分

首先，两者的适用范围不同。CML只适用于描述无风险资产与有风险资产组合再组合后的有效风险资产组合的收益和风险关系。SML描述的是任何一种资产或资产组合的收益和风险之间的关系。

其次，二者涉及的风险变量不同。CML以总风险σ为横坐标，SML以市场风险β为横坐标。

第四节　套利定价理论

套利定价理论（Arbitrage Pricing Theory，APT）是由斯蒂夫・罗斯（Stephen Ross）于1976年提出的。他试图提出一种比CAPM更好的解释资产定价理论模型。经过几十年的发展，APT在资产定价理论中的地位已不亚于CAPM。相对于CAPM而言，模型更一般化，在一定条件下甚至可以把传统的CAPM视为APT的特殊形式。

套利定价理论在资产组合管理中应用的领域与CAPM差不多，只是具体的决策依据和思路的不同而有所差异。如果把套利定价理论应用于消极的组合管理，投资者可以在因素确定的情况下，建立一个有最佳风险的资产组合，即β值的最佳组合。这种策略对只包含几种不同资产类型的大型资产组合比较适合，因为它充分利用了不同类型资产对不同因素变动具有不同敏感度的特点。例如，债券和股票的收益率一般对利率因素的反应是相反的；零售业的股票比一般股票对通货膨胀率更敏感等。所以，当资产组合很大时，各部分的特殊风险就被分散掉了。

一、APT的研究思路

套利定价理论要研究的是，如果每个投资者对各种证券的预期收益和市场敏感性都有相同估计的话，各种证券的均衡价格是如何形成的？研究者分析问题的思路是：首先，分析市场是否处于均衡状态；其次，如果市场是均衡的，分析投资者会如何行动；再次，分析投资者的行动会如何影响市场并最终使市场达到均衡；最后，分析在市场均衡状态下，证券的预期收益由什么决定。

根据套利定价理论，套利行为是现代有效率的市场形成（即市场均衡价格形成）的一个决定因素，所谓套利行为是指，利用同一实物资产或证券的不同价格来赚取无风险利润的行为。当投资者可以构造一个能产生安全利润的零投资证券组合时，套利机会就出现了。显然，任何投资者在套利资产组合中都愿意尽可能大地拥有这一头寸。最典型的例子就是当“一价定律”

失效时，投资者会利用同一种货币在不同市场上的价格差异，在价格较低的市场上买入该种货币，再在价格较高的市场上卖出，以获取差价收益。这种套利行为直接改变了这两个市场上对该种货币的供求，最终导致两者的供求实现平衡。

在一个高度竞争的、流动性很强的市场体系中，由于电子通信设备和实时操作技术的日益发达，套利机会已经变得非常小，而且往往这种套利机会一被发现，就会立即引起市场的反应，机会稍纵即逝，因而正是这种套利行为推动着有效市场的形成。在证券市场体系中也是如此。

根据套利定价理论，如果市场未达到均衡状态，市场上就会存在无风险的套利机会。由于理性投资者具有厌恶风险和追求收益最大化的行为特征，因此，投资者一旦发现有套利机会就会设法利用它们。随着套利者的买进卖出，有价证券的供求状况将随之改变，套利空间会逐渐减少直至消失，有价证券的均衡价格就得以实现。因此，这种推论实际上也隐含了对"一价定律"的认同。

此外，套利机会不仅存在于单一证券上，还存在于相似的证券或证券组合中。也就是说，投资者还可以对一些相似的证券或证券组合通过部分买入、部分卖出来进行套利。对于套利行为还可以有多种定义方式，其中之一就是用广泛影响证券价格的因素来解释。

因素模型表明，对于因素具有相同敏感性的证券或组合，不考虑非因素风险，将以相同的方式行动。因此，对于因素具有相同敏感性的证券或组合必然要求有相同的预期收益率，不然"准套利"机会便会存在，投资者必将利用这一机会，而他们的行动最终将会使套利机会消失，均衡价格得以形成。这就是套利定价理论思想的核心。

二、因素模型

(一)单一因素模型

罗斯认为，在整个经济环境中，存在一些主要的和具有普遍影响的市场因素 F，它们在不同程度上影响着证券的收益，因此，可以用下列方程来表达单一因素模型：

$$r_i = a_i + b_i F + \varepsilon_i$$

式中：r_i 表示证券 i 的收益率；a_i 表示没有因素 F 的预期收益率；b_i 表示证券 i 对因素 F 的敏感系数(敏感度)；F 表示因素的价值；ε_i 表示随机误差项，是一个期望值为 0 的随机变量。

根据单一因素模型，证券 i 的预期收益率可以写成：

$$r_i = a_i + b_i \overline{F}$$

证券的方差和协方差分别有：

$$\sigma_i^2 = b_i^2 \sigma_F^2 + \sigma_{\varepsilon i}^2$$

$$\sigma_{ij} = b_i b_j \sigma_F^2$$

单一因素模型的假设条件是：

(1)证券的风险分为系统性风险和非系统性风险，因素对非系统性风险不产生影响。

(2)一个证券的非系统性风险对其他证券的非系统性风险不产生影响，两种证券的回报率仅仅通过因素 F 的共同反应而相关。

(二)多因素模型

研究人员发现，实际上有多种因素同时影响着证券的收益，因此用多因素模型取代单一因素模型来研究证券收益将更有意义。

根据单一因素模型可以推导多因素模型，其公式为：

$$r_i = a_i + b_{i1} F_1 + b_{i2} + \cdots + b_{in} + F_n + \varepsilon_i$$

式中：$F_1, F_2, \cdots, F_n$ 表示影响证券收益的共同因素；$b_1, b_2, \cdots, b_n$ 表示证券 i 对这些因素的敏感系数。

只要能得到 b 和 F 的各项参数，就可以计算任何一种证券的预期收益率、方差和标准差，并进一步推导出马科维茨投资组合的有效边界。根据给定的无风险利率就能找到切点处的证券组合。因此，多因素模型也适用于证券组合。

三、套利定价模型

(一)套利定价模型的假设条件

套利定价模型的假设条件和价格形成过程与 CAPM 都是不同的，不像 CAPM 限制得那样严格。其中最重要的一点在于，APT 不像 CAPM 那样依赖于市场组合，也没有假设只有市场风险会影响资产的预期收益，而是认为资产的收益可能受到集中风险的影响，而到底是几种风险以及这些风险具体是什么则无关紧要。此外，APT 也没有 CAPM 所需要的假设：只是一个时期的投资水平，不考虑税收因素，以无风险利率借贷，投资者会依据预期收益和方差选择资产组合。

APT 与 CAPM 相同的假设包括：投资者都有相同的预期、投资者追求效用最大化、市场是完美的。套利定价模型的假设如下：投资者都相信证券 i 的收益受一种或多种因素的影响，并可由因素模型决定。

(二)套利证券组合

根据套利定价理论，投资者会竭力构造一个套利组合，并在不增加风险的情况下，增加组合的预期收益率。一般而言，套利组合必须同时具备以下三个特征：

1. 不需要额外投资

如果用 X_i 表示投资者对证券 i 持有量的变化(即套利证券组合中证券 i 的权数)，套利证券组合的这一特征就可表示为：

$$X_1 + X_2 + \cdots + X_n = 0$$

2. 不承担风险

在存在多个影响因素的情况下，这一特征可具体表示为一个方程组：

$$X_1 b_{11} + X_2 b_{21} + \cdots + X_n b_{n1} = 0$$

$$X_1 b_{12} + X_2 b_{22} + \cdots + X_n b_{n2} = 0$$

$$\cdots\cdots$$

$$X_1 b_{1k} + X_2 b_{2k} + \cdots + X_n b_{nk} = 0$$

为了找到满足上面两个特征的解，就要求证券的个数要多于因素的个数，即 $n > k$。

严格地说，除了系统性风险等于 0 以外，一个套利证券组合的非系统性风险也应该等于 0。但是，套利证券组合的非系统性风险实际上常常会大于 0，只是其数值非常小，套利定价理论认为可以忽略不计。

3. 具有正的预期收益率

这一特征用公式可以表示为：

$$X_1 E(r_1) + X_2 E(r_2) + \cdots + X_n E(r_n) > 0$$

当一个证券组合可以同时满足上述三个特征时，它就是一个套利组合。这样一个套利证券组合对任何一个渴望高收益且不关心非系统性风险的投资者都是具有吸引力的。因为它不需要任何额外的资金，没有任何系统性风险，却可以带来正的预期收益率。

(三)套利定价模型的推导

根据上述套利行为及其影响的分析,罗斯是基于以下两个要点来推导APT模型的。

(1)在一个有效率的市场中,当市场处于均衡状态时,不存在无风险的套利机会。即如不存在套利机会,市场便可达到均衡,此时则不可能产生套利组合。

(2)对于一个高度多元化的资产组合来说,只有几个共同因素需要补偿。证券 i 与这些共同因素的关系为:

$$r_i=\lambda_0+b_{i1}\lambda_1+b_{i2}\lambda+\cdots+b_{ih}\lambda_h$$

式中:$\lambda_0=R_F$,表示无风险利率;b_{ik} 表示证券 i 对第 k 个共同因素的敏感系数;λ_k 表示对所有资产都起作用的共同因素对其期望值的偏离,期望值为0。

这就是套利定价模型,它表明证券或证券组合的预期收益率与它对市场因素的敏感度存在着线性相关关系,并有等于无风险利率的相同截距。同时,套利定价模型还表明投资者要获得对所有影响证券收益率的因素的补偿,补偿额等于每一个因素的系统性风险与该因素风险报酬乘积的总和。和其他风险收益模型一样,投资者不会因承受非系统性风险而得到补偿。

四、套利定价理论的应用与特点

(一)套利定价理论的应用

在资产组合管理中,可以利用对因素非预期波动的挖掘,判断资产价值是被高估了还是被低估了,并以此来选择资产、调整资产组合。例如,如果公认的通货膨胀率是3%,而投资组合管理者预测其应为1%,那么对该管理者来说,意外的通货膨胀率就是−2%,投资者依此估计的资产收益率就会低于市场公认的收益率,投资者可据此调整资产组合,卖出价值被高估的资产。如果该管理者的预测被证明是正确的,他获得的利润是超额利润。

(二)套利定价理论的特点

根据套利定价理论,投资者可以针对每一个风险因素构造出一个只受该因素影响的资产组合(如只有 $b_i\neq0$,其余 $b_{ij}=0$),这样购入该资产组合就相当于购入某一风险因素。这一结论的另一种含义就是投资者可以通过有选择地构造资产组合而使该资产组合对某一类或某几类风险因素的敏感系数为零。这就意味着投资者可以根据自己的风险偏好,选择那些自己愿意或能够承担的风险,完全回避那些自己不愿意或不能够承担的风险。

此外,套利定价理论同时考虑了多种因素对资产收益的影响,它比CAPM更清楚地指明风险来自何处,因此可以帮助投资者根据自己的风险偏好和风险承受能力,调整对不同风险影响的承受水平,而保持总风险收益不变。由于CAPM是单因素模型,它只能告诉投资者所承担的风险和获得的报酬是多少,但未告诉投资者风险来自何处。

第五节　期权定价理论

近年来,期货交易发展十分迅速,交易种类已从普通股票期权发展到商品期权、利率期权、指数期权、货币期权和期货期权等。现在几乎每个月都有新的期权交易产品产生,交易方式也是日新月异。期权交易投资少、风险小和灵活便利的特点,使其逐步成为现代投资方式中的一个重要领域。

一、期权价格的经济内涵

在金融衍生产品中,期权合约是较为独特的一种,期权合约的卖方授予买方在某一特定时间点或时期按某一价格买卖某一特定种类、数量、质量资产或商品的权利。这样，一旦期权交易达成之后，期权的买方将拥有期权标的资产价格发生有利变化时的收益，而无需承担价格反向变化引致的损失，或者说权利与义务并不完全对称。显然，作为一种公平博弈，期权合约的买方必须支付一定的代价才能获得这种权利。这种代价就是期权费，也就是期权价格。

从期权合约的内容来看，期权费应该包括两部分内容：内在价值（Intrinsic Value）与时间价值（Time Value）。其中，期权的内在价值是指期权标的资产的市场价格与其执行价格（有时也称为履约价格）之间的差额，这一差额是期权费的核心部分。一般来说，对于看涨期权（Call）而言，其内在的价值等于市场价格超出执行价格的部分，而对于看跌期权（Put）而言，其内在价值就是市场价格低于执行价格的部分。期权的时间价值是指期权费超过其内在价值的部分。一般来说，对于两份其他条件相同但有效期限存在差异的欧式期权而言，期限长的合约要比期限短的合约时间价值高。这是因为相对于短期期权合约而言，有效期长的合约赋予投资者执行期权的机会中已经包含了短期合约所可能提供的机会，而且有效期短的合约也不可能有超过自己的有效期的执行合约的机会。

二、期权价格的构成

期权价格是指期权市场上买卖期权的价格和费用，确切地说，期权价格就是指期权合约的价格，也就是期权费。要了解期权的定价、建立相关的定价模型，首先要了解期权价格及其构成。

期权价格由两部分构成：一是内在价值，二是时间价值。

期权价格＝内在价值＋时间价值

（一）内在价值

期权的内在价值是期权价格的主要组成部分，是指期权合约本身所具有的价值，也就是期权购买者立即执行该期权所能获得的权益。对看涨期权来说，如标的物（指与期权交易相关的证券及其他金融工具）的市场价格超过期权的行使价格（协定价格），则期权的买方就有可能行使其权利而获利，这时看涨期权就具有内在价值，内在价值等于市场价格减去行使价格，这时该期权处于实值状态；对看跌期权来说，当市场价格低于行使价格时，买方可行使权利而获利，同样，这时看跌期权具有内在价值，内在价值等于行使价格减去市场价格，这时该期权也处于实值状态。如果实际情况相反，即在看涨期权有效期内市场价格低于行使价格，或者在看跌期权有效期内市场价格高于行使价格，此时行使权利无利可图，反而亏本，期权合约的持有者会放弃权利，显然，这时期权没有内在价值，换言之，期权处于虚值状态。当标的物的市场价格等于行使价格时（不考虑交易费用），内在价值为零，此时期权处于平值状态。实际上，当期权内在价值为零或没有内在价值，持有者均不会执行权力，故期权内在价值为零与期权没有内在价值对于合约持有者来说意义相同。

因此，一种期权有无内在价值以及内在价值的大小，取决于该期权执行价格与其标的物的市场价格之间的差额。

（二）时间价值

时间价值是指期权价格超出其内在价值的部分。由于到期时，期权价格是绝对不会超出其内在价值的（即到期期权只有内在价值而无时间价值），所以只有期权未到期，才有时间价值。时间价值的真正含义是：只要有余留时间，期权对应的标的物的市场价格还有向有利方向变动的可能。在到期前的任何时间点上，实值期权价格由内在价值与时间价值两部分组成，而平值、虚值期权的价格没有内在价值，仅由时间价值构成。如某一份看涨期权还有一段时间到期，当时内在价值为800元，考虑到在余下时间其标的物的市场价还有上涨可能，因此，购买者还愿支付高于800元的价格买下它，以补偿卖方的风险（高于800元部分为时间价值）。所以，时间价值又称为风险补偿费。该实值期权价由内在价值（800元）与时间价值（高于800元部分）两部分组成。

即使在持有期的某一个时点上，某期权没有内在价值或内在价值为零，即处在虚值或平值状态，其交易价格往往也大于零，也就是说，即使是平价期权或虚值期权，持有者也不会因为它没有内在价值或内在价值是零而免费提供给他人。之所以如此，是因为该期权还有时间价值，随着时间推移，市场价格的变动可能使虚值、平值期权变为实值期权。

与内在价值不同，时间价值不易计算，因为随着时间推移，究竟市场价如何变动很难事先知晓。一般来说，时间价值等于实际成交价减去内在价值。如某债券市场价为110元，以该债券为标的物、执行价为105元的看涨期权在市场上以7元成交，这样该期权内在价值为5元（＝110－105），而它的时间价值则为2元（＝107－105）。

三、影响期权价格的因素

（一）期权所处状态

期权是处于实值、虚值还是平值状态，对期权价格有很大影响。从内在价值角度看，市场价与执行价之间的差额为关键因素。对看涨期权来说，标的物市场价越高、执行价越低，实值越大，从而期权价格也越高；看跌期权正好相反，标的物市场价越低、执行价越高，实值越大，期权费越昂贵。无论是看涨还是看跌期权，如果市场价与执行价之间出现与上述相反情况，则都是虚值，无疑这一时期权价格都会不断下跌。从时间价值角度看，情况就不同了。一般来说，期权处于原值状态时时间价值为最大，这是因为对实值期权而言，其内在价值显著，因此随时间推移而继续扩大其内在价值的可能已不大，故其时间价值不大；随着期权实值状态加深，内在价值越大、时间价值越小，这时期权整个价格主要由内在价值决定。相应地，期权虚值状态越深，其转化为实值状态的可能性越小，故期权时间价值也越小，这类期权价格呈下跌状态。

（二）剩余期限

这是影响期权时间价值的主要因素，但也间接影响内在价值，两者综合起来，影响整个期权价格。当考虑期限对期权价格的影响时，必须注意美式期权与欧式期权的区别。美式期权的期限效应比较简单，无论看涨还是看跌期权，期权价格与到期日远近正相关。可作这样的解释：假设有两份期权，除到期日之外都相同，美式期权出售者在到期日前任何一天都承担着因标的物价格变动而使期权持有人可能执行期权的风险，到期日越远，对期权持有人来说机会越多，即市场价向有利方向变动的可能性越大，而对期权卖方来说则是风险越大，从而索要的期权价就越高，以此作为补偿。欧式期权的情况要复杂一些，无论期限长短，对期权持有人来说，执行机会都只有到期日那天，如有两种看涨期权，一个在1个月后到期，一个在6个月后到期，虽然在6个月证券价格上涨机会大于1个月，但投资者无法断定证券在6个月后到期那天与1个月到期那天哪个上涨概率大，所以期限对欧式期权价格的影响没有美式期权那么显著。总之，有一点是相同的，即期权时间价值随期限缩短而减少。

（三）期权标的物价格波动状况

标的物价格在未来一段时间内的波动幅度对期权价格影响很大。对证券现货持有者来说，只要持有证券不动，价格暴涨暴跌正好抵消，对收益就没有影响；但对期权持有者来说，则存在着极大的盈利机会，而损失则为一个可控制的定量，如股价暴涨会给看涨期权持有人带来巨额利润，但股价暴跌不会带来很大损失，最坏结果也就是放弃执行期权，从而损失期权费。对期权卖出者来说，出售这样的期权被执行的可能性较大，必须以较高的出售价格来补偿自己承担的风险。由此可得出结论，期权标的物价格波动越大，期权持有人获得的时间价值越大，期权出售者索要的补偿费越高，因而期权价格越高，反之相反。

（四）无风险收益率（短期利率）

无风险收益率对期权价格影响比较复杂。一方面，期权对应的金融资产价格与利率负相关，即利率上升，证券价格下跌；利率下降，证券价格上涨。从这个角度看，似乎利率上升对看涨期权不利。但另一方面，风险资产（股票）收益是在无风险利率基础上加风险溢价得到的，这有利于股票价格增长。但通常后一个因素强于前一个因素，因为看涨期权损失有限而获利无限，无风险利率上升能提高看涨期权的价值。至于买进看跌期权，情况正好相反。另外，从理论上来讲，作为期权定价的利率应是期权到期前一段时间的利率。由于期权到期日一般较短，故这里所讲的利率主要是短期利率。

（五）分红

分红将使股票在除息日之后价格下跌，因此对看涨期权是坏消息而对看跌期权则是好消息。可见，看涨期权的价格与预期分红的数额负相关，而看跌期权的价格与预期分红的数额为正相关。

因此，标的物市场价格变化与看涨期权价格正相关，与看跌期权价格负相关，而执行价格与期权价格的关系与上述情况相反。期限对欧式期权价格影响不明显，而与美式期权价格正相关。无论看涨或看跌期权，标的物价格的波动都有利于期权价格的上升，而分红有利于看跌期权持有者，不利于看涨期权持有者。

四、期权定价模型

期权定价模型较多，限于篇幅，只介绍使用比较普遍的 Black-Scholes（简称 B-S 定价模型）。这个期权模型由美国经济学家费希尔·布莱克和迈伦·斯科尔斯（Fischer Black & Myron Scholes）共同提出，其假设股票价格变化率满足对数正态分布。在引出 B-S 期权定价模型之前，有必要先说明该模型的若干假设前提：

第一，期权价格的计算不涉及交易费用与税收；

第二，可以无风险利率为基准无限贷款；

第三，市场不存在套利机会；

第四，考虑到期权期限短，所有的贴现率按连续复利计算；

第五，股价变化呈对数正态分布，其期望值与方差不变；

第六，本模型仅适合欧式期权，由于无红利分配的美式看涨期权与欧式期权价值相同，故也适用，但不能用于美式看跌期权；

第七，利率与股价波动为常数；

第八，期权有效期内无红利分配；

第九，在一个很短的时间内，相关证券价格变化很小。

Black-Scholes 模型如下：

$$c = SN(d_1) - K_e^{-rT} N(d_2)$$

$$P = K_e^{-rT} N(-d_2) - SN(-d_1)$$

其中

$$d_1=\frac{\ln(\frac{S}{K}+(r+\frac{\sigma^2}{2})T}{\sigma\sqrt{T}}$$

$$d_2=\frac{\ln(\frac{S}{K}+(r-\frac{\sigma^2}{2})T}{\sigma\sqrt{T}}=d_1-\sigma\sqrt{T}$$

式中：c 为欧式看涨期权价值；P 为欧式看跌期权价值；$N(d_1)$、$N(d_2)$ 为累积正态分布概率，可通过查表得到；K 为期权执行价格；T 为期权到期日前的剩余时间；σ 为价格波动的标准差；r 为与期权到期日相同的无风险投资的收益率；e^{-rT} 为现值系数。

以上模型在使用时需要输入五个变量，即标的物当前价格(S)、期权执行价格(K)、期权到期日前的剩余时间(T)、利率(r)及标的物市场价格的波动幅度(σ)。前四个变量易确定，那么标的物市场价格的波动幅度(σ)如何测定呢？常用的方法是以前一年价格历史数据的标准差来代替。具体计算方法是：先计算两个连续交易日之间股价变动的平均标准差，再计算年度标准差。

有了上述所有数据，只要代入模型，即可计算出期权的价格。计算出期权价格后，若市场价格低于期权价格，就存在套利机会。

虽然 Black-Scholes 模型以不分红利为假设条件之一，但这与绝大多数情况下股票支付红利的现实不符。考虑到期权期限很短，一般可估算出预期红利值。另外，从理论上讲，在发红利那天，除权后股票价格将要下跌，下跌损失与红利值相同。而在其他时间，股价变化仍服从正态分布。明确了这些，在稍作处理后 B-S 模型仍然适用。

具体处理方法是：先假设股息支付多少是可预期的。由于期权有效期较短，这个假设是合理的。对欧式期权来说，可假定股价由两部分组成：一部分为无风险部分，是用来付期权有效期内股息的，另一部分为有风险部分。无风险部分等于将期限内所有股息分别从其未来除息日折现至目前，所得到的现值的总和。这样，只要将 B-S 模型中股价 S 代表的有风险部分剔除就可继续利用模型来进行期权估值了。这里要注意两点：一是折现股息时以风险利率为贴现率(r)，二是价格波动性(σ)是针对股价中有风险部分，理论上此部分波动性应为原股价波动性(σ)的 $S/(S-D)$倍(S 为股价，D 为股息贴现值)。

对于美式期权，在无息情况下，美式看涨期权与欧式看涨期权实际是一样的，而有股息时，则在最后一个除息日前执行可能为最优。如要用 B-S 模型，需要作调整，因过于复杂不再论述，但可用近似方法代替。这里包括三个步骤：一是计算与该美式期权同时到期的欧式期权价值；二是计算在期权期限内最后一个除息日前一刻到期的欧式期权价值；三是两个期权中价值较高的一个可作为近似的美式期权价值。

B-S 模型最早是针对股票期权提出的，以此作为基础，适当加以修改，又可形成各类期权的定价模型；如外汇期权、期货期权、债券期权、支付固定股息的股票期权、股指期权等。其中，期货期权 B-S 模型为：

$$c=e^{-rT}[SN(d_1)-KN(d_2)]$$

式中，$d_1=\dfrac{\ln(\frac{s}{k})+0.5T\sigma^2}{\sigma\sqrt{T}}$，$d_1=d_1-\sqrt{T}$，$P=c-e^{-rT}(S-K)$

股指期权 B-S 模型为：

$$c=Se^{-rT}N(d_1)-Ke^{-rT}N(d_2)$$

$$P=Ke^{-rT}N(-d_2)-Se^{-rT}N(-d_1)$$

$$d_1=\frac{\ln(\frac{s}{k})+(r-q+\frac{\sigma^2}{2})T}{\sigma\sqrt{T}}$$

$$d_2=d_1-\sigma\sqrt{T}$$

式中，q 为期权对应股票的年股息率。

债券期权 B-S 模型为：

$$c=BN(d_1)-e^{-rT}KN(d_2)$$

$$P=e^{-rT}KN(-d_2)-BN(-d_1)$$

式中，B 为债券市场价格。

$$d_1=\frac{\ln(\frac{B}{k})+(r-\frac{\sigma^2}{2})T}{\sigma\sqrt{T}}$$

$$d_2=d_1-\sigma\sqrt{T}$$

五、其他期权的定价

正如我们在本章中所提到的，作为一种金融投资工具，期权有许多种类，如员工股票期权、租赁购买期权、不动产期权和延期期权(常用于债券和人寿保险合约)等。从理论上说，我们可以对所有的期权工具进行定价。但由于它们各自所具有的不同特征(例如，交易连续或是无法在市场上进行交易等)，我们无法直接使用 B-S 模型来进行定价，只能在一些特殊假设前提下对它们的价值进行某种程度上的估计。

本章概念

证券投资组合　投资收益与风险　资产定价　CAPM　套利定价　资本市场线　证券市场线　APT　因素模型　期权定价

思考题

1. 什么是证券投资组合管理？
2. 证券投资的基本步骤是什么？
3. CAPM 有哪几种形式？
4. 影响期权价格的因素有哪些？

第十四章

证券交易程序

本章重点内容

- 证券交易程序概述
- 开户程序概述
- 委托买卖
- 竞价与成交
- 交易的清算与交收
- 网上交易操作

学习目标

- 了解证券交易的具体程序
- 了解网上交易的基本操作内容

第一节　证券交易程序概述

在证券交易活动中，投资者在证券市场上买卖已经发行的证券要按照一定的程序进行。所谓的证券交易程序，就是投资者在二级市场上买进或卖出已经上市的证券所应遵循的规定过程。

在证券交易所，证券交易的基本过程包括开户、委托、成交、结算这些步骤(见图14—1)。

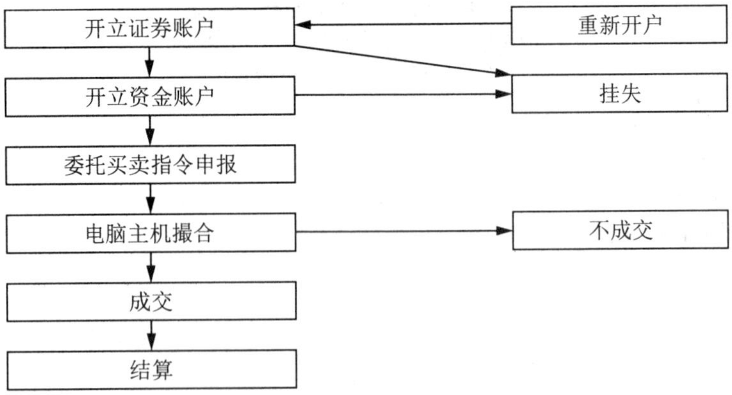

图14—1　证券交易程序

第二节　开户程序概述

一、开户的含义

所谓开户，包含两个方面的含义：

一是开立证券账户。证券账户是指中国结算公司为申请人开出的记载其证券持有及变更的权利凭证，其中记载着投资者所持有的证券种类、数量和相应的变动情况。投资者买卖证券，都会在证券账户中如实地反映出来。如果投资者要同时买卖在上海、深圳两个证券交易所上市的股票，就需分别开设上海证券交易所证券账户和深圳证券交易所证券账户，且必须到被授权的开户代理机构进行办理。开户代理机构是指受中国结算公司委托，代理证券账户开户业务的证券公司、商业银行及中国结算公司境外 B 股结算会员。根据中国结算公司《证券账户管理规则》的规定，中国结算公司对证券账户实施统一管理，投资者证券账户由中国结算公司上海分公司、深圳分公司及中国结算公司委托的开户代理机构负责开立。

二是开立资金账户。资金账户是指投资者用于证券交易资金清算的专用账户，记载和反映投资者买卖证券的货币收付情况和结存数额。投资者需要在证券公司开设资金账户并存入证券交易所需的资金，这样就具备了证券交易委托的资格。

开立证券账户和资金账户后，投资者买卖证券所涉及的证券、资金变化就会从相应的账户中得到反映。例如，某投资者买入甲股票 1 000 股，股票价格和交易税费的总费用为 10 000 元，则投资者的证券账户上就会增加甲股票 1 000 股，资金账户上就会减少 10 000 元。

二、证券交易账户的类型

目前国内证券交易账户有两种划分依据：一是按照交易场所划分；二是按照账户用途划分。

首先，按交易场所划分，证券账户可以划分为上海证券账户和深圳证券账户，分别用于记载在上海证券交易所和深圳证券交易所上市交易的证券以及中国结算公司认可的其他证券。

其次，按账户用途划分，证券账户可以划分为人民币普通股票账户（即 A 股账户）、人民币特种股票账户（即 B 股账户）、证券投资基金账户、创业板交易账户和其他账户等。以下为大家简介股票和基金账户。

（一）人民币普通股票账户

人民币普通股票账户简称“A 股账户”，其开立者仅限于国家法律法规和行政规章允许买卖 A 股的境内投资者和合格境外机构投资者。A 股账户按持有人可分为自然人证券账户、一般机构证券账户、证券公司自营证券账户和基金管理公司的证券投资基金专用证券账户等。在实际运用中，A 股账户是我国目前用途最广、数量最多的一种通用型证券账户，既可用于买卖人民币普通股票，也可用于买卖债券、上市基金、权证等各类证券。

（二）人民币特种股票账户

人民币特种股票账户简称“B 股账户”，是专门为投资者买卖人民币特种股票（即 B 股，也称为境内上市外资股）而设置的。B 股账户按持有人可以分为境内投资者证券账户和境外投资者证券账户。

(三)证券投资基金账户

证券投资基金账户简称“基金账户”,是用于买卖上市基金的一种专用型账户。基金账户是随着我国证券投资基金的发展,为方便投资者买卖证券投资基金而专门设置的。

三、开立证券账户的基本原则

证券经纪商为投资者办理经纪业务的前提条件之一,是投资者必须事先到中国结算公司或其开户代理机构开立证券账户。开立证券账户应坚持合法性和真实性的原则。

(一)合法性

合法性是指只有国家法律允许进行证券交易的自然人和法人才能开立证券账户。对国家法律法规不允许开户的对象,中国结算公司及其开户代理机构不得予以开户。

《证券账户管理规则》规定,一个自然人、法人可以开立不同类别和用途的证券账户。对于国家法律法规和行政规章规定需要资产分户管理的特殊法人机构,包括保险公司、证券公司、信托公司、基金公司、社会保障类公司和合格境外机构投资者等机构,可按规定向中国结算公司申请开立多个证券账户。

(二)真实性

真实性是指投资者开立证券账户时所提供的资料必须真实有效,不得有虚假隐匿。目前,投资者在我国证券市场上进行证券交易时采用实名制。

《中华人民共和国证券法》规定,证券登记结算机构应当按照规定,以投资者本人的名义为投资者开立证券账户。投资者申请开立账户时,必须持有证明中国公民身份或者中国法人资格的合法证件。

四、证券账户开立流程和规定

(1)证券公司和基金管理公司等特殊法人机构开立证券账户,由中国结算公司上海分公司和深圳分公司直接受理。这类特殊法人机构投资者需要前往中国结算公司上海分公司和深圳分公司现场办理开户手续。

(2)自然人及一般机构开立证券账户,可以通过中国结算公司上海分公司和深圳分公司委托的分布在全国各地的开户代理机构办理。目前多数证券公司营业部已经取得了开户代理资格,可以代理中国结算公司上海分公司和深圳分公司为投资者开立证券账户。

(3)投资者通过开户代理机构开立证券账户的流程是:

①开户代理机构受理投资者申请,申请材料审核合格后实时向中国结算公司上海分公司和深圳分公司上传开户申请;

②中国结算公司上海分公司和深圳分公司收到申请后进行审核,对于合规的申请予以配号,并实时将审核结果反馈各开户代理机构;

③开户代理机构对已配号的申请,使用中国结算公司上海分公司和深圳分公司统一制作的证券账户纸卡,打印证券账户卡交申请人。

此外,由于互联网技术的发展,可不用去证券公司开户,直接在证券公司网站上申请网上开户,只需准备好身份证、银行卡并遵循相应的步骤指导即可进行开户。手机也可以直接下载相应 APP,按照相应的指示即可快速、轻松、便捷地完成开户,获得账户。

五、资金账户的类型

资金账户主要分为现金账户和保证金账户两种。

(一)现金账户

现金账户是指以现货交易方式进行证券投资的客户所开设的账户。客户通过证券公司买进或卖出证券时,必须在清算日或清算日之前交清全部价款或将证券交割给证券公司的资金账户。使用现金账户交易的投资者必须在交易前存入足够数额的资金,若出现资金不足,证券公司没有义务进行代垫差额。

(二)保证金账户

保证金账户是指以保证金交易方式进行证券投资的客户所开设的账户。投资者开设此账户可以通过缴纳一定数额的保证金,用以向券商或其他机构进行融资或融券交易。一旦出现账户保证金不足,若投资者不及时补缴保证金,券商将会以平仓的方式将投资者名下的证券资产作为抵押物自行处理,以弥补券商的损失。

第三节　委托买卖

在证券交易所,除了证券交易所会员的自营业务外,投资者买卖证券是不能直接进入证券交易所办理的,而必须通过证券交易所的会员完成。换而言之,投资者需要通过证券经纪商(证券经纪商职能一般由证券公司行使)的代理才能在证券交易所买卖证券。

一、委托的含义

委托是指投资者向经纪商下达买进或卖出证券的指令。

二、委托的形式

委托指令有多种形式,可以按照不同的依据来分类:

(1)从各国(地区)情况看,一般根据委托订单的数量,有整数委托和零数委托。

①整数委托。整数委托是指委托买卖证券的数量为1个交易单位或交易单位的整数倍。1个交易单位俗称"1手"。

②零数委托。零数委托是指客户委托证券经纪商买卖证券时,买进或卖出的证券不足证券交易所规定的1个交易单位。目前,我国只在卖出证券时才有零数委托。

(2)根据买卖证券的方向,有买进委托和卖出委托。

(3)根据委托价格限制,有市价委托和现价委托。

①市价委托。

市价委托是指客户向证券经纪商发出买卖某种证券的委托指令时,要求证券经纪商按证券交易所内当时的市场价格买进或卖出证券。

市价委托的优点是:没有价格上的限制,证券经纪商执行委托指令比较容易,成交迅速且成交率高。

市价委托的缺点是:只有在委托执行后才知道实际的执行价格。尽管场内交易员有义务以最有利的价格为客户买进或卖出证券,但成交价格有时会不尽如人意,尤其是当市场价格变动较快时。

②限价委托。

限价委托是指客户要求证券经纪商在执行委托指令时，必须按限定的价格或比限定价格更有利的价格买卖证券，即必须以限价或低于限价买进证券，以限价或高于限价卖出证券。

限价委托的优点是：证券可以客户预期的价格或更有利的价格成交，有利于客户实现预期投资计划，实现最大利益。

限价委托的缺点是：采用限价委托时，由于限价与市价之间可能有一定的距离，故必须等市价与限价一致时才有可能成交。此时，如果有市价委托出现，市价委托将优先成交。因此，限价委托成交速度慢，有时甚至无法成交。在证券价格变动较大时，客户采用限价委托容易坐失良机，遭受损失。

上海证券交易所和深圳证券交易所都规定，客户可以采用限价委托或市价委托的方式委托会员买卖证券。同时，证券交易所也接受会员的限价申报和市价申报。不过，市价申报只适用于有价格涨跌幅限制证券在连续竞价期间的交易。在市价申报类型方面，上海证券交易所和深圳证券交易所不完全相同。

(4)根据委托时效限制，有当日委托、当周委托、无限期委托、开市委托和收市委托等。

(5)委托具体形式在现实生活中一般可大致分为柜台委托和非柜台委托两大类。

①柜台委托。

柜台委托是指委托人亲自或由其代理人到证券营业部交易柜台，根据委托程序和必需的证件采用书面方式表达委托意向，由本人填写委托单并签章的委托形式。采用柜台委托方式，客户和证券经纪商面对面办理委托手续，加强了委托买卖双方的了解和信任，比较稳妥可靠。

②非柜台委托。

非柜台委托主要有人工电话委托或传真委托、自助和电话自动委托、网上委托3种形式。根据中国证券业协会提供的《证券交易委托代理协议指引》的要求，客户在使用非柜台委托方式进行证券交易时，必须严格按照证券公司证券交易委托系统的提示进行操作，因客户操作失误造成的损失由客户自行承担。证券公司电脑系统和证券交易所交易系统拒绝受理的委托，均视为无效委托。

A. 人工电话委托或传真委托。

人工电话委托是指客户将委托要求通过电话报给证券经纪商，证券经纪商根据电话委托内容向证券交易所交易系统申报。传真委托是指客户填写委托内容后，采用传真的方式表达委托要求，证券经纪商接到传真委托书后，将委托内容输入交易系统申报进场。

B. 自助和电话自动委托。

这里的自助方式是指自助终端委托，即客户通过证券营业部设置的专用委托电脑终端，凭证券交易磁卡和交易密码进入电脑交易系统委托状态，自行将委托内容输入电脑交易系统，以完成证券交易。电话自动委托是指证券经纪商把电脑交易系统和普通电话网络连接起来，构成一个电话自动委托交易系统；客户通过普通电话，按照该系统发出的指示，借助电话机上的数字和符号键输入委托指令。

C. 网上委托。

网上委托是指证券公司通过基于互联网或移动通信网络的网上证券交易系统，向客户提供用于下达证券交易指令、获取成交结果的一种服务方式，包括需下载软件的客户端委托和无需下载软件、直接利用证券公司网站的页面客户端委托。网上委托的终端包括电子计算机、手机等设备。

客户在办理网上委托的同时，也应当开通柜台委托、电话委托等其他委托方式，当证券公司网上证券委托系统出现网络中断、高峰拥挤或网上委托被冻结等异常情况时，客户可采用上述委托方式下达委托指令。

三、委托内容

在委托指令中，不管是采用填写委托单方式还是自助委托方式，都需要反映对客户买卖证券的基本要求，这些主要体现在委托指令的基本内容中。以委托单为例，委托指令的基本内容包括：

(一)证券账号

客户在买卖在上海证券交易所上市的证券时，必须填写在中国结算公司上海分公司开设的证券账户的号码；买卖在深圳证券交易所上市的证券时，必须填写在中国结算公司深圳分公司开设的证券账户的号码。

(二)日期

日期即客户委托买卖的日期，应清楚填写年、月、日。

(三)品种

品种指客户委托买卖证券的名称，也是填写委托单的第一要点。填写证券名称的方法有全称、简称和代码三种(有些证券品种没有全称和简称的区别，仅有一个名称)。通常的做法是填写代码及简称，这种方法比较方便快捷，且不容易出错。上海证券代码和深圳证券代码都为一组 6 位数字。委托买卖的证券代码与简称必须一致。表 14－1 列举了上海证券交易所和深圳证券交易所各两只股票的代码、简称和全称。

表 14－1　股票代码、简称和全称

市　场	代码	股票简称	全　称
上海证券交易所	600000	浦发银行	上海浦东发展银行股份有限公司
	600004	白云机场	广州白云国际机场股份有限公司
深圳证券交易所	000001	平安银行	平安银行股份有限公司
	000002	万科 A	万科企业股份有限公司

(四)买卖方向

客户在委托指令中必须明确表明委托买卖的方向，是买进证券还是卖出证券。

(五)数量

这是指买卖证券的数量，可分为整数委托和零数委托。

(六)价格

这是指委托买卖证券的价格。在我国上海证券交易所和深圳证券交易所的交易制度中，委托买卖证券价格的内容包括委托价格限制形式、证券交易的计价单位、申报价格最小变动单位、债券交易报价组成等。

(七)时间

这是指客户填写委托单的具体时间点，也可由证券经纪商填写委托时间点，即上午×时×分或下午×时×分。这是检查证券经纪商是否执行时间优先原则的依据。

(八)有效期

这是指委托指令的有效期。如果委托指令未能成交或未能全部成交，证券经纪商应继续执行委托。委托有效期满,委托指令自然失效。

委托指令有效期一般有当日有效与约定日有效两种:

①当日有效是指在从委托之时起至当日证券交易所营业终了之时止的时间内有效。

②约定日有效是指委托人与证券公司约定,在从委托之时起到约定的营业日证券交易所营业终了之时止的时间内有效。如不在委托单上特别注明,均按当日有效处理。

我国现行规定的委托期为当日有效。

(九)签名

客户签名以示对所做的委托负责。若预留印鉴,则应盖章。

(十)其他内容

其他内容涉及委托人的身份证号码、资金账号等。

四、申报数量

(一)申报的含义

证券经纪商接到投资者的委托指令后,首先要对投资者身份的真实性和合法性进行审核。审查合格后,经纪商要将投资者委托指令的内容传送到证券交易所进行撮合。这一过程称为委托的执行,也称为申报或报盘。

(二)报价的方式

证券交易所在证券交易中接受报价的方式主要有口头报价、书面报价和电脑报价三种。

1. 口头报价

采用口头报价方式时,经纪商的场内交易员接到交易指令后,在证券交易所规定的交易台前或者指定的区域,用口头方式喊出自己的买价或者卖价,同时辅以手势,直至成交。

2. 书面报价

在书面报价情况下,交易员将证券买卖要求以书面形式向证券交易所申报,然后按规定的竞价交易原则撮合成交。

3. 电脑报价

电脑报价是指经纪商通过计算机交易系统进行证券买卖申报。其做法是经纪商将买卖指令输入计算机终端,并通过计算机系统传给证券交易所的交易系统,交易系统接收后即进行配对处理。若买卖双方有合适的价格和数量,交易系统便自动撮合成交。

目前,我国通过证券交易所进行的证券交易均采用电脑报价方式。

(三)申报的数量

两个交易所的交易规则在有关证券买卖申报数量方面大多规定相同,只是个别地方有所差异,下面以表14—2列示两家证券交易所竞价交易中的证券买卖申报数量,表14—3列示了两家证券交易所竞价交易中的单笔申报最大数量。

表14—2　两家证券交易所竞价交易中的证券买卖申报数量

交易内容	上海证券交易所	深圳证券交易所
买入股票、基金、权证	100股(份)或其整数倍	100股(份)或其整数倍
卖出股票、基金、权证	余额不足100股(份)的部分应一次性申报卖出	余额不足100股(份)的部分应一次性申报卖出
买入债券	1手或其整数倍	10张或其整数倍

续表

交易内容	上海证券交易所	深圳证券交易所
卖出债券	1 手或其整数倍	余额不足 10 张部分，应当一次性申报卖出
债券质押式回购交易	100 手或其整数倍	10 张或其整数倍
债券买断式回购交易	1 000 手或其整数倍	—

注：上海证券交易所的债券交易和债券买断式回购交易以人民币 1 000 元面值债券为 1 手，债券质押式回购交易以人民币 1 000 元面值标准券为 1 手。深圳证券交易所的债券交易以人民币 100 元面值为 1 张，债券质押式回购以 100 元面值标准券为 1 张。

表 14—3　两家证券交易所竞价交易中的单笔申报最大数量

交易内容	上海证券交易所	深圳证券交易所
股票、基金、权证交易	不超过 100 万股(份)	不超过 100 万股(份)
债券交易	不超过 1 万手	不超过 10 万张
债券质押式回购交易	不超过 1 万手	不超过 10 万张
债券买断式回购交易	不超过 5 万手	—

五、申报价格

1. 委托价格限制(见前文)

2. 证券交易的计价单位

上海证券交易所和深圳证券交易所都规定，股票交易的报价为每股价格，基金交易的报价为每份基金价格，权证交易的报价为每份权证价格，债券交易(指债券现货买卖)的报价为每百元面值债券的价格，债券质押式回购的报价为每百元资金到期年收益，债券买断式回购的报价为每百元面值债券的到期购回价格。

3. 申报价格最小变动单位

在申报价格最小变动单位方面，《上海证券交易所交易规则》规定：A 股、债券、债券买断式回购交易的申报价格最小变动单位为 0.01 元人民币，基金、权证交易为 0.001 元人民币，B 股交易为 0.001 美元，债券质押式回购交易为 0.005 元人民币。《深圳证券交易所交易规则》规定：A 股、债券、债券质押式回购交易的申报价格最小变动单位为 0.01 元人民币，基金交易为 0.001 元人民币，B 股交易为 0.01 港元。另外，根据市场需要，我国证券交易所可以调整各类证券单笔买卖申报数量和申报价格的最小变动单位。

六、委托受理、执行与撤销

(一)委托受理

证券经纪商在收到客户委托后，应对委托人身份、委托内容、委托卖出的实际证券数量及委托买入的实际资金余额进行审查。经审查符合要求后，才能接受委托。

1. 验证与审单

验证主要是对客户要求委托时递交的相关证件(如身份证件等)进行核实，审单主要是检查客户填写的委托单。证券经纪商要根据证券交易所的交易规则，对客户的证件和委托单在合法性和同一性方面进行审查。这些审查是为了维护交易的合法性、提高成交的准确率，避免造成不必要的纠纷。

2. 查验资金及证券

在不采用信用交易的情况下，投资者必须用自己账户上的资金买入证券，或者卖出自己账户上实际存在的证券。因此，证券经纪商在受理客户委托买卖证券时，要查验证实客户的资金及证券。

另外需要说明，如果客户采用自助委托方式，当其输入相关的账号和正确的密码后，即视同确认了身份。证券经纪商的电脑系统还会自动检验客户的证券买卖申报数量和价格等，是否符合证券交易所的交易规则。

(二)委托执行

证券经纪商接受客户买卖证券的委托后，应当根据委托书载明的证券名称、买卖数量、出价方式、价格幅度等，按照证券交易所交易规则代理买卖证券。买卖成交后，应当按规定制作买卖成交报告单交付客户。

1. 申报原则

证券经纪商接受客户委托后应按“时间优先，客户优先”的原则进行申报竞价。

(1)时间优先是指证券经纪商应按受托时间的先后次序为委托人申报。

(2)客户优先是指当证券公司自营买卖申报与客户委托买卖申报在时间上相互冲突时，应让客户委托买卖优先申报。

在我国，根据上海和深圳证券交易所交易规则的规定，取得自营业务资格的证券公司应当设专门管理人员和专用交易终端从事自营业务，不得因自营业务影响经纪业务。这样，就从制度上限制了证券公司自营买卖申报先于客户委托买卖申报的情况。

证券经纪商在接受客户委托、进行申报时还应该做到：在交易市场买卖证券均必须公开申报竞价；在申报竞价时，须一次完整地报明买卖证券的数量、价格及其他规定的内容；在同时接受两个以上委托人买进委托与卖出委托，且种类、数量、价格相同时，不得自行对冲完成交易，仍应向证券交易所申报竞价。

2. 申报方式

申报方式有两种：一种由证券经纪商的场内交易员进行申报，另一种由客户或证券经纪商营业部的业务员直接申报。

证券经纪商营业部的业务员在受理客户委托后，要按受托先后顺序用电话将委托买卖的有关内容通知其场内交易员(俗称“红马甲”)，由场内交易员通过场内电脑终端将委托指令输入证券交易所交易系统。此申报方式更多的是作为备用应急手段。

证券经纪商的电脑系统要与证券交易所交易系统联网。对于客户利用自助委托方式，自行将委托指令输入证券经纪商电脑系统，经审查确认后，再自动传送至证券交易所交易系统；或是由证券经纪商营业部业务员进行委托审查后，将委托指令直接通过终端机输入证券交易所交易系统，无需其场内交易员再行输入。客户自行输入委托指令这种方式，缩短了申报时间与成交反馈时间，而且免去了场内交易员人工报盘的环节，从而减少了申报的差错，避免了客户与证券经纪商的纠纷，因此成为目前主要的申报方式。

另外，B股的境外客户在境外委托时，有一些不同于境内委托申报的特点。境外客户若要买卖B股，必须通过境外的证券代理商进行。境外证券代理商先通过国际通信设备将客户的指令传给其派驻证券交易所的B股场内交易员，再由驻场B股交易员将委托指令通过终端输入证券交易所交易系统。

3. 申报时间

上海证券交易所规定，接受会员竞价交易申报的时间为每个交易日 9:15～9:25、9:30～11:30、13:00～15:00。每个交易日 9:20～9:25 的开盘集合竞价阶段，上海证券交易所交易主机不接受撤单申报。

深圳证券交易所则规定，接受会员竞价交易申报的时间为每个交易日 9:15～11:30、13:00～15:00。每个交易日 9:20～9:25、14:57～15:00，深圳证券交易所交易主机不接受参与竞价交易的撤销申报。每个交易日 9:25～9:30，交易主机只接受申报，不对买卖申报或撤销申报作处理。

另外，上海证券交易所和深圳证券交易所认为必要时，都可以调整接受申报时间。

(三)委托撤销

1. 撤单的条件

在委托未成交之前，客户有权变更和撤销委托。证券营业部申报竞价成交后，买卖即告成立，成交部分不得撤销。

2. 撤单的程序

在委托未成交之前，若客户变更或撤销委托，在采用通过证券经纪商场内交易员进行申报的情况下，证券经纪商营业部业务员须即刻通知场内交易员，经场内交易员操作确认后，立即将执行结果告知客户。在客户或证券经纪商营业部业务员直接申报的情况下，客户或证券经纪商营业部业务员可直接将撤单信息通过电脑终端输入证券交易所交易系统，办理撤单。对客户撤销的委托，证券经纪商须及时将冻结的资金或证券解冻。

第四节　竞价与成交

证券市场的市场属性集中体现在竞价与成交环节上，特别是在高度组织化的证券交易所内，会员经纪商会代表众多的买方和卖方按照一定规则和程序公开竞价，达成交易。这种竞价成交机制，符合证券市场公开、公平、公正的原则。

一、竞价原则

证券交易所内的证券交易按“价格优先，时间优先”原则竞价成交。

(一)价格优先

成交时价格优先的原则为：较高价格买入申报优先于较低价格买入申报，较低价格卖出申报优先于较高价格卖出申报。

(二)时间优先

时间优先的原则为：买卖方向、价格相同的，先申报者优先于后申报者。先后顺序按证券交易所交易主机接受申报的时间确定。

二、竞价方式

目前，我国证券交易所采用两种竞价方式：集合竞价方式和连续竞价方式。

上海证券交易所规定，采用竞价交易方式的，每个交易日的 9:15～9:25 为开盘集合竞价时间，9:30～11:30、13:00～15:00 为连续竞价时间。

深圳证券交易所规定，采用竞价交易方式的，每个交易日的 9:15～9:25 为开盘集合竞价时间,9:30～11:30、13:00～14:57 为连续竞价时间,14:57～15:00 为收盘集合竞价时间。

(一)集合竞价

所谓集合竞价,是指对在规定的一段时间内接受的买卖申报,一次性集中撮合的竞价方式。根据我国证券交易所的相关规定,集合竞价确定成交价的原则为:

(1)可实现最大成交量的价格。

(2)高于该价格的买入申报与低于该价格的卖出申报全部成交的价格。

(3)买方或卖方至少有一方全部成交的价格。

如有两个以上申报价格符合上述条件的,深圳证券交易所取距前一天收盘价最近的价位为成交价;上海证券交易所则规定使未成交量最小的申报价格为成交价格,若仍有两个以上使未成交量最小的申报价格符合上述条件的,其中间价为成交价格。

集合竞价的所有交易以同一价格成交,然后进行集中撮合处理。所有买方有效委托按委托限价由高到低的顺序排列,限价相同者按照进入证券交易所交易系统电脑主机的时间先后排列。所有卖方有效委托按照委托限价由低到高的顺序排列,限价相同者也按照进入交易系统电脑主机的时间先后排列。接着,依次逐笔将排在前面的买方委托与卖方委托配对成交。也就是说,按照价格优先、同等价格下时间优先的成交顺序依次成交,直至成交条件不满足为止,即所有买入委托的限价均低于卖出委托的限价。集合竞价中未能成交的委托,自动进入连续竞价。

(二)连续竞价

连续竞价是指对买卖申报逐笔连续撮合的竞价方式。连续竞价阶段的特点是,每一笔买卖委托输入交易自动撮合系统后,系统会当即判断并进行不同的处理:能成交者予以成交;不能成交者等待机会成交;部分成交者则让剩余部分继续等待。

按照我国证券交易所的有关规定,在无撤单的情况下,委托当日有效。另外,开盘集合竞价期间未成交的买卖申报,自动进入连续竞价。深圳证券交易所还规定,连续竞价期间未成交的买卖申报,自动进入收盘集合竞价。

连续竞价时,成交价格的确定原则为:

(1)最高买入申报与最低卖出申报价位相同时,以该价格为成交价。

(2)买入申报价格高于即时揭示的最低卖出申报价格时,以即时揭示的最低卖出申报价格为成交价。

(3)卖出申报价格低于即时揭示的最高买入申报价格时,以即时揭示的最高买入申报价格为成交价。

三、竞价申报时的有效申报价格范围

(一)实行涨跌幅限制的证券的有效申报价格范围

竞价申报时会涉及证券价格的有效申报范围。根据现行制度规定,无论是买入或卖出,股票(含 A、B 股)、基金类证券在 1 个交易日内的交易价格相对上一交易日收市价格的涨跌幅度不得超过 10%,其中 ST 股票和*ST 股票价格涨跌幅度不得超过 5%。涨跌幅价格的计算公式为(计算结果四舍五入至价格最小变动单位):

$$涨跌幅价格=前收盘价\times(1\pm 涨跌幅比例)$$

买卖有价格涨跌幅限制的证券时,在价格涨跌幅限制内的申报为有效申报,超过涨跌幅限制的申报为无效申报。

在深圳证券交易所买卖有价格涨跌幅限制的中小企业板股票时，连续竞价期间超过有效竞价范围的有效申报不能即时参加竞价，将暂存于交易主机；当成交价格波动使股票进入有效竞价范围时，交易主机将自动取出申报，参加竞价。中小企业板股票连续竞价期间有效竞价范围为最近成交价的上下3%。开盘集合竞价期间没有成交的，连续竞价开始时有效竞价范围调整为前一天收盘价的上下3%。

(二)不实行涨跌幅限制的证券的有效申报价格范围

对于无价格涨跌幅限制的证券，我国上海证券交易所和深圳证券交易所都规定了其相应的情形和有效申报价格范围。

1. 上海证券交易所规定，属于下列情形之一的，首个交易日不实行价格涨跌幅限制

(1)首次公开发行上市的股票和封闭式基金；

(2)增发上市的股票；

(3)暂停上市后恢复上市的股票；

(4)证券交易所认定的其他情形。

2. 深圳证券交易所规定，属于下列情形之一的，首个交易日不实行价格涨跌幅限制

(1)首次公开发行上市的；

(2)暂停上市后恢复上市的；

(3)证券交易所或中国证监会认定的其他情形。

3. 根据上海证券交易所的规定，买卖无价格涨跌幅限制的证券，集合竞价阶段的有效申报价格应符合下列规定

(1)股票交易申报价格不高于前一天收盘价格的900%，并且不低于前一天收盘价格的50%。

(2)基金、债券交易申报价格最高不高于前一天收盘价格的150%，并且不低于前一天收盘价格的70%。

集合竞价阶段的债券回购交易申报无价格限制。

4. 在上海证券交易所买卖无价格涨跌幅限制的证券，连续竞价阶段的有效申报价格应符合下列规定

(1)申报价格不高于即时揭示的最低卖出价格的110%，且不低于即时揭示的最高买入价格的90%；同时，不高于上述最高申报价与最低申报价平均数的130%，且不低于该平均数的70%。

(2)即时揭示中无买入申报价格的，应将即时揭示的最低卖出价格、最新成交价格中较低者视为前项最高买入价格。

(3)即时揭示中无卖出申报价格的，应将即时揭示的最高买入价格、最新成交价格中较高者视为前项最低卖出价格。

当日无交易的，应将前一天收盘价格视为最新成交价格。

5. 深圳证券交易所无涨跌幅限制证券的交易按下列方法确定有效竞价范围

(1)股票上市首日开盘集合竞价的有效竞价范围为发行价的900%以内，连续竞价、收盘集合竞价的有效竞价范围为最近成交价的上下10%。

(2)债券上市首日开盘集合竞价的有效竞价范围为发行价的上下30%，连续竞价、收盘集合竞价的有效竞价范围为最近成交价的上下10%；非上市首日开盘集合竞价的有效竞价范围为前一天收盘价的上下10%，连续竞价、收盘集合竞价的有效竞价范围为最近成交价的上下10%。

(3)债券质押式回购非上市首日开盘集合竞价的有效竞价范围为前一天收盘价的上下100%,连续竞价、收盘集合竞价的有效竞价范围为最近成交价的上下100%。

6. 无价格涨跌幅限制的证券在开盘集合竞价期间没有成交的,连续竞价开始时,按下列方式调整有效竞价范围

(1)有效竞价范围内的最高买入申报价高于发行价或前一天收盘价的,以最高买入申报价为基准调整有效竞价范围。

(2)有效竞价范围内的最低卖出申报价低于发行价或前一天收盘价的,以最低卖出申报价为基准调整有效竞价范围。

另外,买卖深圳证券交易所无价格涨跌幅限制的证券时,超过有效竞价范围的申报不能即时参加竞价,可暂存于交易主机;当成交价格波动使其进入有效竞价范围时,交易主机将自动取出申报,参与竞价。

四、竞价结果

竞价的结果有三种可能:全部成交、部分成交、不成交。

(一)全部成交

委托买卖如果全部成交,证券经纪商应及时通知客户按规定的时间办理交收手续。

(二)部分成交

客户的委托如果未能全部成交,证券经纪商在委托有效期内可继续执行,直到有效期结束。

(三)不成交

客户的委托如果未能成交,证券经纪商在委托有效期内可继续执行,等待机会成交,直到有效期结束。对客户失效的委托,证券经纪商须及时将冻结的资金或证券解冻。

五、交易费用

投资者在委托买卖证券时,需支付多项费用,如佣金、过户费、印花税等。

(一)佣金

佣金是投资者在委托买卖的证券成交后,按成交金额的一定比例支付的费用,是证券经纪商为客户提供证券代理买卖服务而收取的费用。此项费用由证券公司经纪佣金、证券交易所手续费及证券交易监管费等组成。佣金的收费标准因交易品种、交易场所的不同而有所差异:

A 股、B 股、证券投资基金的交易佣金实行最高上限向下浮动制度。证券经纪商向客户收取的佣金(包括代收的证券交易监管费和证券交易所手续费等)不得高于证券交易金额的3‰,也不得低于代收的证券交易监管费和证券交易所手续费等。A 股、证券投资基金每笔交易佣金不足 5 元的,按 5 元收取;B 股每笔交易佣金不足 1 美元或 5 港元的,按 1 美元或 5 港元收取。

国债现券、企业债(含可转换债券)、国债回购以及以后将出现的新的交易品种,其交易佣金标准由证券交易所制定并报中国证监会和国家发展和改革委员会备案,备案 15 天内无异议后实施。

(二)过户费

过户费是委托买卖的股票、基金成交后,买卖双方为变更证券登记所支付的费用。这笔收入属于中国结算公司的收入,由证券经纪商在同投资者清算交收时代为扣收。

上海证券交易所和深圳证券交易所在过户费的收取上略有不同。在上海证券交易所，A股的过户费为成交面额的1‰，起点为1元；在深圳证券交易所，免收A股的过户费。

对于B股，这项费用称为结算费，在上海证券交易所为成交金额的0.5‰；在深圳证券交易所也为成交金额的0.5‰，但最高不超过500港元。

基金交易目前不收过户费。

（三）印花税

印花税是根据国家税法规定，在A股和B股成交后，对买卖双方按照规定的税率分别征收的税金。我国税收制度规定，股票成交后，印花税由证券经纪商在同投资者办理交收过程中代为扣收；然后，在证券经纪商同中国结算公司进行清算、交收过程中集中结算；最后，由中国结算公司统一向征税机关缴纳。

第五节　交易的清算与交收

一、清算的含义

清算，包括资金清算和证券清算，是指证券交易成交后，首先需要对买方在资金方面的应付额以及在证券方面的应收种类和数量进行计算，同时也要对卖方在资金方面的应收额以及在证券方面的应付种类和数量进行计算。

二、交收的含义

交收是指清算结束后，需要完成证券由卖方向买方转移，以及对应的资金由买方向卖方转移。

清算和交收是证券结算的两个方面。

三、证券公司与客户之间的证券清算交收

实践中，对于证券公司与客户之间的证券清算交收，一般由中国结算公司根据成交记录，按照业务规则自动办理。证券交收结果等数据由中国结算公司每日传送至证券公司，供其对账和向客户提供余额查询等服务。证券公司则根据中国结算公司数据，记录客户清算交收结果。

四、证券公司与客户之间的资金清算交收

（一）证券公司和存管银行在资金清算交收中的职责

在"客户交易结算资金第三方存管"制度框架下，证券公司与客户之间的资金清算交收，需要由证券公司与存管银行（即客户在与证券公司合作的商业银行中指定的存放客户交易结算资金的银行）配合完成：

（1）证券公司负责根据中国结算公司发送的结算数据和存管银行发送的客户资金存取数据完成客户资金的清算、更新客户资金账户的余额，并向存管银行发送客户证券交易清算数据及资金账户余额数据。

（2）存管银行负责根据客户资金的存取数据和证券公司向其发送的证券交易清算数据完成客户管理账户余额数据的更新，进行客户资金账户余额与客户管理账户余额的核对，并将核对结果发送给证券公司。

（3）证券公司根据核对无误的清算结果向存管银行发送资金划付指令，存管银行根据证券

公司的资金划付指令及时办理资金划付，完成客户证券交易的资金交收。

（二）资金存取及结算流程

在客户交易结算资金第三方存管模式下，证券公司与客户之间的资金存取、清算与交收过程可简要概括如下：

（1）客户从其银行结算账户向资金账户存入交易结算资金，可以通过存管银行提供的电话银行、网上银行、柜面服务、多媒体自助终端等方式发出转账指令，也可以通过证券公司提供的电话委托、网上交易、自助委托等方式发出转账指令；存管银行系统根据客户转账指令启动客户资金转账交易。该交易启动后，银行将减少客户银行结算账户余额，相应增加客户管理账户余额和证券公司客户交易结算资金汇总账户余额，证券公司同步更新客户管理账户对应的资金账户余额。

（2）客户证券交易由证券公司单方发起。客户通过在证券公司的资金账户及密码，采用证券公司提供的委托手段进行交易。

（3）证券公司接到客户委托买卖指令后，对客户账户内资金和证券进行校验。校验通过后，证券公司向交易所报送交易指令。

（4）中国结算公司根据交易所当日成交数据生成清算交收文件，并将清算交收文件发给证券公司。

（5）证券公司根据中国结算公司提供的清算交收数据及存管银行提供的客户交易结算资金存取数据，完成客户资金的清算，更新客户资金账户的余额，并向存管银行发送客户证券交易清算数据及资金账户余额数据。

（6）存管银行根据客户资金的存取数据和证券公司向其发送的证券交易清算数据，完成客户管理账户余额的更新，进行客户资金账户余额与客户管理账户余额的核对，并将核对结果发送证券公司。

（7）证券公司根据核对无误的清算结果生成资金划付指令，发送给存管银行。

（8）存管银行根据证券公司的资金划付指令办理交收资金划付。

（9）客户证券交易结算资金的取出，只能通过转账的方式转入其在存管银行开立的同名银行结算账户，再通过银行结算账户办理资金的提取或划转。存管银行系统根据客户转账指令启动客户资金转账交易，通过存管银行与证券公司联网系统，获取证券公司对客户取出资金的校验结果。如双方校验通过，存管银行将减少客户管理账户余额和证券公司客户交易结算资金汇总账户余额，相应增加客户银行结算账户余额，证券公司同步更新客户管理账户对应的资金账户余额。

第六节 网上交易操作

随着科技的发展、互联网的普及，我国证券市场日趋成熟，同时，我国普通民众参与证券市场投资的热情持续高涨，市面上的各种证券分析软件也不断涌现。这些证券软件能够及时、便捷地为广大投资者提供查看市场行情的功能，还能利用各种技术分析工具和基本面分析信息来帮助投资者有效、及时地掌握市场的动态，把握住投资的时机，所以，掌握一种常用的证券分析软件是非常有必要的。

虽然市面上各种分析软件有很多，但其基本特点和功能大致相同。读者可以自行到各大证券公司网站上下载自己喜欢的软件使用。

一、主界面

打开软件，即进入主界面，见图 14－2。

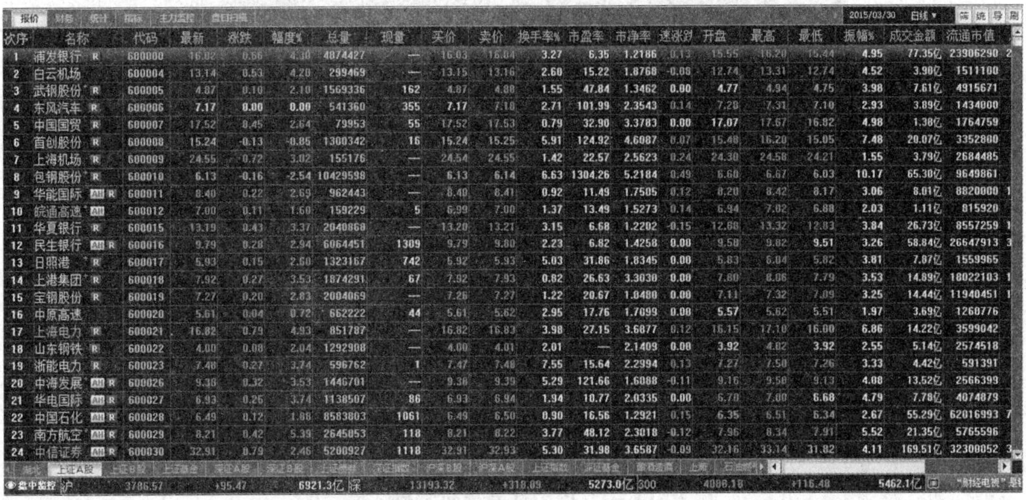

图 14－2 主界面

该界面第 2 行是列表指标，表中依次列出证券名称、代码、最新价格、涨跌幅度等指标，读者可以根据这些指标大致了解当日大盘行情及个股行情。

若想要了解大盘走势，可以按下 F3 或 F4 键，分别查看沪、深大盘走势；按 F5 键即可在分时走势与 K 线图之间转换。

二、个股界面

若想关注个股情况，可直接在图 14－2 主界面中使用鼠标左键直接双击个股名称，即可查看。若记得证券的简称或者是代码，可直接借助智能键盘（即直接在主界面进行输入）来快速找到想查询的个股。例如，读者想要查询中国石化股票情况，可直接敲击键盘输入 ZGSH，定位到该股票，按回车键即可查看，如图 14－3 所示。

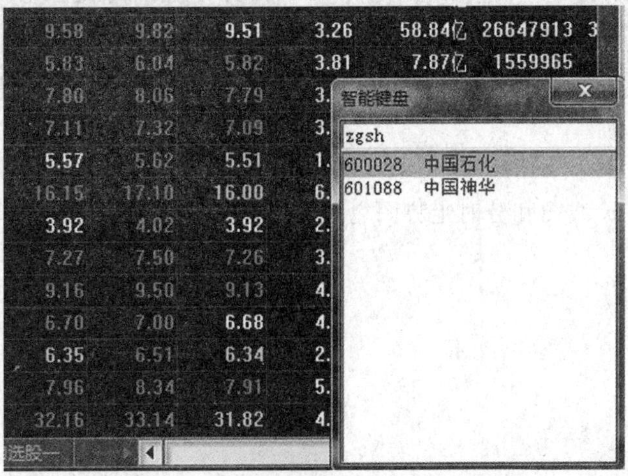

图 14－3 利用智能键盘查询个股情况

若知道股票的代码，直接输入股票六位数字代码即可定位该股票，然后按回车键即可查看。例如，输入600028，系统即可找到“中国石化”，如图14—4所示。

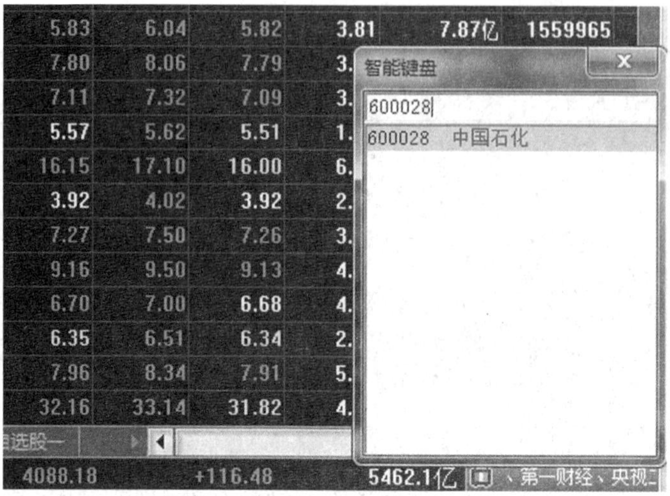

图14—4 输入证券代码定位证券

在个股界面，我们可以通过分时走势图了解该股票当日的价格走势，以及该股的买盘价、卖盘价、最高价、最低价、最新价、市盈率、换手率等指标情况，如图14—5所示。

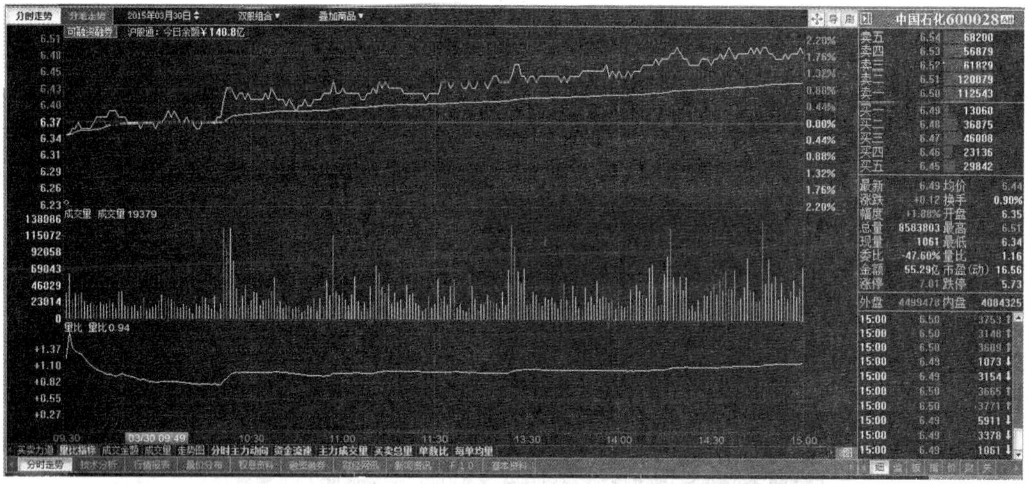

图14—5 股票的分时走势图

按F5键可以在K线图和分时走势图之间进行快速切换，如图14—6所示。

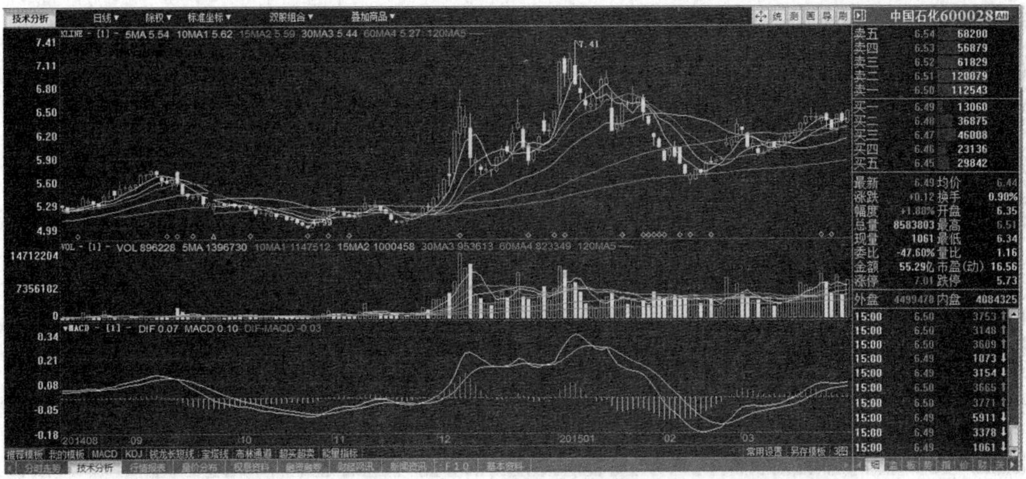

图 14-6 股票的 K 线图

在个股界面可以直接点击鼠标右键，选择加入自选股，即可把该股票加入自选股中，按 F6 键即可查看自选股。

三、查询个股信息

在个股界面，按 F10 键即可查询该股票的相关资料，如公司概况等，如图 14-7 所示。

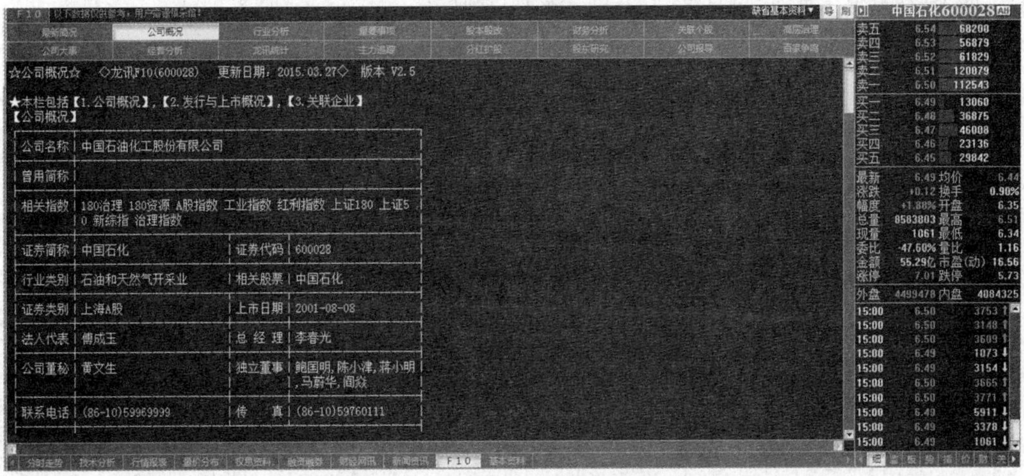

图 14-7 股票的公司概况查询

四、综合排名查看

可以通过输入 81、82、83、84、85、86，分别查询上证 A、B 股，深证 A、B 股，沪债、深债的排名情况。以查询上证 A 股排名情况为例，如图 14-8 所示。

今日涨幅排名				5分钟涨幅排名				今日委比前7名			
常林股份	600710	6.88	+10.00	实达集团	600734	8.87	+2.54	三峡水利	600116	18.54	+100.00
青松建化	600425	8.09	+10.07	金证股份	600446	120.52	+2.48	海油工程	600583	13.24	+100.00
振华重工	600320	8.42	+10.07	合锻股份	603011	25.34	+2.34	中国建筑	601668	7.94	+100.00
天房发展	600322	6.24	+10.05	东方银星	600753	21.74	+1.92	中国电建	601669	10.11	+100.00
北部湾旅	603869	8.76	+10.05	银龙股份	603969	28.13	+1.70	中国中冶	601618	5.87	+100.00
实达集团	600734	8.87	+10.05	贵绳股份	600992	13.62	+1.57	四川成渝	601107	6.07	+100.00
三峡水利	600116	18.54	+10.03	开创国际	600097	17.17	+1.30	福建水泥	600802	11.89	+100.00
今日跌幅排名				5分钟跌幅排名				今日委比后7名			
巢东股份	600318	30.94	-10.01	信威集团	600485	46.51	-1.13	嘉化能源	600273	14.00	-100.00
设计股份	603018	72.20	-10.00	信达地产	600657	9.60	-1.03	巢东股份	600318	30.94	-100.00
嘉化能源	600273	14.00	-9.97	中华企业	600675	8.12	-0.98	设计股份	603018	72.20	-100.00
鹏欣资源	600490	15.24	-7.19	四方股份	601126	28.88	-0.76	中国平安	601318	79.96	-97.00
金证股份	600446	120.52	-6.70	益丰药房	603939	54.55	-0.71	火炬电子	603678	52.52	-96.53
天目药业	600671	19.51	-5.66	天通股份	600330	15.72	-0.69	珠江实业	600684	9.78	-95.25
四创电子	600990	65.52	-5.47	海通证券	600837	23.36	-0.68	九洲药业	603456	46.84	-90.99
今日振幅排名				今日量比前7名				今日总金额前7名			
格力地产	600185	28.73	14.62	东方证券	600958	22.17	4.65	中国平安	601318	79.96	185.81亿
五洲交通	600368	7.99	14.08	双钱股份	600623	22.91	4.40	中信证券	600030	32.91	169.51亿
百花村	600721	15.19	14.01	西藏旅游	600749	16.79	3.58	中国建筑	601668	7.94	141.87亿
信达地产	600657	9.60	12.91	楚天高速	600035	5.20	3.11	中国重工	601989	10.36	132.15亿
西藏旅游	600749	16.79	12.83	龙韵股份	603729	56.11	2.93	兴业银行	601166	18.50	114.94亿
实达集团	600734	8.87	12.66	爱普股份	603020	39.24	2.29	中国中铁	601390	13.13	110.09亿
东方证券	600958	22.17	12.54	三峡水利	600116	18.54	2.18	东方证券	600958	22.17	98.40亿

图 14－8　上证 A 股排名情况

此处只是简要为读者介绍一些基本操作，本节快捷键的操作以不同软件具体情况为准。

本章概念

开户　证券账户　资金账户　委托　整数委托　零数委托　市价委托　限价委托　柜台委托　申报　集合竞价　连续竞价　佣金　过户费　印花税　清算　交收

思考题

1. 如何开立证券交易账户？
2. 什么是集合竞价与连续竞价？
3. 如何使用电脑键盘进行快速交易分析？

第十五章

证券市场监管

本章重点内容

- ✔ 美国的证券监管模式
- ✔ 中国香港证券市场的法律法规
- ✔ 英国证券市场的主要体制特点
- ✔ 中国证券监管调整的思路

学习目标

- 了解美国的监管制度及其利弊
- 掌握香港市场的法律法规
- 熟悉了解中国证券监管调整的思路

没有规矩不成方圆。证券市场涉及面广、关系复杂、影响大、风险高，若没有规则、不加管理，不仅会扰乱证券市场的正常秩序，而且会影响社会的稳定和国民经济的正常发展。

金融市场各项功能的发挥依赖于一个完善而有效的市场环境，但现实中的市场，包括金融市场在内，却存在着市场失灵问题，这就为政府对金融市场监管提供了现实依据。按照监管主体分类，传统的研究方法把各国证券监管模式分为集中型监管、自律型监管、中间型监管三类。本章主要对一些国家和地区的证券市场监管作一分析。

第一节 美 国

美国对证券市场的管理有一套完整的法律体系，采取 3 个机构交叉监管模式，在管理体制上，以证券交易管理委员会（以下简称“证交会”）为全国统一管理证券经营活动的最高管理机构。同时，全国性证券交易所（如纽约证券交易所）和全国证券交易商协会（NASD）分别对证券交易所内的证券交易和场外证券交易进行管理，形成了以集中统一管理为主、辅以市场自律的较为完整的证券管理体制。证交会在证券管理上注重公开原则，对证券市场的监管以法律手段为主。如对证券交易的监管，主要依据 1934 年的《证券交易法》中的反欺诈、反操纵和虚假陈述条款，对违法者的处罚主要采取行政处罚和刑事处罚。

一、美国现代金融监管体制的形成

美国现代金融监管体制的基本构架是通过《1864 年国民银行法》、《1913 年联邦储备法》和

1933 年《格拉斯—斯蒂格尔法》的颁布实施，使联邦政府介入金融管理领域而初步形成的。依据这三项重要立法，美国政府分别创建了货币总监局（OCC，1864 年建立）、联邦储备体系（FRS，即美国的中央银行体系，1914 年建立）和联邦存款保险公司（FDIC，1933 年建立）三大联邦金融监管机构。它们构成目前美国金融监管体系的主体框架，标志着联邦政府从过去对金融活动放任自流转向全面、持续地介入金融监管领域。但是，系统、规范的金融监管制度与措施，则是在 20 世纪 30 年代伴随着一系列的金融法规的颁布实施而形成的。

（一）联邦政府金融监管的开端——双线管理体制的建立

在《1864 年国民银行法》颁布之前，对金融业的监管主要表现为各州政府的专门机构对在本州注册的银行进行管理，因而管理松散，没有统一管理口径。联邦政府对金融业不承担监管职责，基本上采取放任自流的态度，而在州政府一级，除颁发开业许可证及登记注册外，对银行也极少实施管理。

银行开业许可证最初是在州政府一级通过立法程序颁发的，而《1838 年自由经营银行业务法》出台后，则只需办理登记手续，并符合规定的条件，银行就可开业经营。因此，与在其他经济领域的职能一致，联邦政府对金融业采取了放任自流的政策，只是在第一银行（1797～1810 年）与第二银行（1816～1835 年）存在期间有过两次例外。第一银行与第二银行在其存在期间，曾承担代理联邦政府金库的职能，并作为州银行的“最后贷款者”，承担一定的管理金融业的职责，如承担惩罚滥发纸币的州银行的职责。为扭转当时银行券发行混乱，金融业效益差且不稳定的局面，以及出于为南北战争筹资的需要，1863 年，国会通过了《国家货币法》，1864 年又修改为《国民银行法》（即《1864 年国民银行法》）。该项法律的实施，标志着联邦政府开始持续地介入金融监管领域。依据该法，财政部设立了货币总监局，由它核发国民银行的营业执照，审批国民银行合并及分支机构的设立，并要求国民银行遵守最低资本金和最低储备金的规定。

至此，美国银行体系出现了国民银行与州立银行并存的二元银行体系，双线金融监管体制开始运行。

（二）中央银行的建立与中央金融监管的普及

国民银行制度虽保障了银行券的安全，但银行券的发行数量受储备金制约，缺乏弹性。1907 年，严重的金融危机暴露出货币金融体系缺乏“最后贷款者”，以及支票清算体系效率低的弊端，而且中央监管仅涉及国民银行，管理范围较窄，数量庞大的州立银行未被纳入联邦监管范围，仍处于州政府松散的管理之下，对货币供应量及整个银行体系也缺乏全面的监督与管理。为此，1913 年，联邦政府又通过了《1913 年联邦储备法》。根据该法，1914 年，作为美国中央银行的联邦储备体系（以下简称“联储”）应运而生，它负责制定和实施货币政策及全国性的支票结算，并对会员银行（包括所有国民银行和符合标准的一些州立银行）实行广泛的监管。至此，中央政府监管范围扩张至全部国民银行及一部分州立银行。由于联储对会员银行的支票清算实施优惠政策，开办了贴现窗口，并作为会员银行的最后贷款人，因此，许多州立银行也纷纷加入此体系，联邦金融监管的范围逐渐扩大。

（三）20 世纪 30 年代联邦存款保障制度（金融防火墙）的建立——现代金融监管体制的最终形成

上述货币总监局和联邦储备体系虽可对银行体系（其中主要是会员银行）进行事前的监督和管理，但万一银行倒闭，则无法保证退还存款者或投资人的本金。在 20 世纪 20 年代末至 30 年代初的金融危机中，大批银行倒闭。为了维护金融业的稳定，恢复公众对金融业的信心，

1933年，国会通过了《1933年银行法》，即《格拉斯—斯蒂格尔法》。该法加强了对银行经营范围的约束和监管，并创建了联邦存款保险公司（FDIC），对会员银行吸收的存款给予保险，以恢复存款人对银行的信赖和安全感，重建金融业秩序。

与联邦一级的金融管理机构的职能相类似，50个州政府也设立了相应的金融管理机构及州保险基金，专门负责对在本州注册的金融机构的监督、检查及提供保险。

二、美国现行金融监管体制的架构与特色

在反对中央集权和限制垄断的思想指导下，为避免金融管理权力的过分集中，美国形成了多元化的双线金融监管体系。在此体系下，上述三大联邦监管机构（货币总监局、联邦储备体系和联邦存款保险公司）及后来陆续建立的一些联邦机构，如证券交易委员会等和50个州的银行管理机构进行着交叉分工式的管理。为尽量避免管理上的重叠，法律规定了各类监管机构的职权范围。

（一）美国金融监管体制的结构及其金融监管职能

1. 联邦体系

在联邦一级，依据上节所述相应法律，赋予主要管理机构的职责范围如下所述。

（1）货币总监局（OCC）

主管国民银行的注册事宜，审批国民银行合并及分支机构的设立，并对国民银行进行检查与监督。

（2）联邦储备体系

负责监督会员银行和银行持股公司的经营状况，审批除国民银行以外的其他所有银行的合并及分支机构的设立，规定法定存款准备金率、定期存款利率上限（即《Q条例》），并负责制定和执行货币政策，对商业银行进行货币信用调节。

（3）联邦存款保险公司（FDIC）

有权对所有投保银行的经营状况进行检查和监督。目前，95%以上的美国银行（拥有全美存款总额的99%）都已在该机构投保。

（4）联邦证券交易委员会（SEC）

它依据《1933年证券法》和《1934年证券交易法》的有关条例，监督证券发行者、经纪人、交易商和证券交易行为，确保证券业的公开性、公平交易和信用。

2. 州管理系统

各州都有自己的金融管理机构，负责管理和监督州立商业银行和在各州注册的其他金融机构，如储蓄银行、储贷社、信用社和金融公司。各州金融管理机构的一般职能范围主要有：（1）新银行的注册；（2）分支机构的设立与关闭；（3）对银行持股公司在本州的业务范围实施监管；（4）对在本州注册的金融机构进行检查，但检查的标准与范围在各州是不一致的，有些州与联邦的监管程度差不多，而有些州不是很严格；（5）保护公众利益，实施保护消费者的法令，如监督实行信用公开制度；（6）管理金融公司的行为；等等。

美国各州还有一个集中的银行管理机构，即州银行监督联合会（Conference of State Bank Supervisors，CSBS），其职能是实现各州监管的合作。它有两个目标：一是试图保持州银行监管权力与联邦监管权力的并存；二是作为联邦银行管理机构的一个竞争对手，维持联邦与州监管权力的平衡。因此，州立金融机构除受联邦管理机构的监管外，还要接受各州金融管理机构的管理。

(二)美国现行金融监管体制的特征

美国的金融监管体制呈现出以下三个方面的特征：

首先，在美国现行监管体制下，管理机构高度部门化、多元化，多种监管机构并存，管理范围遍及金融业的各个方面，如商业银行系统、储蓄机构系统、投资银行与公司系统、证券机构、共同基金等。这种多元化的、功能互补式的监管体制，可以避免金融管理权力及金融权力的过度集中，提高管理的效率；但同时也造成一些交叉管理和重复检查，以及对不同机构的管理标准不一，浪费了经济资源，并造成不同类型金融机构的不平等竞争。

其次，美国的监管体系是一种较特殊的联邦与州分权而治的双线监管体系。随着政治、经济环境的变化，联邦的管理权限与范围在不断扩张、延伸，挤占了大部分州的势力范围。但是，从美国联邦政体来看，这种双线监管体系将会继续存在，只是联邦与州的监管权力会有交替消长的现象出现。按美国人的意愿和思维方式，这种双线管理体系赋予金融业自愿加入联邦或州管理系统的选择权。两个管理体系的竞争，可以促进联邦和州法规及其监管的不断完善，提高金融业的效率；同时，也便于发现问题，改善管理。当然，这种体系也存在着管理宽严不一，导致金融业不公平竞争的问题，但这可以通过法律的完善来解决。

再次，美国的监管体系以金融立法为管理监督依据，强调法制、事前监督和规劝的作用。立法的讨论和通过过程是各利益主体协商、对话、协调的过程。法规一旦被通过，则有法必依、人人平等，这体现了法律的严肃性。依法管理，有利于社会监督作用的发挥，也有利于建立公平的竞争环境。

三、美国金融监管体制的改革趋向

一个多世纪以来，美国对金融业的立法与监管不断渗透到金融业的各个层面，形成了一套法制体系复杂、管理较严格的监管体制。这种体制在20世纪70年代初期以前，以较为稳定、有利的国内外经济环境为背景，运行基本正常。但是，随着自20世纪70年代中期以来宏观经济环境的巨大变化(如浮动汇率制取代固定汇率制、浮动利率体系取代了固定利率体系的主体地位)，美国这种严格而复杂的监管体制日益暴露出僵化的一面，束缚了美国金融业，特别是商业银行的手脚。自80年代以来，美国政府在金融管理体制方面作了一些调整，提出了许多改革方案或建议，但要彻底改革这种监管体制，看来还需待以时日。

(一)监管体制存在的主要问题

1994年5月，据英国《经济学家》杂志的分析，总计拥有商业银行总资产70%以上的银行机构至少被两个以上联邦机构监管。几乎一半以上的银行又由3个或4个机构监督。银行平均花费非利息支出中14%的费用来应付各项管理规则。由此可见，该体制的主要弊端如下：

(1)在现行多头管理体制下，监管机构高度重叠、职能交叉，重复检查和重复管理问题严重，束缚了金融机构，特别是商业银行的手脚，造成了资源的浪费。

(2)在双线管理体制下，管理所依据的法规各异，宽严不一，造成金融机构的不公平竞争，影响了金融体系的效率。

(3)关于对金融业(特别是银行业)过度管制的问题，是自20世纪70年代以来美国经济学界和实业界关注的焦点。对银行业的过度管制，影响了美国银行业的国际竞争力。20世纪80年代的新银行法放松管制后，又出现了银行业的倒闭浪潮。因此，如何使监管力度在适度竞争与保障银行体系稳定性方面达到平衡，是20世纪90年代乃至21世纪初期美国经济学家和政治家们的重要议题。

(二)美国监管体制的改革

如何解决金融管理体系中这些职能交叉、重复监管,以及由不协调所导致的金融业低效率和不公平的问题,一直是经济学界、实业界、政界关注的热点问题之一。美国政府也为此进行了许多尝试。1949 年的胡佛委员会、1961 年的货币信用委员会、1962 年的肯尼迪顾问委员会,都曾提出对银行业实行集中统一管理的具体建议。1978 年,美国颁布了《金融机构管制法》,成立了管理部门之间的协调机构,即联邦金融机构检查委员会(FFIEC)。该委员会的成员包括各主要监管机构的代表,如联邦存款保险公司和全国信贷联社管理委员会的主席,货币总监局、储蓄机构监督局局长,以及一名联储委员会委员(由联储委员会主席任命)。建立该委员会的目的有二:一是在联邦监管体系中,达成对各类存款机构进行检查所需的统一原则和标准;二是通过该委员会的活动,协调联邦与州的管理原则,使联邦和州政府两级监管机构可以通过该委员会就某些重大管理问题交换看法,这有助于增加双线或二元管理体制之间的协调性。遗憾的是,这个委员会远没有实现它的目标。

里根政府时代的"对金融业务放宽管制特别工作小组"提出了调整三个联邦管理机构的现有职能,以建立一个高效率的管理体制的主张,但最终没有结果。1989 年的《金融机构改革、复兴与促进法》撤销了联邦住宅贷款银行委员会和联邦储蓄与贷款保险公司,把其职能归并到联储和联邦存款保险公司,使联储管理机构得到一定程度的精简,但原体制框架仍未受到触动。1991 年,老布什政府的财政部提出了全面改革银行业的法案,准备打破原有管理格局,建立由在财政部领导下的三个联邦管理机构,即货币总监局、联邦储备委员会、联邦存款保险公司组成的金融管理体系,但这一法案触动面太大,最终未被国会通过。

(三)财政部的新方案——四大机构监管权合一

1994 年 1 月,当时的财政部秘书长提议推行一项法令,即成立一个独立的联邦机构,接管货币总监局、联邦储备委员会、联邦存款保险公司和储蓄机构监督局的监管权力,这样预计一年将会节省 1.5 亿~2 亿美元的资金,能使联邦存款保险公司专门集中精力于存款保险,联邦储备委员会更尽力于琢磨货币政策。货币总监局与储蓄机构监督局隶属于财政部,对此持积极支持态度。但是,该提案也有许多漏洞,因而遭到国会议员和联储主席的反对。银行家们已受惠于放松业务管制的自由,因此害怕因监管权集中而失去现有的部自由,害怕增加一个新机构。美国人似乎害怕管理权的集中更胜于害怕银行的集中。因此,该提案最后夭折了。

机构大改组依赖于经济环境变迁和政治气候,以及社会公众的心理承受能力。自 20 世纪 80 年代以来,各监管机构,特别是联储致力于放松业务管制,给银行业以较为宽松的环境。目前看来,重要的是如何尽量避免监管职能交叉的问题,提高管理效率,促进金融业公平竞争和稳健发展。

第二节　中国香港

在 2009 年,中国(包括内地与我国香港地区)资本市场上企业首次公开募股(以下简称"IPO")总市值达 4 002 亿元人民币,成为全球最大的 IPO 市场,其中香港地区 IPO 融资金额就达到约 2 146 亿元人民币,远远超过全球排名第二的纽约证券交易所(以下简称"纽交所")。2010 年 4 月,国务院正式批复银监会关于大型银行 2010 年补充资本的请示,之后银行在香港进行了最高达 6 000 亿元人民币的大规模融资。

我国香港地区是全球最自由的经济地区之一,能容纳的资金规模庞大,其经济自由度高,对上市公司再配售新股的规定也相对宽松。

一、香港证券市场的监管概况

(一)香港证监会

为有效监督及指导香港证券市场,促进香港证券市场向公平、高效及有序的方向发展,香港证监会在香港成立并履行相关职责。

为了便于行使证监会的职能,香港《证监会条例》赋予了证监会较为广泛的权力。另外,根据香港《证券条例》和《保障投资者条例》的有关规定,香港证监会在香港证券市场监管和公众投资安排等方面,也拥有一定的权限。但是由于香港证监会直属于香港特区行政长官,独立于香港政府行政架构之外,为了有效制衡它的巨大权力,香港《证监会条例》也规定特区政府可在以下几个方面监察香港证监会的动作:

(1)特区行政长官可辞退任何证监会理事;

(2)特区行政长官可以书面方式对证监会各职能部门的运作作出指示;

(3)证监会必须向立法会呈交每个财政年度的运作报告;

(4)每个财政年度的收入和支出预算须向立法会和行政长官呈报并得到其批准;

(5)香港特区政府财经事务科负责制定有关金融业的政策,因此在一定程度上也能影响证监会的动作;

(6)证监会建议制定的有关法规必须提交特区政府的金融事务科复核,然后呈交香港立法局审议通过;

(7)向有关交易所及结算所行使额外权力,发出限制通知书或暂停职能令;

(8)香港证监会主席在决议中须投决定性一票时,必须在咨询财政司后,方可行动。

除了上述监管香港金融活动的职能之外,香港证监会还有义务提出有关法律改革的建议,这种改革建议既要考虑通过严格监督,确保证券市场的公正,又必须注意满足市场自由化和灵活性的需要,使之健康发展。

(二)香港联合交易所

香港的证券交易历史悠久,于 19 世纪开埠初期就已出现,但是,直到 1891 年香港经纪协会成立,香港才开始有正式的证券交易市场。1914 年,香港经纪协会改名为香港经纪商会。随着香港证券市场的迅速发展,1921 年,香港第二家交易所——香港股份商会注册成立。在第二次世界大战结束后,这两家交易所于 1947 年合并,正式挂牌香港联合交易所。

根据香港《证券交易所合并条例》,香港联合交易所是唯一获得香港证监会承认并负责经营和维持香港证券市场运作的机构,其主要职能包括:

(1)为股票交易提供必要的设施并管理和维护该设施。

(2)在证券和期货事务监察委员会同意的香港的一个或数个地方,为股票、债券、本票、证券存款证或商业票据等的交易提供并管理股票交易场所;提供并维持足够和适当的设备,使之符合证券和期货事务监察委员会的要求,为股票或股份经纪人在交易上述证券时提供适当场所。

(3)对在交易所进行的交易保证其遵循公正和平等的原则。

(4)作为仲裁者,解决会员之间、会员与非会员之间在交易中发生的争议和分歧。

(5)促进和保护会员的利益和福利。

(6)促进和保护所有在交易所进行交易或同交易所成员进行交易的公众成员的利益。

(三)香港金融管理局

香港金融管理局(Hong Kong Monetary Authority,HKMA)简称金管局,于 1993 年 4 月 1 日由外汇基金管理局和银行业监理处合并而成。金管局的主要职能由香港《外汇基金条例》和《银行业条例》规定,并直接向财政司司长负责。

金融管理局是香港特区政府中负责维持货币及银行体系稳定的机构,其主要职能为:

(1)维持港元汇率稳定;

(2)通过稳健投资策略来管理外汇基金,保持稳定的官方储备;

(3)促进香港银行体系的整体稳定发展和有效运作;

(4)保证香港金融市场的货币流通顺畅。

金融管理局的主要监管活动为:

(1)依据《外汇基金条例》的规定,在相关汇率制度的规范下,通过对外汇基金的监督管理、货币政策的正确操作以及其他适当的监管措施,维持货币稳定;

(2)通过监管银行业务与接受存款业务,促进银行体系的安全和稳定;

(3)通过对金融体系的监管,提高其支付和结算安排的效率,保障金融体系健康发展。

二、两地证券法与其他相关制度的差异

(一)两地证券法的差异

在我国《证券法》中,主要对证券发行、证券交易、上市公司收购、证券交易所、证券公司、证券登记结算机构、证券交易服务机构、证券业协会、证券监督管理机构以及违反法律应当承担的法律责任作出了规定。

由于香港证券交易市场成立较早并较为成熟,香港立法局于 1989 年便颁布并实施了《香港证券法》。香港回归后,当地立法和证券机构也根据内地的实际情况和存在的差异,不断地完善了《香港证券法》。

《香港证券法》随着市场的运行经历了多次修订,与内地的《证券法》比较而言,两者仍然存在许多的差异。其主要的差异表现为:

1. 关于证券的定义

内地《证券法》规定的证券主要包含股票和债券两种,而《香港证券法》规定的证券则是由任何人、任何合伙或非合伙公司、地方行政当局发行或发出的股票、公司债权、公债、债券、借契。

2. 关于公开招股和公司上市的要求及程序

在内地公开发行股票的股份有限公司并不意味着全部是上市公司,公开招股和公司上市在内地代表的是两个不同的阶段,并各有不同的要求和程序。但是在香港,公开招股和公司上市是同一个概念。

由于越来越多的内地公司选择境外上市,而中国内地的上市规定与境外交易所的上市规定又存在着很多差异,所以,国务院及证券管理部门于 1994 年颁布了《国务院关于股份有限公司境外募集股份及上市的特别规定》,规定中国内地的公司选择境外上市时,应同时遵守内地与上市地区的有关上市规定。

(二)两地其他相关制度的差异

1. 财务、会计制度的差异

财务信息披露是公司上市的关键要素。按照财政部的规定,中国内地公司赴港上市应以

按中国会计制度编制的会计报表为参照，再根据香港会计准则的要求对其进行调整编报，并说明两套会计报表的不同之处。具体不同之处包括：(1)制定会计准则的机构不同；(2)制定会计准则的人员不同；(3)会计规范体系不同；(4)会计规范结构不同；(5)会计准则的制定程序不同。

2. 外汇管制(外汇管理)的差异

外汇管制是指一国政府授权的国家货币金融管理当局或其他国家机关，利用各种法令、规定和措施，对外汇买卖的数量和价格予以严格的行政控制，以平衡收支、维持汇率，保持适量的外汇资金。外汇管理是我国的常见做法，国际上一般称之为外汇管制。

香港作为世界三大国际金融中心之一，其没有外汇管制，施行自由货币政策，世界各国的资金均能自由进出。这也成为内地公司选择在香港上市，融集大量外资的关键原因之一。

但是，在中国内地依然存在严格的外汇管理制度；作为内地的企业也应当对我国的外汇管理制度有所了解。

3. 资产评估规定的差异

资产评估即对资产价值形态的评估，是指专业机构或专业评估人员，按照国家法律法规和资产评估准则，根据特定目的，以货币作为衡量权益的统一尺度，对资产价值进行评定和估算的行为。

中国内地的资产评估着重于对国有资产的评估，而香港的资产评估则着重于对上市公司资产中的房地产权益、设备等进行评估。如果内地赴港上市的公司为国有性质，或拥有属于国有财产的房地产权益或机器设备，则该公司须通过双重评估。

三、香港证券市场法律法规

(一)立法架构

目前，香港的证券及期货业的监管依据《证券及期货条例》。《证券及期货条例》整合及改进了10条证券及期货业监管方面的条例，其主要及附属条例均已于2004年3月31日开始执行。

(二)交易权

根据《证券及期货条例》，任何人士于香港经营证券买卖业务，或经营期货合约买卖业务，均须获香港证监会发牌或符合其中一项发牌豁免规定(如银行经营此类业务可豁免)。除此以外，根据联交所及期交所颁布的规定，任何人如要在此两家交易所或通过其设施进行买卖，必须拥有有关交易权。交易权赋予持有人在有关交易所或通过其设施进行买卖的权利。然而，仅拥有交易权并不代表其获准可在有关交易所或通过其设施进行实际买卖。要进行此类买卖，有关人士必须根据交易所的有关规则(如上市规则及一切有关法令及监管规定的规则)注册为其参与者。联交所交易权及期交所交易权分别由联交所及期交所按其不定时制定的程序有偿发出。此外，如要取得相关的交易权，也可在联交所及期交所的规则下，向现有的交易权持有人购入有关交易所的交易权。

(三)香港证监会、交易所的监管职能

香港证监会是独立的法定机构，负责确保市场正常运作及执行各项与证券及期货市场有关的法令，保障大众投资者利益，并监管市场参与者。证监会的监管对象包括香港交易所及其附属公司、金融中介机构及上市公司。香港交易所的附属公司包括联交所、期交所及结算所。

从2000年3月6日起，香港证监会已成为交易所参与者的主要监管者，负责对交易所参

与者(金融中介机构)操守及合规经营的监督、交易所参与者的资格申请、牌照发放以及参与者与客户之间争执的调查工作;联交所及期交所仍然负责交易所和结算所参与者在业务风险管理、市场监察以及有关交易及结算规则执行等方面的事宜。

(四)上市及信息披露

在香港证监会和交易所争论一年多后,目前联交所仍保留对公司上市申请的审批权,其依然是所有上市事宜的前线监管机构,也是上市申请人及上市公司的主要联络者,并且继续是负责审批所要披露资料的唯一机构。但按照《证券及期货条例》的"双重存档制度"(即上市公司递交联交所的文件时,必须授权联交所将有关文件转送证监会,证监会有权对上市公司披露的信息备案、调查),证监会成为监管上市公司信息披露的法定机构。如果证监会认为上市公司的信息披露有需要澄清之处,其有权要求上市公司停牌。证监会可以向递交虚假或误导性资料的人士进行调查并作出检控,对部分严重违规情况,更可追究其刑事责任。

如2004年9月22日,香港证监会根据双重存档制度提出首宗检控,成功检控华丰纺织(0364.HK)及其董事蔡扬波违反《证券及期货条例》的规定,判定该公司及蔡扬波提供虚假或具误导性的信息,公司及蔡扬波各被判处罚款5万港元,及须向证监会支付合计2.8万港元的调查费。再如,证监会宣布成功检控Victory Move Technology的唯一董事吴国权违反《证券及期货条例》的规定,未按规定披露持有广平纳米(8152.HK)6.58%的股权,吴国权被判罚款共计1.5万港元,及须向证监会支付8 000港元的调查费。

此外,证监会也可就上市文件的草稿及所要披露的资料提出意见,或要求提供进一步的资料。如果这些文件的资料信息不足或有误导成分,证监会有权反对有关公司的上市申请。

第三节　英　国

20世纪80年代金融业的迅速发展,使英国传统银行业务的界限变得模糊,监管体制也日益暴露出种种弊端,特别是在巴林银行事件爆发后,对银行监管体制进行改革的呼声越来越高,而且银行、保险公司和证券公司之间的界限也越来越模糊,加强监管日益重要。所以自20世纪80年代以来,英国政府加强了对证券市场风险的管理,并设立了证券与投资管理委员会,该机构是一个非政府监管组织。其于1986年出台了《金融服务法》,取代以前的《防止欺诈法》和《公平交易法》,构筑起了英国证券市场管理的基本框架。1998年6月1日,英国金融监管的组织机构发生了变化,成立了金融服务局,组织关系上是独立于政府的机构,它从英格兰银行手中接管了对商业银行的监管权力,从证券与投资管理委员会(SIB)手中接管了对投资机构监管的权力,成为英国金融业的"超级监管者"。并且,政府对证券市场的调控能力也逐渐加强。

一、英国证券市场的主要体制特点

英国在传统上属于自律监管模式的典型,其对证券市场的管理以"自律原则"闻名。在证券立法方面,没有系统针对证券的专门法律。但是,随着证券市场和金融业的发展,英国对证券市场的法律监管也在不断发展,并体现出以下三个显著特点。

(一)证券立法:由分散走向统一

20世纪70年代以后,英国经济发展缓慢,英国国际金融中心地位被美国所取代。进入80年代特别是保守党上台执政后,积极促进竞争和推进市场经济的政策使英国经济有所发展。

在此背景下，为增强金融市场竞争力，英国于1986年通过了《金融服务法》。该法顺应证券市场的发展要求，将过去严格分开的证券经纪商与批发商合二为一，取消最低佣金制度，实现了证券交易系统的电子化，以及允许银行、金融机构和外国证券公司直接入市交易，打破了金融机构间的业务界限，有效地促进了市场的全面竞争，使英国证券市场发生了根本性变化，成为英国证券市场发展进程中划时代的重大事件，被称为英国的"金融大爆炸"。

为适应金融业混业经营的发展趋势以及对金融监管的要求，2000年6月，英国通过《金融服务和市场法》，取代了此前一系列用于监管金融业的法律，成为英国金融业的基本法。该法确立了新的金融监管体制，统一了监管标准，为英国21世纪金融业的发展和监管，提供了崭新的框架。

(二)证券自律:由政府主导走向法治框架

长期以来，英国政府对证券市场直接管理、干预较少，证券交易所、公司收购与兼并委员会、证券业理事会等自律组织是英国证券市场重要的监管力量。由伦敦证券交易所和英国其他6个地方性证券交易所的经纪商和交易商组成的证券交易所协会，对全国范围内的证券市场活动进行监管，是最重要的自律监管机构。伦敦证券交易所采用会员制，参与证券交易所证券交易的必须是其会员；证券交易所通过制定《证券上市指南》规定了证券上市的条件，制定规则明确公司必须达到的盈利能力等级，并以此作为批准其证券上市的依据。证券交易所作为自律机构，有权对其会员和上市公司进行处罚，如撤销会员资格、拒绝新证券上市、中止现有上市证券的交易、进行罚款和公开谴责等。此外，证券交易所还可以通过严密的监管规则，监视上市公司及其管理人员的变动。

1985年1月，英国公布的关于金融服务的白皮书认为，自律管理体制具有以下优点:它为充分的投资保护与竞争、创新市场相结合提供了最大的可能性；它让证券交易商参与制定与执行证券市场管理规则，这样的市场管理将更有效；证券交易商对现场发生的违法行为，能够作出迅速而有效的反应。但是，这种管理模式也存在着缺陷:自律管理通常把管理的重点放在市场的有效运转和保护证券交易所等自律组织会员的利益上，对投资者缺乏充分有效的保障；自律管理者的非超脱性难以保证管理的公正性；由于没有国家强制力做后盾，自律管理手段较软弱；由于没有全国统一的证券监管权威机构，难以实现全国证券市场的协调发展。

1986年的《金融服务法》改变了英国传统的自律管理模式，建立了自律管理与立法监管相结合，即在法律框架下的自律管理模式。根据该法，财政部被授予对金融体系全权监督的权威和权力，财政部将法定权力和监管责任授予证券和投资委员会(SIB)，SIB又将责任赋予不同的自律管理组织来执行的，SIB的管理是通过不同的自律管理组织来执行，如证券和期货局(SFA)、投资监管局(IMRO)和私人投资监管局(PIA)等。

(三)证券监管体系:由分散走向高度集中

崇尚自由主义的英国尽管以自律监管为主，但政府监管力量也具有重要作用。在20世纪70年代以前，英国贸易部通过其各相关部门如公司注册署，对证券市场实施一定程度的政府监管。在1986年《金融服务法》确立的监管体制中，一方面，财政部对监管行为负首要责任，财政部可收回或撤销其对SIB的授权；但另一方面，财政部对金融业实施分业监管，英格兰银行、证券与投资委员会、私人投资监管局、投资监管局、证券与期货局、房屋协会委员会等监管机构或组织分别行使对银行业、保险业、证券投资业、房屋协会等机构的监管职能。

金融业务融合化的发展使得金融机构之间的业务界限越来越模糊，也使得分散于不同监管机构或组织的监管职能难以准确实施，人们对不同监管实体职能的清晰性和监管机构对不同业务活动的公正和有效管理能力产生疑问。这种监管格局，使得一个金融机构同时受几个监管机构“政出多门”的混合监管，既降低了监管的效率，又增加了监管的成本。为此，英国议会于 2000 年通过《金融服务与市场法》，对英国金融监管体制进行重大变革。依据该法所创设的“金融服务局”(FSA)取代了原先的证券与投资委员会，并继承 3 个自律组织(SROs)及 9 个被承认的职业团体(RPBs)的一系列管理职能；同时，它还取得英国中央银行——英格兰银行，对银行业的监管职能，以及财政部对保险业的监管职能。对上市公司的审核责任也从伦敦证券交易所转到 FSA。FSA 除接手原有各金融监管机构的职能以外，还负责监管某些过去不受监管的领域，如金融机构与客户合同中的不公平条款、金融市场行业准则、对为金融业提供服务的律师与会计师事务所等的监管。自此，FSA 成为英国唯一的、独立的对英国金融业实行全面监管的执法机构，有权制定金融监管规则、颁布与实施金融行业准则、对被监管对象进行调查和处罚等。

二、英国监管体制概论

英国以证券业自我管理(Self-regulation)为主的证券管理体制是比较特殊的，这既有别于设立专门管理机构的管理体制，也不同于由政府某一部门兼管证券市场的体制。

银行在英国经济中的特殊地位，直接导致银行业对证券业务的深度干预，并在证券市场中发挥着重要的监管职能。在英国，证券市场是在国家债券基础上产生的，英国曾有过辉煌的债券市场历史，债券市场特别是国债市场曾经成为英国证券市场的代名词，但之后，英国证券市场也显现出新的发展特征，监管体制有所松动，英国证券市场也展现出某些自身特点，并成为世界上三大证券市场之一。

(一)分散的证券立法代替统一的法律管制

英国证券法律散见于各种具体法律、法规中，如 1948 年的《公司法》、1958 年的《反欺诈(投资)法》、1973 年的《公平交易法》和 1986 年的《金融服务法》，这些法律分别规定了股份的募集、股票的交易、内幕交易等多方面的内容。根据《公司法》关于招股说明书的规定，任何公司发行股票时，必须制定内容详尽的招股说明书，且格式必须合乎规定；《反欺诈(投资)法》则是以保护投资者利益为直接目的的法律规范；根据《公平交易法》，政府贸易部可通过公开交易局监督审查重大收购和合并项目，并监管证券市场合理运行；1986 年颁布的《金融服务法》则是颇具特色的法律，它建立了英国特有的证券监管框架，该法共分 10 个部分，包括投资业务管理规定、保险业务、证券的正式上市、不上市证券的报价、接受报价、内幕交易、对信息披露的限制、互惠、杂项与补充，根据该法律，在英国证券与投资委员会的认可和监督下，若干专业机构可实施有关法律和实现监管职能。

(二)建立证券市场的行政监管体系

在 20 世纪 70 年代以前，证券市场法律的实施主要集中在英国贸易部。此外，英国银行和英国保险业协会的投资保护委员会等也负担一部分证券市场的监管职能。在这种体制下，监管机构是分散和不统一的。

70 年代以后，在英国银行的支持下，英国成立了“证券和投资委员会”(SIB)，以提高自治机构对英国证券市场的监管效率。1997 年 10 月 28 日，证券与投资委员会更名为“金融服务局”(FSA)，并强调取消分散管理模式，建立统一的监控体制。金融服务局在继承了原证券与投资委员会部分职能的同时，特别沿袭了证券与投资委员会的“十条戒律”，并依此对证券市场进行监管。新监管体制的确立，意味着英国在证券市场集中监管问题上迈出了重要一步。

(三)建立以自律机构为主体的证券监管机构

除金融服务局以外,证券交易所是证券市场监管的重要力量,充分发挥着监管职能。在证券交易所买卖证券的必须是证券交易所的会员,并应当遵守证券交易所制定的各种规则,这为证券交易所监管证券市场提供了基本条件。证券交易所不仅规定了批准证券上市的条件,而且可以随时调整上市条件,以保证上市证券具有投资价值。上市证券发行人要遵守信息披露规则,特别是股票上市后,应当按照规定的程序和步骤向股东公开账目和有关信息。这种持续性信息披露是通过证券交易所与上市公司之间签署"上市协议"方式确定下来的。证券交易所作为证券市场的自律监管机构,可以对其会员及上市公司进行处罚,如撤销证券经营机构的会员资格、拒绝证券上市申请等。除此之外,证券交易所还可通过严密的监管规则,监视发行人特别是股票发行人的管理人员变动。

三、英国证券市场的主要法规

英国证券市场经历了从自律管理逐步过渡到集中监管。在自律监管时期,证券交易商协会、收购与合并问题专门小组、证券业理事会与政府的贸易工业部、公司注册署共同对市场实施监督管理。证券交易所在贸易部、英格兰银行等的指导下进行自律管理。在1986年以前,规范证券市场的法规主要有1958年《反欺诈(投资)法》、1985年《公司法》、1973年《公平交易法》、1985年《内幕交易法》。自律监管机构制定的自律性规定主要有《证券交易所监管条例和规则》、《伦敦城收购与合并准则》及证券业理事会制定的一些规定。

1986年,英国实行了后称为"大爆炸"的金融改革,英国议会通过了《金融服务法》,该法涉及所有类型的投资活动。

在1986年金融改革后的一段时间内,英国形成了多头管理的金融监管体制,由不同的机构监管不同的金融业务。为了解决重复监管的问题、提高监管效率,1997年5月工党上台后,逐步将金融业务的监管归并到证券投资委员会,撤销了原有的其他监管机构。1997年10月,证券投资委员会更名为金融服务局(FSA)。

第四节 新加坡

一、新加坡证券业历史渊源

在许多国家,对证券业进行控制起源于股市丑闻与崩溃。1285年英国国王爱德华一世授权阿尔德门法院对伦敦的股票经纪人进行登记,这是最早的证券管制。4个世纪后的1697年,英国国会针对当时公司设立与终止时股票经纪技巧的滥用颁布了管制条例,并执行了90年。1697～1860年,英国国会三次先通过后废除《不正当股票经纪活动防止法》,因为它们缺乏效力。

18世纪"泡沫风潮"横扫英法,直到这时,现代证券管制才有了雏形。1720年初,南海公司(英国国王乔治一世是其老板)的股票价格为128.5英镑,至7月份升至1 000英镑,但到12月份,又跌至125英镑。"南海泡沫"的爆发,对金融业造成了巨大破坏,从而导致1720年《泡沫法案》的颁布。该法最后在1825年终止执行。相似地,20世纪70年代中期,新加坡股票的急剧上升和灾难性下跌,推动了新加坡证券立法的出台。

除证券交易中的不正当行径以及对这种行径的担忧之外,还有更紧迫的原因促使新加坡政府对证券业采取控制。新加坡政府担心的是，任何人，不论其所受的教育与经历，都能顺利地作为经纪人或成为证券交易所会员的代表。当时，从总体上讲，证券交易所的效率并未达到应有的高度。但上述原因，加上两家上市公司的破产以及成为国际金融中心的构想，使新加坡不可避免地对证券业采取一些管制。

在考虑采取何种方式管制证券业时，在政策取向上，新加坡政府主要考虑的是到底是仿照美国的证券交易委员会，成立一个独立的管制机构，实行集中管制，还是依靠交易所的自我管制。在制定政策时，新加坡参考了 G. 弗里斯先生关于新加坡股票市场的一份研究报告。这份报告认为，政府监督永远不能有效地取代自我管制。弗里斯先生希望新加坡政府把经纪人数量减少，但使其都具有足够的经纪知识，并由交易所有效地管理。除此之外，还有其他一些理由，同样具有说服力。

(1)由于在新加坡只有一个证券市场，可进行有效的控制，而美国则有许多证券市场。

(2)美国幅员辽阔、市场分散，50 个州彼此分离，证券市场历史悠久，所以才需要联邦政府强有力的集中控制。

(3)在商业、金融、股市等方面，美国证券交易委员会具有丰富的人才资源，而新加坡缺少这方面的专家。这也是最关键的一点。

采纳弗里斯的建议后，当时的新加坡财政部长强调：政府无意对证券交易所和经纪业务进行管制与监督。他指出，政府已决定采用证券交易所自我管制原则，像澳大利亚一样，新加坡《证券行业法》由公司注册局，而不是由公司事务管理局负责实施。由于不采用中央集中管制而是执行自我管制原则，一个专门的、富有活力的证券交易所对新加坡十分重要，它应当能严格执行自己的规则与上市标准，以确保市场公平、有序地运行。至今，新加坡政府都未考虑过要改变已作出的放弃中央控制的决定。只要证券交易所在执行管制职能时保持其力度与效率，这一状况也没有必要改变。

新加坡基金每年增长的规模相当于甚至有时会超过证券交易所净收入的 10%。新加坡证券法律的一个重要特点是，根据立法，股票经纪人作为证券商的代表负责进行注册。在这方面，新加坡的做法更接近美国。新加坡政府认为，证券交易所的会员与各类证券商都不应在注册之列。

二、证券业委员会

新加坡证券业委员会是《接管与兼并守则》的实施机构。但是实施《接管与兼并守则》仅是其职能的一部分。新加坡证券业委员会是由财政部长根据《证券行业法》授权建立的。在该委员会成立时，财政部长把其宗旨概括如下："这一委员会的成立使当局和证券交易所在发展一个公平、开放、不受操纵的市场方面有了一个咨询与顾问团体。"

该委员会由 8 名成员组成，他们来自公共与私营部门，而多数表决权落在私营部门一方。委员会的主席是新加坡货币当局的总裁。

新加坡证券业委员会不是一个法定机构，但它得到了法律的认可。在本质上，它是一个咨询与顾问团体，而不是一个法定团体，但它有权阻止一家公司在证券交易所上市。不过这一权力是保留权，而且该委员会无意去干扰证券交易所行使与公司上市有关的职能。因为证券交易所是证券立法中所认可的唯一的上市管理实体。在实践中，这一体制的运行方式是：证券业委员会只有在认为证券交易所对一项上市申请所作的决定明显不公正、不合理或没有考虑投资者与公众利益时，才会干预。在任何状况下，证券交易所的决定都不能被推翻，除非经过交易所与委员会之间的详细磋商。

三、公司信息的披露制度

为了保证证券市场有序、公平地运行，新加坡在证券立法中就有关内幕交易、大股东和董事股票交易的公开、投票股权益的公开以及贷款公司对与其董事有关人员贷款等事项作了规定。除此之外，新加坡证券交易所还要求上市公司及时、充分地公开其业务方面的重要情况。根据证券交易所的要求，即使它制定的公开要求比其他法规更苛刻，上市公司也有责任按这些要求向公众作必要的情况披露。具体要求包括如下几方面。

（一）上市公司应提供重要信息

上市公司必须按照申请上市时所作的承诺，将其在经营或财务方面的任何重要信息通知证券交易所。如果证券交易所认为没有必要保密，这些情况还应向公众公开。这里所说的“重要信息”，指的是那些可能对该公司所发行的任何一种证券的价格产生显著影响，或者在证券分析专家解释后，对投资者作出理智选择起重要作用的情况与资料。

（二）最充分地向公众传播

上市公司必须以能够最充分地向公众传播的方式，把重要信息公布于众。

（三）传闻的查证

上市公司一旦发现关于自身的传闻，不论其真伪，只要其内容可能或已经对公司的证券交易产生影响，或者有可能影响投资大众决策时，公司应迅速查证并将结果及时公布。

（四）对异常市场活动的反应

任何时候只要一家上市公司的证券发生不正常的买卖行为，该公司都应及时调查，以弄清是否有谣言或其他情况需要采取纠正措施。如果在公司查证后，非正常市场活动的原因仍无法解释，那么对公司来说，可向公众申明，在其经营事务中没有发生未曾公开过的重大的实质性变化。新加坡证券交易所发行的《公司财务报告手册》中，对公司在此时应采取的行动也作出了类似的规定。

（五）避免不正当推销性公告

上市公司不应当超出公众作出明智投资决策的需要进行宣传活动。这些宣传活动包括：新闻发布措辞不当，对外界公布的情况与公司实际业务进展不符；报告和预测言过其实；以渲染性的言辞披露那些可能将投资者引入歧途，并可能导致公司证券价格异常波动的信息。

（六）对内幕交易的限制

根据新加坡《公司法》，公司的高级职员、雇员或代理人，这些凡能接触到公司机密的人，都是内幕人员。高级职员包括董事和在过去 12 个月内曾担任过公司董事职务者。代理人包括与公司有关的银行家、律师、审计师和会计师等。另外，上述人员的妻子、丈夫或其他直系亲属也应视为内幕人员。

内幕人员不得依靠不为投资大众所知晓的重要信息进行证券交易。当内幕人员因其所处的地位而得到这些“内幕消息”时，如果利用这些机密情报直接或间接地为自己或其他人谋取利益，就要受到制裁。某些重要信息在报纸或其他媒介发布后，要经过一段时间才能向公众充分地传播，并使他们作出评价。在这段时间里，内幕人员也不应对有关证券进行交易。内幕人员应对其交易的另一方所蒙受的损失负责。公司高级职员、代理人或雇员，一旦被确定为犯有内幕交易罪，就要受到 5 年以下的监禁或 3 万元以下的罚款，或监禁与罚款并处。

四、《公司法》对投资者的保护

新加坡证券立法的目的是保护投资者，这一宗旨贯穿于《公司法》。该法的许多条款与《证券行业法》紧密相关。新加坡曾对《公司法》作过大幅的修改，以完善对内幕交易、大量持股的公开、董事的交易、调查股份所有权等问题的处理。此外，新加坡还对内幕交易条款作了修改，考虑到了接管与合并以及公司之间的大宗商业交易。还有一些条款要求公司公开其表决权有股份的受益权。董事有责任把在证券交易所上市的股份或债券的购入情况通知证券交易所。在公司证券变得"价格灵敏"的财政年度，财政部长还有权制定规则来限制证券交易。

新加坡《公司法》的许多修改得到了1962年英国杰金斯委员会《公司法修改报告》的启发。这一委员会委托贸易局修订了英国1948年《公司法》和1958年《反欺诈(投资)法》中的条款。《反欺诈(投资)法》对证券销售作了较严格的规定，并在某种程度上限制了交易商的注册。该法的条款，尤其是对引诱投资的欺诈行为的控制条款，在新加坡的《公司法》中有所体现。

五、《伦敦城守则》与新加坡接管条款

《伦敦城守则》是《伦敦城接管与兼并守则》的简称，它是由一个城市工作组设计的，该工作组的主席由英格兰银行任命。这一守则的性质如下：它是一个没有也不寻求法律效力的守则。它代表了关于接管与兼并的集体观点。那些希望得到证券市场便利的人，在与接管及兼并有关的问题上，应当根据这一守则来规范自己的行为。不约束自己的人不能享有那些便利，而且会发现自己步履艰难。

《伦敦城守则》的条款包括两方面：一方面，它列举了竞价中应遵循的准则；另一方面，它设计了这些总则的应用规则。这些准则和规则的精神都必须得到遵守。保证这一守则被遵守的主要责任由接管或合并的一方承担，因而，它是自我管制原则的延伸。

在接管与兼并的管制方面，新加坡政府采纳了杰金斯委员会的观点，即接管是经济增长的重要特征之一，应避免给诚实、公平的接管交易设置障碍。随着证券市场的快速发展，考虑到其他地方已经出现接管的滥用，新加坡设计了一个与英国杰金斯委员会的建议相一致的方案来管制接管与兼并。

第五节　中　国

金融自由化、技术进步和金融创新使国际金融市场发生了巨大变化。政府放松外汇管制、放松资本流动管制和对国内金融业实行自由化改革，使金融发展的地域限制日益减少；技术进步使金融跨国交易和金融服务跨国提供的成本大大降低，促进了全球金融市场和国际金融机构的发展；金融创新使得金融工具层出不穷，创造了新的金融市场，金融衍生工具的交易量急剧增加，金融风险也日益增大。技术创新和自由化所导致的金融全球化使得金融主体可以在全球范围内进行资源配置，提高了资本配置的效率，促进了经济增长，同时，这种全球金融市场现象也向监管者发出了挑战。

一、我国证券管理体制的演变

我国的证券市场是随着经济体制改革的不断深入而产生发展起来的，其监管体制则是随着证券市场的发展不断变化的，经历了从地方监管到中央监管，从分散监管到集中监管的发展

过程。这一发展过程大致经历了四个阶段。

(一)财政部独立管理阶段(1981～1985年)

这一阶段,证券的主要形式是国库券。国库券的发行与管理均由财政部负责。这一阶段的特点是,证券市场的监管完全靠计划和行政手段。

(二)主要由中国人民银行管理阶段(1986～1992年10月)

这一阶段是我国证券市场初步形成规模的阶段。证券品种由单一的国库券,发展为多样化的债券和股票。这一阶段最具标志性的事件是1990年11月20日上海证券交易所的成立和1990年12月1日深圳证券交易所的成立。这一阶段证券监管体制的特点是,没有专门的证券监管部门,证券市场的监管以中国人民银行为主,各相关部门共同参与,中央和地方分级管理。1992年10月以前,中央一级的管理部门和机构有中国人民银行、财政部、原体改委、原计委、国有资产管理局、全国证券协调小组、全国股票市场办公会议等,而深、沪地方政府则成立了地方管理机构,并制定了各自的地方性证券管理法规进行管理,以致证券市场监管"政出多门",难以实施统一有效的管理。

(三)国务院证券委员会主管阶段(1992年10月～1998年8月)

这一阶段是国家对证券市场加以宏观管理的阶段。1992年10月17日,国务院颁布了《关于进一步加强证券市场宏观管理的通知》(以下简称《通知》),规定国务院证券委员会是国家对全国证券市场进行统一宏观管理的主管机关。国务院证券委员会由原国家体改委、中国人民银行、财政部、国有资产管理局、国家工商总局、国家税务总局、国家经贸委、原对外经贸委、外汇管理局、国务院法制局、国家计委、监察部、最高人民法院、最高人民检察院14个部委的官员组成,中国证券监管委员会是证券委员会的监督机构。《通知》虽然针对证券管理"政出多门"的状况,规定了国务院有关部门的权限和职责分工,但未能从根本上改变多头管理的状况与弊端,体制的问题越来越突出。1997年11月,国务院批准了经修改的《证券交易所管理办法》,明确了对证券交易所的管理者由地方政府转为中国证券监督管理委员会。

(四)中国证券监督管理委员会(1998年8月至今)

这一阶段是我国证券监管体制的确立阶段。1998年8月,国务院批准《证券监督机构体制改革方案》,决定逐步建立与社会主义市场经济相适应的证券监管体制,理顺中央与地方监管部门的关系,实行集中统一领导的管理体制,并根据各地区证券业发展的实际情况,在部分中心城市设立证监会派出机构。至此,我国证券业体制基本形成,并最终通过《证券法》予以了确认。

我国现行《证券法》第7条规定:"国务院证券监督管理机构依法对全国证券市场实行集中统一监督管理。国务院证券监督管理机构根据需要可以设立派出机构,按照授权履行监督管理职责。"《证券法》第8条规定:"在国家对证券发行、交易活动实行集中统一监督管理的前提下,依法设立证券业协会,实行自律性管理。"这些规定表明,我国的证券监督管理体制的特点是以政府监管为主的,并与证券业自律性管理相结合。

二、中国证券市场的开放给中国证券监管带来的机遇

随着中国证监会《合格境外机构投资者境内证券投资管理暂行办法》于2002年元旦施行,QFII作为一种促进资本市场渐进开放的制度安排正式进入中国。与此同时,作为调节证券市场规范运行的指挥棒,原有的一些管制方式变得不合时宜,监管本身也应该更多依据有关法律规定,凭借市场化手段,达到监管的目的。

一方面,伴随着管制的放松,更加有效的强调市场约束的监管体制建立了起来,其更多地利用市场和社会审计力量来增加市场透明度,进而加强证券市场的监管。另一方面,随着外资中介机构进入中国证券市场,以及中国证券机构走出国门,同一机构在不同国家开展金融业务,使得监管对象发生变化。而交易场所的扩大、交易品种的创新和新技术手段的应用,也模糊了监管范围,加大了国家监管的难度,必然要求监管机构在提高业务素质的同时,应谋求与有关国家的金融管理部门进行更为广泛的合作和联系,实施跨境监管。

更为关键的是,尽管 QFII 并不意味着证券市场的全面开放,但全球经济一体化的趋势,使各国证券市场互动更加明显,证券市场风险也扩展为全球范围的波动。与国外同行的合作深度也很大程度上影响了我国对国内证券市场实施有效监管的能力,这使得证券监管国际化,成为我国进行证券监管必须坚持的原则之一。

中国一贯重视与各国和地区的证监会之间的交流和合作。迄今为止,中国证监会已与香港特别行政区、美国、新加坡等国家和地区的证券监管机构签署了监管合作备忘录。中国证监会还于 1995 年 7 月 11 日加入了证监会国际组织(IOSCO),并于 1998 年当选为该组织的执行委员会成员。通过交流、合作,吸收国外监管机构较为成熟的经验和做法,加速了中国证券市场在监管范围、监管内容、监管体制等各方面的调整,确保了对市场的有效监管。与此同时,证监会积极履行相关义务,并引进了 IOSCO 的监管目标、原则和理念,用以规范中国的证券市场。

三、中国证券市场的开放所带来的挑战

尽管证券市场的开放有助于监管的完善,但同时也将使中国的证券监管至少面临以下三个方面的挑战。

(一)证券市场国际化的挑战

证券市场国际化是一国融入世界经济体系的必然结果。证券市场国际化的本质就在于适应经济全球化的需要,将国内外的投资者和筹资者联系起来,在整个世界范围内进行资金的优化配置。伴随着越来越多的国外金融机构和证券投资者进入中国,以及中国证券市场的经营主体走向国际证券市场,中国的证券市场将在更大的范围内和更深程度上融入国际市场。在这种情况下,证券监管不善导致的金融混乱会增加系统风险,投资者和筹资者会面临他们无法控制的国外风险,各国监管法规不平衡的问题将会严重干扰各金融机构的公平竞争。因此可以说,证券市场国际化不仅带来了证券市场交易规模的扩张和跨境证券交易活动数量的增加,而且更重要的是促进了不同证券市场制度之间的融合与借鉴以及监管行为的合作和同步。从这个意义上说,发展中的中国证券监管事业面临着重大的考验。

(二)银行业和证券业的合作以及职能一体化的调整

伴随着中国金融市场的开放,中国整个金融体系将面临根本性的变革。在与国外混业较量的过程中,中国金融发展的速度显著加快,特别是金融业务结构和金融市场结构发生了深刻的变化。在这一背景下,银行业和证券业之间的沟壑将越来越不明显,它们之间的合作将通过各种渠道得以加强,综合性的金融集团也已随之出现。这种工具上的复杂和机构的庞杂,将给中国证券监管带来极大的挑战。

从监管体制上看,与分业经营相适应的是分业监管,与综合经营相对应的是统一监管。银证合作条件下的分业监管是综合经营大趋势的过渡阶段。在金融服务业从分业经营向综合经营过渡时期,由于业务混乱要先于业务监管的发展,这会造成金融监管的滞后,容易在某些领

域形成监管空白,引发金融风险。如在金融控股公司形式下,有金融机构资本的充足率问题、金融机构的设立是否合法的问题;在综合金融条件下,有金融机构的内部风险控制机制的建立问题、金融控股公司内部不同业务之间的"防火墙"的设置问题、金融机构之间相互投资的问题等。从西方发达国家的综合经营实践来看,其对金融风险的控制无不依赖于完善的监管制度,金融监管都是逐步由原来的分机构监管向功能监管转化。从这一点上看,应当借鉴实行综合经营制度国家的监管经验,完善中国在过渡阶段的监管体制,为今后实行综合经营奠定良好的基础。

(三)金融创新的调整

金融创新是指金融业为适应实体经济发展,在制度安排、金融市场、金融产品等方面所进行的创新活动,是金融机构提升自身实力的主要方式和金融发展的主要推动力量。现代金融发展史实质上是金融不断创新的过程,但金融创新在促进金融发展的同时,也会产生新的金融风险,使原来的金融监管制度与措施失效,增加金融监管的难度,并促使政府进行金融制度改革和制度创新。由于经济体制的影响、金融改革滞后的约束、金融机构治理结构不完善、市场竞争不充分和技术进步不足等诸多的历史与现实因素的制约,中国的金融创新相对落后,但中国金融业的全面开放将为金融创新及金融发展带来新的机遇,激烈的竞争及由此带来的利润导向将使得金融创新进入新的高潮期。层出不穷的金融创新使金融衍生工具大量涌现,这些衍生工具在为交易主体提供风险转移和规避手段的同时,也因其具有以小博大的杠杆效应,增加了市场风险,同时也使金融机构业务操作的复杂程度加剧和投资组合调整的速度加快。

四、中国证券监管的思路调整

为了应对中国证券市场开放所带来的一系列挑战,结合中国证券监管实践,应当建立以中国证券监管管理委员会为主体,包括自律机构、证券交易所在内的多层次证券期货监管体系。同时,强化业已实施的央行、保监会、证监会之间的高层定期会晤制度,进行在证券、银行、保险、信托以及外汇等不同管理部门之间的监管政策的协调和配合,这是抵御金融风险、实施有效监管的重要保证。具体需要在以下几个方面做出调整。

(一)分业监管对综合经营的适应和调整

综合金融是中国金融业发展的必然趋势,在中国当前分业监管体制下,可先设立一个松散型的合作监管机构,待时机成熟了,再向统一监管的模式变革。同时要积极推动由机构监管向功能监管转变。

(二)监管组织体系的调整

应加强中国证监会的独立性,保证其拥有实施充分有效监管所需的资源,同时要强化证券交易所和证券业协会的自律监管,提升交易所一线监管职能。此外,还要加强和改善传媒的社会监督功能。

(三)一般监管行为的调整

对于上市公司的监管,要积极推动上市公司建立良好的公司治理结构,完善和改进上市公司的信息披露制度。对证券商的监管包括对证券商准入的监管、对证券商经营业务的监管、对证券商信息披露的监管以及对证券商违约和破产的监管。此外,还要加强对会计师事务所、律师事务所、资产评估事务所、评级机构的监管,完善证券清算结算系统。

(四)监管的法律框架的调整和完善

首先,要对《证券法》进行调整和完善,尤其要建立证券诉讼的辩方举证制度和投资者赔偿制度，充分保护投资者的利益。其次，还要对其他的相关法律进行调整和完善，对一些法律进行相应的调整和充实。

（五）对监管者的监管

这个问题在中国基本上还处于空白，为此要努力推动监管的法制化、市场化，减少行政性监管，从而减少监管者寻租的可能性。同时，应建立有效的权力制衡机制，包括内部制衡和外部制衡机制，强化社会舆论监督，加强舆论监督力量。

【案例】　中国证监会依法查处琼民源案

中国证监会于1998年4月，对琼民源股票案中琼民源等单位和相关个人违反国家有关法律法规的行为做出了严肃处理。

琼民源全称海南民源现代农业发展股份有限公司。自1993年4月该公司股票在深圳证券交易所上市以来，股价表现平平，但是1996年下半年，琼民源股份在短短5个月的时间里上涨了4倍。1997年初，琼民源公布财务报告，谎称1996年度"实现利润5.7亿元，资本公积增加6.57亿元"。据此计算，该公司的利润将比上一年度增加1 000倍。对这样严重失实的财务报告，海南大正会计师事务所出具了资产评估报告，中华会计师事务所、海南中华会计师事务所也都出具了无保留意见的审计报告。当证券监管部门和广大投资者对琼民源业绩提出质疑并要求公司董事对其真实性负责时，全体董事集体辞职，并申请股票停牌。

这件事引起了国务院有关主管部门的高度重视，有关部门组织科深入调查发现，1996年下半年，民源海南公司（琼民源控股公司）与深圳有色金属财务公司（琼民源财务顾问，简称深证有色）联手炒作琼民源股票，某些传媒对琼民源"业绩"大加渲染，致使众多投资者在不明真相的情况下盲目跟进。琼民源1996年年度报告和补充公告所称内容严重失真，虚构利润5.4亿元，虚增资本公积金6.57亿元。其中，5.7亿元虚构利润是琼民源在未取得土地使用权的情况下，通过与关联公司及他人签订的未经国家有关部门批准的合作建房、权益转让等无效合同编造的；6.57亿元资本公积则是琼民源在未取得土地使用权、未经国家有关部门批准立项和确认的情况下，编造的4个项目的资产评估结果。琼民源的上述行为，违反了《中外合作经营企业法》、《城市房地产管理法》、《企业会计准则》、《企业所得税暂行条例实施细则》及有关证券法规的规定，构成了严重虚假陈述行为。

深圳有色共投入资金4 420万元，非法获利6 630万元。民源海南公司和深圳有色的行为严重违反了有关金融、证券法规，构成了操纵市场行为。

中华会计师事务所为琼民源出具的1996年年度财务审计报告、海南大正会计师事务所为琼民源出具的资产评估报告，均含有虚假、严重误导性内容，违反了会计、审计、证券等法规的有关规定。

因此，中国证监会决定对违法行为作出如下处罚：

鉴于琼民源原董事长兼总经理马玉和等人制造虚假财务数据的行为涉及犯罪，中国证监会已将有关材料移交司法机关，将依法追究其刑事责任，并建议其所在公司按照法定程序撤销其各项职务，对琼民源公司处以警告处分。对琼民源其他董事，待履行法定送达程序后予以处罚。

鉴于琼民源1997年3月3日的股东大会已决定申请其股票停牌、公司全部董事集体辞职的实际情况，建议由琼民源的控股股东民源海南公司的主管部门组织清理整顿小组，负责处理琼民源的日常工作；并依法召开琼民源临时股东代表大会，选举新的董事会。在新的董事会对已公布的虚假财务报告进行更正并重新披露后，依照有关规定向深交所申请复牌。

建议有关主管部门撤销直接为琼民源进行审计的海南中华会计师事务所，吊销其主要负责人的会计师资格证。对中华会计师事务所处以警告处分，暂停其从事证券业资格 3 年。对海南大正会计师事务所处罚 30 万元，暂停其从事证券相关资产评估业务资格 6 个月，对负直接责任的注册会计师暂停其从事证券业务资格 3 年。

对民源海南公司和深圳有色处以警告处分，分别没收非法所得 6 652 万元和 6 630 万元，并处罚款 200 万元；同时，建议有关部门对深圳有色的主要负责人和直接责任人予以行政处分。

本章概念

监管制度　美国金融监管体制　美国监管体制的利弊　中国香港的证券监管体制　英国自我监管　新加坡的监管体制　中国证券监管的思路调整

思考题

1. 简述美国证券市场监管体制的利弊。
2. 简述英国证券市场的监管体制。
3. 中国香港金融管理局的主要职能有哪些？
4. 简述中国证券市场监管未来的调整方向。

第十六章

证券经典案例

我们在学习证券投资学过程中应该学会去分析证券市场经典案例，本章将通过中科创业股票操纵案、德隆事件、大庆联谊财务欺诈案例、银广夏案例四个经典案例来介绍我国证券市场暴露出的一些问题以及从中得到的启示，进而帮助读者更好地对于全书内容进行理解与掌握。

第一节　中科创业股票操纵案

从2000年底至2001年初，庄家吕梁通过入主上市公司或与上市公司勾结、发布虚假信息配合二级市场炒作操纵，导致中科创业从84元高位一头栽下，连续9个跌停板，并引发“中科系”其他股票（中西药业、莱钢股份、岁宝热电）相继跌停，开创了中国证券史上股票集体跳水的先河。

一、概述

中科创业的前身为深圳康达尔（集团）股份有限公司，1994年在深交所挂牌上市。深圳英特泰负责人朱焕良于1998年初介入康达尔股票，介入价位在9元/股左右。1998年一年里，康达尔的股价疯狂上扬，但由于没有业绩和题材的支撑，于是想找上市公司配合，因此找到在业内运作股票颇有名气的分析师吕梁，这时大约是1998年11月。

吕梁在同意帮助朱焕良解套后，用先利诱后威逼的办法，控制了公司的董事长。吕梁控股公司后，就把公司改名为中科创业，并改造为“高科技＋金融”的新型企业，借此进行利润包装，为其在二级市场上炒高中科创业的股价服务。同时，岁宝热电、莱钢股份（600102）、中西药业（600842）、鲁银投资（600784）和胜利股份（000407）等上市公司均被吕梁纳入“中科系”。1998年秋冬，康达尔的股价在17元左右；吕梁进驻后，康达尔股价便一路上涨，1999年7月，康达尔的股价从36元跃升至45元，此后稳站在40元的价位之上。到2000年2月份，股价曾一度上涨到80元以上。

“中科创业”事件爆发的导火索源于2000年12月25日中科创业股票的“大跳水”。当天13时，股市刚一开盘，中科创业的股价便被突如其来的6 000多万股卖盘牢牢地封死在跌停板上。此后的10个交易日，中科创业股票一连10个跌停板，每次开盘就被千万股以上的抛盘封死在跌停价上。直至2001年1月11日，中科创业股票价格下跌的趋势才止住，中科创业市值的三分之二化为泡影。

2001年1月1日，中科创业公司的6名董事、2名监事突然以传真方式向董事会提出了辞职请求，中科创业董事会一下子“分崩离析”。中科创业股票的庄家吕梁借助媒体公开亮相，细说中科创业崩盘“内幕”，再三表明自己是一个“善庄”，同时把股价暴跌的责任推给一起坐庄操纵股价的合作者朱焕良，说朱焕良自行斩仓获利，导致资金链断裂。吕梁还指责深圳中科创业(集团)股份有限公司有巨大财务黑洞，为填补财务亏空，他不得不打造这样一个“中科系”的融资平台。此后，深圳中科董事长陈枫、总经理欧锡钊出面对吕梁的说法进行驳斥和反击，他们指责吕梁推卸自己责任。由此一来，中科创业事件更加扑朔迷离。

2001 年 1 月 5 日晚，深圳中科召开紧急会议，决定免去龚增力特别顾问职务，免去刘红磊行政人事部经理职务，并严控公章，彻底与吕梁决裂。到 1 月 11 日，中科创业股票才止住连续跌停，而此时股价已经由 33.59 元跌落至 13 元左右。鉴于中科创业事件已严重影响了股市运行的正常秩序，1 月 10 日，中科创业被中国证监会立案稽查。时任中国证监会主席周小川也在全国证券期货监管工作会议上表示，要严肃查处中科创业事件。

2002 年 6 月 11 日，有中国证券市场头号大案之称的“中科创业”股票操纵案在北京开庭审理。

二、“中科案”大事记

1998 年底：北京机构进入。

1999 年 4～5 月：国有股转让，海南燕园、海南沃和、民乐燕园合计持股 34.61%。

1999 年 12 月 13 日：名称由康达尔改为中科创业。

2000 年 2 月 21 日：最高价位为 84 元(复权价为 241.04 元)。

2000 年 5 月 15 日：10 股送 1.2 股、转增 2.6 股。

2000 年 12 月 25 日：出现第一个跌停板，当日收于 30.23 元。

2001 年 1 月 9 日：连续第 9 个跌停板，当日收于 13.01 元。

2001 年 1 月 10 日：中国证监会表示对涉嫌操纵中科创业股价者进行调查，当日股价以跌停板开盘，以涨停板收盘。

2001 年 4 月 2 日：中科创业股东大会审议通过关于公司 6 名董事和 2 名监事辞职的报告。辞职的 6 名董事是王海钧、王伟东、宁欣然、石亚君、龚增力、张永政，2 名监事是赵翔明、林东。

2001 年 4 月 30 日：股票简称由“中科创业”变为“ST 中科”。

2001 年 6 月 13 日：中西药业成为 ST 中科第二大股东。

2001 年 10 月 29 日：ST 中科名称变更为“ST 康达尔”。

三、评论

“中科系”是股市中机构庄家的一个代表。这些“系”的特点在于关系野、策划精、融资能力强、操纵犀利。他们的控股企业往往以高科技和资本运营为题材和赢利手段；在系下形成少到两三个，多到七八个的控股、参股上市公司；各上市公司间都有着复杂的互相参股或资产连带关系，形成了一荣俱荣、一损俱损的连锁效应，称得上是上市公司中的“混合舰队”。

“中科系”打造自身的“舰队”本无可厚非，这样可以在股市中掌握和利用更多的资源，玩出更复杂、更花哨的庄家手段。但是中国的资金来源渠道毕竟少得可怜，在他们打造自身“舰队”的过程中，不得不将券商和银行绑进利益团伙，通过各方的违规和钻空子操作，沆瀣一气地作局和投机，并因此而沾沾自喜。然而正如媒体所作的介绍，投资机构融资融券十分普遍，但需要极高的技术支持和完善的政策背景。信用放大的同时也放大了风险,一着不慎会导致机构满盘皆输,并无力自拔,小则使自己多年的基业毁于一旦,大则破坏投资者的信心和证券市场的稳定繁荣。"中科系"确实高估了自身的成色,在一阵得意之后忘记了自己是谁,个把人的"双规"就导致了"树倒猢狲散"。

"中科系"沉没了,对其他"系"们应该是个警示。各方都应该掂量一下手里到底有多少筹码,能玩多大的活儿,千万不能玩了自己,又捎带上券商和银行。

"中科系"沉没了,曾与之勾结的券商和银行在出了一身冷汗之后依旧心惊肉跳,要不是银行及券商们果断平仓,也许"中科系"还能撑一段时间。但今天过去了,还要颤栗地过明天。打仗就要有牺牲,为了自身,只好对不起"中科系"了。

"中科系"沉没了,证券监管机构更加强了证券监管力度及打击不法行为的决心和迫切感,因为它们深感"中科系"问题的发生只是股市中违规和操纵现象的冰山一角。

"中科系"沉没了,岸边的关注者很多,有的在笑,有的在哭,还有的在想着些什么。

四、庭审始末

搁置了一年多、被称为中国证券市场"第一号大案"的"中科事件"距离审判终于越来越近。2002 年 6 月 11 日上午,"中科创业"股票操纵案在北京开庭审理。尽管该案的主犯——吕梁、朱焕良下落不明,但部分人物都已"到场"——丁福根及上海华亚实业有限公司法人代表董沛霖都是和吕梁比较接近的人物。丁被看作是仅次于吕梁和朱焕良的重量级人物,曾担任吕梁的操盘手,经手中科创业 53%的流通盘股票。

当丁福根从秦城监狱被带至北京方庄路 10 号——北京市第二中级人民法院出庭时,从这位身高约 1.65 米的"吕梁身边的总操盘手"身上,已经丝毫看不出操作数十亿元资金的"大鳄"气势,他一年前的满头黑发也已变得花白——丁福根当时才 36 岁。

丁福根说,在所涉及的 54 亿元资金中,直接用于操作中科创业一只股票的资金约为 35 亿元,其余资金基本用于操作中科系的其他股票,这还没包括与吕梁勾结的另一庄家朱焕良的筹码资金。事实上,吕、朱在二级市场的筹码大体相当。

至于有媒体称"中科事件"的主要人物吕梁"已逃往国外"的说法,提起本案公诉的北京市检察院第二分院公诉二处主审检察官吴春妹称:"不要道听途说。"吴表示,"中科事件"轮廓已经基本清楚,另案处理的吕梁及朱焕良是否开庭审理及何时开庭审理,"到时就清楚了"。

这位 30 岁左右的女检察官说,该案的确称得上是"中国证券市场第一大案",仅收集有关证据及掌握事件事实就花了很长时间,而本次带至法庭的几大堆案卷仅仅是个零头,"全部拉过来,好几辆车才够"。

五、股价的两个重要阶段

据庞博对法庭供认的,从 1998 年 12 月至 1999 年 5 月,是吕梁操纵中科创业股票的接盘及吸筹,至 1999 年 5 月,朱焕良和吕梁双方达到了此前商定的分仓要求,吕梁 3 000 万股,朱焕良 3 000 万股左右。其中,吕梁从朱焕良手中接过的 3 000 万股股票中,1 700 万股左右是朱焕良转托管过来的(丁福根称这部分筹码约 1 500 万股,每股价格为 13 元),另外 1 300 万股完全是从盘面上与朱焕良同时下单对敲成交的,成本在 19～22 元。朱焕良第一次将股票从中煤信托深圳营业部转托管到中兴证券北京亚运村营业部的时间是 1998 年 11 月 26 日,股票数量为 277.9 万股。

丁福根、庞博、董沛霖在法庭上均承认，正是这笔股票启动了吕梁的中科创业庄家之路，也使吕梁的资金链滚雪球般地越来越庞大。通过这笔股票，吕梁不断融资，并进一步增大中科创业的持仓量。

在完成接盘及吸筹后，吕梁趁“5·19”行情一口气将中科创业从28元左右拉至1999年7、8月份的45元上下。对这一轮拉升，庞博向法庭交待，暴涨行情大部分是由吕梁直接下指令，有时甚至亲自到主要仓位所在营业部看下单。不过，吕梁在下达指令前，经常会与朱焕良通气。

经过这一轮暴涨后，1999年8月至2001年1月，中科创业股价便一直在30～40元徘徊。庞博对法庭交待说，这段时间是吕梁自买自卖成交最频繁的阶段，很多对敲都集中在这一时期。原因是：(1)盘整时期需要不断对敲来维持价格和成交量；(2)大部分融资在年底到期，需要从股市提钱还款。

2000年春节后，中科创业再度一鸣惊人，成为与亿安科技相提并论的两大牛股。吕梁仅用了20多个交易日便使该股票从40元左右一飞冲天到84元。丁福根说：“两次行情大涨，都是吕梁自己指挥的，主要手段是大量的倒仓和对敲。”

事实上，从1999年初至2000年中，是吕梁与朱焕良的合作蜜月期，朱焕良、朱水祥几乎每天都要定时与吕梁、丁福根和庞博核对交易价格，后来逐渐由丁福根、庞博与朱水祥核对。

2000年4、5月份，中科创业股价开始回到60～70元。庞博说：“吕梁认为自己这只股票做得不是很好，就开始转向别的股票。”这期间，吕梁开始进入岁宝热电、莱钢股份、胜利股份、鲁银投资等股票，也就是外界所流传的“中科系”。

在中科创业股价从60多元滑落至40多元后，吕梁的资金链危机越来越凸显，其在37元左右苦苦支撑了几个月。后由于朱焕良与吕梁意见相左，终于导致了2000年12月25日惊心动魄的大崩盘。

庞博认为，中科创业股票之所以会崩盘，是因为“当时倒仓时，有很多抛盘，而吕梁已经没有资金接盘，后来我们怀疑抛盘来自朱焕良。因为只有我们和朱焕良持有这么多股票”。

丁福根则认为中科创业崩盘有四大原因：(1)越到后期，吕梁盘面上的筹码越多，由此导致现金短缺，托盘无力；(2)融来的资金大多年底到期（丁说，吕梁融资期限一般是半年或者一年），而此时吕梁手里现金越来越少；(3)大量的老鼠仓纷纷抛售；(4)二级市场股票价格太高。

丁福根说，12月25日中科创业跌停，严重影响了该股票市值。而按照北京中科创业公司与融资方、投资人之间的协议，必须要在第二天补足市值或补至止损线，但此时吕梁的资金不够用了，“局面已经很难控制了”。

崩盘的2000年12月25日，正好是吕梁入主该公司满两年。

六、资金链操作流程

证券营业部提供融资是为了成交量，委托理财者是为了高额回报，而负责融资的人则是为了可观的佣金。吕梁实际做的就是“连环融资，连环投资”。

吕梁的资金主要来源于四个方面：(1)其自有资金，即机构及其庄家同盟者出资；(2)私募基金，它主要以委托理财或高息揽存向私人或项目公司融资；(3)从中科系的上市公司抽调资金，或通过设立空壳公司、项目公司融资；(4)股票质押融资。

本次涉嫌“证券交易价格罪”的几名被告丁福根、董沛霖、庞博等都是吕梁的融资重臣，其中丁福根自称融资额为1亿元，董沛霖融资额近8亿元。曾经担任过中科创业投资有限公司总裁助理的丁福根说，吕梁围绕该公司设立的 22 家公司主要做的就是融资和关联交易，几乎没做过实业。

吕梁第一笔 277.9 万股中科创业从中煤信托深圳营业部转托管至丁福根的个人账户上后，被丁分至 8 个账户，这是建立“吕梁王国”的第一桶金。这 277.9 万股中科创业获得的第一笔融资来自中国民族国际信托哈尔滨证券营业部。随后又在北京证券德胜门营业部融资 2 000 万元。丁福根说：“吕梁真正的启动资金就是这 277.9 万股。”

吕梁结识上海华亚公司董事长董沛霖是在 1994 年，当时董在北京做股票和期货，承包了河北国投上海证券营业部，吕是其客户。董说，在此期间，吕欠下他 2 000 万元债务，“欠债是因为吕梁从公司借了 2 000 万元去做胶合板期货，吕说钱被骗走了，一直没有还清”。1998 年底吕梁找到董沛霖时，说正在收购中科创业，董沛霖自称他当时认为“吕梁做股票了，就可以还钱”，这种念头最终促使他成为吕梁的融资重臣。由于董在杭州及上海都有公司，江浙及上海、黑龙江由此成为吕梁的主要融资基地。

有关资料显示，由杭州华亚公司及上海华亚融来的资金涉足了当时中科系的两大重仓股——中西药业和中科创业。从融资渠道来看，董沛霖所属的华亚公司主要融资来源为银行和非金融机构，涉及的银行有华夏银行杭州武林支行(4 000 万元)、浙江信托投资有限公司(3 000 万元)、杭州商业银行保淑支行(3 700 万元)等等。董表示，他为吕梁带来的每笔融资都不低于 1 000 万元。另外，北京新窗口公司、天诚公司等都是为吕梁融资而设立的。

股票质押融资是吕梁的另外一张牌。申银万国证券陆家浜路营业部便是吕梁的主要仓位所在地。虽然有关方面当时没有透露该营业部涉及吕梁融资的具体数额，但可以肯定是一个天文数字。

丁福根在法庭上将申银万国证券陆家浜路营业部列为吕梁提取现金的几大主要营业部之一，他认为关键因素是“交易量比较大，关系比较好”。

除此之外，吕梁庞大的中科系融资平台中还有一个比较重要的平台——上市公司之间的关联交易及资金拆借。由于当时康达尔公司及中西药业公司均在吕梁的绝对控制中，这两大公司由此成为他进行股权转让、关联交易、对外担保的主渠道，这可以从“中科事件”后两家上市公司的债权债务纠纷及数额巨大的坏账计提中反映出来。

皆为利来，庄家吕梁背后错综复杂的资金关系，事实上就是不同利益方的角逐过程。虽然没有得到准确的关于“中科事件”涉事各方的利益分配数据，以及不同渠道资金的利益回报水平。丁福根和董沛霖均表示，为吕梁融资的人主要利益获取手段便是“佣金和手续费”。其实，这在资本市场已经是公开的秘密。

丁福根说，融资主要分为现金融资和股票融资。他说，融资比例有的是 1∶1，即融资 1 000万元，质押 1 000 万元。当然，如此高比例的融资只有在关系比较好的机构才能得到，而一般是 2∶1，即吕梁提供 2 000 万元价值的资产或股票、现金，融资 1 000 万元。

他们与客户之间通常采用四种融资协议，即证券投资协议、国债管理委托协议、委托理财协议和借款协议。

丁福根说，“融资风险并不大，而且我们有一套融资风险控制体系。”吕梁用 35 亿元巨资买卖一只股票，融资成本显然是巨大的。丁福根说，吕梁每年为此支付的融资利息在 2 亿元以上。

事实上，虽然丁福根表示“融资风险并不大”，但“中科事件”爆发后，诸多投资人血本无归的事实却昭示出其中无法控制的风险：(1)证券营业部在融资行为中虽然起到监管和止损作用(平仓或补仓)，但一旦出现资金链紧张，营业部就会平仓，相继平仓就会引发崩盘，“中科事件”

便是佐证;(2)吕梁手下的融资重臣一般采取“谁融资、谁买卖”原则,各对各的资金负责,继而导致资金调度不畅。

但是,猫都是闻着鱼腥味而去的。董沛霖及丁福根等融资重臣为何屡屡能够得到如此数额巨大的资金,显然都是利益驱使的。有资深市场人士称,证券营业部提供融资是为了成交量,委托理财资金是为了高额回报,而负责融资的人则为了可观的佣金,“所以庄家成本往往都很大,而且不能有任何闪失”。

据可靠消息称,吕梁所控制的6 000万股左右的流通股已基本抵押融资,融来的资金一部分用于清算到期融资,一部分用于拉升、稳定股价,另一部分投资了岁宝热电、胜利股份及鲁银投资。之后,吕梁再用所投资的资产进行抵押融资,这就是典型的“拆东墙,补西墙”。

七、“资金链”之灾

“中科系崩盘事件”曾经把中科创业及中西药业拖入泥潭。2000年4月,上海中科创业投资有限公司注册成立,注册资金1亿元。该公司是横亘在康达尔公司和中西药业公司之间的桥梁,便于在两个公司之间形成自然的资金往来关系,这其中明显有交叉持股。该公司的股权结构是:北京中科占50%,海南中网占50%。表面上看,康达尔公司和中西药业公司与上海中科并没有直接的股权关系,但是,该公司的注册资金直接来源于康达尔公司,而北京中科当时又是中西药业第一大股东。显然,上海中科是吕梁打造的又一个融资平台,主要是方便其在关联公司中融资、通过关联交易抽资,以便直接进入股市。中科创业公司出资1亿元购买了胜利股份900万股法人转配股和鲁银投资1 500万股法人股,但是购买来的股权则完全落在了上海中科的名下,而此时,中科创业与上海中科尚没有任何股权关系。

康达尔方面发现这个问题后,要求上海中科把股票完全过户过来。迫于屡屡追究,吕梁提出另一个方案:“干脆中科创业收购上海中科算了,那就等于是公司的了。”虽然成了上海中科的全资股东,但康达尔仍然没有发言权,实际上还游离在体制外循环。吕梁当时的解释是,中科创业与上海中科是两个独立法人,上海中科是董事会管的,深圳经营班子只管康达尔公司的生产经营。目前,上海中科仍深陷吕梁主政时期的融资纠纷。丁福根说,他和庞博直接受吕梁的指令,其主要工作就是融资和传达股票买卖指令,以及不断成立新公司建立新的融资平台。

谁来为“中科事件”买单?这是一个最为核心的问题,“中科系”已经不复存在了,而那庞大的54亿元融资犹如一柄利剑,血淋淋地刺在利益各方的胸口。丁福根在法庭上说,“股票投资是双方的共同投资,风险由双方控制”。

这不是一个答案,但还有其他的解答吗?

第二节 德隆事件

德隆事件是指2004年4月曾经是中国最大民营企业的德隆集团的股票崩盘。德隆集团是一家当初被人们称作“股市第一强庄”,旗下拥有177家子公司和19家金融机构的巨型企业集团。

一、德隆事件的背景

1986年,德隆创建于新疆乌鲁木齐。2000年初,德隆在上海注册了德隆国际战略投资有限公司,注册资本为人民币5亿元。经过十多年的发展,德隆逐渐形成了以传统产业的区域市场、全球市场为基础的重组和整合能力。德隆在十年间涉足的领域涵盖制造业、流通业、服务业、金融业和旅游业等十几个行业。公司拥有新疆屯河集团有限责任公司、湘火炬投资股份有限公司、沈阳合金投资股份有限公司三家全资公司，并参股20余家公司。2002年，这些公司实现了销售收入40亿元，上缴利税4.5亿元的辉煌战绩，德隆国际的总资产超过200亿元。然而，德隆在实施并购过程中，由于规模扩张过快，最终导致了资金链断裂，并陷入了财务危机。德隆在鼎盛时期，股价居高不下，股权盘根错节，资产状况神秘。德隆的不断参股和扩张，导致在危机前参股达200余家公司。这些公司的资产状况并不好，有的只可以勉强维持，有的资不抵债。德隆的目标是实现产业整合，创造德隆模式，但这种模式却是建立在不断扩张和资金充裕的基础上的，最终其并没有实现产业整合的目标。

就融资规模而言，德隆在中国的企业界独一无二，而德隆是凭借合法与不合法的融资方式成为庞大的企业集团的。2004年4月13日，德隆系“老三股”之一的合金投资(000633)高台跳水，德隆开始步入危机。次日，新疆屯河和湘火炬也相继跌停。在短短一周时间内，德隆股票彻底崩盘，流通市值缩水高达60亿元以上。在随后的4个月内，3只股票就将过去5年的涨幅化为乌有，流通市值从最高峰的206.8亿元跌到2004年5月25日的50亿元，蒸发了156亿元之多，超过当时沪、深股市总市值的1%。事实上，在2004年初，德隆资金链就非常吃紧，已经无力为旗下股票重金护盘，反而开始放盘出逃。在各界的质疑下，银行开始注意到风险，切断了对德隆的资金供应。德隆随即全线崩溃。

统计新疆屯河、湘火炬、沈阳合金3家公司的主营业务收入的增长速度，可以看到，新疆屯河在7年的时间里业务扩大到原来的20倍，年均增加近3倍；沈阳合金在6年的时间里业务规模扩大到原来的22倍，年均增加近4倍；而表现最为抢眼的湘火炬，同样在6年的时间里主营业务收入竟增长了140倍，年均增加超23倍。这种发展速度的背后却是净利润率的下降，新疆屯河净利润率7年中由27%下降到5.5%，沈阳合金从23%下降到6%，湘火炬由18%下降到2.15%，这种没有效率的激进式扩张无疑极大占用了宝贵的资源。

德隆的“老三股”8年间共实施了3次配股，募集资金8.7亿元，而上市公司则成了其向银行贷款和进行股权质押担保贷款的平台。德隆控股的上市公司共有6家，除了“老三股”外，还有北京中燕、重庆实业和天山股份。德隆系上市公司的资金黑洞超过50亿元。

二、德隆事件的危机概况

(一)危机爆发

德隆危机源于2000年12月“中科事件”和2001年4月“郎咸平炮轰德隆”后发生的金信信托挤兑风波，随后这种风波又发生了3起，最终导致2004年4月13日德隆系股票崩盘，巨人倒下。

金信信托挤兑，要不要救？德隆内部曾经有过激烈的争论。按照当时实际情况，德隆系企业——屯河投资、重庆实业持有的金信信托股权不足20%，金信信托挤兑风波蔓延与否，对德隆几乎没有太大的影响，但在德隆国际15人的董事会上，唐万新却提议挽救金信信托。唐万新认为，在金信信托委托理财中受损的客户主要是新疆企业，而这些企业对新疆的开发和建设举足轻重，从情感上讲，对不起家乡父老；另外，德隆的产业布局、财务结构及盈利状况足以拯救金信信托；还有，可以此为契机，扩大融资渠道，全面进入金融业，打造中国本土第一金融品牌，改变德隆在中国股市上“庄家”的形象。董事会最终通过了唐万新的提案。虽然挤兑风波得以平息、金信信托得救了，但由于“豪情、仗义”之举和过高估计了自己的实力等缘故，德隆从此走向了资金链紧张和全面危机的不归之路。此后，德隆全面挺进金融业，但从某种意义上说，拯救金信信托是德隆历史上最大的战略决策失误之一。

金信信托的第一次挤兑风波成为德隆发展的分水岭。之前德隆系企业经营规范、运转良好，但之后就开始扭曲和不正常了。之前除重庆实业、ST 中燕主业未完全确定外，其他 4 家上市公司主业突出、负债率低、利润丰厚，非上市的实业企业现金流充足、经营稳健；之后德隆大举进入金融领域，并购金融机构，由 2 家发展到 14 家，把其做实业的 44 亿元资本(其中包括股权投资 7.8 亿元、上市公司 20 亿元和其他实业投资 16.2 亿元)通过国债回购的方式进入金融业，致使德隆实业实力大伤，不堪重负。之前德隆系企业正朝着规范化、精细化方向发展，而之后则管理粗放，员工人心涣散、自信心减弱、效率低下，员工绩效主要以融资量考核评价为核心。到 2001 年底，通过长期的运作，德隆系“老三股”的股价上涨幅度全部超过 1 000%，其中沈阳合金涨幅更是超过了 1 500%。绳索在德隆的脖子上越套越紧，股票一旦崩盘，德隆将遇灭顶之灾。正是这种接近于自残的非常规之举，使德隆赢得了“中国第一庄”的名声。

(二)危机继续

2002 年 1 月～2003 年 3 月是德隆历史上最为繁忙的阶段：友联管理的组建和运营，揭开了德隆金融混业经营战略序幕，金融领域的全面进入、畜牧产业的大举投入、农资超市大规模布网、旅游产业整合计划，这 4 件大事同时进行，消耗了大量的人力、财力和物力，使德隆的危机进一步恶化，处于悬崖边上。2002 年元旦，在上海浦东信息大厦金信信托驻所，德隆国际执委召开会议，议题是成立一家金融混业经营战略管理机构，这就是后来的“友联管理研究中心有限公司”。友联管理下辖 6 个部门，目标是探索中国金融混业经营模式，研究提供综合金融产品业务的可能性。2002 年 5 月，德隆在国家工商局注册成立了德农超市有限公司，专注于农业生产资料分配领域的投资和经营，以新型的农资连锁超市和连锁便利店为零售业务，致力于在中国广大农村建立一个有庞大的、现代化的、高效运营的农资分销网络的战略投资和管理公司。公司致力于成为中国最大的农资连锁零售企业，成为中国农村的“沃尔玛”。同时，选择农业大省山东省为试点规划建设农资超市。

2002 年 6 月，德隆通过其关联公司上海创基、上海华岳、上海新启业、北京润智、北京中级 5 家公司控股云南英贸集团，间接成为昆明市商业银行总计持股近 30%的大股东。9 月，德隆通过湘火炬旗下的火炬汽配进出口有限公司出资 2 000 万元，占株洲市商业银行增资扩股后总股本的 11.73%。与此同时，德隆想染指长沙市商业银行，却最终未能如愿。随后，德隆对南昌市商业银行增资入股，以德隆国际的名义出资 4 000 万元拿到该行 12.12% 的股份，成为排名第 3 位的股东。2002 年 9 月，德隆成立德隆畜牧业投资有限公司，拟投资 25 亿元，致力于开发新疆辽阔的天然牧场资源。之后，经过前期的调研分析和规划，2003 年 3 月中旬，德隆国际成立了德隆旅游集团筹备组，同时明确由深圳明斯克公司总经理刘晓疆出任该集团董事长一职，一方面整合德隆旗下旅游资源，另一方面由投资管理部在国内进行旅游企业的并购，德隆为此与江西井冈山、龙虎山、贵州黄果树景点进行过并购洽谈。在进行旅游资源并购的同时，德隆也开始对这些资源销售进行平台整合，旅游产业整合的完成需要投资 30 亿元。

2003 年 6 月，德隆自称为历史上经营最好的时刻，没有逾期欠款，银行账户可支配现金约 11 亿元。但危机的到来常常开始于无理性，德隆长期以来都偏好高风险的筹资模式。2003 年 9 月 29 日，在全国工商联成立 50 周年论坛上，德隆表示“再有 3～5 年，德隆将进入世界 500 强”，“德隆是做产业的，而不是做企业的”。德隆的思想是借助中国资本市场的力量，对没有形成垄断的，尤其是在全球市场没有形成高度垄断的产业，进行市场重组。

从2003年7月起，德隆的核心——德隆国际、中企东方、友谊管理开始裁员，并发生工资拖欠现象，这是德隆危机的先兆。2004年春节之后，越来越多的德隆精英雇员开始被迫离职，并在5月底达到高潮。2003年10月之前，德隆中层管理人士还可以从德隆获得45万元的无息贷款，其中30万元用于个人买房，10万元用于购车，但是10月之后，这项政策突然取消。2003年10月27日，啤酒花董事长外逃，导致啤酒花股票崩盘，与之有担保关系的公司，包括友好集团、天山股份、汇通水利、屯河投资、新疆众和、天利高新、广汇股份等也均出现了大幅的下跌，甚至整个新疆板块都惨遭跌停的厄运。11月18、19日，德隆董事局和3个执委在上海召开扩大会议，紧急磋商即将爆发的危机。

2003年10月5日～2004年1月15日，德隆各金融机构均发生挤兑现象，资金头寸全面告急。虽然，作名著名QFII之一的花旗环球金融有限公司在2003年12月16日买入了新疆屯河30万股，并表示将继续买入，但是12月31日，德隆"老三股"中的湘火炬、新疆屯河在前一个交易日拉出最后一根无力的阳线后，便与大盘反向而行，开始了漫漫阴跌的走势。2003年合金投资总资产为20亿元，净资产为5.4亿元，但根据合金投资2004年3月19日发布的公告，合金投资的担保累积总额为63 805万元，相当于公司2002年底净资产的135.15%。根据湘火炬2003年年度报告，湘火炬总资产为101.57亿元，净资产13.04亿元，2003年底累计担保超过18亿元，相当于公司净资产的140%。2004年1月4日，德隆董事局在海口召开扩大会议，一是研究德隆引入海外战略投资机构的有关事宜，美国最大的机电基金拟入股10亿美元，占德隆在金融和实业领域持有企业股权金额的44%；二是作出纵有损失也要将"老三股"股票抛出的秘密决定。1月15日，德隆与美国机电基金草签合作协议书；2月上旬，美国机电基金开始尽职调查。

2004年4月13日，前身为陕西信托投资公司的健桥证券，首先抛售合金投资股票，当日合金投资股票跌停。第二天，"老三股"全线下挫跌停，德隆危机全面爆发。

（三）全力自救

2004年4月19～24日，由德隆金融负责人李强牵头，发动所有的德隆机构和员工加入买盘行动，开展自救，购买"老三股"股票：部门经理10 000股，普通员工1 000股，计入年终考核的任务指标。自2004年4月15日起，德隆债权人蜂拥至上海德隆大厦。从2003年10月的"啤酒花"事件和随之而来的宏观调控起到2004年4月30日止，德隆系公司再未获得过银行的贷款支持，而且其间向银行还款17.3亿元，这对具有一定规模的产业金融集团公司，不管是民营企业还是国有企业均是灾难性的，发生资金链紧张甚至断裂几乎是必然的。

2004年5月1～15日，是一段难熬的"真空期"。5月15日之后，风云突变，上海、云南、湖南、沈阳、新疆等地方政府的公检法分别在上海、新疆等地查封德隆资产并准备对相关人员进行逮捕。

2004年5月16～28日，德隆开始进行积极自救：所有下属金融、实业机构的负责人，负责查实德隆的资产负债状况并进行资产重组，寻找战略投资人；收缩战线，调整机构。5月28日，新德隆成立，搭建了以唐万里为董事局主席的新领导班子。

2004年7月26日，德隆的建议稿《市场化解决德隆问题的整体方案》连同厚达一尺左右的相关附件，被递交到了中国人民银行和银监会；至8月13日，三易其稿。《市场化解决德隆问题的整体方案》中指出："截止到2003年底，德隆年销售收入超过400亿元，年纳税额近20亿元，现有员工5.7万余人，为社会提供了27万个就业岗位，解决了包括新疆农牧民在内的100多万人的生计。"德隆提出，希望"通过国家支持，按照市场化原则，在监管机构和债权人委员会的严格监督下，集中管理、统一调用德隆资源，通过引进战略投资人恢复市场信用，盘活资产，在运营中清偿债务”。

德隆将重组策略切分为实业和金融两方面。其中，实业中剔除了上市公司的生产性贷款后，德隆“生产型企业的银行负债总额约为35.7亿元，资产净值为49.2亿元”。德隆认为，其控股的上市公司的资产质量完全可以支持自身生产性贷款的偿还。各上市公司和德隆关联的12.7亿元的债权，目前已由德隆用5.5亿元的资产偿还，其余7.2亿元继续用以资抵债或以相机出售的资产给予弥补，或以德隆非上市公司的优良资产置换到上市公司，切实改善上市公司资产负债结构；德隆金融债务高达300亿元，可通过关联交易和债转股等方式处理，当时已经完成了238亿元债务的意向性处置。

2004年8月26日，德隆国际、新疆德隆、新疆屯河及华融分别作为合同的甲乙丙丁方签订了一份资产托管协议。根据协议规定，德隆将其2004年8月31日合法拥有的全部资产不可撤回地全部托管给华融，由华融全权行使德隆全部资产的管理和处置权利。但该协议所涵盖的主要是德隆的实业资产，没有涉及金融资产。2004年9月17日，唐万新主笔拟就了又一份方案，题为《用创新的市场化手段彻底解决德隆危机的整体方案》，方案中抛出了偿还德隆300亿元债务的解决途径：先将德隆的实业与金融分开，将德隆实业承担银行债务（约37亿元）后的余额质押给资产管理公司，通过资产管理公司提供30亿元过桥贷款，用于解决金融个人债务。然后，再利用金融资产余额解决25亿元负债，市场消化（机构客户债转股）100亿元，重组方消化55亿元，股票出售变现50亿元，最后由德隆通过处置资产偿还过桥贷款。2004年9月18日，合同中的甲乙丙方分别在三地向作为丁方的华融进行了公章、财务资料的交割。根据合同，德隆作为被托管方，仍享有资产所有权和收益权。在资产和负债处置权上，华融全权代理，而对它的回报是：“按照托管资产处置回收金额和抵债金额或债务减免金额的1%，收取报酬。”

2004年12月14日，武汉市检察院以“涉嫌非法吸收公众存款”为由，签发了对德隆核心人物唐万新的逮捕令。12月16日，在4名武汉公安的看押下，唐万新离开被监视的居住了近5个月的北京中苑宾馆，乘火车南下汉江，受羁于武汉市第二看守所。德隆旗下的德恒证券、金信信托、伊斯兰信托等金融机构的约10名高管也被逮捕。

三、德隆事件的原因分析

首先，高速发展缺乏业绩支撑，德隆没有依托主业进行发展，也没有培育主业的核心竞争优势，而是盲目进行扩张。在资本市场筹集资金方面，德隆谋求通过坐庄在资本市场赚取价差。德隆的产业政策模糊，公司在进行产业整合过程中，德隆在多数领域并不具有优势，分散的产业领域加大了整体经营的难度。

其次，德隆的资金链条隐蔽性强、牵涉面广，德隆旋风般控制湘火炬等三家上市公司，反映了民营企业对于资本市场的灵敏度。德隆的手法看似技高一筹，其实蕴含巨大风险。它的典型手法是：通过二级市场收集“老三股”，拉高股价，然后利用高股价进行抵押贷款，贷款后再进行实业收购。但是风险已经在这个过程中积累起来，因为抵押贷款及坐庄的成本已远远高于实业的盈利。

最后，缺乏有效的金融支持。我国民营企业的融资渠道一直不畅，在间接融资上，民营企业得到银行信贷的支持相对来说难度较大。在直接融资方面，主板市场主要向国有大中型企业倾斜，中小企业板在2004年才设立。融资渠道的短缺也是造成德隆失败的重要原因之一。

第三节　大庆联谊财务欺诈案例

2006年1月1日，新《中华人民共和国审计法》颁布实施，其中一个重大修订是进一步明确了经济责任审计的合法地位。如何明确或解除国有及国有控股企业领导人的公共受托经济责任，是摆在广大国家审计机关面前的一项重大课题。大庆联谊重大违纪案例虽然已经过去一些年头，但是其失败的教训是令人深思的。

一、背景介绍与案情

大庆联谊（现*ST联谊）的全称为大庆联谊石化股份有限公司，股票代码为600065。大庆联谊石化股份有限公司是于1993年10月8日，经黑龙江省原经济体制改革委员会黑体改复〔1993〕495号文批准，由大庆市联谊石油化工总厂将其所属的助剂厂和污油净化厂生产经营性资产折价入股，并联合大庆市油脂化工厂、大庆市大同区林源建材公司两家单位共同发起，以定向募集方式设立的股份制企业。1993年12月20日公司正式成立，注册资本11 000万元；大庆联谊于1997年4月30日，公开发行股票共筹资金48 100万元（已扣除发行费用）；1997年5月23日，大庆联谊在上海证券交易所上市流通；1998年5月，大庆联谊石化股份有限公司职工的一封信送到中国证券监督管理委员会，举报该公司董事长薛永林等挪用股票向省、市领导行贿和贪污等问题；1998年10月，大庆联谊石化股份有限公司职工数人联名向尉健行同志上书，强烈要求严查薛永林等人的问题；2000年4月27日，大庆联谊公告，公司受中国证监会处罚。

大庆联谊作为一家石油化工企业，其经营业务以石油炼制、石油开采及石化产品生产、加工、运销为主，同时进行石化产品的综合开发利用及多种经营。公司生产的产品主要以汽油、柴油、石脑油、蜡油、渣油、石油液化气为主，这些是化工、能源、农业、轻工、纺织等行业的优质原材料和燃料动力，产品销售市场广阔，盈利率很高。产品主要供应黑龙江、辽宁、吉林等省，并在全国大城市设有多个销售网点。大庆联谊股份有限公司自创立以来，依托股份制企业的机制优势，在公司广大员工的努力开拓下，经济效益连上台阶，1996年主营业务收入58 732.4万元，利润总额9 688.7万元，分别比1994年增长67.88%和93.93%。据其招股说明书中披露，大庆联谊1994～1996年主营业务收入分别为349 839 015元、558 591 397元和587 324 414元，税前利润分别为49 956 119元、87 562 424元和96 887 263元，显示了其良好的经营业绩和发展势头。

据调查，大庆联谊石化有限公司在1997年发行上市前所编制的1994年、1995年、1996年会计报告虚增利润16 176万元人民币，并将大庆市国税局一张400余万元的缓缴税款批准书涂改为4 400余万元。上述虚构利润、虚假文件内容载入了大庆联谊1997年4月26日公布的招股说明书和随后公布的上市公告书中。大庆联谊招股时虚报利润1.6亿多元。当初发行5 000万股，与1.6亿元的虚增利润进行对比，可以看出业绩非常好，利润非常高，这就给股民造成错觉，投资大庆联谊会获得丰厚的回报，诱使股民做出错误的投资判断。该股开盘价每股将近10元左右，后一路攀升，最高时到34元左右；随后又一路下跌，致使股民遭受了严重损失；且1997年上市时虚增利润2 800余万元。此外，大庆联谊的募集资金未按招股说明书披露的投向使用。4.3亿元募集资金未按招投说明书中的承诺用于齐齐哈尔富拉尔基油田等四个建设项目，而是注入证券公司用于炒股和申购新股，导致公司的发展计划失败。同时，大庆联谊还以28个虚拟大户的名义，从500万股职工股中买下200万股，按照“股票对外发放明细表”将这些股票送给在上市中给予过帮助和今后对企业发展有用的单位和个人，总计送出94.15万股，76个单位、179人接受了好处，股票溢价款达1 094万元。在这个过程中，公司高层贪污侵占额高达200余万元。

由于大庆联谊欺诈上市、违规挪用资金以及发布虚假财务报告信息，加之涉嫌违反党纪法纪，因此是一起相当严重的股市案件。为了尽快制止大庆联谊的违法行为，中国证监会对大庆联谊的造假违法行为进行了严肃查处。据报道，以薛永林为首的公司有关领导和经办人，存在严重的贪污、侵占、挪用等违法犯罪行为，均受到了法律的制裁。中央、国家机关和黑龙江省有关部门个别党员干部也因违反规定购买股票、接受股票溢价款受到党纪政纪处分。2000年3月31日，中国证监会对大庆联谊处以警告处分。截至2003年8月25日，被誉为“中国股市索赔第一案”的大庆联谊案如期在哈尔滨市中级人民法院开庭审理。

二、原因分析与失败教训

大庆联谊上市之前便造假，在上市流通后由于没有正确实施其投资战略，导致公司的良好发展前景受挫，最后引发一系列危机，而大庆联谊也由一家业绩颇佳、前途光明的上市公司，演变为一家造假性质恶劣、困难重重的企业，其失败的教训发人深省。总的来说，大庆联谊失败的原因及其重要启示有如下几方面。

(一)法制观念淡薄、欺诈上市，导致公司陷入被动局面

对我国接连发生的上市公司造假案件，不少业内外人士颇感惊讶的是不少上市公司，只要一上市就出问题。而大庆联谊造假的性质更是恶劣，该公司管理高层知法犯法，法制观念极其淡薄，竟然伪造上市材料，欺诈上市，给社会带来不良影响。本来作为一家业绩颇佳、前途光明的企业，大庆联谊没有必要欺骗公众，只要该公司能够严格按照预定的发展计划规范运作，其发展前景是很好的。但是据调查，由于该公司高层自身存在诸多问题，发展资金被非法用于所谓的社会公关项目中，而公司的管理也是陷入混乱之中。由于缺少公司发展资金，该公司的正常经营活动根本无法开展，因此大庆联谊陷入困境。由此，给我们的启示是：公司管理层的诚实守法，是整个公司健康发展的保障。

(二)投资战略实施受挫，导致其发展后劲不足

战略事关一个企业的发展方向和未来命运。因此，作为一家现代化企业，应当根据企业的外部环境和内部条件，适时实施正确的发展战略，否则，公司的发展就会陷入迷茫之中。本来作为高盈利率的石油化工企业，大庆联谊只要能正确实施其招股说明书中的发展计划，该公司的未来发展道路应该是很光明的。但是，令人惋惜的是，大庆联谊的公司高层不但没有认真地研究公司的发展战略，而且没有按照公司预定的投资计划实施有效的发展战略。据报道，大庆联谊在上市后，未能把有限的募集资金用于公司的投资计划中，4亿元资金被公司管理高层随意挪用，导致该公司无法实施预定的投资计划，最终导致其发展后劲不足，主业受挫，面临生存危机。我们知道，作为一家企业，其生存与发展的根本保证在于公司的盈利率，由于大庆联谊的资金大量被无效益地挪用，其经营业绩的下滑是早晚的事。正是由于该公司高层根本没有认真研究过公司的长远问题，导致大庆联谊失去了快速成长的有利契机。由此，给我们的启示为：任何一家企业，如果不能事前认真研究其长远的投资战略，一旦企业步入了不健康的发展道路，不管它以前的业绩是好是坏，其未来之路都将是很危险的。

(三)证券监管机制失灵、中介机构执业水平偏低,导致其造假得逞

据分析,我国在证券监管的早期,由于各项配套措施的建设进展缓慢,存在诸多漏洞,这也是我国上市公司造假案件多发的时期。当然,到目前为止,我国证券监管的体系已经逐步科学化和规范化了,因此,近期上市公司出问题的现象大大减少了,这是个可喜的进步。而大庆联谊的造假案件出现在1997年,由于当时我国的证券中介机构,尤其是注册会计师,存在风险意识淡薄、道德水准偏低和专业能力不强的问题,加之当时我国的会计师事务所和审计事务所的管理体制中的先天不足,这给了大庆联谊造假可乘之机。由此,给我们的启示为:证券中介机构是广大投资者利益的守护神,提高这些机构的执业水平和道德素质具有重要的现实意义。同时,在任何时候,证券监管决不能掉以轻心。

(四)政府行为不规范、政企不分,导致公司治理机制混乱

如前分析,政府的过分干预,也是大庆联谊出现问题的重要原因之一。本来,作为一家上市公司,更应该严格按照现代企业制度的要求来建立和健全公司的治理机制,政府不应该过分干预企业行为。但是,在这起严重的造假案中,极少数的政府官员扮演了极其不光彩的角色,有的甚至还参与造假,这种现象的确令人担忧。由于大庆联谊根本未能严格按照现代企业制度的要求建立和健全公司治理机制,公司发展迷失了方向,最终陷入困境。当然,法律是无情的,造假者与违纪者终究未能逃脱应有的制裁。由此,给我们的启示为:作为一家上市公司,应该建立和健全现代企业制度,以保证其健康运行,而作为地方政府,应该尽可能地减少对企业事务的盲目干预。同时,地方政府应该帮助企业及时建立一种良好的诚实经营机制,带头遵纪守法,以维护我国证券市场的健康秩序。

三、大庆联谊股票暂停上市及申请恢复上市的基本情况

大庆联谊2003~2005年连续3年亏损。2006年3月2日,上海证券交易所根据《股票上市规则》的有关规定,决定自2006年3月10日起暂停其股票上市。

2007年4月28日,大庆联谊披露了经审计的年度报告,该报告显示2006年公司盈利。2007年5月11日,大庆联谊提出了恢复股票上市的申请,2007年5月18日,上海证券交易所正式受理该申请。

2007年11月9日,上海证券交易所上市委员会召开会议,对大庆联谊恢复股票上市的申请进行了审核,但该申请没有获得上市委员会同意。2007年12月5日,上海证券交易所根据上市委员会审核意见,作出了《关于对大庆联谊石化股份有限公司股票终止上市的决定》,决定自2007年12月13日起终止大庆联谊股票上市。

根据《上海证券交易所股票上市规则》的有关规定,上市公司被暂停上市后,如在法定期限内披露了最近一期年度报告,且经审计的年度财务会计报告显示公司盈利的,公司可在规定时间内以书面形式向上海证券交易所提出股票恢复上市申请。但是,经审计的年度财务会计报告显示公司盈利,仅是公司申请恢复上市的前提,在上市审核中,上海证券交易所上市委员会的参会委员仍会对显示的"公司盈利"的真实性进行讨论审核,提出合理怀疑,作出独立判断,进而形成是否同意的审核意见。

上海证券交易所对大庆联谊股票恢复上市审核十分慎重,为保证审核工作的专业性与权威性,选定了来自会计界及法律界的资深专家担任审核委员,参加审核会议的7位委员中,有6位是我国会计领域的专业人士。与会的委员对大庆联谊2006年度盈利的真实性十分关注,认为其2006年度盈利主要系冲回公司原控股股东占用公司资金所致的巨额坏账准备,其实质

为将有关"债务重组"事项人为设计为"代为清偿"和"债务转移"两笔交易,明显违反当时的《企业会计制度》不允许确认债务重组收益的规定,由此认为大庆联谊2006年度盈利缺乏真实性。与会的委员注意到,截至2006年末,大庆联谊历年累计未弥补亏损达6亿多元,其财务状况未发生实质性变化;其所称的资产重组方案不断变化,相关重组没有实质性进展。与会委员经充分讨论并表决,一致否决了大庆联谊股票恢复上市的申请。上海证券交易所根据上市委员会的审核意见,作出了终止大庆联谊股票上市的决定。

第四节　银广夏案例

银广夏公司全称为广夏(银川)实业股份有限公司,现证券简称为*ST广夏(000557)。于1994年6月上市的银广夏公司,曾因其骄人的业绩和诱人的前景而被称为"中国第一蓝筹股"。2001年8月,《财经》杂志发表"银广夏陷阱"一文,银广夏虚构财务报表事件被曝光。专家认为,天津广夏向德国诚信贸易公司出口的为"不可能的产量、不可能的价格、不可能的产品"。以天津广夏萃取设备的产能,即使通宵达旦运作,也生产不出所宣称的产品数量;天津广夏萃取产品出口价格高到近乎荒谬;对德出口合同中的某些产品,根本不能用二氧化碳超临界萃取设备提取。

一、银广夏事件的疑点

(1)利润率高达46%(2000年),而深、沪两市农业类、中草药类和葡萄酿酒类上市公司的利润率鲜有超过20%的。

(2)如果天津广夏宣称的出口属实,按照我国税法,应办理几千万的出口退税,但年报里根本找不到出口退税的项目。2000年,公司工业生产性收入形成毛利5.43亿元,按17%的税率计算,公司应当缴纳的增值税至少为9 231万元,但公司披露2000年末应交增值税余额为负数,不但不欠,而且还没有抵扣完。

(3)公司2000年销售收入与应收款项保持大体比例的同步增长,货币资金和应收款项合计与短期借款也保持大体比例的同步增长,考虑到公司当年销售及资金回笼情况并不理想,显然公司希望以巨额货币资金的囤积来美化销售及回款情况。

(4)签下总金额达60亿元合同的德国诚信公司只与银广夏单线联系。据称其是一家百年老店,事实上却是注册资本仅为10万马克的一家小型贸易公司。

(5)原材料购买批量很大,都是整数吨位,一次购买上千吨桂皮、生姜,用整个厂区恐怕都放不下,而库房、工艺不许外人查看。

(6)萃取技术会用到高温、高压,高耗电,但水电费1999年仅20万元,2000年仅70万元。

(7)1998年及之前的财务资料全部神秘"消失"。

二、案件处理及回顾

2002年5月,中国证监会对银广夏的行政处罚决定书认定,公司自1998年至2001年期间累计虚增利润77 156.70万元,其中:1998年虚增1 776.10万元,且由于主要控股子公司天津广夏1998年及之前年度的财务资料丢失,利润真实性无法确定;1999年虚增17 781.86万元,实际亏损5 003.20万元;2000年虚增56 704.74万元,实际亏损14 940.10万元;2001年1～6月虚增894万元,实际亏损2 557.10万元。从原料采购到生产、销售、出口等环节,公司伪造了全部单据，包括销售合同、发票、银行票据、海关出口报关单和所得税免税文件。2001年9月后，因涉及银广夏利润造假案，深圳中天勤这家审计了最多的上市公司财务报表的会计师事务所实际上已经解体。财政部也于9月初宣布，拟吊销注册会计师刘加荣、徐林文的注册会计师资格；吊销中天勤会计师事务所的执业资格，并会同证监会吊销其证券、期货相关业务许可证；同时，将追究中天勤会计师事务所负责人的责任。

据庭审记录，1999年11月，原天津广夏董事长董博接到了广夏（银川）实业有限公司财务总监、总会计师兼董事局秘书丁功民的电话，要求他将每股的利润做到0.8元。之后董某便进行了相应的计算，得出天津广夏公司需要编造多少利润，进而根据这一利润，计算出天津广夏需要多大的产量、多少的销售量以及购多少原材料等数据。1999年的财务造假从购入原材料开始，董博虚构了北京瑞杰商贸有限公司、北京京通商贸有限公司、北京东风实用技术研究所等单位，让这几家单位作为天津广夏的原材料提供方，虚假购入萃取产品的原材料蛋黄粉、姜、桂皮以及产品包装桶等物，并到黑市上购买了发票、汇款单、银行进账单等票据，从而伪造了这几家单位的销售发票和天津广夏发往这几家单位的银行汇款单。有了原材料的购入，也便有了产品的售出，董博伪造了总价值达5 610万马克的货物出口报关单4份、德国捷高公司北京办事处支付的金额达5 400万元的出口产品货款的银行进账单3份。为完善造假过程，董博又指使时任天津广夏萃取有限公司总经理的阎金岱伪造萃取产品生产记录。于是，阎金岱便指使天津广夏职工伪造了萃取产品虚假原料入库单、班组生产记录、产品出库单等。最后，董博虚构天津广夏萃取产品出口收入23 898.60万元。该虚假的年度财务报表经深圳中天勤会计师事务所审计后，并入银广夏公司年报，银广夏公司向社会发布的虚假净利润高达12 778.66万元。2000年，财务造假行动继续进行，只是此次已不再需要虚构原材料供货方。依旧是接受了丁功民的指示，董博伪造了出口销售合同、银行汇款单、销售发票、出口报关单及德国诚信贸易公司支付的货款进账单，同时，同样指使了天津广夏职工伪造了虚假财务凭证。结果，2000年天津广夏共虚造萃取产品出口收入72 400万元，虚假年度财务报表由深圳中天勤会计师事务所审计，注册会计师刘加荣、徐林文签署无保留意见后，向社会发布虚假净利润41 764.6 431万元。2001年初，为进一步完善造假程序，董博虚报销售收入，并从天津市北辰国税局领购增值税专用发票500份。除向正常销售单位开具发票外，董博指使天津广夏公司职员付树通以天津广夏公司名义向天津禾源公司（系天津广夏公司萃取产品总经销）虚开增值税专用发票290份，价税合计22 145.659 4万元，涉及税款3 764.761 9万元，后以销售货款没有全部回笼为由，仅向北辰区国税局缴纳“税款”500万元。2001年5月，为进行中期利润分红，银广夏总裁李有强以购买设备为由，向上海金尔顿投资公司借款1.5亿元打入天津禾源公司，又以销售萃取产品回款的形式将钱打回天津广夏账户，随后其中1.25亿元以天津广夏利润的形式上交广夏公司。据董博当庭供述，在造假过程中，部分财务单据及所涉及的银行公章，是其在电脑上制作出来的。这样，依据庭审及起诉书，银广夏造假是一个由李有强同意、丁功民授意、董博实施、阎金岱协助，以及刘加荣、徐林文“明知”有假而不为的案件。

附录:股市常用术语

简略为读者介绍一些股市中的常用术语,便于读者投资交易。特别指出,股市交易规则规定每次买入必须是100股的整数倍,即要有能买100股的资金。

1. 利多:对于多头有利,能刺激股价上涨的各种因素和消息,如银行利率降低、公司经营状况好转等。

2. 利空:对于空头有利,能促使股价下跌的因素和信息,如银根收紧、利率上升、经济衰退、公司经营状况恶化等。

3. 牛市:股市前景乐观,股票价格持续上升的行情。

4. 熊市:股市前景暗淡,股票价格持续下跌的行情。

5. 多头:投资人预期未来价格上涨,以目前价格买入一定数量的股票等价格上涨后,高价卖出,从而赚取差价利润。特点为先买后卖的交易行为。

6. 空头:投资人预期未来行情下跌,将手中股票按目前价格卖出,待行情下跌后买进,获得差价利润。其特点为先卖后买的交易行为。

7. 反弹:股票价格在下跌趋势中因下跌过快而回升的价格调整现象。回升幅度一般小于下跌幅度。

8. 盘整:通常指价格变动幅度较小、比较稳定,最高价与最低价之差不超过2%的行情。

9. 死空头:总是认为股市情况不好,不能买入股票,股票会大幅下跌的投资者。

10. 死多头:总是看好股市,总拿着股票,即使被套得很深,也对股市充满信心的投资者。

11. 多翻空:多头确信股价已涨到顶峰,因而大批卖出手中股票成为空头。

12. 空翻多:空头确信股价已跌到尽头,于是大量买入股票而成为多头。

13. 短多:短线多头交易,长则两三天、短则一两天,操作依据是预期股价短期上涨。

14. 斩仓(割肉):在买入股票后,股价下跌,投资者为避免损失扩大而低价(赔本)卖出股票的行为。

15. 套牢:预期股价上涨而买入股票,结果股价却下跌,又不甘心将股票卖出,被动等待获利时机的出现。

16. 坐轿:预期股价将会大涨,或者知道有庄家在炒作而预先买进股票,让别人去抬股价,等股价大涨后卖出股票,自己可以不费多大力气就能赚大钱。

17. 抬轿:认为目前股价处于低位,上升空间很大,于是相信买进是坐轿,殊不知自己买进的价并不低,不见得就能赚钱,其结果是在替别人抬轿子。

18. 多杀多:投资者普遍认为股价要上涨,于是纷纷买进,然而股价未能如期上涨,之后竞相卖出而造成股价大幅下跌。

19. 热门股:交易量大、换手率高、流通性强的股票,特点是价格变动幅度较大,与冷门股相对。

20. 对敲:是股票投资者(庄家或大型机构投资者)的一种交易手法。具体操作方法为在多家营业部同时开户,以拉锯方式在各营业部之间报价交易,以达到操纵股价的目的。

21. 筹码:投资人手中持有的一定数量的股票。

22. 踏空:投资者因看空后市而卖出股票,但该股却一路上扬;或未能及时买入,因而未能赚得利润。

23. 跳水:指股价迅速下滑,幅度很大,超过前一交易日的最低价很多。

24. 诱多:股价盘整已久,下跌可能性渐大,“空头”大多已卖出股票后,突然其将股票拉高,误使“多头”以为股价会向上突破,纷纷加码,结果“空头”由高价惯压而下,使“多头”误入陷阱而套牢。

25. 诱空:即多头主力买进股票后,再故意将股价做低,使空头误信股价将大跌,故纷纷抛出股票错过获利机会,误入多头的陷阱。

26. 骗线:利用技术分析的划线原理,在想出货的时候,先形成有利的线条,使依靠技术分析的人误以为会涨而买进。

27. 阴跌:指股价进一步退两步,缓慢下滑的情况,如阴雨连绵,长期不止。

28. 停板:因股票价格波动超过一定限度而停止交易,其中因股票价格上涨超过一定限度而停止交易叫涨停板,因股票价格下跌超过一定限度而停做交易叫跌停板。目前国内规定A股涨跌幅度为10%,ST股为5%。

29. 洗盘:是主力操纵股市、故意压低股价的一种手段,具体做法是,为了拉高股价获利出货,先有意制造卖压,迫使低价买进者卖出股票,以减轻拉升压力,通过这种方法可以使股价更容易拉高。

30. 平仓:投资者在股票市场上卖出股票的行为。

31. 换手率:即某股票成交的股数与其上市流通股总数之比。它说明该股票交易活跃程度,尤其当新股上市时,更应注意这个指标。

32. 现手:当前某一股票的成交量。

33. 平开:某股票的当日开盘价与前一交易日收盘价持平的情况称为开平盘,或平开。

34. 低开:某股票的当日开盘价低于前一交易日收盘价的情况称为低开。

35. 高开:某股票的当日开盘价高于前一交易日收盘价的情况称为高开。

36. 内盘:以买入价成交的交易,买入成交数量统计加入内盘。

37. 外盘:以卖出价成交的交易,卖出成交数量统计加入外盘。内盘、外盘这两个数据大体可以用来判断买卖力量的强弱:若外盘数量大于内盘,说明买方力量较强;若内盘数量大于外盘,则说明卖方力量较强。

38. 均价:指当前时刻买卖股票的平均价格。若当前股价在均价之上,说明在此之前买的股票都处于盈利状态。

39. 填权:股票除权后的除权价不一定等同于除权日的理论开盘价,当股票实际开盘价高于这一理论价格时,就是填权。

40. 多头陷阱:即对多头设置的陷阱,通常发生在指数或股价屡创新高,并迅速突破原来的价格区且达到新高点时,随后会迅速跌破以前的支撑位,结果使在高位买进的投资者严重被套。

41. 空头陷阱:指数或股价从高位区以巨大成交量跌至一个新的低位区,并造成向下突破的假象时,在使恐慌抛盘涌出后迅速回升至原先的密集成交区,并向上突破原压力线,使在低点卖出者踏空。

42. 溢价发行:指股票或债券发行时以高于其票面金额的价格发行的方式。

43. 场内交易:在证券交易所内进行的证券买卖活动。

44. 场外交易:在证券交易所以外的市场进行的证券交易的总称,也称为"柜台市场"、"第三市场"或"第四市场"。

45. 收盘价:证券交易所每个营业日闭市前的最后一笔交易价格为该证券收盘价。

46. 散户:通常指投资额较少,资金数量达不到证券交易所要求的中户标准的投资者。(目前中户的标准,有些地方是50万元,有些地方是30万元。)

47. 建仓:投资者开始买入看涨的股票。

48. 市价总额(总市值):指在某特定的时间内,在交易所挂牌交易的全部证券(以总股本计)按当时价格计算得到的证券总价值,可以反映该证券市场的规模大小。由于它是以各证券的发行量为权数的,所以发行量大的证券(流通量不一定大)价格变动对总市值影响较大。这也是股市中庄家经常通过拉抬大盘股来影响股指的一个重要原因。

49. 实多:指资金实力雄厚、持股时间长,不见跌就买、见涨就卖,只图眼前一点小利的投资者。

50. 浮多:与实多相对,指资金较少、持股时间短,见涨就卖、见跌就买,只图眼前利益的小投资者。

51. 卖压:在股市上大量抛出股票,使股价迅速下跌。

52. 买压:买股票的人很多,而卖股票的人却很少。

53. 回档:在多头市场上,股价涨势强劲,但因上涨过快而出现回跌。

54. 护盘:股市低迷、人气不足时,机构投资大户大量购进股票,防止股市继续下滑的行为。

55. 惯压:用大量股票将股价大幅度压低,以便以低成本大量买进。

56. 盘档:一是当天股价波动幅度很小,最高与最低价之间的差幅不超过2%;二是行情进入整理,上下波动幅度不大,持续时间在半个月以上。

57. 抢帽子:指当天先低价买进,等股价上升后再卖出相同种类和相同数量的股票,或当天先卖出股票,然后再以低价买进相同数量和相同种类的股票,以获取差价利益。

58. 跳空与补空:股市受利多或利空消息影响,开盘价高于或低于前一交易日的收盘价,股价走势出现缺口,称为跳空;在股价之后的走势中,将跳空的缺口回补,称为补空。

59. 委比:这是衡量一段时间内场内买卖盘强弱的技术指标。它的计算公式为:

$$委比=(委买手数-委卖手数)/(委买手数+委卖手数)\times 100\%$$

从公式中可以看出,"委比"的取值范围为$-100\%\sim+100\%$。若"委比"为正值,说明场内买盘较强,且数值越大,买盘就越强劲。反之,若"委比"为负值,则说明市场较弱。上述公式中的"委买手数"是指即时向下三档的委托买入的总手数,"委卖手数"是指即时向上三档的委托卖出的总手数。例如:某股即时最高买入委托报价及委托量为15.00元、130手,向下两档分别为14.99元、150手,14.98元、205手;最低卖出委托报价及委托量分别为15.01元、270手,向上两档分别为15.02元、475手,15.03元、655手,则此时的即时委比为-48.54%。显然,此时场内抛压很大。通过"委比"指标,投资者可以及时了解场内的即时买卖盘强弱情况。

参考文献

中国证券业协会:《证券市场基础知识》,中国财政经济出版社 2013 年版。

中国证券业协会:《证券发行与承销》,中国财政经济出版社 2013 年版。

中国证券业协会:《证券交易》,中国财政经济出版社 2013 年版。

中国证券业协会:《证券投资分析》,中国财政经济出版社 2013 年版。

中国证券业协会:《证券投资基金》,中国财政经济出版社 2013 年版。

张玉明:《证券投资学》,清华大学出版社 2007 年版。

杨德勇、葛红玲:《证券投资学》,中国金融出版社 2006 年版。

章颉、艾正家:《证券投资学》,复旦大学出版社 2006 年版。

傅学良:《现代证券投资》,上海交通大学出版社 2006 年版。

刘力、俞伟峰:《证券投资学》,清华大学出版社 2003 年版。

傅一江:《证券投资学》,中国人民大学出版社 2003 年版。

陈保华:《证券投资原理》,上海财经大学出版社 2003 年版。

万国华:《中国证券市场问题报告》,中国发展出版社 2003 年版。

张育军:《转轨时期中国证券市场改革与发展》,西南财经大学出版社 2004 年版。

吴晓求:《证券投资学》(第 2 版),中国人民大学出版社 2004 年版。

霍文文:《证券投资学》(第 2 版),高等教育出版社 2004 年版。

谢百三:《证券市场的国际比较》,清华大学出版社 2003 年版。

邢天才、王玉霞:《证券投资学》,东北财经大学出版社 2007 年版。

曹凤岐、刘力、姚长辉:《证券投资学》,北京大学出版社 2003 年版。

博迪、凯恩、马斯库:《投资学》,机械工业出版社 2005 年版。

普林格著,任若恩译:《技术分析》,中国财政经济出版社 2003 年版。

戈登·J. 亚历山大、威廉·F. 夏普等:《投资学基础》,电子工业出版社 2003 年版。

Aswath Damodaran 著,林谦译:《投资估价——确定任何资产价值的工具和技术》(第二版),清华大学出版社 2004 年版。

Douglas Hearth、Janis K. Zaima 著,荣佳茵、吕彬冰、田蜜译:《现代投资学》(第 4 版),清华大学出版社 2005 年版。

杰夫·马杜拉著,何丽芬、郭红珍译:《金融市场与金融机构》,中信出版社 2004 年版。

米什金:《货币金融学》,哈珀·柯林斯出版集团 2002 年版。

汉姆·列维:《投资学》,北京大学出版社 2004 年版。

胡海鸥、宣羽畅、马骏:《证券投资分析》,复旦大学出版社 2000 年版。

王晓芳、许祥泰:《证券投资学》,北京大学出版社 2007 年版。